U0716493

最新行政事业单位和非营利组织会计制度解析与实务操作指引

李　哲　岳彦芳　编著

中国财经出版传媒集团
中国财政经济出版社

图书在版编目（CIP）数据

最新行政事业单位和非营利组织会计制度解析与实务操作指引／李哲，岳彦芳编著．--北京：中国财政经济出版社，2023.7

ISBN 978－7－5223－2243－8

Ⅰ.①最…　Ⅱ.①李…②岳…　Ⅲ.①单位预算会计－会计制度－研究－中国　Ⅳ.①F810.6

中国国家版本馆 CIP 数据核字（2023）第 096447 号

责任编辑：陆宗祥　　　　责任印制：史大鹏

封面设计：卜建辰　　　　责任校对：张　凡

中国财政经济出版社 出版

URL：http：//www.cfeph.cn

E－mail：cfeph@cfeph.cn

社址：北京市海淀区阜成路甲 28 号　邮政编码：100142

营销中心电话：010－88191522

天猫网店：中国财政经济出版社旗舰店

网址：https：//zgczjjcbs.tmall.com

北京财经印刷厂印刷　各地新华书店经销

成品尺寸：185mm×260mm　16 开　29.75 印张　573 000 字

2023 年 7 月第 1 版　2023 年 7 月北京第 1 次印刷

定价：118.00 元

ISBN 978－7－5223－2243－8

（图书出现印装问题，本社负责调换，电话：010－88190548）

本社质量投诉电话：010－88190744

打击盗版举报热线：010－88191661　QQ：2242791300

PREFACE 序言

由于常年从事财政学研究，我对政府会计改革和实务热点都比较关注。特别是近年来国家在政府会计改革的进程中出台了许多新制度、新指引，对我国政府会计规范管理和国际化趋同起到了有力的推动作用。在政府会计制度改革不断深入与实践的背景下，《最新行政事业单位和非营利组织会计制度解析与实务操作指引》形象生动地展示了政府会计改革的最新成果，顺应了新时代政府会计人才的培养需求，具有很强的现实意义与时代价值。

我校李哲副教授和岳彦芳副教授历时五年，精心撰写了这本用思维导图绘制的学习用书。紧密围绕财政中心工作和经济社会发展需要，站在会计改革与发展的全局高度来梳理政府会计的关键知识和实操要点。同时，将梳理的政府会计准则制度及其他相关财税法规文件进行了详细标示，并配有典型的案例解析。

本书主要在下列五个方面进行了探索与尝试：

第一，引用规范。本教材具有权威性和工具性，即从源头入手，以法律、法规、条例、实施细则等为“纲”，以规范性文件为“目”，对行政事业单位会计和非营利组织会计等关键知识点的讲解做到了提纲挈领、纲举目张。

第二，内容全面。本教材从政府会计的基本理论到政府会计核算的详细阐述，从政府单位的会计核算到会计报表编制，涵盖了政府会计的主体工作内容，具有较强的实务操作性。

第三，可读性强。本教材充分发挥“思维导图”清晰明了、化繁为简的特点，一张导图，便能涵盖现行政府会计制度的基础知识，帮助读者厘清要点、加深记忆。作者结合多年授课的独立思考和经验总结，对教材中的要点予以不同形式的标记，生动活泼。

第四，互动性强。政府会计准则制度解释每年还在不断发布中，并且现有准则制度尚未明确的问题正逐步明确了具体规定。对于未纳入政府会计准则制度解释的其他问题，本教材援引财政部网站“实施问答”栏目进行梳理，为读者提供较为权威的操作指引。

第五，案例丰富。本教材具有充足的经典案例解析，这些案例在方法、路径、工具、关系处理等方面力图体现出有益指引，强化对基本理论的介绍和对主要实务处理的介绍，并将基本理论与实务处理结合。

本教材的作者在政府会计领域耕耘多年，教学成果和社会服务屡获嘉奖：

一方面，坚持人才培养和教学改革相统一。作者团队长期专注于教学方法的锤炼与教学创新的设计，曾获北京市青年教师基本功比赛一等奖、最佳教案奖、最佳教学展示奖、最佳教学反思奖、中央财经大学青年教师基本功比赛一等奖、中央财经大学特殊贡献奖。作者团队主讲的《政府与非营利组织会计》本科课程连续获评中央财经大学"精彩一课"示范课；作者所在团队曾获"北京市课程思政创新优秀团队""中央财经大学高等教育教学成果一等奖""北京高等教育本科教学改革创新项目（重点项目）""中央财经大学本科课程思政示范项目（第二批）"等荣誉。

另一方面，坚持关注社会和服务国家相统一。在服务国家人才发展战略方面，作者团队主讲的《会计行业人才发展规划（2021—2025 年）解读》和《注册会计师行业发展规划（2021—2025 年）解读》被推荐至中共中央党校"求索网"在线教育平台展播；撰写的《关于会计法修订中"会计年度问题"的若干政策建议》被财政部采纳；为财政部会计司、教育部经费监管中心、人社部人事服务中心提供政府会计类的课题咨询服务，并收到感谢信；为上海市发改委、北京市教委、宁夏水利厅、四川水利厅、山东省教育厅、湖北省财政厅、广西壮族自治区教育厅、青海省教育厅、甘肃省教育厅、江西省国资委、中关村管委会等政府机构提供政府会计咨询服务，并圆满结项。

本教材语言生动、可读性强，相信阅读本教材后对读者掌握政府会计的精髓具有一定的思路启发和经验借鉴作用。本教材在教育界将产生良好影响，助推中国特色政府会计不断走向新的辉煌。

中央财经大学 马海涛

2023 年 3 月 23 日

FOREWORD 前言

政府会计制度是国家财政管理体系的重要组成部分，建立健全并有效实施政府及非营利组织会计准则制度是我国会计标准建设与实施的重要内容。近年来，政府会计的理论得到了前所未有的丰富与发展，而社会对于政府会计人才的需求也逐渐增多。为培养新时代的政府会计人才，基于最新的政府会计准则体系与理论成果，这本图文并茂的《最新行政事业单位和非营利组织会计制度解析与操作实务》应运而生。这本教材特别关注新政府会计制度的实际应用，结合实际操作经验编写而成，期冀帮助读者全面掌握政府会计制度的基本知识和操作技能。

本教材涉及的所有会计准则和科目均以最新颁布的文件为依据，秉承《会计改革与发展“十四五”规划纲要》为主线，全面涵盖了《权责发生制政府综合财务报告制度改革方案》、《政府会计准则》及其应用指南、《政府会计制度——行政事业单位会计科目和报表》、7 项行业事业单位执行《政府会计制度》的补充规定、11 项新旧会计制度衔接规定、3 项政府会计准则制度解释以及《事业单位成本核算基本指引》。同时，作者将援引的相关政策文件进行了详细标示，并配有典型的案例解析，旨在萃取典型业务和事项，完整展现核算全流程。

此外，本教材详细记录了作者多年来在讲授政府会计相关课程中遇到的问题和困惑，以及破解这些难题的实战体会、经验、方法、观点、模型、工具和案例分析模板。本教材对于广大政府机构财务人员、财政、审计、会计等专业人员，以及政府会计制度的研究人员和政府会计爱好者，都具有很高的参考价值和工具书功能。

然而，虽然我国的政府会计体系日益完善，逐渐成熟，但在政府会计实践的不断发展中难免会出现新问题、新情况，政府会计体系的完善与发展也不会停步。读者在学习现有的政府会计知识时，不妨也关注最新的政策变化，抑或是结合实践，发现现有体系的待完善之处。对于书中可能存在的疏漏与不足，也恳请广大读者批评指正，交流提升。

坚心守志育人才，诚心正意谋创新。随着经济社会的不断发展，政府及非营利组织会计改革面临更多机遇和挑战，也需要我们的持续投入。这本教材的问世，离不开业界同仁以及单位领导对作者团队工作的支持与理解。中央财经大学校长、党委副书记、知名财政专家马海涛教授在百忙之中为本教材撰写序言，国家税务干部学院的知名税务专家高金平教授为本教材做了精心的写作指导。五年艰辛的编撰工作得到了我校广大师生、财经类兄弟院校、地方政府、会计师事务所的支持，凝结了同仁们实践积累的宝贵经验和共同创造的知识财富。大家的倾力帮助是我们不断探索政府会计领域新知的不竭动力，在此一并表示衷心的感谢。

CONTENTS

目录

第一章　政府单位会计概述

一、政府单位（★★★）

政府单位是指与本级政府财政部门直接或者间接发生预算拨款关系的行政单位和事业单位。

（一）行政单位

行政单位是指以社会的公共利益为目的，行使国家权力，依法管理国家事务的单位。具体包括：

各级人民代表大会及其常务委员会机关；各级人民政府及其所属工作机构；中国人民政治协商会议各级委员会机关；各级审判机关；各级检察机关；中国共产党各级机关；各民主党派和工商联的各级机关。

课堂笔记：

行政单位的人员列入国家行政编制，所需经费全部由国家财政拨款。此外，有些单位就其本身性质而言虽然不属于行政事业单位，如政党组织、人民团体等，但因其经费来源主要为国家财政拨款，或财务收支业务与行政单位类似，也视同行政单位，实行与行政单位相类似的会计核算办法。由此，“行政单位”一词，是指所有行政单位以及视同行政单位的政党组织和人民团体，其职能在于维护国家机器的正常运转，它们按预算取得和使用财政资金，使财政资金发挥其应有的社会效益。

注：人民团体，是指各工商联、各级工青妇等人民群众团体，包括共青团中央、中央青年政治学院等。

（二）事业单位

事业单位是指国家为了社会公益目的，由国家机关举办或者其他组织利用国有资产举办的，从事教育、科研、文化、卫生、体育、新闻出版、广播电视、社会福利、救助减灾、统计调查、技术推广与试验、公用设施管理、物资仓储、检测、勘探与勘察、测绘、检验检测与鉴定、法律服务、资源管理事务、质量技术监督事务、经济监

督事务、知识产权事务、公证与认证、信息与咨询、人才交流、就业服务、机关后勤服务等活动的社会服务组织。

常见的事业单位主要包括：中小学校；高等学校；医院；基层医疗卫生机构；文化事业单位；文物事业单位；科学事业单位；广播电视事业单位。

课堂笔记：

事业单位的主要特点是具有公益属性。即：事业单位不具有行政职能，不从事社会管理工作，从而区别于行政单位；事业单位不以营利为目的，不从事生产经营活动，从而区别于营利性企业；事业单位以成本或者低于成本的价格向社会公众提供公益性服务，所需资金部分来源于财政补助，部分来源于公益性服务收费。除此之外，事业单位一般都由政府举办，其开展业务活动所需资金纳入政府预算，由此，事业单位也区别于民间非营利组织或社会组织。与民间非营利组织对比，事业单位有时也称为公立非营利组织或公办非营利组织。

行政单位与事业单位的区别：(1) 机构性质不同：行政机关是国家行政执法权力的执行机关，是政府运转的主体；事业单位是行政机构的补充，主要是行使公益服务的职能。(2) 政府补助不同：行政单位，使用行政编制，由国家财政承担全部经费；事业单位使用事业编制，经费部分由国家事业经费负担。(3) 收入类型不同：事业单位往往有事业收入（如学费收入等）。

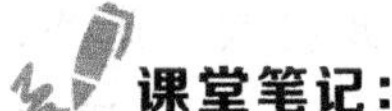

课堂笔记：

一类事业单位和二类事业单位的区别

1. 职能（收费职能）

一类事业单位完全没有收费职能，不具备收取费用和从事经营活动的资格。二类事业单位则是全部或者部分具备收费职能，可以收取服务费用。

2. 财政供给方式

一类事业单位由财政全额供给；二类事业单位由财政差额供给。

3. 参公（参照公务员法管理）

一类事业单位一般大多数单位都参公；二类事业单位则是全部不参公。

4. 工资构成

一类事业单位执行职能工资；二类事业单位执行职称工资。

5. 单位性质

一类事业单位主要是承担不能或不宜由市场配置资源的基本公益服务，如义务教育阶段学校、科研单位、卫生防疫、工商管理等。

> 二类事业单位承担可部分由市场配置资源的公益服务，如普通高等教育机构、非营利医疗机构等。

二、政府单位会计

政府单位会计是核算、反映和监督政府单位资金活动的专业会计，是政府会计的重要组成部分。

（一）分类（★★）

1. 按照会计主体不同

政府单位会计分为**行政单位会计和事业单位会计**。行政单位会计是核算、反映和监督行政单位资金活动的专业会计。事业单位会计是核算、反映和监督事业单位资金活动的专业会计。

2. 按照会计核算功能不同

政府单位会计分为**单位财务会计和单位预算会计**。单位财务会计是指以**权责发生制**为基础对政府单位发生的各项经济业务或者事项进行会计核算，主要反映和监督政府单位财务状况、运行情况和现金流量等的会计。单位预算会计是指以**收付实现制**为基础对政府单位预算执行过程中发生的全部收入和全部支出进行会计核算，主要反映和监督预算收支执行情况的会计。

（二）特点（★★）

1. 具备“双系统”和“双功能”

政府单位会计由财务会计和预算会计两个系统构成，由此同一单位会计核算系统具备财务会计和预算会计双重功能。单位对**纳入部门预算管理的现金收支业务**在采用财务会计核算的同时进行预算会计核算，对于其他业务仅进行财务会计核算。“双功能”实现了财务会计与预算会计适度分离并相互衔接，便于全面、清晰反映范围财务信息和预算执行信息。

2. 采用“双基础”和“双要素”

政府单位财务会计核算实行权责发生制，政府单位预算会计核算实行收付实现制，国务院另有规定的，依照其规定。政府单位会计要素包括财务会计要素和预算会计要素。**财务会计要素**包括资产、负债、净资产、收入和费用五类，**预算会计要素**包括预算收入、预算支出和预算结余三类。

3. 实行“平行记账”

“平行记账”是政府单位对纳入部门预算管理的现金收支业务在采用财务会计核算的

同时进行预算会计核算，而对于其他业务仅进行财务会计核算。这里的现金是指**现金及现金等价物**，包括国库直接支付的财政拨款资金、国库授权支付的零余额账户用款额度、银行存款、库存现金及其他货币资金。“平行记账”具有政府财务会计和预算会计功能相互分离又适度衔接核算模式的典型特征，目的是满足政府单位会计实现**“双功能”**的需要。

4. 实行“双报告”

政府单位会计应编制**财务报告**和**决算报告**。

课堂笔记：

行政事业单位会计与企业会计的异同

1. 会计核算的基础不同。企业会计以权责发生制为基础，行政事业单位会计则是双基础。

2. 企业会计有涉税内容，一般的行政事业单位因为没有经营业务，所以不涉及税务，最多代收代缴一下个人所得税。事业单位的会计很少有税务稽查。而行政事业单位是需要和财政部门接触的。财政资金流动的环节包括：编制预算、申请资金、资金拨付到位、资金支出、预算调剂、决算、接受监督，几乎每个环节都需要和财政部门沟通、对接。

3. 收入来源不同。企业的主要收入来自客户，行政事业单位的收入主要来自本级财政部门。

4. 企业会计着重核算利润，行政事业单位很少核算利润。企业的利润是自己经营所得，所以经常称为财务成果；行政事业单位的资金几乎都是财政无偿拨入的，期末归入结转结余资金。这些结转结余资金大部分是不能自由使用的，所以只能称之为财务结果。

5. 可能面临的监督检查部门不同。对企业来说，偷税漏税是由税务部门来管理稽查的；年终的财务报表需要被会计师事务所审计；向银行贷款，需要被银行审查。行政事业单位每年会被审计部门例行审计；被财政部门检查资金使用情况、会计信息质量等；要随时迎接纪检监察部门的巡察，等等，还有很多专项检查，如领导离任审计，以及各级各类部门对项目资金的专项审计。

6. 关于项目资金的不同：行政事业单位会有一些项目资金，少则几种，多则上百种，也就是所谓“专款”。行政事业单位的“专款”，需要专门核算。

7. 行政事业单位的会计内容比较真实：行政事业单位基本上都只有一套账。虽然偶有不合规的收支会“变通”入账，但大抵收入和支出的数目及内容是比较真实的；而企业会计很多都有两套账，美其名曰“内账”“外账”。相比于政府会计，其财务信息可能会失真。

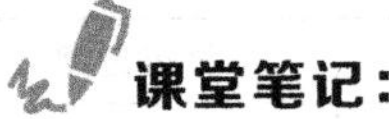

课堂笔记：

行政单位会计与政府财政会计的区别

1. 会计核算的对象不同。政府财政会计的核算对象是各级政府预算资金的集中、分配及其结果，核算重点是一级财政的预算收入。因此，政府财政会计是进行宏观经济管理的会计，其会计主体是各级人民政府。行政单位会计的核算对象是各级各类行政单位预算资金的领拨、使用及其结果，核算重点是一个单位的经费支出。因此，行政单位会计是进行微观经济管理的会计，其会计主体是各个具体的行政单位。

2. 反映的经济关系不同。会计的对象是资金运动，而资金运动反映着各种各样的经济关系。政府财政会计与行政单位会计虽然都是反映预算资金运动，但由于它们侧重于资金运动的不同阶段，因此反映的经济关系也必然不同。政府财政会计侧重于预算资金的集中和分配的核算，因而反映的经济关系主要有政府与物质生产部门和非物质生产部门单位之间的税收征缴关系、利润分配关系、投资拨款关系，以及与行政事业单位之间的缴拨款关系等，这些经济关系绝大多数是基于政府职能而产生的非商品交换关系。行政单位会计侧重于预算资金使用的核算，因而反映的经济关系除了与政府财政或上下级单位的缴拨款关系之外，主要是反映在资金使用过程中与各企事业单位之间发生的商品或劳务的交换关系。

3. 使用的会计确认基础不同。会计确认基础有收付实现制和权责发生制两种。政府财政会计虽然也使用收付实现制作为会计确认基础，但是在年末岁初涉及预算收入、预算支出的年度划分时，还是要按照权责发生制处理一些特殊业务。行政单位会计所有业务都使用收付实现制会计确认基础。

4. 核算支出的数字基础不同。政府财政会计核算支出是财政拨款数、银行支出数和资金清算数，而行政单位会计核算支出是实际支出数。

（三）适用范围（★★）

需要辨别是否适用政府单位会计的几种非典型行政事业单位组织（见表1－1）：

表1－1　**适用政府单位会计的几种特殊情况**

特殊情况	分析	是否适用
既不属于行政单位也不属于事业单位的组织，如政府出资或拨款运行的人民团体、各种协会等	不以营利为目的，其资产和运营经费来源主要为国家财政拨款	适用政府单位会计

续表

特殊情况	分析	是否适用
由政府单位管理，但是具有与管理单位资产、负债相分离的独立资产、负债，并且资金来源和资金使用独立于管理单位其他资金以外的资金，具有基金会计主体的性质，如农业综合开发资金等	不是政府单位，但是单独的会计主体，享有与政府单位一样的独立性	适用专门的会计制度
事业单位向企业转型，主要通过市场取得收入，基本不再以财政拨款作为自身运营的收入来源，采取等价、有偿收费的方式提供服务	实质上已经是营利性的企业	不再适用，执行企业会计准则或小企业会计准则
事业单位下设独立核算的营利性单位，如高等学校的校办企业、科研单位的附属工厂等	这类单位实行企业化管理，运营目的是盈利	不再适用，适用企业会计
国有企业出资举办的事业单位（如科研单位、医院、学校等）	如果需要纳入政府部门预算管理，要求与政府其他单位行对行合并会计报表	按照政府单位会计标准进行核算

三、政府单位的会计组织系统（★★）

根据机构建制和经费领报关系，政府单位的会计组织系统可分为**主管会计单位、二级会计单位和基层会计单位**三级。

（一）主管会计单位

向**同级财政部门**领报经费，并发生预算管理关系，**下面有所属**会计单位。

（二）二级会计单位

向**主管**会计单位或**上级**会计单位领报经费，并发生预算管理关系，**下面有所属**会计单位。

（三）基层会计单位

向上级会计单位领报经费，并发生预算管理关系，**下面没有所属**会计单位。向同级财政部门领报经费，并发生预算管理关系，下面没有所属会计单位，视同基层会计单位。

补充说明：主管会计单位、二级会计单位和基层会计单位实行独立会计核算，负责组织管理本部门、本单位的全部会计工作。不具备独立核算条件的行政单位，实行单据报账制度，作为“**报销单位**”管理。

四、政府单位会计的会计要素（★★★）

政府单位会计要素包括单位财务会计要素和单位预算会计要素。

（一）单位财务会计要素

资产、负债、净资产、收入和费用

（二）单位预算会计要素（见表1-2）

预算收入、预算支出和预算结余（相关定义内容在本章后有详细介绍）

表1-2　　单位预算会计要素

会计要素	所属会计	核算基础	确认不一致的情形	情形举例
收入	财务会计	权责发生制	确认收入但不同时确认预算收入（发生了在权责发生制下应确认的收入，但没有发生纳入部门预算管理的现金流入）	如应收款项*确认*的收入； 预收账款*确认*的收入； 接受非货币性资产捐赠*确认*的收入等
预算收入	预算会计	收付实现制	确认预算收入但不同时确认收入（发生了纳入预算管理的现金流入，但在权责发生制下并不将其确认为收入）	如*收到*应收款项确认的预算收入； *收到*预收账款确认的预算收入； *取得*借款确认的预算收入等
费用	财务会计	权责发生制	确认费用但不同时确认预算支出（发生了权责发生制下应确认的费用，但没有发生纳入部门预算管理的现金流出）	发出存货、政府储备物资等确认的费用； 计提的折旧费用和摊销费用； 确认的资产处置费用（处置资产价值）； 应付款项确认的费用； 预付账款确认的费用等
预算支出	预算会计	收付实现制	确认预算支出但不同时确认费用（发生了纳入部门预算管理的现金流出，但在权责发生制下并不将其确认为费用）	支付应付款项的支出； 支付预付账款的支出； 为取得存货、政府储备物资等计入物资成本的支出； 为购建固定资产等的资本性支出； 偿还借款本金支出等

五、政府单位会计的会计科目（★★★）

政府单位会计科目包括单位财务会计科目和单位预算会计科目。

（注：△表示为“行政单位特有的会计科目”；▲表示为“事业单位特有的会计科目”）

（一）单位财务会计科目及其核算内容

1. 普适性单位财务会计科目（见表1－3）

表1－3　普适性单位财务会计科目

序号	编号	科目名称	核算内容
A. 资产类			
1	1001	库存现金	核算政府单位的库存现金
2	1002	银行存款	核算政府单位存入银行及其他金融机构的各种存款
3	1011	零余额账户用款额度	核算实行国库集中支付的政府单位根据财政部门批复的用款计划收到和支用的零余额账户用款额度
4	1021	其他货币资金	核算政府单位的外埠存款、银行本票存款、银行汇票存款、信用卡存款等各种其他货币资金
5	1101	短期投资▲	核算事业单位按照规定取得的，持有时间不超过1年（含1年）的投资
6	1201	财政应返还额度	核算实行国库集中支付的政府单位应收财政返还的资金额度
7	1211	应收票据▲	核算事业单位因开展经营活动销售产品、提供有偿服务等而收到的商业汇票，包括银行承兑汇票和商业承兑汇票
8	1212	应收账款▲	核算事业单位提供服务、销售产品等应收取的款项，以及政府单位因出租资产、出售物资等应收取的款项
9	1214	预付账款	核算政府单位按照购货、服务合同或协议规定预付给供应单位（或个人）的款项，以及按照合同规定向承包工程的施工企业预付的备料款和工程款
10	1215	应收股利▲	核算事业单位持有长期股权投资应当收取的现金股利或应当分得的利润
11	1216	应收利息▲	核算事业单位长期债券投资应当收取的利息
12	1218	其他应收款	核算政府单位除财政应返还额度、应收票据、应收账款、预付账款、应收股利、应收利息以外的其他各项应收及暂付款项，如职工预借的差旅费、已经偿还银行尚未报销的本单位公务卡欠款、拨付给内部有关部门的备用金、应向职工收取的各种垫付款项、支付的可以收回的订金或押金、应收的上级补助和附属单位上缴款项等
13	1219	坏账准备▲	核算事业单位对收回后不需上缴财政的应收账款和其他应收款提取的坏账准备
14	1301	在途物品	核算政府单位采购材料等物资时货款已付或已开出商业汇票但尚未验收入库的在途物品的采购成本

续表

序号	编号	科目名称	核算内容
A. 资产类			
15	1302	库存物品	核算政府单位在开展业务活动及其他活动中为耗用或出售而储存的各种材料、产品、包装物、低值易耗品，以及达不到固定资产标准的用具、装具、动植物等的成本
16	1303	加工物品	核算政府单位自制或委托外单位加工的各种物品的实际成本，未完成的测绘、地质勘查、设计成果的实际成本，也通过本科目核算
17	1401	待摊费用	核算政府单位已经支付，但应当由本期和以后各期分别负担的分摊期在1年以内（含1年）的各项费用，如预付航空保险费、预付租金等
18	1501	长期股权投资▲	核算事业单位按照规定取得的，持有时间超过1年（不含1年）的股权性质的投资
19	1502	长期债券投资▲	核算事业单位按照规定取得的，持有时间超过1年（不含1年）的债券投资
20	1601	固定资产	核算政府单位固定资产的原值
21	1602	固定资产累计折旧	核算政府单位的固定资产累计折旧
22	1611	工程物资	核算政府单位为在建工程准备的各种物资的成本，包括工程用材料、设备等
23	1613	在建工程	核算政府单位在建的建设项目工程的实际成本
24	1701	无形资产	核算政府单位无形资产的原值
25	1702	无形资产累计摊销	核算政府单位对使用年限有限的无形资产计提的累计摊销
26	1703	研发支出	核算政府单位自行研究开发项目研究阶段和开发阶段发生的各项支出
27	1801	公共基础设施	核算政府单位控制的公共基础设施的原值
28	1802	公共基础设施累计折旧（摊销）	核算政府单位计提的公共基础设施累计折旧和累计摊销
29	1811	政府储备物资	核算政府单位控制的政府储备物资的成本
30	1821	文物文化资产	核算政府单位为满足社会公共需求而控制的文物文化资产的成本
31	1831	保障性住房	核算政府单位为满足社会公共需求而控制的保障性住房的原值
32	1832	保障性住房累计折旧	核算政府单位计提的保障性住房的累计折旧
33	1891	受托代理资产	核算政府单位接受委托方委托管理的各项资产，包括受托指定转赠的物资、受托存储保管的物资等的成本，单位管理的罚没物资也应当通过本科目核算

续表

序号	编号	科目名称	核算内容
A. 资产类			
34	1901	长期待摊费用	核算政府单位已经支出，但应由本期和以后各期负担的分摊期限在1年以上（不含1年）的各项费用，如以经营租赁方式租入的固定资产发生的改良支出等
35	1902	待处理财产损溢	核算政府单位在资产清查过程中查明的各种资产盘盈、盘亏和报废、毁损的价值
B. 负债类			
36	2001	短期借款▲	核算事业单位经批准向银行或其他金融机构等借入的期限在1年内（含1年）的各种借款
37	2101	应交增值税	核算政府单位按照税法规定计算应交纳的增值税
38	2102	其他应交税费	核算政府单位按照税法等规定计算应交纳的除增值税以外的各种税费，包括城市维护建设税、教育费附加、地方教育费附加、车船税、房产税、城镇土地使用税和企业所得税等
39	2103	应缴财政款	核算政府单位取得或应收的按照规定应当上缴财政的款项，包括应缴国库的款项和应缴财政专户的款项
40	2201	应付职工薪酬	核算政府单位按照有关规定应付给职工（含长期聘用人员）及为职工支付的各种薪酬，包括基本工资、国家统一规定的津贴补贴、规范津贴补贴（绩效工资）、改革性补贴、社会保险费（如职工基本养老保险费、职业年金、基本医疗保险费等）、住房公积金等
41	2301	应付票据▲	核算事业单位因购买材料、物资等而开出、承兑的商业汇票，包括银行承兑汇票和商业承兑汇票
42	2302	应付账款	核算政府单位因购买物资、接受服务、开展工程建设等而应付的偿还期限在1年以内（含1年）的款项
43	2303	应付政府补贴款△	核算负责发放政府补贴的行政单位，按照规定应当支付给政府补贴接受者的各种政府补贴款项
44	2304	应付利息▲	核算事业单位按照合同约定应支付的借款利息，包括短期借款、分期付息到期还本的长期借款等应支付的利息
45	2305	预收账款▲	核算事业单位预先收取但尚未结算的款项
46	2307	其他应付款	核算政府单位除应交增值税、其他应交税费、应缴财政款、应付职工薪酬、应付票据、应付账款、应付政府补贴款、应付利息、预收账款以外，其他各项偿还期限在1年内（含1年）的应付及暂收款项，如收取的押金、存入保证金、已经报销但尚未偿还银行的本单位公务卡欠款等
47	2401	预提费用	核算政府单位预先提取的已经发生但尚未支付的费用，如预提租金费用等

续表

序号	编号	科目名称	核算内容
B. 负债类			
48	2501	长期借款▲	核算事业单位经批准向银行或其他金融机构等借入的期限超过1年（不含1年）的各种借款本息
49	2502	长期应付款	核算政府单位发生的偿还期限超过1年（不含1年）的应付款项，如以融资租赁方式取得固定资产应付的租赁费等
50	2601	预计负债	核算政府单位对因或有事项所产生的现时义务而确认的负债，如对未决诉讼等确认的负债
51	2901	受托代理负债	核算政府单位接受委托取得受托代理资产时形成的负债
C. 净资产类			
52	3001	累计盈余	核算政府单位历年实现的盈余扣除盈余分配后滚存的金额，以及因无偿调入调出资产产生的净资产变动额
53	3101	专用基金▲	核算事业单位按照规定提取或设置的具有专门用途的净资产，主要包括职工福利基金、科技成果转换基金等
54	3201	权益法调整▲	核算事业单位持有的长期股权投资采用权益法核算时，按照被投资单位除净损益和利润分配以外的所有者权益变动份额调整长期股权投资账面余额而计入净资产的金额
55	3301	本期盈余	核算政府单位本期各项收入、费用相抵后的余额
56	3302	本年盈余分配	核算政府单位本年度盈余分配的情况和结果
57	3401	无偿调拨净资产	核算政府单位无偿调入或调出非现金资产所引起的净资产变动金额
58	3501	以前年度盈余调整	核算政府单位本年度发生的调整以前年度盈余的事项，包括本年度发生的重要前期差错，更正涉及调整以前年度盈余的事项
D. 收入类			
59	4001	财政拨款收入	核算政府单位从同级政府财政部门取得的各类财政拨款
60	4101	事业收入▲	核算事业单位开展专业业务活动及其辅助活动实现的收入
61	4201	上级补助收入▲	核算事业单位从主管部门和上级单位取得的非财政拨款收入
62	4301	附属单位上缴收入▲	核算事业单位取得的附属独立核算单位按照有关规定上缴的收入
63	4401	经营收入▲	核算事业单位在专业业务活动及其辅助活动之外开展非独立核算经营活动取得的收入
64	4601	非同级财政拨款收入	核算政府单位从非同级政府财政部门取得的经费拨款，包括从同级政府其他部门取得的横向转拨财政款、从上级或下级政府财政部门取得的经费拨款等

续表

序号	编号	科目名称	核算内容
D. 收入类			
65	4602	投资收益▲	核算事业单位股权投资和债券投资所实现的收益或发生的损失
66	4603	捐赠收入	核算政府单位接受其他单位或者个人捐赠取得的收入
67	4604	利息收入	核算政府单位取得的银行存款利息收入
68	4605	租金收入	核算政府单位经批准利用国有资产出租取得并按照规定纳入本单位预算管理的租金收入
69	4609	其他收入	核算政府单位取得的除财政拨款收入、事业收入、上级补助收入、附属单位上缴收入、经营收入、非同级财政拨款收入、投资收益、捐赠收入、利息收入、租金收入以外的各项收入，包括现金盘盈收入、按照规定纳入单位预算管理的科技成果转化收入、行政单位收回已核销的其他应收款、无法偿付的应付及预收款项、置换换出资产评估增值等
E. 费用类			
70	5001	业务活动费用	核算政府单位为实现其职能目标，依法履职或开展专业业务活动及其辅助活动所发生的各项费用
71	5101	单位管理费用▲	核算事业单位本级行政及后勤管理部门开展管理活动发生的各项费用，包括单位行政及后勤管理部门发生的人员经费、公用经费、资产折旧（摊销）等费用，以及由单位统一负担的离退休人员经费、工会经费、诉讼费、中介费等
72	5201	经营费用▲	核算事业单位在专业业务活动及其辅助活动之外开展非独立核算经营活动发生的各项费用
73	5301	资产处置费用	核算政府单位经批准处置资产时发生的费用，包括转销的被处置资产价值，以及在处置过程中发生的相关费用或者处置收入小于相关费用形成的净支出。资产处置的形式按照规定包括无偿调拨、出售、出让、转让、置换、对外捐赠、报废、毁损以及货币性资产损失核销等
74	5401	上缴上级费用▲	核算事业单位按照财政部门和主管部门的规定上缴上级单位款项发生的费用
75	5501	对附属单位补助费用▲	核算事业单位用财政拨款收入之外的收入对附属单位补助发生的费用
76	5801	所得税费用▲	核算有企业所得税缴纳义务的事业单位按规定缴纳企业所得税所形成的费用
77	5901	其他费用	核算政府单位发生的除业务活动费用、单位管理费用、经营费用、资产处置费用、上缴上级费用、附属单位补助费用、所得税费用以外的各项费用，包括利息费用、坏账损失、罚没支出、现金资产捐赠支出以及相关税费、运输费等

课堂笔记：

1. “事业收入”可以与“经营收入”进行对比：“事业收入”是职权范围内的收入，是除了拨款外另外获得的收入；“经营收入”是职权范围外的收入，比如“高管培训班”。

会计期末，将“事业收入”科目余额转入“事业结余”科目，

借：事业收入

　　贷：事业结余

经营收入：期末将本科目余额转入“经营结余”科目，本科目无余额

2. 短期投资一般为国债，并且与企业会计不同，收到利息不分期确认，而是一次性确认收入。已到付息期但尚未领取的利息，先将利息计入短期投资，收到利息后，贷记短期投资进行冲减。

3. 事业单位借款时采用“短期借款”进行核算，对比政府行政机关借款时采用“财政借出款项”进行核算。

4. 事业单位因购买材料、物资等开出、承兑的商业汇票采用“应付票据”科目核算，政府行政机关不设置“应付票据”科目，直接采用“应付账款”科目核算。

5. 预收账款在企业会计中已基本被合同负债取代。

6. 长期债券投资在此处特指国债。

7. 结转资金是指当年预算已执行但未完成，或者因故未执行，下一年度需要按照愿用途继续使用的资金；结余资金是指当年预算工作目标已完成，或者因故终止，当年剩余的资金。经营收支和结转应当单独反映。

2. 适用于特殊性行业事业单位的财务会计科目

特殊性行业事业单位的财务会计科目，是适用于某些政府单位的特殊业务核算的财务会计科目。

（1）国有林场和苗圃：1614　营林工程，1841　林木资产。

（2）基层医疗卫生机构：2308　待结算医疗款。

（3）彩票机构：2308　彩票销售结算，2309　应付返奖奖金，2310　应付代销款。

（4）适用于 PPP 项目政府方的财务会计科目：1841　PPP 项目资产，1842　PPP 项目资产累计折旧（摊销），3601　PPP 项目净资产。

（二）单位预算会计科目及其核算内容（见表1－4）

表1－4　单位预算会计科目

序号	编码	科目名称	核算内容
A. 预算收入类			
1	6001	财政拨款预算收入	核算政府单位从同级政府财政部门取得的各类财政拨款
2	6101	事业预算收入▲	核算事业单位开展专业业务活动及其辅助活动取得的现金流入
3	6201	上级补助预算收入▲	核算事业单位从主管部门和上级单位取得的非财政补助现金流入
4	6301	附属单位上缴预算收入▲	核算事业单位取得的附属独立核算政府单位按照有关规定上缴的现金流入
5	6401	经营预算收入▲	核算事业单位在专业业务活动及其辅助活动之外开展非独立核算经营活动取得的现金流入
6	6501	债务预算收入▲	核算事业单位按照规定从银行和其他金融机构等借入的、纳入部门预算管理的、不以财政资金作为偿还来源的债务本金
7	6601	非同级财政拨款预算收入	核算政府单位从非同级政府财政部门取得的财政拨款，包括本级横向转拨财政款和非本级财政拨款
8	6602	投资预算收益▲	核算事业单位取得的按照规定纳入部门预算管理的属于投资收益性质的现金流入，包括股权投资收益，出售或收回债券投资所取得的收益和债券投资利息收入
9	6609	其他预算收入	核算政府单位除财政拨款预算收入、事业预算收入、上级补助预算收入、附属单位上缴预算收入、经营预算收入、债务预算收入、非同级财政拨款预算收入、投资预算收益之外的纳入部门预算管理的现金流入，包括捐赠预算收入、利息预算收入、租金预算收入、现金盘盈收入等
B. 预算支出类			
10	7101	行政支出△	核算行政单位履行其职责实际发生的各项现金流出
11	7201	事业支出▲	核算事业单位开展专业业务活动及其辅助活动实际发生的各项现金流出
12	7301	经营支出▲	核算事业单位在专业业务活动及其辅助活动之外开展非独立核算经营活动实际发生的各项现金流出

续表

序号	编码	科目名称	核算内容
B. 预算支出类			
13	7401	上缴上级支出▲	核算事业单位按照财政部门和主管部门的规定上缴上级单位款项发生的现金流出
14	7501	对附属单位补助支出▲	核算事业单位用财政拨款预算收入之外的收入对附属单位补助发生的现金流出
15	7601	投资支出▲	核算事业单位以货币资金对外投资发生的现金流出
16	7701	债务还本支出▲	核算事业单位偿还自身承担的纳入预算管理的从金融机构举借的债务本金的现金流出
17	7901	其他支出	核算政府单位除行政支出、事业支出、经营支出、上缴上级支出、对附属单位补助支出、投资支出、债务还本支出以外的各项现金流出，包括利息支出、对外捐赠现金支出、现金盘亏损失、接受捐赠（调入）和对外捐赠（调出）非现金资产发生的税费支出、资产置换过程中发生的相关税费支出、罚没支出等
C. 预算结余类			
18	8001	资金结存	核算政府单位纳入部门预算管理的资金的流入、流出、调整和滚存等情况
19	8101	财政拨款结转	核算政府单位取得的同级财政拨款结转资金的调整、结转和滚存情况
20	8102	财政拨款结余	核算政府单位取得的同级财政拨款项目支出结余资金的调整、结转和滚存情况
21	8201	非财政拨款结转	核算政府单位除财政拨款收支、经营收支以外各非同级财政拨款专项资金的调整、结转和滚存情况
22	8202	非财政拨款结余	核算政府单位历年滚存的非限定用途的非同级财政拨款结余资金，主要为非财政拨款结余扣除结余分配后滚存的金额
23	8301	专用结余▲	核算事业单位按照规定从非财政拨款结余中提取的具有专门用途的资金的变动和滚存情况
24	8401	经营结余▲	核算事业单位本年度经营活动收支相抵后余额弥补以前年度经营亏损后的余额
25	8501	其他结余	核算政府单位本年度除财政拨款收支、非同级财政专项资金收支和经营收支以外各项收支相抵后的余额
26	8701	非财政拨款结余分配▲	核算事业单位本年度非财政拨款结余分配的情况和结果

【例1-1】行政单位特有的普适性会计科目有哪些？事业单位特有的普适性会计科目有哪些？

（1）行政单位特有的普适性会计科目有：应付政府补贴款、行政支出。

（2）事业单位特有的普适性会计科目有：短期投资、应收票据、应收账款、应收股利、应收利息、坏账准备、长期股权投资、长期债券投资、短期借款、应付票据、应付利息、预收账款、长期借款、专用基金、权益法调整、事业收入、上级补助收入、附属单位上缴收入、经营收入、投资收益、单位管理费用、经营费用、上缴上级费用、所得税费用、事业预算收入、上级补助预算收入、附属单位上缴预算收入、经营预算收入、债务预算收入、投资预算收益、事业支出、经营支出、上缴上级支出、投资支出、债务还本支出、专用结余、经营结余、非财政拨款结余分配。

课外拓展：

新政府会计制度实施对行政单位会计核算的影响

1. 意义

（1）提升行政单位会计信息的质量。新政府会计制度实施后，行政单位的会计核算体系有了“双重功能”。将财务体系和预算体系分割，二者相互补充和完善，提高了工作效率。

（2）提升行政单位资金的使用效率。依据新政府会计制度，行政单位的会计核算体系有了“双重基础”。以权责发生制为基础的财务会计能够保证行政对实际发生的财务活动中所产生的收入和支出有更好的反映，同时，以收付实现制为基础的预算管理能够帮助行政单位更规范、更高效地使用资金。

（3）完善市场监督机制。新政府会计制度的实施使行政单位会计核算体系形成“双重报告”。二者分别反映行政单位的收支状况和预算管理状况，这样的报告形式能更全面地反映行政单位的发展情况。

2. 挑战

（1）会计核算内容方面的挑战。新政府会计核算的内容相较之前更加多样，涉及范围也更加广泛。增加了行政单位会计核算内容的范围，同时在细化程度上也有了较大提高，对会计信息的质量要求更高。

（2）会计核算方式方面的挑战。新政府会计制度提出行政单位会计管理要进行双重核算，即需要同时进行会计核算和预算核算。这不仅增加了财务人员的工作量，也提升了他们的工作难度。

（3）对会计核算体系的挑战。新政府会计制度的实施对行政单位会计核算的最大挑战在于流程的改变。适应新政府会计制度，意味着行政单位内部以往的会计核算体系及财务管理流程需要进行重新设计。同时，新政府会计制度对于行政单位财务管理活动中形成的财务报告也有了新要求。

来源：潘周蓉．新政府会计制度实施对行政单位会计核算的影响［J］．财务管理研究，2022（01）：100－103.

课外拓展[①]**：**

“平行记账”是政府财务会计和预算会计功能适度分离又相互衔接核算模式的典型特征，相对于现行行政事业单位会计制度中“双分录”核算模式，更能全面、清晰地反映行政事业单位的财务信息和预算执行信息。“适度分离”并不等于两套账。“适度分离”并不是要求分别建立预算会计和财务会计两套账，而是对同一笔经济业务或事项同时进行财务会计和预算会计核算。

同时进行财务会计和预算会计的核算，本质就是为了真实反映行政单位的财务状况，同时又不影响预算执行情况的表达。财务会计侧重记录业务实质，预算会计侧重反映资金流动，财务会计明确业务的项目归属与意义，预算会计充分体现资金来源，二者结合使账务处理两个体系更加具有系统性、逻辑性和完整性。有助于政府会计主体根据会计信息使用需求，从不同的角度对信息进行分析和使用，提高了会计信息的可用程度。

【拓展内容】国外主要经济体政府会计准则体系[②]

传统上，各国的政府会计体系主要是为预算管理服务的，以收付实现制核算。由于收付实现制的政府会计体系无法提供关于政府运营成果、绩效评价等信息，国外主要经济体纷纷进行政府会计改革，引入权责发生制核算基础，形成了两种不同的模式：单系统（预算会计和财务会计统一）和双系统（预算会计和财务会计分离）。

（一）单系统政府会计体系

采用单系统政府会计体系，是指国家只有一套政府会计体系，同时满足预算会计和财务会计核算的要求。在国外主要经济体中，英国、澳大利亚及新西兰均采用单系统政府会计体系。

①　叶霖：“浅谈‘财务会计和预算会计适度分离并相互衔接’——从高校实务角度看新政府会计制度的会计核算模式”，《商讯》2019 年第 15 期，第 159＋161 页。

②　中国人民银行会计准则研究小组：“主要经济体政府会计准则体系对比研究”，《金融会计》2018 年第 1 期，第 21－26 页。

国家		财务报告目标	核算基础	会计要素	会计信息质量要求	财务报告范围
英国	中央政府	表明公共资金按议会确定的目标正确使用；向议会提供有关服务成本的信息，以支持公共支出规划管理；证明授权使用公共资金的各机构充分履行其职责，并有效的管理公共资金	权责发生制	未见具体规定	未见具体规定	包括绩效报告、受托责任报告和财务报表。受托责任报告包括薪酬与职工报告、议会批准资源表及附注、向议会披露职责履行情况；财务报表包括经营成本表、综合支出表、资产负债表、现金流量表、纳税人权益变动表及报表附注
	地方政府	未见具体规定	权责发生制	未见具体规定	未见具体规定	说明性介绍；地方政府独立记账的各基金的收入支出概要表；资本性支出概要表；会计政策说明表；合并经营活动表
澳大利亚		为使用者提供有用的信息，从而有助于使用者制定或评价其资源配置决策，也有助于报告主体管理统辖机构反映受托责任（决策有用和受托责任兼顾）	权责发生制	资产负债净资产、收入和费用	相关性、可靠性、可比性和可理解性	地方政府的合并财务报表：运营报表、财务状况表、权益变动表、现金流量表；政府和政府部门财务报告：合并运营报表、财务状况表、现金流量表和附注（主要披露）
新西兰		反映政府整体财务状况，提供政府财务状况的可持续性、灵活性和脆弱性信息；反映政府绩效信息	权责发生制	资产负债收入费用	未见具体规定	财务绩效表、财务状况表、现金流量表、权益变动表、附注，以及非 GAAP 要求的额外说明

（二）双系统政府会计体系

采用双系统政府会计体系，是指国家在原有的服务于预算管理的政府预算会计体系之外，再增设反映政府资产负债状况和运营情况的财务会计体系。在国外主要经济体中，美国、加拿大和法国采用了双系统政府会计模式，我国现行的政府会计准则同样属于该体系。

项目	美国		法国	加拿大
	联邦会计	州及地方政府会计		
财务报告目标	预算诚信；运营绩效；受托责任；系统和控制	履行受托责任；评价运营绩效；评估服务水平和履行到期义务的能力	反映和评价政府的财务状况和承诺情况、政府财政政策的效果、政府管理活动及其目标达成情况、政府预算拨款合理性及政府管理选择和绩效水平	反映政府对公共资源的受托责任；反映政府的财务状况，便于外部问责；反映政府为其活动提供资金能力的变化；反映政府面对的重大财务风险

续表

项目	美国		法国	加拿大
	联邦会计	州及地方政府会计		
核算基础	预算会计系统采用收付实现制；财务会计系统采用权责发生制	政府基金：修正的权责发生制；权益基金和受托基金：权责发生制	预算会计系统继续采用收付实现制；财务会计和成本会计系统采用完全的权责发生制	预算会计系统采用修正的收付实现制；财务会计系统采用权责发生制
计量属性	公允价值、结算金额、重置成本、使用价值、履约成本	历史成本、公允价值、重置成本、结算金额	未见具体规定	未见具体规定
会计要素	资产、负债、净资产、收入和费用	资产、负债、净资产、收入、费用、递延的资源流出和递延的资源流入	资产、负债、净资产、收入和费用	资产、负债、收入和费用
会计信息质量要求	相关性、可理解性、可靠性、可比性、一致性、及时性	相关性、可理解性、可比性、及时性、一致性、可靠性	可理解性、相关性、可靠性	相关性、忠实呈报、可验证性、可比性、可理解性
财务报告范围	管理层讨论和分析、资产负债表、净成本表、运营表、净资产变动表、预算表、项目业绩计量报告及报表附注	管理层讨论与分析、政府层面和基金层面的基本财务报表、财务报表附注和其他补充信息	概述与以前年度报告相比的变化；预算完成情况；财务报表（资产负债表、净收益表、基金流量表、三项预算余额表）；附注	资产负债表、综合收益表、净负债变动表、现金流量表（除现金流量表外所有报表同时列示预算数与实际数）

第二章　政府单位收入的核算

第一节　财政拨款收入与非同级财政拨款收入

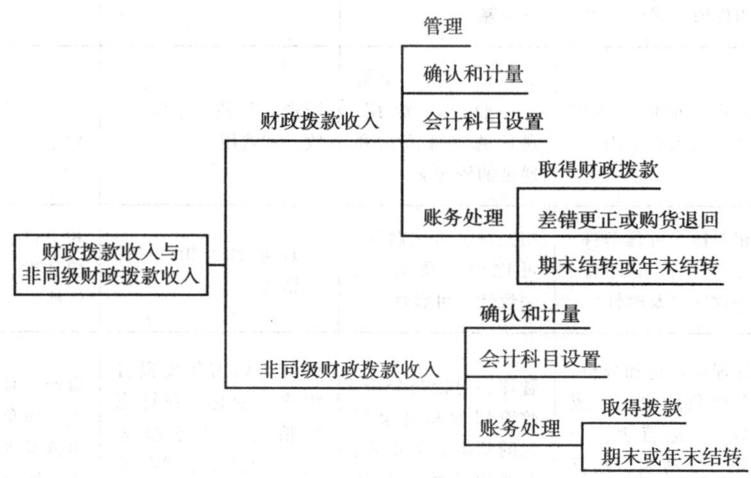

一、财政拨款收入（★★★）

财政拨款收入是指政府单位从同级财政部门取得的各类财政拨款。按照拨款的来源，财政拨款收入分为**一般公共预算财政拨款**和**政府性基金预算财政拨款**。来自同级财政部门的财政拨款是政府单位最主要的收入来源，也是政府单位开展业务活动的基本财力保障。

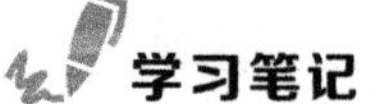
学习笔记：

1. 判断是否是财政拨款收入的两个标准

（1）取得拨款单位是否为同级政府财政部门；

（2）单位是否为财政资金的财政预算执行单位（指财政资金领报单位）。

2. 财政拨款和财政补助收入的区别

财政补助收入是指事业单位直接从财政部门取得的和通过主管部门从财政部门取得的各类事业经费，包括正常经费和专项资金；财政拨款是指各级人民政府对纳入预算管理的事业单位、社会团体等组织拨付的财政资金，另有规定的除外。

（一）财政拨款收入的管理（★★）

见表2－1。

表2－1　　财政拨款收入的管理

取得方式	管理方法
按照核定预算和用款计划申请取得	政府单位应根据核定的预算编制分月用款计划，经同级财政部门或上级单位核定后分月获取财政拨款收入
按规定用途申请取得	政府单位应按核定的预算用途使用财政拨款收入，未经同级财政部门批准，不得擅自改变用途
按预算级次申请取得	政府单位应按规定的预算级次和经费领拨关系向上级单位或同级财政部门申请取得财政拨款收入；同级主管部门之间原则上不得发生经费领拨关系
按规定的财政资金支付方式申请取得	政府单位在确定了年度预算和分月用款计划的同时也确定了财政资金的支付方式及支付金额。实行国库集中支付改革的政府单位通过财政直接支付方式和财政授权支付方式获取财政拨款收入；尚未实行国库集中支付改革的政府单位，通过其他方式获取财政拨款收入

（二）财政拨款收入的确认和计量（★★★）

见表2－2。

表2－2　　财政拨款收入的确认和计量

支付方式	确认	计量
财政直接支付方式下	政府单位应在收到代理银行转来的“财政直接支付入账通知书”时确认财政拨款收入	按照“财政直接支付入账通知书”中的**直接支付入账金额**计量
财政授权支付方式下	政府单位应在收到代理银行转来的“财政授权支付额度到账通知书”时确认财政拨款收入	按照“财政授权额度到账通知书”中的**授权支付额度**计量
其他方式下	政府单位应在收到开户银行转来的收款通知时确认财政拨款收入	按照**实际收到的金额**计量
年终结余形成的财政拨款收入	政府单位应根据对账确认的本年度财政直接支付预算指标数大于当年财政直接支付实际支出数的差额、本年度财政授权支付预算指标数大于当年零余额账户用款额度下达数的差额予以确认和计量	

（三）财政拨款收入核算的会计科目设置（★★★）

财务会计系统下，政府单位应设置“**财政拨款收入**”科目，核算其从同级财政部门取得的各类财政拨款。同级政府财政部门预拨的下期预算款和没有纳入预算的暂付款项，以及采用实拨资金方式通过本单位转拨给下属单位的财政拨款，通过“其他应付款”科目核算，不通过本科目核算。本科目可以按照一般公共预算财政拨款、政府性基金预算财政拨款等种类进行明细核算。**期末结转后，本科目应无余额。**

按照《政府会计制度》以及预算管理的要求，预算会计在设置“财政拨款预算收入”的明细科目时，一级明细设置“基本支出”和“项目支出”两个明细科目，以区分单位用于基本支出的收入和用于项目支出的收入；二级明细按照“支出功能分类科目”的项级科目设置，以明确资金使用的行业及具体事务；三级明细按照“支出经济分类科目”的类级科目设置，以明确单位公用支出和人员支出；四级明细按照“支出经济分类科目”的款级科目设置，以明确资金的具体用途。

学习笔记：

财政拨款收入的会计科目设置

<table>
<tr><th>会计分类</th><th>总账科目</th><th>一级明细科目</th><th>二级明细科目</th><th>三级明细科目</th><th>四级明细科目</th></tr>
<tr><td rowspan="2">财务会计</td><td rowspan="2">财政拨款收入</td><td>一般公共预算财政拨款</td><td></td><td></td><td></td></tr>
<tr><td>政府性基金预算财政拨款</td><td></td><td></td><td></td></tr>
<tr><td rowspan="4">预算会计</td><td rowspan="4">财政拨款预算收入</td><td rowspan="3">一般公共预算财政拨款</td><td rowspan="3">支出功能分类项目项级科目</td><td rowspan="2">基本支出</td><td>人员经费</td></tr>
<tr><td>日常公用经费</td></tr>
<tr><td>项目支出</td><td>××项目</td></tr>
<tr><td>政府性基金预算财政拨款</td><td>同上</td><td>同上</td><td>同上</td></tr>
</table>

（四）财政拨款收入的账务处理（★★★）

1. 取得财政拨款

见表2－3。

表2－3　　取得财政拨款

<table>
<tr><th>支付方式</th><th>收到款项</th><th>年末处理</th></tr>
<tr><td rowspan="2">在财政直接支付方式下</td><td>政府单位根据收到的“财政直接支付入账通知书”及相关原始凭证，按照通知书中的直接支付入账金额</td><td>年末，根据本年度财政直接支付预算指标数与当年财政直接支付实际支付数的差额</td></tr>
<tr><td>财务会计借记“库存物品”“固定资产”“业务活动费用”“单位管理费用”“应付职工薪酬”等科目，贷记“财政拨款收入”科目（涉及增值税业务的，相关账务处理参见“应交增值税”科目）</td><td>财务会计借记“财政应返还额度——财政直接支付”科目，贷记“财政拨款收入”科目</td></tr>
</table>

续表

支付方式	收到款项	年末处理
在财政授权支付方式下	政府单位根据收到的“财政授权支付额度到账通知书”，按照通知书中的授权支付额度	年末，政府单位本年度财政授权支付预算指标数大于零余额账户用款额度下达数的，根据两者间的差额
	财务会计借记“**零余额账户用款额度**”科目，贷记“财政拨款收入”科目	财务会计借记“**财政应返还额度——财政授权支付**”科目，贷记“财政拨款收入”科目。在财政授权支付方式下，行政事业单位在收到零余额账户用款额度以及年末确认财政尚未下达的零余额账户用款时确认财政拨款收入
其他方式下主要是财政实拨资金方式下收到财政拨款收入时	政府单位收到财政拨款收入时，按照实际收到的金额	
	财务会计借记“**银行存款**”等科目，贷记“财政拨款收入”科目	

【**例 2－1**】某行政单位收到“财政直接支付入账通知书”及相关原始凭证，列明采购技术设备一台，直接支付入账金额 100 000 元，该设备直接投入使用。该行政单位的账务处理如下：

借：固定资产　　100 000

　　贷：财政拨款收入——一般公共预算财政拨款　　100 000

预算会计：

借：行政支出　　100 000

　　贷：财政拨款预算收入——项目支出　　100 000

该例题中，如果会计主体为事业单位，预算会计确认事业支出。

【**例 2－2**】某行政单位收到“财政直接支付入账通知书”，列明用**民航发展基金**安排的航线和机场补贴支出 800 000 元。该行政单位的账务处理如下：

借：业务活动费用　　800 000

　　贷：财政拨款收入——政府性基金预算财政拨款　　800 000

预算会计：

借：行政支出　　800 000

　　贷：财政拨款预算收入——项目支出　　800 000

该例中，如果会计主体为事业单位，预算会计确认事业支出。

学习笔记：

该例题适用于行政单位和事业单位。

【例 2－3】某政府单位收到“财政授权支付额度到账通知书”，列明本月日常公用经费的财政**授权支付**额度为 500 000 元。该政府单位的账务处理如下：

借：零余额账户用款额度　500 000

　　贷：财政拨款收入——一般公共预算财政拨款　500 000

预算会计：

借：资金结存——零余额账户用款额度　500 000

　　贷：财政拨款预算收入——基本支出　500 000

【例 2－4】某政府单位**尚未**实行国库集中支付改革，其开户银行转来收款通知，实际收到同级财政部门拨入的一般公共预算列支的日常公用经费 500 000 元。该政府单位的账务处理如下：

借：银行存款　500 000

　　贷：财政拨款收入——一般公共预算财政拨款　500 000

预算会计：

借：资金结存——货币资金　500 000

　　贷：财政拨款预算收入——基本支出　500 000

2. 差错更正或购货退回

政府单位因差错更正或购货退回等发生国库直接支付款项退回的，属于以前年度支付的款项，按照退回金额，财务会计借记“**财政应返还额度**”科目，贷记“**以前年度盈余调整**”“**库存物品**”等科目。

学习笔记：

有关差错更正或购货退回的账务处理及举例分布在“财政拨款收入”和“财政拨款预算收入”、“业务活动费用”和“单位管理费用”、“行政支出”和“事业支出”“经营费用”和“经营支出”、“零余额账户用款额度”等科目核算。

【例 2－5】某事业单位使用财政直接支付方式采购的电脑耗材因质量问题予以退回，共计 50 000 元。其中，30 000 元属于上年度支付的款项，20 000 元属于本年度支付的款项。收到代理银行转来财政直接支付资金退回入账通知书，退回相关款项 50 000 元，电脑耗材已退回。该事业单位的账务处理如下：

借：财政应返还额度　30 000

财政拨款收入——一般公共预算财政拨款　　20 000

贷：库存物品　　50 000

预算会计：

借：资金结存——财政应返还额度　　30 000

财政拨款预算收入——基本支出　　20 000

贷：财政拨款结转　　30 000

事业支出　　20 000

该例中，如果会计主体为行政单位，预算会计确认行政支出。

3. 期末结转或年末结转

期末，将“财政拨款收入”科目本期发生额转入本期盈余，财务会计借记“**财政拨款收入**”科目，贷记“**本期盈余**”科目。

课外拓展：

财政拨款收入是地方政府补贴的主要方式之一，是为支撑行政事业单位进行无偿拨付的款项，并规定了资金的具体目标和用途，不得用于自筹性的基本建设。根据各级行政事业单位的年度财政拨款收入和财政支出情况，采取自收自支制、差额预算制、全额财政拨款预算制三种管理方式。

财政拨款收入的方式因支付方式的不同而不同，行政性质的企事业单位对本地财政拨款支付收入的实际情况收入方式大致上可以划分为两种，即直接国库集中支付与其他国库支付方式，而其他国库集中吸收支付又可分为直接集中支付与其他财政性集中支付。在确定采取直接支付的贷款方式下，各行政事业单位可以根据部门的财政预算及直接用款计划，向各省级政府部门提出申请贷款本次财政直接用款支付；在采取财政授权支付的方式下，单位可以根据各自部门的预算及用款计划，按照规定的时间及程序提出相应的财政授权支付专项贷款额度。

由于行政事业单位资金支出业务多且模块多，由多人进行分录编制容易造成整个专项资金的会计核算链不连续。相关政策仍需完善。

二、非同级财政拨款收入（★★★）

（一）非同级财政拨款收入的确认和计量（★★）

非同级财政拨款收入，是政府单位从**非同级政府财政部门**取得的经费拨款，包括从同级政府其他部门取得的横向转拨财政款、从上级或下级政府财政部门取得的经费拨款等，但不包括事业单位因开展科研及其辅助活动从非同级政府财政部门取得的经费拨款。非同级财政拨款收入一般在发生时确认，并按照应收或实收金额计量。

课外拓展：

《政府会计准则制度解释第2号》规定，享受公费医疗待遇的单位从所在地公费医疗管理机构取得的公费医疗经费，应当在实际取得时计入非同级财政拨款收入（非同级财政拨款预算收入），在实际支用时计入相关费用（支出）。

“非同级财政拨款收入”与“上级补助收入”科目有一定共同点，“非同级财政拨款收”部分核算内容是上级部门的拨款，“上级补助收入”核算内容也是上级部门的拨款。但是二者又有实质性的区别，“非同级财政拨款收入”收到的上级部门拨款是财政性资金，而“上级补助收入”收到的上级部门拨款是非财政资金。

（二）非同级财政拨款收入核算的会计科目设置（★★★）

财务会计系统下，政府单位应设置“**非同级财政拨款收入**”科目，核算从非同级政府财政部门取得的经费拨款。事业单位因开展科研及其辅助活动从非同级政府财政部门取得的经费拨款，应当通过“**事业收入——非同级财政拨款**”科目核算，不通过本科目核算。本科目应当按照本级横向转拨财政款和非本级财政拨款进行明细核算，并按照收入来源进行明细核算。期末结转后，本科目应无余额。

（三）非同级财政拨款收入的账务处理（★★★）

1. 取得拨款

政府单位确认非同级财政拨款收入时，财务会计按照应收或实际收到的金额，借记“**其他应收款**”“**银行存款**”等科目，贷记“非同级财政拨款收入”贷记“**上级补助收入**”“**附属单位上缴收入**”科目。实际收到应收的款项时，按照实际收到的金额，借记“**银行存款**”等科目，贷记“**其他应收款**”科目。

【例2－6】某政府单位属于中央级单位，地处甲省乙市，收到甲省级财政部门拨付的**经费补助款**200 000元，款项已存入银行。该政府单位账务处理如下：

借：银行存款借：银行存款　　200 000
　贷：非同级财政拨款收入——甲省　　200 000

预算会计：

借：资金结存——货币资金　　200 000
　贷：非同级财政拨款预算收入——甲省　　200 000

【例2－7】假设**【例2－6】**中的政府单位按照合约确认甲省级财政部门应拨付**经费补助款**200 000元，但款项**尚未收到**时，则：

借：其他应收款　　200 000

　　贷：非同级财政拨款收入——甲省　　200 000

收到甲省级财政部门的拨款时，则：

借：银行存款　　200 000

　　贷：其他应收款　　200 000

预算会计：

借：资金结存——货币资金　　200 000

　　贷：非同级财政拨款预算收入——甲省　　200 000

同级政府财政部门在预算管理中的地位见图 2－1。

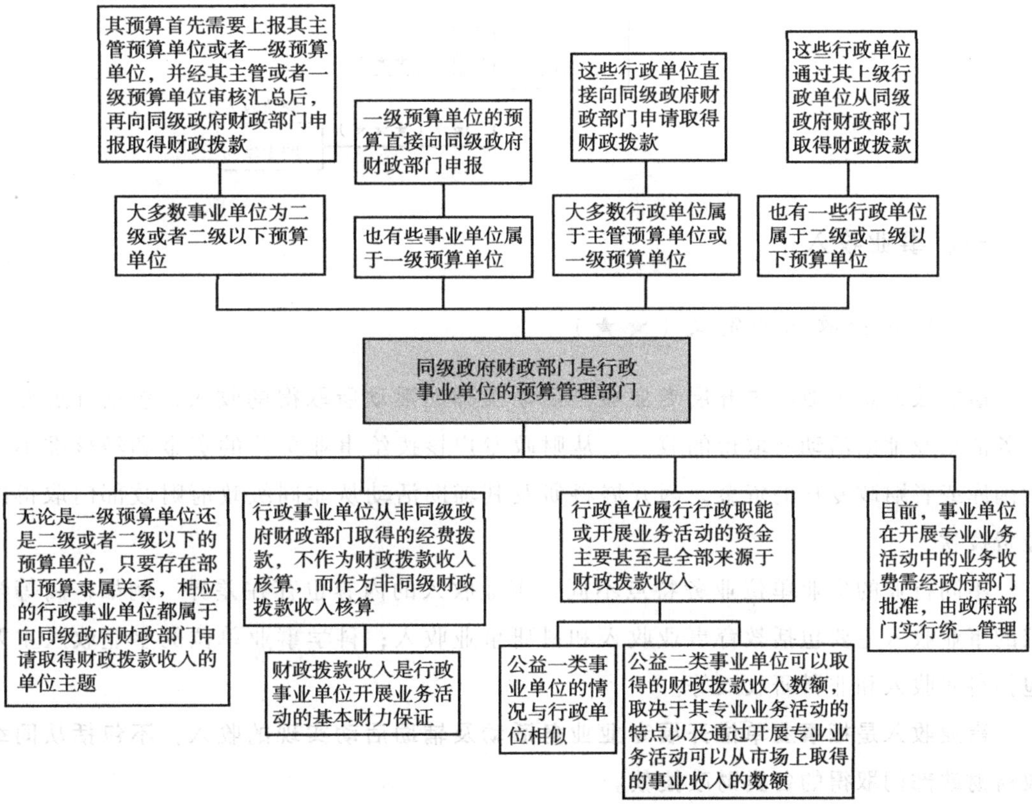

其预算首先需要上报其主管预算单位或者一级预算单位，并经其主管或者一级预算单位审核汇总后，再向同级政府财政部门申报取得财政拨款

大多数事业单位为二级或者二级以下预算单位

一级预算单位的预算直接向同级政府财政部门申报

也有些事业单位属于一级预算单位

这些行政单位直接向同级政府财政部门申请取得财政拨款

大多数行政单位属于主管预算单位或一级预算单位

这些行政单位通过其上级行政单位从同级政府财政部门取得财政拨款

也有一些行政单位属于二级或二级以下预算单位

同级政府财政部门是行政事业单位的预算管理部门

无论是一级预算单位还是二级或者二级以下的预算单位，只要存在部门预算隶属关系，相应的行政事业单位都属于向同级政府财政部门申请取得财政拨款收入的单位主题

行政事业单位从非同级政府财政部门取得的经费拨款，不作为财政拨款收入核算，而作为非同级财政拨款收入核算

财政拨款收入是行政事业单位开展业务活动的基本财力保证

行政单位履行行政职能或开展业务活动的资金主要甚至是全部来源于财政拨款收入

公益一类事业单位的情况与行政单位相似

公益二类事业单位可以取得的财政拨款收入数额，取决于其专业业务活动的特点以及通过开展专业业务活动可以从市场上取得的事业收入的数额

目前，事业单位在开展专业业务活动中的业务收费需经政府部门批准，由政府部门实行统一管理

图 2－1　同级政府财政部门在预算管理中的地位

2. 期末或年末结转

期末，将“非同级财政拨款收入”“上级补助收入”“附属单位上缴收入”科目本期发生额转入本期盈余，财务会计借记“非同级财政拨款收入”“上级补助收入”“附属单位上缴收入”科目，贷记“本期盈余”科目。

第二节　事业收入和经营收入

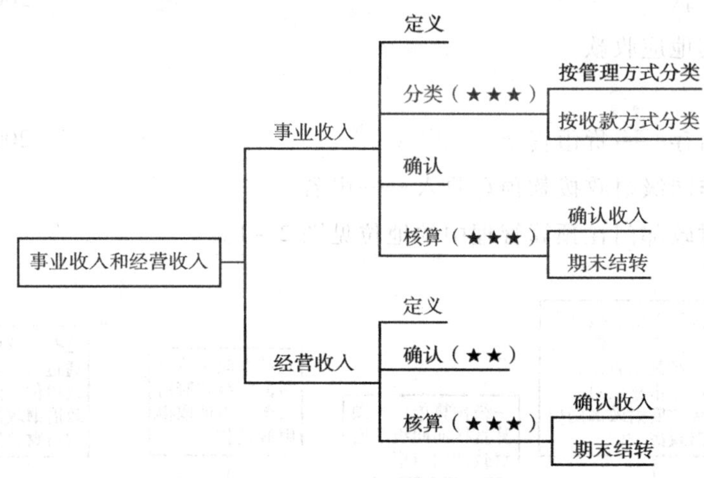

一、事业收入

（一）事业收入的定义（★★）

事业收入是事业单位开展专业业务活动及辅助活动所取得的收入，包括开展专业业务活动及辅助活动所取得的收入，从财政专户核拨给事业单位的资金和经核准不上缴国库或者财政专户的资金，因开展科研及其辅助活动从非同级政府财政部门取得的经费拨款。

不同行业的事业单位业务特点不同，事业收入的内容也存在差异。例如，高等学校的事业收入主要包括教育事业收入和科研事业收入；科学事业单位的事业收入主要包括科研收入和非科研收入等。

事业收入是指事业单位开展专业业务活动及辅助活动实现的收入，不包括从同级政府财政部门取得的各类财政拨款。

拓展：所谓“专业业务活动”，是事业单位根据本单位的专业特点所从事或开展的主要业务活动，也可以叫作“主营业务活动”，如教育事业单位的教学活动、科学事业单位的科研活动、卫生事业单位的医疗保健活动等。辅助活动是与专业业务活动相关、直接为专业业务活动服务的单位行政管理活动、后勤服务活动以及其他有关活动。

（二）事业收入的分类和确认（★★★）

无论何种方式实现的事业收入，均按照应收或实收金额计量。具体见表2-4。

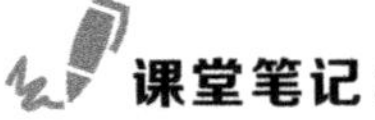

课堂笔记：

事业活动中涉及增值税业务的，事业收入的入账金额为实际收到的金额扣除增值税销项税，事业预算收入的入账金额为实际收到的金额。

表 2－4　　事业收入

事业收入的分类		确认和计量 无论何种方式实现的事业收入，均按照应收或实收金额计量	核算
按照管理方式分类	财政专户返还方式管理的事业收入	只有事业单位收到从财政专户返还的教育收费时，方可确认事业收入	事业单位实现应上缴财政专户的事业收入时： 借：银行存款/应收账款等 　　贷：应缴财政款 向财政专户上缴款项时： 借：应缴财政款 　　贷：银行存款等 事业单位收到从财政专户返还的事业收入时： 借：银行存款等 　　贷：事业收入
	其他方式管理事业收入	事业单位在取得时即可确认事业收入	事业单位实现的其他方式下确认的事业收入： 借：银行存款/库存现金等 　　贷：事业收入
按照收款方式分类	采用预收款方式确认	以合同完成进度确认事业收入时，按照基于合同完成进度计算的金额确认	事业单位实际收到预收款项时： 借：银行存款等 　　贷：预收账款 事业单位以合同完成进度确认事业收入时： 借：预收账款（按照基于合同完成进度计算的金额） 　　贷：事业收入
	采用应收款方式确认	根据合同完成进度计算本期应收的款项确认	事业单位根据合同完成进度计算本期应收的款项： 借：应收账款 　　贷：事业收入 事业单位实际收到款项时： 借：银行存款等 　　贷：应收账款

1. 按照管理方式：2 类

（1）**财政专户返还方式管理的事业收入，是指事业单位按国家有关规定收取的各项收费**（比如实行专项管理的高中以上学费、住宿费，高校委托培养费，函大、电大、夜大及短训班培训费，短期培训进修费等），**其在取得时要按规定缴存财政专户，不可确认事业收入；只有事业单位收到从财政专户返还的教育收费时，方可确认事业收入。**

课外拓展：

目前，采用财政专户返还方式管理的事业收入主要是教育收费。其他事业收入，财政部门可以根据情况和管理需要采用财政专户返还方式进行管理。例如，财政部门可以根据情况和管理需要，对广播电视事业单位的广告收入、基层医疗卫生机构的医疗收入等采用财政专户返还方式进行管理。采用财政专户返还方式进行管理，有利于财政部门加强对有关事业收入的管理。

（2）**其他方式确认事业收入**，是指事业单位开展自身专业活动及辅助活动向社会提供服务时，按国家规定标准向服务对象收取的除了应缴国库款和应缴财政专户款以外的费用，事业单位在取得时即可确认事业收入。

其他方式确认事业收入在收到时即可确认。

2. 按照收款方式：2 类

（1）采用预收款方式确认的事业收入，是指以合同完成进度确认事业收入时，按照基于合同完成进度计算的金额确认。

（2）采用应收款方式确认的事业收入，是指根据合同完成进度计算本期应收的款项确认。

采用**应收款方式**确认的事业收入按照**合同进度**计算的款项确认。

（三）事业收入的核算（★★★）

财务会计系统下，事业单位应设置"**事业收入**"科目，核算开展专业业务活动及其辅助活动所取得的收入。本科目应当按照事业收入的类别、来源等进行明细核算。对于因开展科研及其辅助活动从非同级政府财政部门取得的经费拨款，应当在本科目下单设"**非同级财政拨款**"**明细科目**进行核算。**期末结转后，本科目应无余额。**

账务处理：**（本章节只包括财务会计，未涵盖预算会计）**

1. 采用财政专户返还方式管理的事业收入

见表 2-5。

表 2-5　　事业收入相关经济业务会计处理

情境	会计处理
事业单位实现应上缴财政专户的事业收入时	借：银行存款/应收账款 　贷：应缴财政款
向财政专户上缴款项时	借：应缴财政款 　贷：银行存款
事业单位收到从财政专户返还的事业收入时	借：银行存款等 　贷：事业收入

2. 采用其他方式管理的事业收入

见表2－6。

表2－6　采用其他方式管理的事业收入相关经济业务会计处理

情境	会计处理
事业单位实现的其他方式下确认的事业收入	借：银行存款/库存现金等 　贷：事业收入

（其中涉及增值税业务的，相关账务处理参见“应交增值税”科目。）

【例2－8】某事业单位开展专业业务活动取得技术服务收入51 500元（含税）、学术活动收入30 900元（含税），均已存入银行。假设技术服务收入采用财政专户返还方式管理，该事业单位的账务处理如下：

财务会计：

借：银行存款　　82 400

　贷：应缴财政款　　51 500

　　事业收入——学术活动收入　　30 000

　　　　——应交增值税　　900

【例2－9】上例中的事业单位将技术服务收入上缴财政专户时，该事业单位的账务处理如下：

财务会计：

借：应缴财政款　　51 500

　贷：银行存款　　51 500

若该事业单位银行存款户收到从财政专户返还的技术服务收入51 500元，则，

财务会计：

借：银行存款　　51 500

　贷：事业收入——技术服务收入　　51 500

3. 采用预收款方式确认的事业收入

见表2－7。

表2－7　预收款方式确认的事业收入相关经济业务会计处理

情境	会计处理
事业单位实际收到预收款项时	借：银行存款 　贷：预收账款
事业单位以合同完成进度确认事业收入时	借：预收账款 **（按照基于合同完成进度计算的金额）** 　贷：事业收入

（其中涉及增值税业务的，相关账务处理参见“应交增值税”科目。）

课堂笔记：

单位根据合同完成进度确认事业收入时，应当按照业务实质，选择相应的方法合理确定合同完成进度。

1. 累计实际发生的合同成本占合同预计总成本的比例。
2. 已经完成的合同工作量占合同预计总工作量的比例。
3. 已经完成的时间占合同期限的比例。
4. 实际测定的完工进度。

【例2－10】某事业单位承接某企业污水处理项目的研究，项目总经费309 000元，需要两年完成。按照合同规定，该企业第一年初预付项目研究经费50%，第二年年初再预付50%。该科研项目产生的收入按照项目完成进度每年末确认。该事业单位账务处理如下：

每年年初收到委托企业预付款项时，

财务会计：

借：银行存款　　154 500

　　贷：预收账款　　154 500

每年年末确认收入时，

财务会计：

借：银行存款　　154 500

　　贷：事业收入　　150 000

　　　　应交增值税　　4 500

4. 采用应收款方式确认的事业收入

见表2－8。

表2－8　　采用应收款方式确认的事业收入相关经济业务会计处理

情境	会计处理
事业单位根据合同完成进度计算本期应收的款项	借：应收账款 　贷：事业收入
事业单位实际收到款项时	借：银行存款 　贷：应收账款

其中，涉及增值税业务的，相关账务处理参见“应交增值税”科目。

【例2－11】假设**【例2－10】**中的事业单位根据合同完成进度每年初计算应收50%的科研经费，年末实际收款。该事业单位账务处理如下：

年初根据合同完成进度计算应收的科研经费时，

财务会计：

借：应收账款　　154 500

　　贷：事业收入——科研收入　　150 000

　　　　应交增值税　　4 500

年末实际收到款项时，

财务会计：

借：银行存款　　154 500

　　贷：应收账款　　154 500

5. 期末结转

见表2－9。

表2－9　期末结转相关经济业务会计处理

情境	会计处理
期末，将“事业收入”科目本期发生额转入本期盈余	借：事业收入 　贷：本期盈余

课外拓展：

1. 补充：**行政单位以执行政务管理为职能，不得从事经营性活动。**

（1）行政单位没有经营收入业务。

（2）事业单位经营收入的内容或种类通常包括：①销售商品收入；②经营服务收入；③其他经营收入。

2. 拓展：**事业单位经营收入与附属单位上缴收入的主要区别。**

经营收入是事业单位开展非独立核算经营活动取得的收入，附属单位上缴收入是事业单位附属独立核算单位上缴的收入。

事业单位开展的非独立核算经营活动应当是小规模的，不便或无法形成独立核算单位。如果相应的经营活动规模较大，应尽可能组建附属独立核算单位。之后，附属独立核算单位按规定向事业单位上缴款项，形成事业单位的附属单位上缴收入。

二、经营收入

（一）经营收入的含义和确认（★★）

1. 定义

经营收入是事业单位在专业业务活动及辅助活动之外开展非独立核算经营活动取

得的收入，主要包括非独立核算部门因销售商品、向社会提供经营服务等取得的收入等。

课外拓展：

何为非独立核算？

非独立核算是指单位从上级单位领取一定数额的物资、款项从事业务活动，不独立计算盈亏，把日常发生的经济业务资料，报给上级集中进行会计核算的一种方式。

实行非独立核算的单位称为非独立核算单位，又称报账单位，它本身没有资本，其财产物资由上级单位拨付，也没有独立的银行账户，其一切收入均存入上级单位账户，一切支出也由上级单位审核支付。

非独立核算单位通常不设置会计机构，仅配备会计人员进行原始凭证的填制、审核、整理和汇总，以及实物明细账的登记工作，不单独编制预算和计算盈亏。

2. 事业单位的经营收入通常同时具备两个特征

（1）是**开展经营活动**取得的收入；

（2）是从开展**非独立核算的经营活动**中取得的收入。

3. 经营收入的确认

事业单位的经营收入应当**在提供服务或者发出存货，同时收讫价款或者取得索取价款的凭据时**，按照实际收到或应收到的金额予以确认。

（二）经营收入的核算（★★★）

财务会计系统下，事业单位应设置**"经营收入"**科目，核算在专业业务活动及辅助活动之外开展非独立核算经营活动取得的收入。本科目应当按照经营活动类别、项目、收入来源等进行明细核算。**期末结转后，本科目应无余额。**

1. 确认收入

见表2-10。

表2-10　　确认收入相关经济业务会计处理

情境	会计处理
事业单位实现经营收入时	借：银行存款/应收账款/应收票据等**（按照确定的收入金额）** 　贷：经营收入

其中，涉及增值税业务的，相关账务处理参见"应交增值税"科目。

【例2-12】某事业单位非独立核算部门销售产品取得收入5 150元（含税），款项已存入银行。该事业单位的账务处理如下：

财务会计

借：银行存款　　5 150

　　贷：经营收入——销售收入　　5 000

　　　　应交增值税　　150

2. 期末或年末结转

见表2-11。

表2-11　　期末或年末结转相关经济业务会计处理

情境	会计处理
期末，将“经营收入”科目本期发生额转入本年盈余	借：经营收入 　贷：本年盈余

年末，财务会计不做账。

课堂笔记：

事业收入和经营收入的区别

1. 包括的内容不同

事业单位的收入包括财政补助收入、上级补助收入、事业收入、经营收入、附属单位缴款、其他收入和基本建设拨款收入等。从财政专户核拨的预算外资金，计入事业收入。

经营收入包括经营性劳动收入、风险收入、级差收入、机会收入等。

2. 收入的性质不同

事业收入不同于实行证照管理取得的规费收入，主要为事业单位开展各种技艺性服务所形成。

经营收入类似企业收入。事业单位存在某些除自身正常业务活动及其辅助活动之外开展非独立核算经营活动取得的收入。其定价可以市场公平价格为标准，保本的基本上含有一些利润，类似企业营利活动。

3. 会计期末结转科目不同

会计期末，将“事业收入”科目余额转入“事业结余”科目，借记“事业收入”科目，贷记“事业结余”科目。

期末将经营收入科目余额转入“经营结余”科目，本科目无余额。

第三节　上级补助收入和附属单位上缴收入

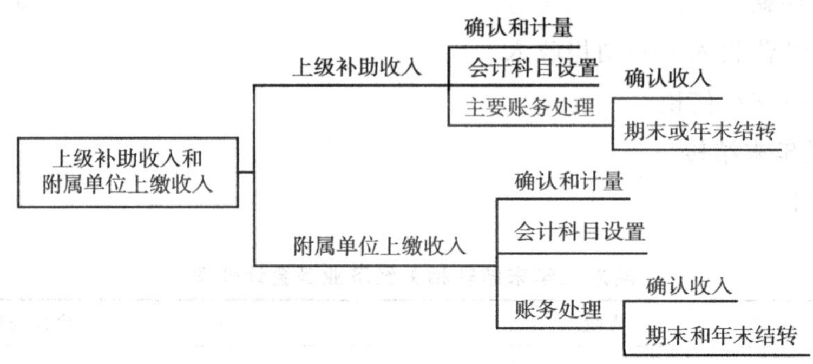

一、上级补助收入（★★★）

（一）上级补助收入确认和计量（★★）

上级补助收入是事业单位从主管部门和上级单位取得的**非财政拨款收入**，用于补助正常业务资金的不足。若是指定用于专项用途并须单独报账，则称为拨入的事业经费，即拨入专款，不能作为上级补助收入。行政单位没有上级补助收入的业务。上级补助收入应当在发生时确认，并按照应收或实收金额计量。见表2－12。

表2－12　　区分财政补助收入与上级补助收入

	上级补助收入	财政补助收入
收入来源	事业单位主管部门或上级单位	同级财政部门
属性	事业单位的非常规性收入	事业单位的常规性收入
管理方式	收到上级社会保险经办机构下拨的失业保险基金时， 借：银行存款——收入 　　贷：上级补助收入 会计期末，应将上级补助收入转入失业保险基金账户	主管会计单位应编报季度分月款计划。在申请当期财政补助时，应分“款”“项”填写“预算经费请拨单”，报同级财政部门。事业单位必须做到按计划控制用款，按资金用途用款

（二）上级补助收入的会计科目设置（★★）

财务会计系统下，事业单位应设置“**上级补助收入**”科目，核算收到的上级单位拨入的非财政拨款收入。本科目应当按照发放补助单位、补助项目等进行明细核算。期末结转后，本科目应无余额。

（三）上级补助收入的主要账务处理（★★★）

1. 确认收入

事业单位确认上级补助收入时，财务会计按照应收或实际收到的金额，借记“**其他应收款**”“**银行存款**”等科目，贷记“上级补助收入”科目；实际收到应收的上级补助款时，按照实际收到的金额，借记“**银行存款**”等科目，贷记“**其他应收款**”科目。

【例2－13】某事业单位收到上级单位拨入的非财政资金补助款250 000元。该事业单位的账务处理如下：

借：银行存款　　250 000

　　贷：上级补助收入——上级单位　　250 000

【例2－14】假设**【例2－13】**中的事业单位按照合约确认上级单位拨入的非财政资金补助款250 000元，但款项尚未收到。该事业单位的账务处理如下：

借：其他应收款　　250 000

　　贷：上级补助收入——上级单位　　250 000

收到款项时，

借：银行存款　　250 000

　　贷：其他应收款　　250 000

2. 期末或年末结转

期末，将“上级补助收入”科目本期发生额转入本期盈余，财务会计借记“上级补助收入”科目，贷记“**本期盈余**”科目。年终借记本科目，将本科目余额全数转入“事业结余”的科目里。

【例2－15】接**【例2－14】**，年终，结转“上级补助收入”科目，会计分录为：

借：上级补助收入　　250 000

　　贷：事业结余　　250 000

二、附属单位上缴收入（★★）

（一）附属单位上缴收入的确认和计量（★★）

附属单位上缴收入是指事业单位取得的附属独立核算单位按照有关规定上缴的收入。所谓附属单位，一般是指与该事业单位间除资金联系之外，还存在其他联系的具有独立法人资格的单位，包括事业单位和企业。附属单位上缴收入应当在发生时确认，并按照应收或实收金额计量。行政单位没有附属单位上缴收入的业务。见表2－13。

表 2－13　　事业单位与附属独立核算的事业单位

事业单位与其附属独立核算的事业单位通常存在行政隶属关系和预算管理关系；与其附属独立核算的企业通常不仅存在投资上的资金联系，而且存在有权任免其管理人员职务、支持或否决其经营决策等权力联系	事业单位的附属独立核算企业大多曾经是事业单位的一个组成部分，从事相应的业务活动，后因种种原因从事业单位中独立出来，成为独立核算的企业法人实体
	事业单位的附属独立核算单位通常按规定的标准或比例向事业单位上缴款项，从而形成事业单位的附属单位上缴收入
	事业单位的附属单位上缴收入包括附属的事业单位上缴的收入和附属的企业上缴的利润等

（二）附属单位上缴收入的会计科目设置（★★）

财务会计系统下，事业单位应设置“**附属单位上缴收入**”科目，核算取得的附属单位按有关规定上缴的收入。本科目应当按照附属单位、缴款项目等进行明细核算。期末结转后，本科目应无余额。

（三）附属单位上缴收入的账务处理（★★）

1. 确认收入

事业单位确认附属单位上缴收入时，财务会计按照应收或收到的金额，借记“**其他应收款**”“**银行存款**”等科目，贷记“附属单位上缴收入”科目；实际收到应收附属单位上缴款时，按照实际收到的金额，借记“**银行存款**”等科目，贷记“**其他应收款**”科目。

【例 2－16】某事业单位收到附属 A 单位上缴的收入 50 000 元。该事业单位的账务处理如下：

借：银行存款　　50 000

　　贷：附属单位上缴收入——A 单位　　50 000

【例 2－17】假设**【例 2－15】**中的事业单位按照合约确认附属 A 单位上缴的收入 50 000 元，但款项尚未收到。该事业单位的账务处理如下：

借：其他应收款　　50 000

　　贷：附属单位上缴收入——A 单位　　50 000

收到款项时，

借：银行存款　　50 000

　　贷：其他应收款　　50 000

2. 期末和年末结转

期末，财务会计将“附属单位上缴收入”科目本期发生额转入本期盈余，借记“附属单位上缴收入”科目，贷记“本期盈余”科目。

第四节　投资收益

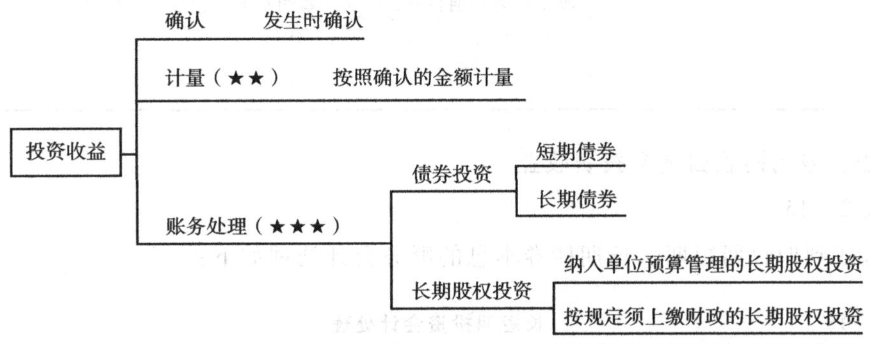

一、投资收益的确认和计量（★★）

定义：投资收益是指事业单位股权投资和债券投资所实现的收益或发生的损失，包括股权投资取得的股利或利润、债券投资取得的利息收入等。

不包括附属单位上缴的收入。

补充：行政单位没有投资收益的业务

投资收益应当在发生时确认，并按照确认的金额计量。

二、投资收益的会计科目设置

财务会计系统下，事业单位应设置“**投资收益**”科目，核算股权投资和债券投资所实现的收益或发生的损失。本科目应当按照投资的种类等进行明细核算。**期末结转后，本科目应无余额。**

三、投资收益的账务处理（★★★）

（一）债券投资取得的收益

1. 持有期间利息

见表2－14。

表2－14　债券投资会计处理

短期投资	长期投资
收到短期投资持有期间的利息 借：银行存款 　　贷：投资收益	按期确认持有的分期付息、一次还本的长期债券投资利息收入时： 借：应收利息（按照计算确定的应收未收利息） 　　贷：投资收益 持有的到期一次还本付息的债券投资，按期确认利息收入时： 借：长期债券投资——应计利息（按照计算确定的应收未收利息） 　　贷：投资收益 收到持有分期付息、一次还本的长期债券投资利息时： 借：银行存款（按照实际收到的金额） 　　贷：应收利息

2. 出售或到期收回债券投资收益

见表2－15。

出售或到期收回短期、长期债券本息的财务会计处理如下：

表2－15　长短期投资会计处理

短期投资	长期投资
借：银行存款（按照实际收到的金额） 　　贷：短期投资（按照出售或收回短期投资的成本） 按照其差额，贷记或借记“投资收益”科目	借：银行存款等（按照实际收到的金额） 　　贷：长期债券投资——成本（按照债券初始投资成本和已计未收利息金额） 　　　　长期债券投资——应计利息（到期一次还本付息债券） 或分别贷记“长期债券投资”“应收利息”科目（分期付息债券），按照其差额，贷记或借记“投资收益”科目

（涉及增值税业务的，相关账务处理参见“应交增值税”科目）。

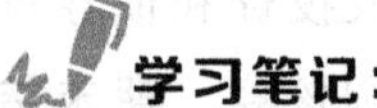

学习笔记：

长期债券中分期付息一次还本债券与到期一次还本的科目不同。分期付息到期一次还本使用“应付利息”科目，到期一次还本付息使用“长期债券投资——应计利息”此处可与本书第十三章以及《中级财务会计》中投资部分对应理解。

（二）长期股权投资取得的收益

见表2－16。

表 2－16　　　　　　　　　　　　长期股权投资

<table>
<tr><th rowspan="2"></th><th colspan="2">纳入单位预算管理的长期股权投资</th><th colspan="2">按规定须上缴财政的长期股权投资</th></tr>
<tr><th>成本法</th><th>权益法</th><th>成本法</th><th>权益法</th></tr>
<tr><td rowspan="2">持有期间取得的投资收益</td><td>持有期间，被投资单位宣告分派现金股利或利润时：按照宣告分派的现金股利或利润中属于单位应享有的份额，
借：应收股利
　贷：投资收益</td><td>按照应享有或应分担的被投资单位实现的净损益的份额，借记或贷记“长期股权投资——损益调整”，贷记或借记“投资收益”科目；
被投资单位发生净亏损，但以后年度又实现净利润的，单位在其收益分享额弥补未确认的亏损分担额等后，恢复确认投资收益：
借：长期股权投资——损益调整
　贷：投资收益</td><td rowspan="2">被投资单位宣告发放现金股利或利润时，事业单位按照应收的金额，
借：应收股利
　贷：投资收益
（与纳入单位预算管理的长期股权投资一致）
收到现金股利或利润时，
借：银行存款等
　贷：应缴财政款
同时按照此前确定的应收股利金额，借记“投资收益”科目或“累计盈余”科目（此前确认的投资收益已经结转的），贷记“应收股利”科目；
将取得的现金股利或利润上缴财政时
借：应缴财政款
　贷：银行存款等</td><td rowspan="2">被投资单位实现净利润的，单位按照应享有的份额
借：长期股权投资——损益调整
　贷：投资收益
被投资单位宣告发放现金股利或利润时，单位按照应享有的份额
借：应收股利
　贷：长期股权投资——损益调整
（与纳入单位预算管理的长期股权投资一致）
收到现金股利或利润时，借记“银行存款”等科目，贷记“应缴财政款”科目，同时按照此前确定的应收股利金额，借记“投资收益”科目或“累计盈余”科目（此前确认的投资收益已经结转的），贷记“应收股利”科目；
将取得的现金股利或利润上缴财政时：
借：应缴财政款
　贷：银行存款等</td></tr>
<tr><td colspan="2">持有长期股权投资取得被投资单位分派的现金股利或利润时，财务会计不做账</td></tr>
<tr><td>长期股权投资处置时有关投资收益和投资预算收益的账务处理</td><td colspan="4">参见“长期股权投资”科目</td></tr>
</table>

1. 纳入单位预算管理的长期股权投资持有期间取得的投资收益

（1）采用**成本法**核算的长期股权投资持有期间，被投资单位宣告分派现金股利或利润时：

借：应收股利（**按照宣告分派的现金股利或利润中属于单位应享有的份额**）

　　贷：投资收益

（2）采用**权益法**核算的长期股权投资持有期间，按照应享有或应分担的被投资单位实现的净损益的份额，单位财务会计借记或贷记“长期股权投资——损益调整”，贷记或借记“投资收益”科目；

被投资单位发生净亏损，但以后年度又实现净利润的，单位在其收益分享额弥补未确认的亏损分担额等后，恢复确认投资收益：

借：长期股权投资——损益调整

　　贷：投资收益

持有长期股权投资取得被投资单位分派的现金股利或利润时，财务会计不做账。

2. 按规定需上缴财政的长期股权投资持有期间取得的投资收益

（1）长期股权投资采用成本法核算的，见表2－17。

表2－17　　成本法核算的长期股权投资会计处理

情境	会计处理
被投资单位宣告发放现金股利或利润时，事业单位按照应收的金额	借：应收股利 　　贷：投资收益
收到现金股利或利润时	借：银行存款 　　贷：应缴财政款 **同时按照此前确定的应收股利金额** 借：投资收益/累计盈余（**此前确认的投资收益已经结转的**） 　　贷：应收股利
将取得的现金股利或利润上缴财政时	借：应缴财政款 　　贷：银行存款等

（2）长期股权投资采用权益法核算的，见表2－18。

表2－18　　权益法核算的长期股权投资会计处理

情境	会计处理
被投资单位实现净利润的	借：长期股权投资——损益调整（**按照应享有的份额**） 　　贷：投资收益
被投资单位宣告发放现金股利或利润时，单位按照应享有的份额	借：应收股利 　　贷：长期股权投资——损益调整
收到现金股利或利润时	借：银行存款 　　贷：应缴财政款 **同时按照此前确定的应收股利金额** 借：投资收益/累计盈余（**此前确认的投资收益已经结转的**） 　　贷：应收股利
将取得的现金股利或利润上缴财政时	借：应缴财政款 　　贷：银行存款等

（3）长期股权投资处置时有关投资收益和投资预算收益的账务处理，参见“长期股权投资”科目

上述业务账务处理的相关举例参见“短期投资”“长期债券投资”“长期股权投资”科目。

（三）期末和年末结转

期末，将“投资收益”科目本期发生额转入本期盈余，财务会计借记或贷记“投资收益”科目，贷记或借记“本期盈余”科目。年末，财务会计不做账。

【例 2－18】某事业单位收到短期投资持有期间的利息 2 200 元，款项已存入开户银行。试问会计分录如何？该事业单位应编制如下会计分录：

财务会计：

借：银行存款　　2 200

　　贷：投资收益　　2 200

【例 2－19】某事业单位持有 B 公司 10% 的股份，无权决定 B 公司的财务和经营政策，也无权参与 B 公司的财务和经营政策决策，相应的长期股权投资采用成本法核算。某日，B 公司宣告分派现金股利 120 000 元，该事业单位按持股比例可分享相应的份额 12 000 元（120 000 × 10%）。数日后，该事业单位收到 B 公司分派的现金股利 12 000 元，款项已存入开户银行。该事业单位应编制如下会计分录：

（1）确认可分享的现金股利时，

财务会计：

借：应收股利　　12 000

　　贷：投资收益　　12 000

（2）收到现金股利时，

财务会计：

借：银行存款　　12 000

　　贷：应收股利　　12 000

【例 2－20】年末，某事业单位“投资收益”科目的本年发生额为 78 500 元。该事业单位将其全数转入“本期盈余”科目。该事业单位应编制如下会计分录：

财务会计：

借：投资收益　　78 500

　　贷：本期盈余　　78 500

课外拓展①：

有专家认为政府会计准则及解释对长期股权投资及其收益核算的条款存在缺陷

1. 制度设计理念不符合政府会计改革的初衷。本轮政府会计改革目的是实现财务会计与预算会计“双功能、双报告、双基础”。但在规范事业单位对投资收益及处置长期股权投资的财务会计核算时，仍采用预算会计的理论思想，违背财务会计核算的基础，造成财务会计数据缺乏可比性、不能准确反映报告期会计主体经济运行的真实状况。

2. 处置长期投资股获得的投资收益核算不符合《事业单位国有资产管理暂行办法》（财政部令2005年第36号）规定。办法第二十九条“事业单位国有资产处置收入属于国家所有，应当按照政府非税收入管理的规定，实行‘收支两条线’管理”。但政府会计准则制度解释1号的规定，不论取得的处置收入较账面金额或投资成本高低，上缴财政的金额均为该项投资的成本，而未按实际取得的收入款项上缴财政；同时，对取得的投资按支付为非现金和非现金来采取不同的核算方式，采取不同的核算、收入上缴方式，缺少政策依据。

第五节　捐赠收入和利息收入

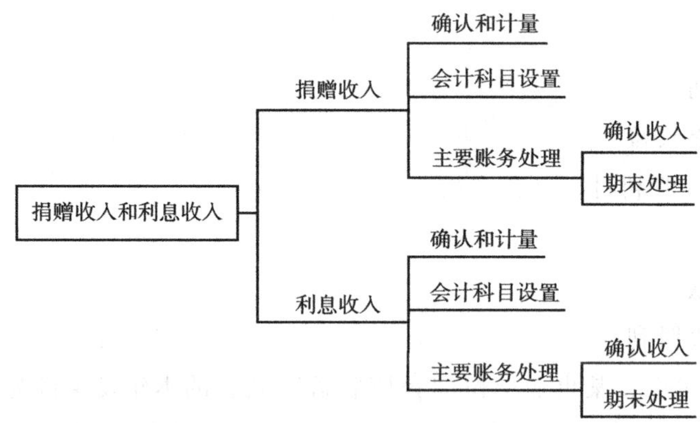

一、捐赠收入（★★）

（一）捐赠收入的确认和计量（★）

捐赠收入，是指政府单位接受其他单位或者个人捐赠取得的收入。捐赠收入应当

① 王钟炎：“完善政府会计制度对长期股权投资核算的探讨”，《财务与会计》2021年第2期，第49－51页。

在发生时确认，并按照实收或应收金额计量。

（二）捐赠收入的会计科目设置（★★）

财务会计系统下，政府单位应设置“**捐赠收入**”科目，核算政府单位接受其他单位或者个人捐赠取得的收入。本科目应当按照捐赠资产的用途和捐赠单位等进行明细核算。期末结转后，本科目应无余额。

（三）捐赠收入的主要账务处理（★★）

1. 确认收入

见表2－19。

表2－19　捐赠收入确认收入

接受方式	确认	账务处理
政府单位接受捐赠的货币资金	按照实际收到的金额	借记“**银行存款**”“**库存现金**”等科目 贷记“捐赠收入”科目
政府单位接受捐赠的存货、固定资产等非现金资产	财务会计按照确定的成本	借记“**库存物品**”“**固定资产**”等科目
	按照发生的相关税费、运输费等	贷记“**银行存款**”等科目
	按照其差额	贷记“捐赠收入”科目
接受捐赠的资产按照名义金额入账	按照名义金额	借记“**库存物品**”“**固定资产**”等科目 贷记“捐赠收入”科目
	按照发生的相关税费、运输费等	借记“**其他费用**”科目 贷记“**银行存款**”等科目

行政事业单位取得捐赠的货币资金按规定应当上缴财政的，应当按照《政府会计制度——行政事业单位会计科目和报表》中“应缴财政款”科目相关规定进行财务会计处理。单位接受捐赠人委托转赠的资产，应当按受托代理业务相关规定进行账务处理，预算会计不作处理。

行政事业单位接受捐赠人委托转赠的资产，应当按照《政府会计制度》中受托代理业务相关规定进行财务会计处理。①

2. 期末处理

期末，将该科目本期发生额转入本期盈余，借记“捐赠收入”科目，贷记“**本期盈余**”科目。

【例2－21】 某政府单位接收甲公司的捐赠，其中货币资金200 000元，计算机10

① 参见《政府会计准则制度解释第3号》。

台，发票上注明价款500 000元，以银行存款支付相关税费200元。该政府单位账务处理如下：

借：银行存款　200 000
　　固定资产　500 200
　　贷：捐赠收入——甲公司　700 000
　　　　银行存款　200

二、利息收入（★★）

（一）利息收入的确认和计量（★）

利息收入，是指政府单位取得的银行存款利息收入。利息收入应当在发生时确认，并按照实收或应收金额计量。

（二）利息收入的会计科目设置（★★）

财务会计系统下，政府单位应设置“**利息收入**”科目，核算政府单位取得的银行存款利息收入。期末结转后，本科目应无余额。

（三）利息收入的主要账务处理（★★）

1. 确认收入

政府单位取得银行存款利息时，按照实际收到的金额，财务会计借记“**银行存款**”科目，贷记“利息收入”科目。

2. 期末处理

期末，将该科目本期发生额转入本期盈余，借记“利息收入”科目，贷记“**本期盈余**”科目。

【例2－22】某政府单位收到银行存款利息收入通知书，本月取得存款利息收入5 000元。该政府单位财务会计账务处理如下：

取得银行存款利息时：

借：银行存款　5 000
　　贷：利息收入　5 000

期末转入本期盈余时：

借：利息收入　5 000
　　贷：本期盈余　5 000

第六节　其他各项收入

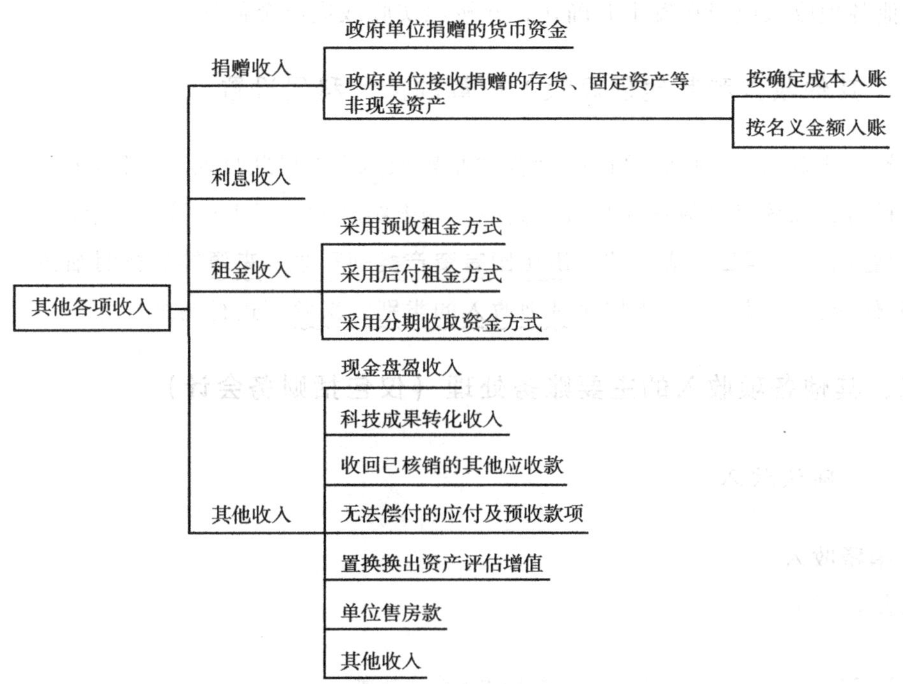

一、其他各项收入的确认和计量（★★）

（一）其他各项收入的定义

定义：其他各项收入，是指政府单位取得的除财政拨款收入、非同级财政拨款收入、事业收入、经营收入、上级补助收入、附属单位上缴收入、投资收益以外的各项收入，**包括捐赠收入、利息收入、租金收入以及其他收入**。

捐赠收入，是指政府单位接受**其他单位或者个人捐赠**取得的收入。

利息收入，是指政府单位取得的银行存款利息收入。

租金收入，是指政府单位经批准利用国有资产出租取得并按照规定纳入本单位预算管理的租金收入。**国有资产出租收入，应当在租赁期内各个期间按照直线法予以确认。**

其他收入，是指政府单位取得的除财政拨款收入、事业收入、上级补助收入、附属单位上缴收入、经营收入、非同级财政拨款收入、投资收益、捐赠收入、利息收入、租金收入以外的各项收入，包括现金盘盈收入、按照规定纳入单位预算管理的科技成果转化收入、行政单位收回已核销的其他应收款、无法偿付的应付及预收款项、置换中换出的资产评估增值、单位售房款等。

（二）其他各项收入的确认和计量

其他各项收入应当在发生时确认，并按照实收或应收金额计量。

二、其他收入和其他预算收入核算的会计科目设置

财务会计系统下，政府单位应设置“捐赠收入”“利息收入”“租金收入”“其他收入”科目，以核算其他各项收入。其中，期末结转后，以上科目应无余额。

“租金收入”科目，应当按照出租国有资产类别和收入来源等进行明细核算。

“其他收入”科目，应当按照其他收入的类别、来源等进行明细核算。

三、其他各项收入的主要账务处理（仅包括财务会计）

（一）确认收入

1. 捐赠收入

见表 2－20。

表 2－20　　捐赠收入会计处理

情境	会计处理
政府单位接受捐赠的货币资金	借：银行存款/库存现金等 　　贷：捐赠收入
政府单位接受捐赠的存货、固定资产等非现金资产	借：库存物品/固定资产等（按照确定的成本） 　　贷：银行存款等（按照发生的相关税费、运输费等） 捐赠收入（按照其差额）
接受捐赠的资产按照名义金额入账的	借：库存物品/固定资产等（按照名义金额） 　　贷：捐赠收入 借：其他费用（按照发生的相关税费、运输费等） 　　贷：银行存款

课外拓展：

资产按照名义金额入账，即当资产的公允价值无法确定，但这个经济事项又确实存在时，为了防止疏漏和资产流失，给它一个名义上的金额（即人民币 1 元），让该资产在账上有所体现。

根据现行《行政单位会计制度》的规定，政府单位接受捐赠的存货、固定资产等非现金资产，其成本按照有关凭据注明的金额加上相关税费、运输费等确定；没有相关凭据可供取得，但依法经过资产评估的，其成本应当按照评估价值加上相关税费、运输费等确定；没有相关凭据可供取得、也未经评估的，其成本比照同类或类似固定资产的市场价格加上相关税费、运输费等确定；没有相关凭据也未经评估，其同类或类似固定资产的市场价格无法可靠取得，所取得的固定资产应当按照名义金额入账。

【例 2－23】某政府单位接受甲公司的捐赠，其中货币资金 200 000 元，计算机 10 台，发票上注明价款 500 000 元，以银行存款支付相关税费 200 元。该政府单位账务处理如下：

财务会计：

借：银行存款	200 000	
固定资产	500 200	
贷：捐赠收入——甲公司		700 000
银行存款		200

2. 利息收入

借：银行存款

　　贷：利息收入

【例 2－24】某政府单位收到银行存款利息收入通知书，本月取得存款利息收入 5 000 元。该政府单位账务处理如下：

财务会计：

借：银行存款	5 000	
贷：利息收入		5 000

3. 租金收入

见表 2－21。

表 2－21　　租金收入会计处理

情境	会计处理
采用**预收租金方式**的	**政府单位预收租金时：** 借：银行存款（按照实际收到的金额） 　　贷：预收账款 **分期确认租金收入时：** 借：预收账款（按照各期租金金额） 　　贷：租金收入

续表

情境	会计处理
采用后付租金方式的	**政府单位每期确认租金收入时：** 借：应收账款（按照各期租金金额） 　贷：租金收入 **收到租金时：** 借：银行存款（按照实际收到的金额） 　贷：应收账款
采用分期收取租金方式的	政府单位每期收取租金时： 借：银行存款（按照实际收到的租金金额） 　贷：租金收入

租金收入涉及增值税业务的，相关账务处理参见“应交增值税”科目。

【例 2－25】某政府单位经批准将一幢办公楼出租，租期 5 年，年租金 630 000 元（含税）。该政府单位账务处理如下：

（1）如果采用预收租金方式，每年 1 月预收全年租金，分月确认租金收入：

1 月收到年租金 630 000 元时，

财务会计：

借：银行存款　630 000

　贷：预收账款　630 000

每月确认租金收入时，

借：预收账款　52 500

　贷：租金收入　50 000

　　应交增值税　2 500

（2）如果采用后付租金方式，每年末承租人一次性支付全年租金：

每月确认租金收入时，

借：应收账款　52 500

　贷：租金收入　50 000

　　应交增值税　2 500

年末收到年租金 630 000 元时，

借：银行存款　630 000

　贷：应收账款　630 000

（3）如果采用分期收取租金方式，承租人按月支付租金 52 500 元时，

借：银行存款　52 500

　贷：租金收入　50 000

　　应交增值税　2 500

4. 其他收入

（1）现金盘盈收入。每日现金账核对中发现的现金溢余，属于无法查明原因的，报经批准后：

借：待处理财产损溢

　　贷：其他收入

（2）科技成果转化收入。政府单位科技成果转化所取得的收入，**按照规定留归本单位的，按照所取得收入扣除相关费用之后的净收益**：

借：银行存款

　　贷：其他收入

【例 2-26】 某事业单位的科技成果转化收入按照规定留归本单位。该单位将其开发的新技术转让给一家公司，取得净收益 150 000 元。该事业单位账务处理如下：

借：银行存款　　150 000

　　贷：其他收入——科技成果转化收入　　150 000

（3）收回已核销的其他应收款。行政单位已核销的其他应收款在以后期间收回的，按照实际收回的金额，

借：银行存款

　　贷：其他收入

（4）无法偿付的应付及预收款项。政府单位无法偿付或债权人豁免偿还的应付账款、预收账款、其他应付款及长期应付款：

借：应付账款/预收账款/其他应付款/长期应付款等

　　贷：其他收入

【例 2-27】 某事业单位经检查，2×21 年度几经努力无法联系到债权人的应付账款、预收账款、其他应付款及长期应付款的金额分别为 20 000 元、10 000 元、50 000 元和 5 000 元。按照规定报经批准后核销时，该事业单位账务处理如下：

借：应付账款　　20 000

　　预收账款　　10 000

　　其他应付款　　50 000

　　长期应付款　　5 000

　　贷：其他收入　　85 000

（5）置换换出资产评估增值。政府单位资产置换过程中，出现资产评估增值的：财务会计按照**评估价值高于资产账面价值或账面余额的金额**，借记有关科目，贷记“其他收入”科目（具体账务处理参见“库存物品”等科目）；

以未入账的无形资产取得的长期股权投资，

借：长期股权投资（按照评估价值加相关税费作为投资成本）

贷：银行存款/其他应交税费等（按照发生的相关税费）

其他收入（按其差额）

（6）单位售房款[1]。政府单位收到售房款项（售房收入扣除按标准计提的住宅专项维修资金）及其利息收入时：

借：银行存款

贷：其他收入

按规定使用售房款发放购房补贴的，计提购房补贴费用时：

借：业务活动费用/单位管理费用等

贷：应付职工薪酬——相关明细科目

发放购房补贴时：

借：应付职工薪酬——相关明细科目

贷：银行存款

【例2－28】某政府单位经批准将不需用的职工公寓楼出售，收到售房款500 000元。假设不考虑增值税，该政府单位的账务处理如下：

借：银行存款　　500 000

贷：其他收入　　500 000

（7）其他收入。政府单位确认上述以外的其他收入时，财务会计按照应收或实际收到的金额，借记“其他应收款”“银行存款”“库存现金”等科目，贷记“其他收入”科目（涉及增值税业务的，相关账务处理参见“应交增值税”科目）。

（二）期末和年末结转

期末，将“捐赠收入”“利息收入”“租金收入”“其他收入”科目本期发生额转入本期盈余。

借：捐赠收入/利息收入/租金收入/其他收入

贷：本期盈余

年末，财务会计不做账。

---

[1] 依据《政府会计准则制度解释第1号》规定，中央级行政事业单位应当自2019年1月1日起，将归属于本单位的售房款及其利息收入纳入部门预算管理，并按照《政府会计制度—行政事业单位会计科目和报表》统一进行会计核算。

课后习题

1. 【多选题】下列科目中，是行政单位和事业单位共用科目的是（　　）。

A. 捐赠收入　　B. 财政拨款收入

C. 上级补助收入　　D. 利息收入

【参考答案】ABD.

【解析】C 选项上级补助收入是指上级补助收入是事业单位从主管部门和上级单位取得的非财政拨款收入，行政单位没有上级补助收入的业务。

其余三个选项的科目均为行政单位与事业单位共用的科目。

2. 【单选题】某事业单位按照批复的部门预算和资金使用计划，向财政国库支付执行机构申请授权支付的用款额度，在财政授权支付方式下，收到“授权支付到账通知书”时，下列会计处理正确的是（　　）。

A. 增加其他收入　　B. 增加事业支出

C. 增加零余额账户用款额度　　D. 增加事业收入

【参考答案】C.

【解析】在财政授权支付方式下，收到“授权支付到账通知书”时在财务会计中借记“零余额账户用款额度，贷记“财政拨款收入”科目；同时在预算会计中借记“资金结存——零余额账户用款额度”，贷记“财政拨款预算收入”科目。

3. 【单选题】转赠物资的委托人取消了对捐赠物资的转赠要求，且不再收回捐赠物资的，应当将转赠物资转为单位的存货、固定资产等，同时确认（　　）。

A. 财政拨款预算收入　　B. 投资收益

C. 其他收入　　D. 事业预算收入

【参考答案】C.

【解析】转赠物资的委托人取消了对捐赠物资的转赠要求，且不再收回捐赠物资的，应当将转赠物资转为单位的存货、固定资产等，同时确认其他收入。

4. 【单选题】下列各项关于科研事业单位有关业务或事项会计处理的表述中，正确的是（　　）。

A. 开展技术咨询服务收取的劳务费（不含增值税）在预算会计下确认为其他预算收入

B. 年度终了，根据本年度财政直接支付预算指标数与本年财政直接支付实际支出

数的差额，确认为其他预算收入

C. 财政授权支付方式下年度终了根据代理银行提供的对账单核对无误后注销零余额账户用款额度的余额并于下年初恢复

D. 涉及现金收支的业务采用预算会计核算，不涉及现金收支的业务采用财务会计核算

【参考答案】C.

【解析】科研事业单位对开展技术咨询服务收取的劳务费预算会计应计入事业预算收入，选项 A 错误；本年度财政直接支付预算指标数与当年财政直接支付实际支出数的差额，预算会计确认财政拨款预算收入，选项 B 错误；单位对于纳入部门预算管理的现金收支业务，在采用财务会计核算的同时应当进行预算会计核算。不纳入部门预算管理的现金收支业务，比如收到应缴财政款项，只进行财务会计核算，不进行预算会计核算，选项 D 错误。

5. 【多选题】下列属于事业单位经营收入的有（　　）。

A. 学校学费收入　　　　　　　　B. 学校非独立核算的电影院收入

C. 学校非独立核算的招待所收入　　D. 学校电脑培训收入

【参考答案】BCD.

【解析】经营收入是事业单位在专业业务活动及辅助活动之外开展非独立核算经营活动取得的收入，A 项中的学费为事业收入。

6. 【单选题】以下关于政府单位会计的说法正确的是（　　）。

A. 政府单位会计可以按照核算功能不同分为行政单位会计和事业单位会计

B. 政府单位会计只适用于行政单位与事业单位

C. 行政单位原则上采用收付实现制，事业单位原则上采用权责发生制

D. 政府单位的会计组织系统可分为主管会计单位和二级会计单位两级

【参考答案】C.

【解析】

A 选项：政府单位会计可以按照核算功能不同分为单位财务会计和单位预算会计

B 选项：有一些既不属于行政单位也不属于事业单位的组织，如政府出资或拨款运行的人民团体、各种协会等也适用政府单位会计

C 选项正确

D 选项：政府单位的会计组织系统可分为主管会计单位、二级会计单位和基层会计单位三级

7. 【单选题】下列各项中，属于政府单位财务会计中“负债”要素的是（　　）。

A. 零余额账户用款额度　　　　　B. 财政应返还额度

C. 财政拨款收入　　　　　　　　D. 应缴财政款

【参考答案】D.

【解析】

A、B 选项，零余额账户用款额度和财政应返还额度均属于政府单位财务会计的“资产”要素

C 选项，财政拨款收入属于政府单位财务会计中的“收入”要素。

8.【多选题】下列各项中，属于事业单位会计特点的有（　　）。

A. 财务会计要素分为资产、负债、净资产、收入和利润五大类

B. 财务会计实行权责发生制，预算会计实行收付实现制，国务院另有规定的从其规定

C. 事业单位财务会计与预算会计适度分离包括“双功能”“双基础”“双报告”

D. 单位预算会计通过预算收入、预算支出和结转结余三个元素，全面反映单位预算收支的执行情况

【参考答案】BCD.

【解析】事业单位财务会计要素分为资产、负债、净资产、收入和费用五大类。

9.【单选题】某县政府在单位类型上属于（　　）。

A. 企业单位　　B. 事业单位　　C. 个人组织　　D. 国家机关

【参考答案】D.

【解析】国家行政机关包括最高国家行政机关和地方国家行政机关，其中，最高国家行政机关即中央政府是国家行政机关的核心。我国的最高国家行政机关是国务院，地方国家行政机关分为省（自治区、直辖市）、州或县（市、区）和乡镇三级人民政府。所以县级人民政府是国家行政机关。

课外拓展：

关于准则制度实施范围

未纳入部门预决算管理范围的事业单位，可以不执行《政府会计制度——行政事业单位会计科目和报表》（以下简称“新制度”）中的预算会计内容，只执行财务会计内容。

原参照执行《中小学校会计制度》《高等学校会计制度》《医院会计制度》《基层医疗卫生机构会计制度》等行业事业单位会计制度的非政府会计主体，可参照执行新制度。

原执行《工会会计制度》的各级工会组织，暂不执行政府会计准则制度，继续执行《工会会计制度》。

属于政府会计准则制度实施范围、但财政部未针对其原执行的会计制度专门制定新旧衔接规定的事业单位，应当参照《〈政府会计制度——行政事业单位会计科目和报表〉与〈事业单位会计制度〉有关衔接问题的处理规定》（财会〔2018〕3 号）做好新旧衔接工作。

10. 假设某市财政总预算会计 2×20 年 12 月 31 日的资产负债表（年初余额略）以及 2×21 年 12 月 31 日的资产、负债和净资产会计科目余额分别参见下表。请编制 2×21 年 12 月 31 日的资产负债表。

资产负债表

会财政 01 表

编制单位：××市财政局　　2×20 年 12 月 31 日　　单位：万元

资产	年初余额	期末余额	负债和净资产	年初余额	期末余额
流动资产：			流动负债：		
国库存款		11 430 000	应付短期政府债券		
国库现金管理存款		630 000	应付利息		260 000
其他财政存款		4 820 000	应付国库集中支付结余		2 980 000
有价证券			与上级往来		5 220 000
在途款		1 830 000	其他应付款		910 000
预拨经费		960 000	应付代管资金		
借出款项			一年内到期的非流动负债		
应收股利		540 000	**流动负债合计**		**9 370 000**
应收利息		240 000	非流动负债：		
与下级往来		750 000	应付长期政府债券		
其他应收款		990 000	借入款项		
流动资产合计		**22 190 000**	应付地方政府债券转贷款		6 000 000
非流动资产：			应付主权外债转贷款		4 000 000
应收地方政府债券转贷款		5 000 000	其他负债		
应收主权外债转贷款		3 000 000	**非流动负债合计**		**10 000 000**
股权投资		1 070 000	**负债合计**		**19 370 000**
待发国债			一般公共预算结转结余		6 500 000
非流动资产合计		**9 070 000**	政府性基金预算结转结余		3 500 000
			国有资本经营预算结转结余		1 250 000
			财政专户管理资金结余		520 000
			专用基金结余		350 000
			预算稳定调节基金		80 000
			预算周转金		100 000
			资产基金		9 850 000
			减：待偿债净资产		-10 260 000
			净资产合计		**11 890 000**
资产总计		**31 260 000**	**负债和净资产总计**		**31 260 000**

会计科目余额表

编制单位：××市财政局　　　　2×21 年 12 月 31 日　　　　单位：万元

资产类	借方余额	负债和净资产类	贷方余额
国库存款	15 800 000	应付国库集中支付结余	3 560 000
国库现金管理存款	1 030 000	与上级往来	7 620 000
其他财政存款	5 130 000	其他应付款	1 620 000
在途款	1 950 000	应付地方政府债券转贷款	6 210 000
预拨经费	2 460 000	其中：应付本金	6 000 000
借出款项	90 000	应付利息	210 000
应收股利	600 000	应付主权外债转贷款	4 080 000
与下级往来	820 000	其中：应付本金	4 000 000
其他应收款	850 000	应付利息	80 000
应收地方政府债券转贷款	5 150 000	一般公共预算结转结余	8 600 000
其中：应收本金	5 000 000	政府性基金预算结转结余	4 300 000
应收利息	150 000	国有资本经营预算结转结余	1 160 000
应收主权外债转贷款	3 045 000	财政专户管理资金结余	630 000
其中：应收本金	3 000 000	专用基金结余	420 000
应收利息	45 000	预算稳定调节基金	100 000
股权投资	1 070 000	预算周转金	120 000
		资产基金	9 865 000
		待偿债净资产	-10 290 000
合计	**37 995 000**	合计	**37 995 000**

【参考答案】

资产负债表

会财政 01 表

编制单位：××市财政局　　　　2×21 年 12 月 31 日　　　　单位：万元

资产	年初余额	期末余额	负债和净资产	年初余额	期末余额
流动资产：			流动负债：		
国库存款	11 430 000	15 800 000	应付短期政府债券		
国库现金管理存款	630 000	1 030 000	应付利息	260 000	290 000
其他财政存款	4 820 000	5 130 000	应付国库集中支付结余	2 980 000	3 560 000
有价证券			与上级往来	5 220 000	7 620 000
在途款	1 830 000	1 950 000	其他应付款	910 000	1 620 000

续表

资产	年初余额	期末余额	负债和净资产	年初余额	期末余额
预拨经费	960 000	2 460 000	应付代管资金		
借出款项		90 000	一年内到期的非流动负债		
应收股利	540 000	600 000	**流动负债合计**	**9 370 000**	**13 090 000**
应收利息	240 000	195 000	非流动负债：		
与下级往来	750 000	820 000	应付长期政府债券		
其他应收款	990 000	850 000	借入款项		
流动资产合计	**22 190 000**	**28 925 000**	应付地方政府债券转贷款	6 000 000	6 000 000
非流动资产：			应付主权外债转贷款	4 000 000	4 000 000
应收地方政府债券转贷款	5 000 000	5 000 000	其他负债		
应收主权外债转贷款	3 000 000	3 000 000	**非流动负债合计**	**10 000 000**	**10 000 000**
股权投资	1 070 000	1 070 000	**负债合计**	**19 370 000**	**23 090 000**
待发国债			一般公共预算结转结余	6 500 000	8 600 000
非流动资产合计	**9 070 000**	**9 070 000**	政府性基金预算结转结余	3 500 000	4 300 000
			国有资本经营预算结转结余	1 250 000	1 160 000
			财政专户管理资金结余	520 000	630 000
			专用基金结余	350 000	420 000
			预算稳定调节基金	80 000	100 000
			预算周转金	100 000	120 000
			资产基金	9 850 000	9 865 000
			减：待偿债净资产	-10 260 000	-10 290 000
			净资产合计	**11 890 000**	**14 905 000**
资产总计	**31 260 000**	**37 995 000**	**负债和净资产总计**	**31 260 000**	**37 995 000**

11. 假设某自治区财政2×20年一般公共预算结转结余5 000万元、政府性基金预算结转结余3 000万元、国有资本经营预算结转结余300 000万元、财政专户管理资金结余20万元、专用基金结余15万元（收入和支出项目数略）。2×21年年末转账前有关收入类和支出类会计科目的发生额见下表。请编制2×21年的收入支出表。

收入类和支出类会计科目发生额表

编制单位：××自治区财政厅　　　　2×21 年　　　　单位：万元

收入类	贷方余额	支出类	借方余额
一般公共预算本级收入	25 500 000	一般公共预算本级支出	26 870 000
政府性基金预算本级收入	3 100 000	政府性基金预算本级支出	2 920 000
国有资本经营预算本级收入	2 300 000	国有资本经营预算本级支出	2 160 000
财政专户管理资金收入	700	财政专户管理资金支出	650
专用基金收入	800	专用基金支出	780
补助收入——般公共预算补助收入	520 000	补助支出——般公共预算补助支出	530 000
补助收入——政府性基金预算补助收入	150 000	补助支出——政府性基金预算补助支出	145 000
上解收入——般公共预算上解收入	1 200 000	上解支出——般公共预算上解支出	180 000
上解收入——政府性基金预算上解收入	520 000	上解支出——政府性基金预算上解支出	80 000
债务收入——一般债务收入	1 200 000	债务还本支出——般债务还本支出	30 000
债务收入——专项债务收入	720 000	债务还本支出——专项债务还本支出	15 000
地区间援助收入	2 000	债务转贷支出——般债务转贷支出	860 000
		债务转贷支出——专项债务转贷支出	540 000
		安排预算稳定调节基金	25 000
动用预算稳定调节基金	80 000	调出资金——政府性基金预算调出资金	20 000
调入资金——般公共预算调入资金	50 000	调出资金——国有资本经营预算调出资金	30 000
合计	**35 343 500**	**合计**	**34 406 430**

【参考答案】

收入支出表

会财政 02 表

编制单位：××自治区财政厅　　　　2×21 年度　　　　单位：万元

项目	一般公共预算		政府性基金预算		国有资本经营预算		财政专户管理资金		专用基金	
	上年数	本年数	上年数	本年数	上年数	本年数	上年数	本年数	上年数	本年数
年初结转结余	**5 000**		**3 000**		**300 000**		**20**		**15**	
收入合计		**28 552 000**		**4 490 000**		**2 300 000**		**700**		**800**
本级收入		25 500 000		3 100 000		2 300 000		700		800
其中：来自预算安排的收入	—	—	—	—	—	—	—	—		800
补助收入		520 000		150 000	—	—	—	—	—	—
上解收入		1 200 000		520 000	—	—	—	—	—	—

续表

项目	一般公共预算		政府性基金预算		国有资本经营预算		财政专户管理资金		专用基金	
	上年数	本年数	上年数	本年数	上年数	本年数	上年数	本年数	上年数	本年数
地区间援助收入		2 000	—	—	—	—	—	—	—	—
债务收入		1 200 000		720 000	—	—	—	—	—	—
债务转贷收入					—	—	—	—	—	—
动用预算稳定调节基金		80 000	—	—	—	—	—	—	—	—
调入资金		50 000			—	—	—	—	—	—
支出合计		**28 495 000**		**3 720 000**		**2 190 000**		**650**		**780**
本级支出		26 870 000		2 920 000		2 160 000		650		780
其中：权责发生列支							—	—	—	—
预算安排专用基金的支出			—	—	—	—	—	—	—	—
补助支出		530 000		145 000	—	—	—	—	—	—
上解支出		180 000		80 000	—	—	—	—	—	—
地区间援助支出			—	—	—	—	—	—	—	—
债务还本支出		30 000		15 000	—	—	—	—	—	—
债务转贷支出		860 000		540 000	—	—	—	—	—	—
安排预算稳定调节基金		25 000	—	—	—	—	—	—	—	—
调出资金				20 000		30 000	—	—	—	—
结余转出			—	—	—	—	—	—	—	—
其中：增设预算周转金			—	—	—	—	—	—	—	—
年末结转结余		**62 000**		**773 000**		**410 000**		**70**		**35**

注：表中有“—”的部分不必填列。

12. 根据“年终财政结算单”，某省财政本年度应上解中央财政款 50 000 000 元，而中央总库实收该省财政上解款 45 000 000 元；中央财政应补助该省财政款 2 000 000 元，而中央已拨付该省补助款 1 500 000 元。

遇到该情况，中央和省财政分别该如何记账？

【参考答案】

中央财政欠该省财政补助款 = 2 000 000 - 1 500 000 = 500 000（元）

该省财政欠中央财政上解款 = 50 000 000 − 45 000 000 = 5 000 000（元）

该省财政应补上解中央财政款 = 5 000 000 − 500 000 = 4 500 000（元）

根据“年终财政结算单”将中央财政欠拨补助资金和本级财政欠上解资金记账时，该省财政总预算会计的账务处理如下：

借：与上级往来　　500 000

　　贷：补助收入　　500 000

借：上解支出　　5 000 000

　　贷：与上级往来　　5 000 000

“与上级往来”科目的贷方余额 4 500 000 元，即为该省财政应补上解中央财政款。

中央财政总预算会计也要根据“年终财政结算单”通过“与下级往来”科目与该省级财政办理结算，其账务处理如下：

借：补助支出　　500 000

　　贷：与下级往来　　500 000

借：与下级往来　　5 000 000

　　贷：上解收入　　5 000 000

“与下级往来”科目的借方余额 4 500 000 元即为所属该省财政应补交的上解款。

13. **【单选题】**财政总预算会计报表信息使用者主要是（　　）。

A. 投资者和政府及其相关部门

B. 投资者和管理者

C. 投资者和信贷人

D. 投资者和社会公众

【参考答案】C.

【解析】财政总预算会计报表信息使用者主要是投资者和信贷人

14. **【单选题】**为了划清年度收支，核实收支数字，结清往来款项，以便如实反映全年预算执行结果，分析全年预算执行情况，总结预算管理的经验，检查财经纪律遵守情况，财政总预算会计需要做的是（　　）。

A. 年终清理

B. 年终财政结算

C. 年终结账

D. 不需要做任何事情，会自动出清

【参考答案】A.

【解析】以上题目描述是年终清理的目的；年终财政结算旨在结清上下级政府财政的转移支付收支和往来款项；年终结账旨在转账、结清旧账、记入新账。

第三章　政府单位费用的核算

第一节　政府单位费用概述

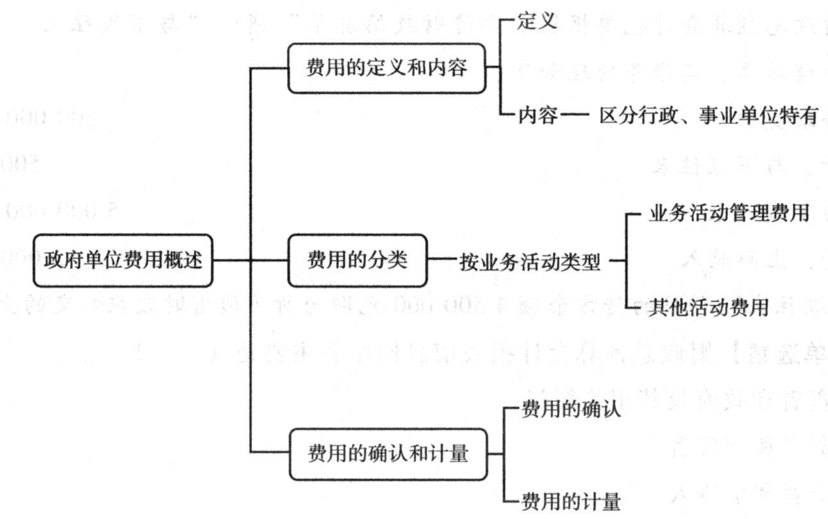

一、费用的定义和内容

（一）定义

费用，是指报告期内导致政府单位净资产减少的、含有服务潜力或者经济利益的经济资源流出。

费用是政府单位财务会计要素之一。

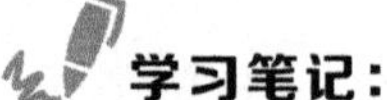

学习笔记：

经济资源包含服务潜力和经济利益两项。

1. 服务潜力，是指政府会计主体利用资产提供公共产品和服务以履行政府职能的潜在能力。

2. 经济利益，表现为现金级现金等价物。

学习笔记：

政府单位会计与企业会计费用的定义对比：

政府单位会计	费用是指报告期内导致政府单位净资产减少的、含有服务潜力或者经济利益的经济资源流出
企业会计	费用是指企业在日常活动中发生的会导致所有者权益减少的、与向所有者分配利润无关的经济利益的总流出

企业会计以“经济利益”为基础，政府单位会计则以“服务潜力”和“经济利益”为基础，这是由政府具有提供公共产品和服务的职能决定的。

（二）内容

包括：

（1）业务活动费用；

（2）单位管理费用；

（3）经营费用；

（4）资产处置费用；

（5）上缴上级费用；

（6）对附属单位的补助费用；

（7）所得税费用；

（8）其他费用。

二、费用的分类

政府单位费用，按照业务活动类型可分为业务管理活动费用和其他活动费用。

（一）业务活动管理费用

包括：

（1）政府单位依法履职或开展专业业务活动及其辅助活动发生的业务活动费用；

（2）事业单位开展行政管理和后勤管理活动发生的单位管理费用；

（3）在专业业务活动及其辅助活动之外开展非独立核算经营活动发生的经营费用。

（二）其他活动费用

政府单位在业务管理活动费用之外发生的各项费用，包括：

（1）资产处置费用；

（2）上缴上级费用；

（3）对附属单位补助费用；

（4）所得税费用；

（5）其他费用。

三、费用的确认和计量

（一）费用的确认

费用的确认应当同时满足以下条件：

（1）与费用相关的含有服务潜力或者经济利益的经济资源很可能流出政府单位；

（2）含有服务潜力或者经济利益的经济资源流出会导致政府单位资产减少或者负债增加；

（3）流出金额能够可靠地计量。

（二）费用的计量

费用按照应付或实际支付的金额计量。

符合费用定义和费用确认条件的项目，应当列入政府单位收入费用表。

学习笔记：

收入费用表

会政财02表

编制单位：________　　　　____年____月　　　　单位：元

项目	本月数	本年累计数
一、本期收入		
（一）财政拨款收入		
其中：政府性基金收入		
（二）事业收入		
（三）上级补助收入		
（四）附属单位上缴收入		
（五）经营收入		
（六）非同级财政拨款收入		
（七）投资收益		
（八）捐赠收入		
（九）利息收入		
（十）租金收入		
（十一）其他收入		

续表

项目	本月数	本年累计数
二、本期费用		
（一）业务活动费用		
（二）单位管理费用		
（三）经营费用		
（四）资产处置费用		
（五）上缴上级费用		
（六）对附属单位补助费用		
（七）所得税费用		
（八）其他费用		
三、本期盈余		

业务管理活动费用

其他活动费用

学习笔记：

政府单位费用及其单位归属：

费用	行政单位	事业单位
业务活动费用	√	√
单位管理费用		√
经营费用		√
上缴上级费用		√
对附属单位补助费用		√
所得税费用		√
资产处置费用	√	√
其他费用	√	√

课外拓展：

行政单位与事业单位

（一）定义

1. **行政单位**是指进行国家行政管理、组织经济建设和文化建设、维护社会公共秩序的单位，主要包括国家权力机关、行政机关、司法机关，以及实行预算管理的其他机关、政党组织等。

2. **事业单位**是指国家为了社会公益目的，由国家机关举办或者其他组织利用国有资产举办的，从事教育、科技、文化、卫生等活动的社会服务组织。事业单位接受政府领导，表现形式为组织或机构的法人实体。

（二）区别

1. **内涵不同**：行政单位属于国家机关，而事业单位属于社会服务组织。

2. **担负的职责不同**：行政单位是负责对国家各项行政事务进行组织、管理和指挥；而事业单位是为了社会的公益目的从事教育、文化、卫生、科技等活动。

3. **编制和工资待遇的来源不同**：行政单位使用行政编制、由国家行政经费负担。事业单位使用事业编制，由国家事业经费负担。事业单位有全额拨款的，有部分拨款的，还有事业单位企业化管理的（其经费形式还分为财政全额拨款、差额补贴和自收自支）。行政单位人员的工资按《公务员法》由国家负担，而事业单位则根据不同的管理模式实行不同的待遇。

第二节　业务活动费用和单位管理费用

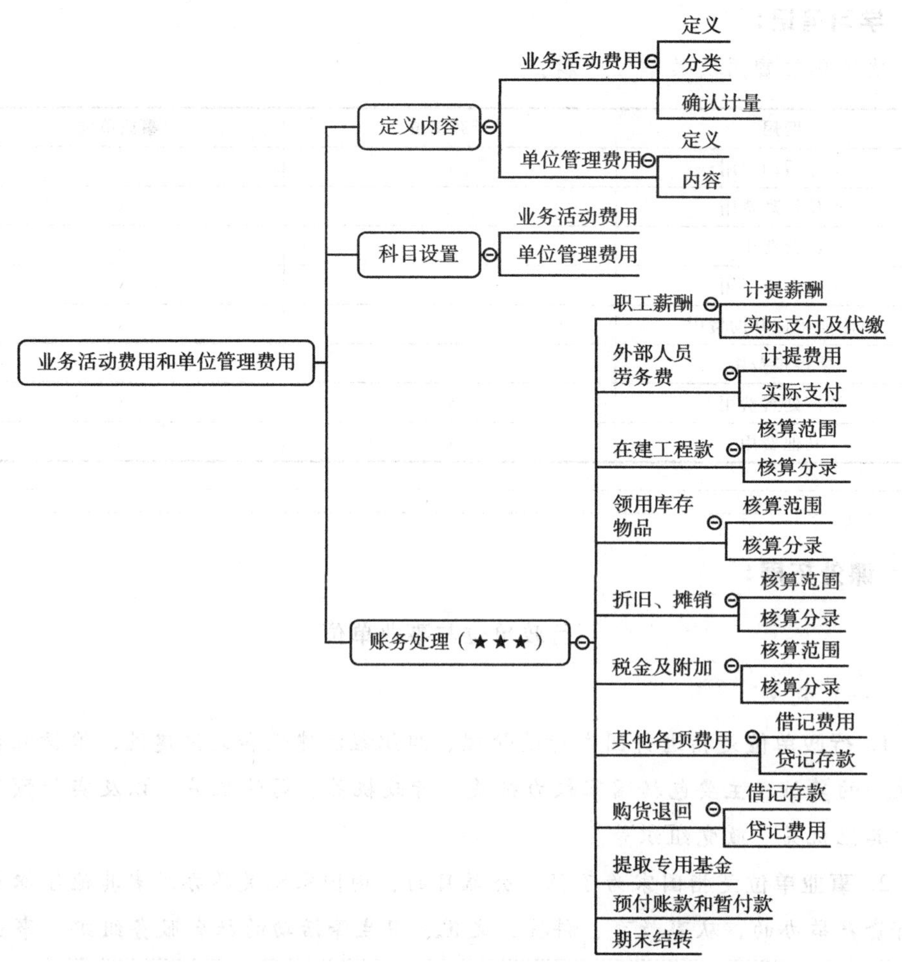

一、业务活动费用和单位管理费用的定义和内容

（一）业务活动费用的定义和内容

1. 业务活动费用定义

业务活动费用，是指**政府单位**为实现其职能目标，依法履职或开展专业业务活动及其辅助活动所发生的各项费用。

2. 业务活动费用依据单位类型分类

（1）行政单位的业务活动费用，是指行政单位为实现其职能目标、依法履行行业和社会管理职能所发生的费用。

例如：人大常委会机关依法履行立法和监督职能、财政部门依法履行财政管理职能、公安部门依法履行公共安全管理职能所发生的费用。

（2）事业单位的业务活动费用，是指事业单位单位开展专业业务活动及其辅助活动所发生的各项费用。

例如：高等院校和科研院校开展科学研究活动及其辅助活动所发生的费用。

> **学习笔记：**
> 事业单位开展的专业业务活动及其辅助活动属于社会公益活动。

（3）区分。事业单位开展的专业业务活动、辅助活动和事业单位本身开展的行政以及后勤管理活动（★★★）。以高校为例区分以下三种活动。

①专业业务活动：各系各学院的教学活动及研究所研究中心的科研活动。

②专业业务活动的辅助活动：电教中心、图书馆、博物馆等部门开展的活动。

③单位管理活动：行政及后勤管理部门开展的管理活动。

3. 业务活动费用的确认计量原则

业务活动费用应当在发生时确认，并按照应付或实付金额计量。

（二）单位管理费用的定义和内容

1. 单位管理费用定义

单位管理费用，是指**事业单位本级行政及后勤管理部门**开展管理活动发生的各项费用。

2. 单位管理费用内容

单位管理费用包括单位行政及后勤管理部门发生的人员经费、公用经费、资产折旧（摊销）等费用，以及由单位统一负担的离退休人员经费、工会经费、诉讼费、中介费等。

学习笔记：

1. 行政单位不适用“单位管理费用”，见下表：

费用	行政单位	事业单位
业务活动费用	√	√
单位管理费用		√
经营费用		√

2. 事业单位区分业务活动费用和单位管理费用的方法：严格按照定义来看，事业单位本级行政和后勤管理部门发生的管理性费用计入单位管理费用，其中对企业的补助费用、“公共基础设施折旧（摊销）费”、“保障性住房折旧费”、“计提专用基金”不得列支。

与企业会计联系起来看，业务活动费用更像“生产成本”或“制造费用”，而单位管理费用则更像期间费用。

学习笔记：

对应“政府单位收入的核算”章节，业务活动费用对应事业单位开展专业业务活动所取得的收入，单位管理费用对应事业单位开展辅助活动所取得的收入。

二、业务活动费用和单位管理费用的会计科目设置

（一）业务活动费用的会计科目设置

1. 科目设置

政府单位应设置“**业务活动费用**”科目，核算**为实现其职能目标或开展专业业务活动及其辅助活动**所发生的各项费用。

2. 明细科目设置

（1）明细核算原则。本科目应当按照项目、服务或者业务类别、支付对象等进行明细核算。

（2）明细科目设置。为了满足成本核算的需要，本科目下还可按照成本项目设置以下明细科目：

“工资福利费用”“商品和服务费用”“对个人和家庭的补助费用”

“对企业补助费用”“固定资产折旧费”“无形资产摊销费”

“公共基础设施折旧（摊销）费”“保障性住房折旧费”“计提专用基金”

以上科目用于归集能够直接计入业务活动或采用一定方法计算后计入业务活动的费用。

3. 期末结转

期末结转后，本科目应无余额。

（二）单位管理费用的会计科目设置

1. 科目设置

事业单位应设置“**单位管理费用**”科目，核算其**本级行政及后勤管理部门开展管理活动**发生的各项费用。

2. 明细科目设置

（1）明细核算原则。本科目应当按照项目、费用类别、支付对象等进行明细核算。

（2）明细科目设置。为了满足成本核算的需要，本科目下还可按照成本项目设置以下明细科目：

“工资福利费用”“商品和服务费用”“无形资产摊销费”

“对个人和家庭的补助费用”“固定资产折旧费”

以上科目用于归集能够直接计入单位管理活动或采用一定方法计算后计入单位管理活动的费用。

学习笔记：

预算会计科目对应“行政支出”或“事业支出”。

3. 期末结转

期末结转后，本科目应无余额。

三、业务活动费用和单位管理费用的账务处理

（一）计提并支付职工薪酬（★★★）

1. 计提薪酬

政府单位为履职或开展业务活动人员和管理人员计提薪酬时，

借：业务活动费用/单位管理费用（按照计算确定的金额）

　　贷：应付职工薪酬

借：应付职工薪酬——基本工资

　　贷：应付职工薪酬——住房公积金

　　　　其他应交税费——应交个人所得税

2. 实际支付及代缴

向职工实际支付薪酬并按照规定代扣代缴个人所得税以及代扣代缴或为职工缴纳职工社会保险费、住房公积金等时，

借：应付职工薪酬

其他应交税费

贷：银行存款/财政拨款收入/零余额账户用款额度

【例 3-1】 某行政单位2021年6月1日计算出本月应付职工基本工资总额450 000元、津贴300 000元，应付离退休人员离退休费50 000元，其他个人收入25 000元。其中，代扣个人所得税150 000元，代扣由职工个人承担的住房公积金54 000元，单位配套补贴住房公积金54 000元。6月4日通过财政直接支付方式将应付职工薪酬款项分别转入个人工资账户、住房公积金账户和国库单一账户。该行政单位的账务处理如下：

2021年6月1日计提职工薪酬时，

借：业务活动费用	879 000	
贷：应付职工薪酬——基本工资（含离退休费）		500 000
——国家统一规定的津贴补贴		300 000
——其他个人收入		25 000
——住房公积金		54 000
借：应付职工薪酬——基本工资	258 000	
贷：应付职工薪酬——住房公积金		108 000
其他应交税费——应交个人所得税		150 000

2021年6月4日实际支付职工薪酬时，

借：应付职工薪酬——基本工资（含离退休费）	356 000	
——国家统一规定的津贴补贴	240 000	
——其他个人收入	25 000	
其他应交税费——应交个人所得税	150 000	
应付职工薪酬——住房公积金	108 000	
贷：财政拨款收入		879 000

学习笔记：

在【例3-1】中，如果会计主体是事业单位，其计提的职工薪酬应以从事业务活动的不同分类：

（1）从事专业业务活动人员，其薪酬计入业务活动费用；

（2）从事行政及后勤的人员，其薪酬计入单位管理费用；

（3）从事经营活动的人员，其薪酬计入经营费用。

（二）计提并支付外部人员劳务费（★★）

政府单位为履职或开展专业业务活动、管理活动发生的外部人员劳务费，

（1）计提费用时，

借：业务活动费用/单位管理费用（计算确定的金额）

　　贷：其他应付款（扣税后应付的金额）

　　　　其他应交税费（代扣代缴个人所得税的金额）

（2）实际支付时，

借：其他应付款（扣税后应付的金额）

　　其他应交税费——应交个人所得税（代扣代缴个人所得税的金额）

　　贷：银行存款/财政拨款收入/零余额账户用款额度（计算确定的金额）

【例 3－2】某行政单位计提当月为履职发生的外部人员劳务费为 30 000 元，代扣个人所得税为 2 000 元。该行政单位账务处理如下：

计提时，

借：业务活动费用——工资福利费用	30 000	
贷：其他应付款		28 000
其他应交税费——应交个人所得税		2 000

如果以银行存款实际支付上述款项，则：

借：其他应付款	28 000	
其他应交税费——应交个人所得税	2 000	
贷：银行存款		30 000

【例 3－3】某事业单位计提当月开展专业业务活动和管理活动的外部人员劳务费各 30 000 元，代扣个人所得税 4 000 元。该事业单位账务处理如下：

计提时，

借：业务活动费用——工资福利费用	30 000	
单位管理费用——工资福利费用	30 000	
贷：其他应付款		56 000
其他应交税费——应交个人所得税		4 000

如果以银行存款实际支付上述款项，则：

借：其他应付款	56 000	
其他应交税费——应交个人所得税	4 000	
贷：银行存款		60 000

（三）支付购买资产款或支付在建工程款

1. 核算范围

政府单位在开展专业业务活动和管理活动过程中为购买存货、固定资产、无形资产等以及为在建工程支付相关款项。

2. 核算分录

借：库存物品/固定资产/无形资产/在建工程

　　贷：银行存款/财政拨款收入/零余额账户用款额度

【例 3－4】 某行政单位 2×21 年发生发生如下业务：

2×21 年 12 月安装使用的设备，总价款 1 000 万元，对方开来 300 万元发票，财政直接支付 300 万元，其余款项按合同以后年度支付。账务处理如下：

借：固定资产	1 000	
贷：资产基金——固定资产		1 000
借：经费支出	300	
贷：财政拨款收入		300
借：待偿债净资产	700	
贷：长期应付款		700

（四）领用库存物品

1. 核算范围

政府单位为开展业务活动领用库存物品。

2. 核算分录

借：业务活动费用/单位管理费用/经营费用（领用库存物品的账面余额）

　　贷：库存物品

【例 3－5】 某事业单位开展活动领用甲材料，实际成本 200 000 元，其中用于专业业务活动的 100 000 元、用于行政部门管理活动的 30 000 元、用于后勤管理活动的 50 000 元、用于经营活动的 20 000 元。该事业单位的账务处理如下：

借：业务活动费用	100 000	
单位管理费用	80 000	
经营费用	20 000	
贷：库存物品——甲材料		200 000

学习笔记：

【例 3－5】中，如果会计主体是行政单位，依法履职领用的库存物品确认为业务活动费用，因为行政单位不适用单位管理费用和经营费用科目。

（五）计提折旧、摊销

1. 核算范围

政府单位为开展业务活动和管理活动所使用的固定资产、无形资产以及为所控制的公共基础设施、保障性住房计提的折旧、摊销。

2. 核算分录

（1）行政单位，

借：业务活动费用/单位管理费用（按照计提金额）

　　贷：固定资产累计折旧/无形资产累计摊销/公共基础设施累计折旧（摊销）/保障性住房累计折旧

（2）事业单位（★★），**事业单位**计提的公共基础设施折旧（摊销），保障性住房折旧**均计入“业务活动费用”**科目，**与活动类型无关。**

【例3-6】某行政单位计提本月固定资产折旧200 000元、公共基础设施计提折旧（摊销）2 000 000元、保障性住房计提折旧3 000 000元、无形资产计提摊销150 000元。该行政单位的账务处理如下：

借：业务活动费用——固定资产折旧费	200 000	
——公共基础设施折旧（摊销）费	2 000 000	
——保障性住房折旧费	3 000 000	
——无形资产累计摊销费	150 000	
贷：固定资产累计折旧		200 000
公共基础设施累计折旧（摊销）		2 000 000
保障性住房累计折旧		3 000 000
无形资产累计摊销		150 000

【例3-7】某事业单位计提本月固定资产折旧200 000元（其中：用于专业业务活动的固定资产折旧150 000元，用于管理活动的固定资产折旧50 000元）、公共基础设施计提折旧（摊销）2 000 000元、保障性住房计提折旧3 000 000元、无形资产计提摊销150 000元（均为用于专业业务活动的无形资产摊销）。该事业单位账务处理如下：

借：业务活动费用——固定资产折旧费	150 000	
——公共基础设施折旧（摊销）费	2 000 000	
——保障性住房折旧费	3 000 000	
——无形资产累计摊销费	150 000	
单位管理费用——固定资产折旧费	50 000	
贷：固定资产累计折旧		200 000
公共基础设施累计折旧（摊销）		2 000 000
保障性住房累计折旧		3 000 000
无形资产累计摊销		150 000

（六）计提应负担的税金及附加（★★）

1. 核算范围

政府单位为开展业务活动和管理活动发生的城市维护建设税、教育费附加、地方教育费附加、车船税、房产税、城镇土地使用税等。

2. 核算分录

（1）财务会计：

①计提时，

借：业务活动费用/单位管理费用（按照计算确定应交纳的金额）

　　贷：其他应交税费

②实际支付各项税金及附加时，

借：其他应交税费

　　贷：财政拨款收入/零余额账户用款额度/银行存款

（2）预算会计，

借：行政支出/事业支出

　　贷：财政拨款预算收入/资金结存——零余额账户用款额度、货币资金

【例 3－8】某事业单位 2×21 年 7 月 31 日按规定计算出的各项税费见表 3－1；8 月 6 日以银行存款上缴 7 月计提的各项税费。

表 3－1　　某事业单位各项税费明细　　单位：元

税费种类	专业业务活动	管理活动	经营活动	合计
城市维护建设税	700	350	280	1 330
教育费附加	300	150	120	570
地方教育费附加	200	100	80	380
车船税	50 000	40 000	5 000	95 000
房产税	100 000	80 000	10 000	190 000
城镇土地使用税	200 000	100 000	20 000	320 000
合计	351 200	220 600	35 480	607 280

2021 年 7 月 31 日计提各项税费时，

借：业务活动费用　　351 200

　　单位管理费用　　220 600

　　经营费用　　35 480

　　贷：其他应交税费——城市维护建设税　　1 330

　　　　　　　　　　——教育费附加　　570

——地方教育费附加　380
——车船税　95 000
——房产税　190 000
——城镇土地使用税　320 000

2021 年 8 月 6 日上交各项税费时，

借：其他应交税费——城市维护建设税　1 330
——教育费附加　570
——地方教育费附加　380
——车船税　95 000
——房产税　190 000
——城镇土地使用税　320 000
贷：银行存款　607 280

（七）其他各项费用

政府单位为开展业务活动和管理活动发生其他各项费用时，

借：业务活动费用/单位管理费用（按照费用确认金额）
贷：财政拨款收入/零余额账户用款额度/银行存款/应付账款/其他应付款/其他应收款

【例 3-9】 某行政单位购买复印纸一批，通过单位零余额账户支付款项 2 500 元。该行政单位的账务处理如下：

借：业务活动费用——商品和服务费用　2 500
贷：零余额账户用款额度　2 500

【例 3-10】 某事业单位购买复印纸一批，通过单位零余额账户支付款项 5 000 元。该批复印纸分别用于专业业务活动部门、行政及后勤部门，各 2 500 元。该事业单位的账务处理如下：

借：业务活动费用——商品和服务费用　2 500
单位管理费用——商品和服务费用　2 500
贷：零余额账户用款额度　5 000

（八）购货退回（★★）

政府单位发生当年购货退回等业务时，对于已计入本年业务活动费用和单位管理费用的，

借：财政拨款收入/零余额账户用款额度/银行存款/其他应收款
贷：业务活动费用/单位管理费用（按照收回或应收的金额）

【例3-11】某行政单位为履职购买的复印纸因质量不合格发生当年退货，退货金额为5 000元，购买时款项以银行存款支付，该款项已计入本年业务活动费用。退货金额已退回单位零余额账户。该行政单位的账务处理如下：

借：零余额账户用款额度　　5 000

　　贷：业务活动费用——商品和服务费用　　5 000

【例3-12】某事业单位开展专业业务活动和管理活动购买的复印纸因质量不合格发生当年退货，退货金额各自为5 000元，购买时款项以银行存款支付，该款项已计入本年业务活动费用和单位管理费用。退货金额已退回单位银行存款户。该事业单位的账务处理如下：

借：银行存款　　10 000

　　贷：业务活动费用　　5 000

　　　　单位管理费用　　5 000

（九）从收入中提取专用基金

【例3-13】某事业单位从事业收入和经营收入中按照一定比例提取专用基金30 000元，则：

借：业务活动费用　　30 000

　　贷：专用基金　　30 000

（十）发生预付账款和暂付款

【例3-14】某行政单位为开展业务活动发生的预付款项90 000元，款项通过财政直接支付，单位已经收到付款通知，则：

借：预付账款　　90 000

　　贷：财政拨款收入　　90 000

结算时，该单位实际发生的业务活动费用为95 000元，剩余款项通过银行存款补付。

借：业务活动费用　　95 000

　　贷：预付账款　　90 000

　　　　银行存款等　　5 000

（十一）期末结转

将“业务活动费用”“单位管理费用”科目本期发生额转入本期盈余，

借：本期盈余

　　贷：业务活动费用/单位管理费用（本期发生额）

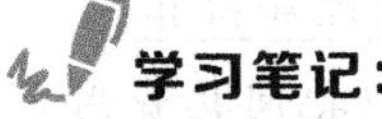

学习笔记：

期末结转预算会计不做账，年末结转财务会计不做账。

课外拓展：

长期待摊费用的改革方向

1. 准则中需进一步明晰长期待摊费用的界定标准。政府会计制度中对于长期待摊费用只给出了基本的会计科目使用说明，未制定相应的具体准则。制度中只简单将可以列入长期待摊费用的几项事项举例。但是在实际生活中，如果遇见不在上面列出的科目，就会造成账务处理上的不规范问题。

2. 长期待摊费用的摊销期限和摊销方式待统一。旧的政府会计制度对于长期待摊费用的摊销时点、摊销期限和摊销方式没有明确的规定。

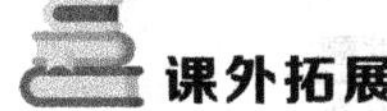

课外拓展：

改革焦点：科研事业单位的间接费用

1. 间接费用的会计处理（现有方法）

（1）计提间接费用。

①计提非财政科研项目间接费用或管理费用的处理，

借：业务活动费用—科研活动费用—计提项目间接费用或管理费—××项目

　　贷：预提费用—项目间接费用或管理费—A项目（按照计算的金额）

②计提财政科研项目间接费用或管理费用的处理，

借：业务活动费用—科研活动费用—计提项目间接费用或管理费—国库×项目

　　贷：预提费用—项目间接费用或管理费—A项目（按照计算的金额）

同时将计提的该财政科研项目B间接费用转回到该事业单位基本账户，

借：银行存款—财政拨款资金（按照计算的金额）

　　贷：零余额账户用款额度

（2）使用计提的间接经费，

借：预提费用

　　贷：应付职工薪酬/银行存款/累计盈余（按实际计提的金额）

2. 间接费用的核算方法争议

（1）争议一：是否作为收入管理。学术界存在一种观点，认为从科研经费中提取的间接经费虽然有“费用”两个字，但是间接费用的内涵不是费用，而是收入，是科研单位内部重新分配科研经费，应该作为一种专项收入管理和核算。

（2）争议二：业务活动费用记录时点。第二种观点认为，可以把间接费用当作费用来管理，不过记录业务活动费用的时间应该延迟。现有的处理方法是，按照政府会计制度的规定，在项目经费到位后按比例或者金额计提到位经费的管理费，直接在项目里面做费用支出；但是如果实际使用间接经费少，计提的经费多，就会造成费用虚列。因此认为在计提间接费用时只进行预算指标的调整，等到实际在间接费用里支出时再做业务活动费用，同时做预算会计的预算支出。

第三节　经营费用和资产处置费用

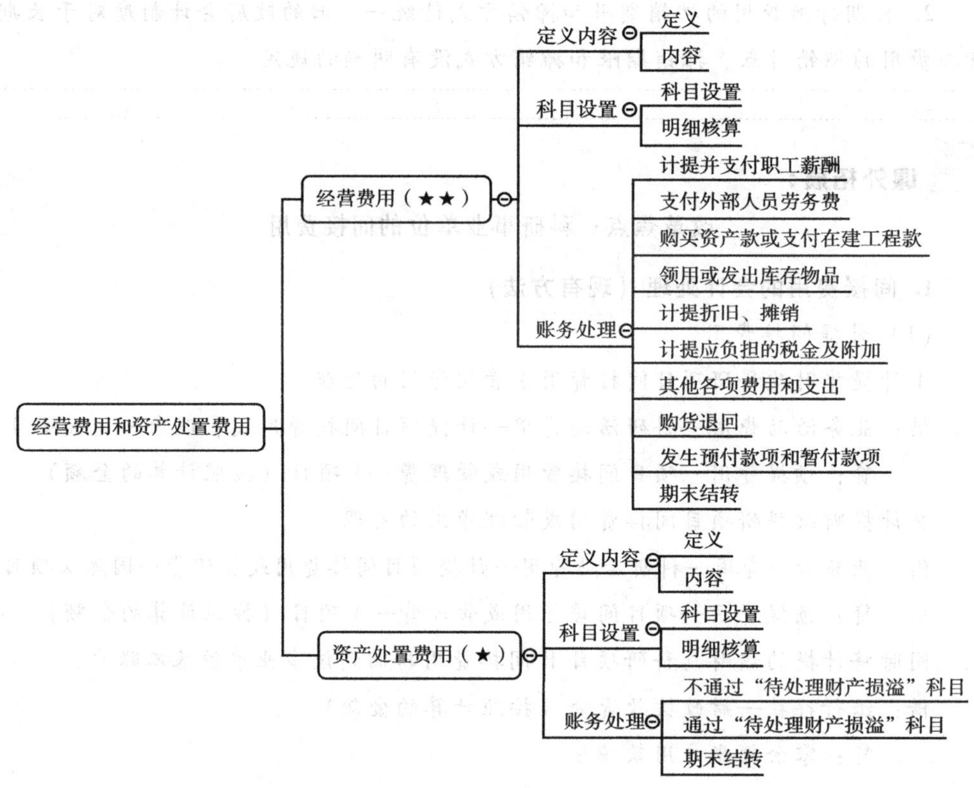

一、经营费用

（一）经营费用的确认和计量

1. 含义

经营费用，是指事业单位在专业业务活动及其辅助活动之外开展非独立核算经营活动发生的各项费用。例如，高校开办的高管培训班。

2. 确认和计量

经营费用应当在发生时确认，并按照应付或实付金额计量。

3. 区分

见图 3－1。

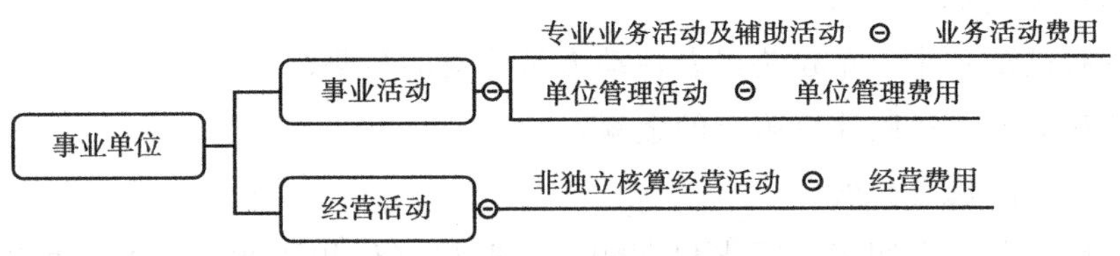

图 3－1 区分事业单位的事业活动与经营活动

学习笔记：

事业单位的业务活动主要是专业业务活动，有些事业单位在专业业务活动之外还开展经营活动，以获取一定的收益，弥补事业经费的不足。事业单位开展非独立核算经营活动发生的各项费用确认为经营费用，如果为经营活动设立附属单位而单独核算，发生的费用不确认为经营费用。

事业单位应合理划分业务活动费用和经营费用的界限，并加强对经营活动的成本核算。经营活动的内容，主要包括为经营活动人员计提的薪酬，开展经营活动领用或发出库存物品，为经营活动所使用的固定资产、无形资产计提的折旧，摊销，开展经营活动发生的税费，以及发生的与经营活动相关的其他各项费用。

（二）经营费用的会计科目设置

1. 科目设置

在财务会计系统下，事业单位应设置"经营费用"科目，核算在专业业务活动及其辅助活动之外开展非独立核算经营活动发生的各项费用。

2. 明细核算

（1）要求：本科目应当按照经营活动类别、项目、支付对象等进行明细核算。

（2）明细科目：

①明细科目设置：为了满足成本核算需要，本科目下还可按照"工资福利费用""商品和服务费用""对个人和家庭的补助费用""固定资产折旧费""无形资产摊销费"等成本项目设置明细科目。

②费用归集范围：归集能够直接计入单位经营活动或采用一定方法计算后计入单

位经营活动的费用。

3. 期末结转

期末结转后，本科目应无余额。

（三）经营费用的账务处理

1. 计提并支付职工薪酬

（1）计提薪酬：事业单位为经营活动人员计提的薪酬，

借：经营费用（按照计算确定的金额）

贷：应付职工薪酬

（2）实际支付：向职工实际支付薪酬并按照规定代扣代缴个人所得税以及代扣代缴或为职工缴纳职工社会保险费、住房公积金等时，

借：应付职工薪酬

贷：银行存款/其他应交税费

【例3－15】某事业单位属于一般纳税人非独立核算的附属单位，2022年2月发生如下经济业务：

（1）计提有关职工工资费用80 000元，则：

借：经营费用　　80 000

贷：应付职工薪酬　　80 000

（2）通过国库支付中心零余额账户用款额度实际支付给职工工资76 000元，代扣个人所得税4 000元，则：

借：应付职工薪酬　　80 000

贷：零余额账户用款额度　　76 000

其他应交税费——应交个人所得税　　4 000

2. 支付外部人员劳务费（★★）

（1）核算内容：事业单位为开展经营活动发生的外部人员劳务费。

（2）核算分录：

借：经营费用（按照计算确定的金额）

贷：其他应交税费（按照代扣代缴个人所得税的金额）

其他应付款/银行存款（按照扣税后应付或实际支付的金额）

【例3－16】某事业单位计提当月开展经营活动的外部人员劳务费10 000元，代扣个人所得税1 000元。该事业单位账务处理如下：

借：经营费用——工资福利费用　　10 000

贷：其他应付款　　9 000

其他应交税费——应交个人所得税　　1 000

如果以银行存款实际支付上述款项，则：

借：其他应付款　　9 000

　　其他应交税费——应交个人所得税　　1 000

　　贷：银行存款　　10 000

3. 购买资产或支付在建工程款

（1）核算内容：事业单位在开展经营活动过程中为购买存货、固定资产、无形资产以及为在建工程支付的相关款项。

（2）核算分录：

借：库存物品/固定资产/无形资产/在建工程

　　贷：银行存款

4. 领用或发出库存物品

（1）核算内容：事业单位开展经营活动领用或发出库存物品的实际成本。

（2）核算分录：

借：经营费用（按照物品实际成本）

　　贷：库存物品

5. 计提折旧、摊销（★★）

（1）核算内容：为经营活动所使用固定资产、无形资产计提的折旧、摊销。

（2）核算分录：

借：经营费用（按照应提折旧、摊销额）

　　贷：固定资产累计折旧/无形资产累计摊销

【例3－17】某事业单位计提本月为经营活动所使用的固定资产折旧费20 000元，无形资产摊销费50 000元。该事业单位账务处理如下：

借：经营费用——固定资产折旧费　　20 000

　　　　　　——无形资产摊销费　　50 000

　　贷：固定资产累计折旧　　20 000

　　　　无形资产累计摊销　　50 000

6. 计提应负担的税金及附加

（1）核算内容：开展经营活动发生城市维护建设税、教育费附加、地方教育费附加、车船税、房产税、城镇土地使用税。

（2）核算分录：

①计提时，

借：经营费用（按照计算确定应交纳的金额）

　　贷：其他应交税费

②实际支付各项税金及附加时，

借：其他应交税费

　　贷：银行存款

【例3－18】 本年度该事业单位开展经营活动发生应负担的所得税等各项税金及附加120 000元，该事业单位账务处理如下：

按照计算确定的缴纳金额：

借：经营费用　　　　120 000

　　贷：其他应交税费　　　　120 000

实际缴纳时：

借：其他应交税费　　　　120 000

　　贷：银行存款等　　　　120 000

7. 发生其他各项费用和支出

（1）核算内容：事业单位发生与经营活动相关的其他各项费用。

（2）核算分录：

借：经营费用（按照费用确认金额）

　　贷：银行存款/其他应付款/其他应收款

【例3－19】 某事业单位非独立核算经营部门购买复印纸一批，价款5 000元，以银行存款付讫。该事业单位的账务处理如下：

借：经营费用——商品和服务费用　　　　5 000

　　贷：银行存款　　　　5 000

8. 购货退回（★★）

（1）核算内容：事业单位发生的当年购货退回业务。

（2）核算分录：

对于已计入本年经营费用的购货退回业务，

借：银行存款/其他应收款（按照收回或应收的金额）

　　贷：经营费用

【例3－20】 某事业单位为经营活动所购买的复印纸因质量不合格发生当年退货，退货金额为2 000元。款项已计入本年经营费用，退货金额尚未收到。该事业单位的账务处理如下：

（1）退货发生时，

借：其他应收款　　　　2 000

　　贷：经营费用——商品和服务费用　　　　2 000

（2）收到退货金额时，

借：银行存款　　　　2 000

　　贷：其他应收款　　　　2 000

9. 发生预付款项和暂付款项

【例 3－21】 某事业单位为了开展经营活动，本月发生的预付款项 80 000 元，以银行存款支付。预付款项结算时，实际支付款项 87 000 元，余款用银行存款支付。该事业单位的账务处理如下：

借：预付账款　　80 000
　　贷：银行存款　　80 000
借：经营费用　　87 000
　　贷：预付账款　　80 000
　　　　银行存款等　　7 000

10. 期末结转

（1）结转原则：期末，将"经营费用"科目本期发生额转入本期盈余。

（2）核算分录：

借：本期盈余
　　贷：经营费用

二、资产处置费用

（一）资产处置和资产处置费用的概念

1. 资产处置

（1）含义：是指**政府单位资产产权的转移及核销**，包括各类资产的无偿转让、出售、置换、报损、报废等。

（2）形式：资产处置的主要形式包括无偿调拨、出售、出让、转让、置换、对外捐赠、报废、毁损以及货币性资产损失核销等。

2. 资产处置费用

（1）含义：是指政府单位经批准处置资产时发生的费用。

（2）资产处置费用包括：

①转销的被处置资产价值；

②在处置过程中发生的相关费用；

③处置收入小于相关费用形成的净支出。

3. 资产处置费用的来源

（1）**转销资产价值或应上缴财政金额**：政府单位处置资产，按照规定需要将资产价值相应的款项或者处理款项上缴财政部门的，转销的资产价值或应上缴财政的金额构成单位的资产处置费用。

（2）**单位自行承担的支付**：政府单位为处置资产发生的支付，如果由单位自行承担，也构成该单位的资产处置费用。

（二）资产处置费用核算的会计科目设置

1. 科目设置

财务会计系统下，政府单位应设置“**资产处置费用**”科目核算经批准处置资产时发生的费用。

2. 按照单位类型进行核算

（1）政府单位：政府单位在资产清查中查明的资产盘亏、毁损以及资产报废等，应当先通过“**待处理财产损溢**”科目进行核算，再将处理资产价值和处理净支出记入本科目。

（2）事业单位：事业单位的短期投资、长期股权投资、长期债券投资的处置，按照相关资产科目的规定进行账务处理。

3. 明细核算

本科目应当按照处置资产的类别、资产处置的形式等进行明细核算。

4. 期末结转

期末结转后，本科目应无余额。

（三）资产处置费用的账务处理

1. 不通过“待处理财产损溢”科目核算的资产处置（★★）

（1）政府单位按照规定报经批准处置资产时，

借：资产处置费用（按照处置资产的账面价值）

　　贷：库存物品/固定资产/无形资产/公共基础设施/政府储备物资/文物文化资产/保障性住房/其他应收款/在建工程（按照处置资产的账面余额）

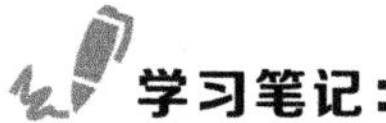

学习笔记：

处置固定资产、无形资产、公共基础设施、保障性住房的，还应借记“固定资产累计折旧”“无形资产累计摊销”“公共基础设施累计折旧（摊销）”“保障性住房累计折旧”科目

（2）在处置资产过程中：

①仅发生相关费用的，

借：资产处置费用（按照实际发生金额）

　　贷：银行存款/库存现金

②处置资产过程中取得收入的，

借：库存现金/银行存款（按照取得的价款）

资产处置费用（差额）

贷：银行存款/库存现金（按照处置资产过程中发生的相关费用）

应缴财政款（差额）

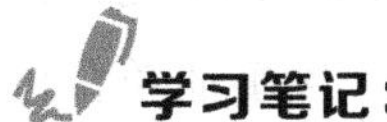

学习笔记：

涉及增值税业务的，相关账务处理参见“应交增值税”科目。

2. 通过“待处理财产损溢”科目核算的资产处置（★★）

（1）无法查明原因的现金短缺：政府单位账款核对中发现的现金短缺，属于无法查明原因的，报经批准核销时，

借：资产处置费用

　　贷：待处理财产损溢

（2）发生盘亏、毁损、报废时，即政府单位资产清查过程中盘亏或者毁损、报废的存货、固定资产、无形资产、公共基础设施、政府储备物资、文物文化资产、保障性住房等。

①报经批准处理时，

借：资产处置费用（按照处理资产价值）

　　贷：待处理财产损溢——待处理财产价值

②处理收支结清时，

若处理过程中所取得收入小于所发生相关费用

借：资产处置费用（按照相关费用减去处理收入后的净支出）

　　贷：待处理财产损溢——处理净收入

学习笔记：

是否通过“待处理财产损溢”科目核算情况的区分：

1. 以出售、出让、转让、置换、对外捐赠、无偿调拨等方式处置资产：不通过“待处理财产损溢”科目核算，直接将处置资产的账面价值计入资产处置费用。

2. 单位账款核对中发现的无法查明原因的现金短缺，以及资产清查过程中盘亏或者毁损、报废的存货、固定资产、无形资产：应当在报批时通过“待处理财产损溢”科目核算，经报批准核销时再计入“资产处置费用”科目。

3. 期末结转

（1）结转原则：期末，将“资产处置费用”科目本期发生额转入本期盈余。

（2）核算分录：

借：本期盈余

　　贷：资产处置费用

【例 3-22】某事业单位将其拥有的一项设备转让，取得转让收入 40 000 元，发生转让费用 6 000 元，该设备账面余额 25 000 元，已计提折旧 2 000 元。该事业单位的账务处理如下：

（1）转销时，

借：资产处置费用	23 000	
固定资产累计折旧	2 000	
贷：固定资产		25 000

（2）处置资产过程中发生相关费用，

借：资产处置费用	6 000	
贷：银行存款		6 000

（3）处置资产过程中取得净收入，

借：银行存款	40 000	
贷：应缴财政款		40 000

（4）期末结转（假设本期无其他与“资产处置费用”科目相关账务处理），

借：本期盈余	29 000	
贷：资产处置费用		29 000

第四节　上缴上级费用和对附属单位补助费用

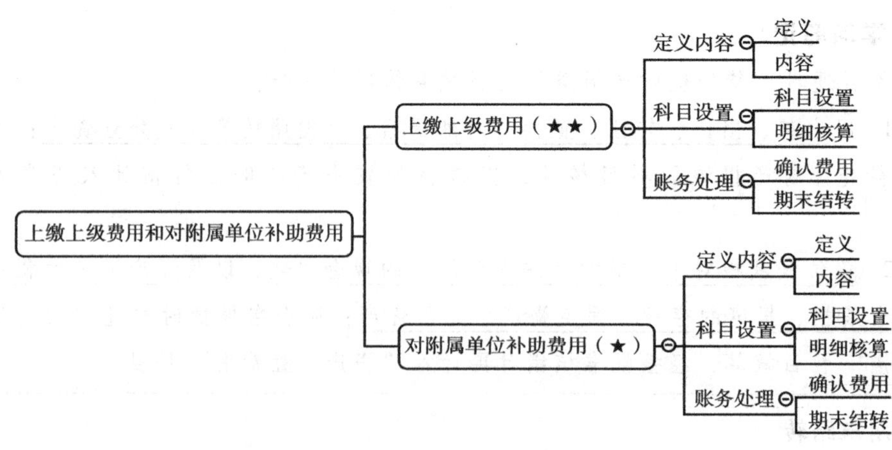

一、上缴上级费用

（一）上缴上级费用的性质和来源

1. 性质

非财政资金。

2. 来源

事业单位自身取得的事业收入、经营收入和其他收入。

3. 注意

（1）事业单位**不可以使用**自身取得的**财政拨款收入**上缴上级单位。

（2）上下级单位间的业务内容对应关系：

①上缴上级费用与下属单位上缴收入——形成对应关系；

②上缴上级费用与上级补助收入——不形成对应关系。

（二）上缴上级费用的确认和计量

1. 含义

上缴上级费用，是指**事业单位**按照财政部门和主管部门的规定**上缴上级单位款项**发生的费用。

2. 确认计量原则

上缴上级费用应当在发生时确认，并按照应缴或实缴的金额计量。

（三）上缴上级费用的会计科目设置

1. 科目设置

财务会计系统下，事业单位应设置“**上缴上级费用**”科目核算按照财政部门和主管部门的规定上缴上级单位款项发生的费用。

2. 明细核算

本科目应当按照收缴款项单位、缴款项目等进行明细核算。

3. 期末结转

期末结转后，本科目应无余额。

（四）上缴上级费用的账务处理

1. 确认费用（★）

事业单位发生上缴上级费用的，

借：上缴上级费用

（按照实际上缴的金额或者按照规定计算出应当上缴上级单位的金额）

贷：银行存款/其他应付款

【例3-23】某事业单位按核定的预算定额上缴上级单位款项100 000元，款项已经上缴。该事业单位的账务处理如下：

（1）如果该款项已经上缴，则：

借：上缴上级费用——上级单位　100 000

贷：银行存款　100 000

（2）如果上述款项尚未上缴，则：

借：上缴上级费用——上级单位　100 000

贷：其他应付款　100 000

（3）上缴款项时：

借：其他应付款　100 000

贷：银行存款　100 000

2. 期末和年末结转

（1）结转原则：期末，将“**上缴上级费用**”科目本期发生额转入**本期盈余**。

（2）核算分录：

借：本期盈余

贷：上缴上级费用

二、对附属单位补助费用

（一）对附属单位补助费用的性质和来源

1. 性质

非财政资金。

2. 来源

事业单位自身取得的事业收入、经营收入和其他收入。

3. 注意

（1）事业单位**不可以使用**自身取得的**财政拨款收入**拨付给附属单位。

（2）上下级单位间的业务内容对应关系：

①对附属单位补助费用与附属单位上缴收入——**不形成对应关系**；

②对附属单位补助费用与上级补助收入——形成对应关系。

（二）对附属单位补助费用的确认和计量

1. 含义

对附属单位补助费用是指**事业单位**用**财政拨款收入之外的收入****对附属单位进行补**

助发生的费用。

2. 确认计量原则

对附属单位补助费用在发生时确认，按照应补助或实际补助的金额计量。

（三）对附属单位补助费用核算的会计科目设置

1. 科目设置

财务会计系统下，事业单位应设置“**对附属单位补助费用**”科目核算用财政拨款收入之外的收入对附属单位补助发生的费用。

2. 明细核算

本科目应当按照接受补助单位、补助项目等进行明细核算。

3. 期末结转

期末结转后，本科目应无余额。

（四）对附属单位补助费用的账务处理

1. 确认费用（★）

事业单位发生对附属单位补助费用和支出的，

借：对附属单位补助费用

（按照实际补助的金额或者按照规定计算出应当对附属单位补助的金额）

　　贷：银行存款/其他应付款

【例3－24】某事业单位用非财政拨款收入支付附属乙单位补助款项200 000元，款项已经支付。该事业单位的账务处理如下：

（1）如果该款项已经支付：

借：对附属单位补助费用——乙单位	200 000	
贷：银行存款		200 000

（2）如果上述补助款项尚未支付：

借：对附属单位补助费用——乙单位	200 000	
贷：其他应付款		200 000

（3）支付补助款项时：

借：其他应付款	200 000	
贷：银行存款		200 000

2. 期末结转

（1）期末结转原则：期末，将“**对附属单位补助费用**”科目本期发生额转入**本期盈余**。

（2）核算分录：

借：本期盈余

　　贷：对附属单位补助费用

第五节　所得税费用和其他费用

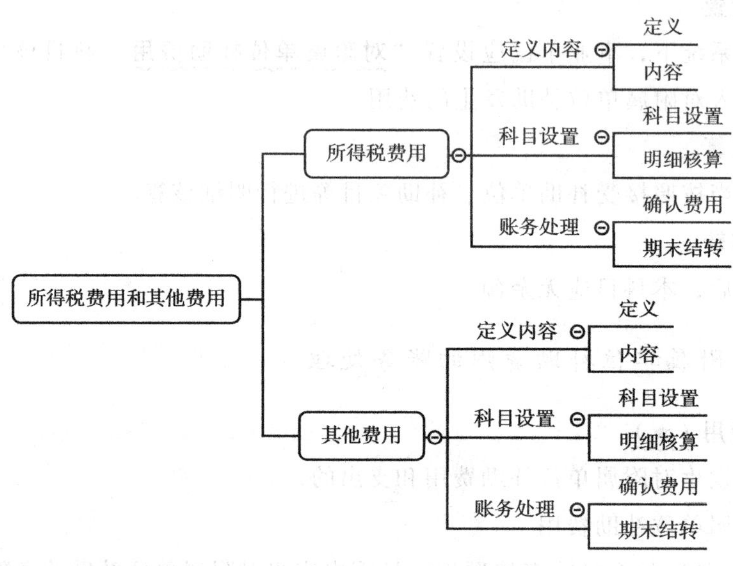

一、所得税费用

（一）所得税费用的确认和计量

1. 含义

所得税费用是指有企业所得税缴纳义务的事业单位按规定缴纳企业所得税所形成的费用。

2. 确认计量原则

（1）确认：所得税费用应当在按照税法规定计算应交税费数额时确认；

（2）计量：所得税费用应当按照应交税额计量。

（二）所得税费用核算的会计科目设置

1. 科目设置

事业单位应设置“所得税费用”科目核算按照规定缴纳的企业所得税。

2. 年末结转

年末结转后，本科目应无余额。

（三）所得税费用的账务处理

1. 确认所得税费用

（1）事业单位发生企业所得税纳税义务的，财务会计做账，预算会计不做账，

借：所得税费用（按照税法规定计算的应交税费数额）

　　贷：其他应交税费——单位应交所得税

（2）实际缴纳时，

①财务会计：

借：其他应交税费——单位应交所得税（按照缴纳金额）

　　贷：银行存款

②预算会计：

借：非财政拨款结余——累计结余

　　贷：资金结存——货币资金

【例 3－25】某事业单位年末按照税法规定计算出本年度应纳税所得额为 20 000 元，适用所得税税率为 25%，应缴所得税税额为 5 000 元。该事业单位的账务处理如下：

（1）未缴纳时，

借：所得税费用　　5 000

　　贷：其他应交税费——单位应交所得税　　5 000

（2）该事业单位以银行存款缴纳 5 000 元所得税时，

借：其他应交税费——单位应交所得税　　5 000

　　贷：银行存款　　5 000

2. 年末结转

（1）结转原则：年末，将“**所得税费用**”科目本年发生额转入**本期盈余**。

（2）结转分录：

财务会计：

借：本期盈余

　　贷：所得税费用

二、其他费用

（一）其他费用的确认和计量

1. 其他费用的内涵

（1）其他费用不包括的科目：其他费用是指**政府单位**发生的**除**业务活动费用、单

位管理费用、经营费用、资产处置费用、上缴上级费用、附属单位补助费用、所得税费用**以外的各项费用**。

（2）其他费用包括的科目：其他费用包括利息费用、坏账损失、罚没支出、现金资产捐赠支出以及相关税费、运输费等。

（3）其他费用（财务会计）是行政和事业共有的科目。

2. 其他费用的确认和计量

其他费用应当在发生时确认，并按照应付或实付金额计量。

（二）其他费用的会计科目设置

1. 科目设置

政府单位应设置“**其他费用**”科目核算其他费用。

2. 明细核算

本科目应当按照其他费用的类别等进行明细核算。

3. 特殊情况

发生的利息费用较多的单位，可以单独设置“**利息费用**”科目。

4. 期末结转

期末结转后，本科目应无余额。

（三）其他费用的账务处理

1. 确认费用

（1）利息费用。

财务会计：

借：其他费用/在建工程

　　贷：应付利息/长期借款——应计利息

预算会计不做账务处理。

实际支付利息时：

财务会计：

借：应付利息/长期借款——应计利息

　　贷：银行存款

预算会计：

借：其他支出

　　贷：资金结存——货币资金

（2）坏账损失。

财务会计：

借：其他费用

　　贷：坏账准备

预算会计不做账务处理。

(3) 罚没支出。

政府单位发生罚没支出，

财务会计：

借：其他费用（按照实际缴纳或应当缴纳的金额）

　　贷：银行存款/库存现金/其他应付款

预算会计：

借：其他支出

　　贷：资金结存——货币资金

【例 3-26】 某政府单位因欠缴应纳税款，被税务机关处以 2 000 元罚款。罚款已通过银行转账支付。该政府单位的账务处理如下：

借：其他费用——税收罚款　　2 000

　　贷：银行存款　　2 000

(4) 现金资产捐赠。

政府单位对外捐赠现金资产的，

财务会计：

借：其他费用（按照实际捐赠的金额）

　　贷：银行存款/库存现金

预算会计：

借：其他支出

　　贷：资金结存——货币资金

【例 3-27】 某政府单位向地震灾区捐赠现金 50 000 元，已通过银行转账汇往灾区。该政府单位的账务处理如下：

借：其他费用——现金资产捐赠　　50 000

　　贷：银行存款　　50 000

(5) 其他相关费用。

①政府单位接受捐赠（或无偿调入）以名义金额计量的存货、固定资产、无形资产，以及成本无法可靠取得的公共基础设施、文物文化资产等发生的相关税费、运输费等，会计分录如下：

借：其他费用（按照实际支付的金额）

　　贷：财政拨款收入/零余额账户用款额度/银行存款/库存现金

②政府单位发生的与受托代理资产相关的税费、运输费、保管费等，

财务会计：

借：其他费用（按照实际支付或应付的金额）

　　贷：零余额账户用款额度/银行存款/库存现金/其他应付款

预算会计：

借：其他支出

　　贷：资金结存

2. 期末和年末结转

（1）结转原则：期末，将“其他费用”科目本期发生额转入本期盈余。

（2）结转分录：

财务会计：

借：本期盈余

　　贷：其他费用

预算会计：

借：其他结余（非财政、非专项资金支出）

　　非财政拨款结转——本年收支结转（非财政专项资金支出）

　　贷：其他支出

课后习题

1. **【简答题】**对于事业单位而言，发生的费用支出常涉及业务活动费用和单位管理费用，这两者实际含义不同，具体该按何种步骤区分？

【参考答案】

第一步，看清核算对象。业务活动费用针对行政单位和事业单位，单位管理费用仅针对事业单位。

第二步，若对象为行政单位，则为业务活动费用；若对象为事业单位则严格按照定义来走：事业单位本级行政和后勤管理部门发生的管理性费用计入单位管理费，而对企业补助费用、“公共基础设施折旧（摊销）费”、“保障性住房折旧费”、“计提专用基金”则另外核算。

第三步，在记账时区分事业单位本级行政和后勤管理部门。如果发生的费用无法明确使用对象时，应按照一定比例分摊，如公用的水、电、燃气等费用。

第四步，严格执行单位管理费的开支范围，即人员经费、公用经费、资产折旧（摊销）等费用，以及由单位统一负担的离退休人员经费、工会经费、诉讼费、中介费等。

第五步，上述人员经费、公用经费对应具体经济支出分类科目。

2. **【单选题】**对于对外捐赠资产，政府单位应当将发生的归属于捐出方的相关费用在财务会计中记入（　　）科目。

A. 资产处置费用

B. 待处理财产损溢

C. 固定资产清理

D. 其他支出

【参考答案】A.

【解析】对于对外捐赠资产，政府单位应当将被处置资产账面价值转销记入“资产处置费用”科目，并将发生的归属于捐出方的相关费用在财务会计中记入“资产处置费用”科目、在预算会计中记入“其他支出”科目。

3. **【单选题】**在财政授权支付方式下，事业单位支付办公费用时在预算会计中会计核算正确的是（　　）。

A. 借：单位管理费用

　　贷：零余额账户用款额度

B. 借：事业支出

　　贷：零余额账户用款额度

C. 借：事业支出

　　贷：资金结存

D. 借：单位管理费用

　　贷：财政拨款预算收入

【参考答案】C.

【解析】按规定支用额度时，按照实际支用的额度在预算会计中借记“行政支出”“事业支出”等科目，贷记“资金结存——零余额账户用款额度”科目。

4. **【多选题】**下列各项中，属于政府单位管理费用的有（　　）。

A. 中介费

B. 利息费用

C. 工会经费

D. 单位统一负担的离退休人员经费

【参考答案】ACD.

【解析】单位管理费用包括单位行政及后勤管理部门发生的人员经费、公用经费、资产折旧（摊销）等费用，以及由单位统一负担的离退休人员经费、工会经费、诉讼费、中介费等。

5.【多选题】下列属于对附属单位补助的特点是（　　）。

A. 非财政预算资金

B. 来源于事业单位自身的财政补助收入

C. 对附属单位补助费用与附属单位上缴收入相等

D. 来源于事业单位自身取得的事业收入、经营收入和其他收入

【参考答案】AD.

【解析】对附属单位补助费用是指事业单位用财政拨款收入之外的收入对附属单位进行补助发生的费用，是非财政预算资金，且对附属单位补助费用与附属单位上缴收入之间不存在对应关系。

6.【多选题】下列关于“资产处置费用”科目的表述中，正确的是（　　）。

A. 本科目应当按照处置资产的类别、资产处置的形式等进行明细核算

B.“资产处置费用”科目核算单位经批准处置资产时发生的费用，包括转销的被处置资产价值，以及在处置过程中发生的相关费用或者处置收入小于相关费用形成的净支出

C. 资产处置的形式按照规定包括无偿调拨、出售、出让三种形式

D. 本科目期末结转后有余额

【参考答案】AB.

【解析】资产处置的主要形式包括无偿调拨、出售、出让、转让、置换、对外捐赠、报废、毁损以及货币性资产损失核销等。费用类科目期末将本期发生额结转入“本期盈余”后无余额。

7.【多选题】下列选项中，属于行政事业单位共有的费用的是（　　）。

A. 单位管理费用　　B. 业务活动费用

C. 资产处置费用　　D. 经营费用

【参考答案】BC.

【解析】归属事业单位的费用有：业务活动费用、单位管理费用、经营费用、上缴上级费用、对附属单位补助费用、所得税费用、资产处置费用、其他费用。归属行政单位的费用有：业务活动费用、资产处置费用、其他费用。

第四章 政府单位资产

第一节 政府单位资产概述

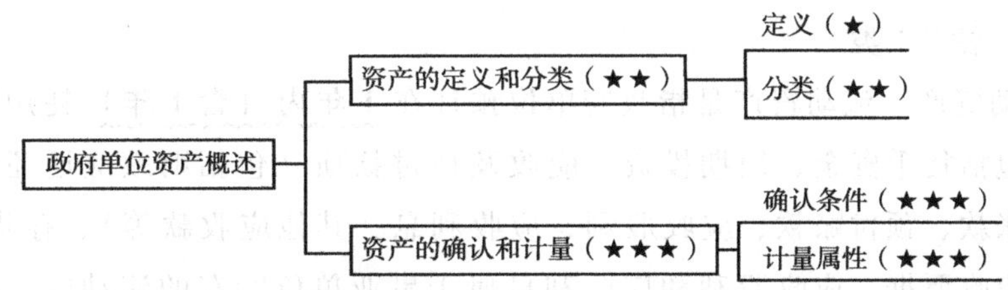

一、资产定义和分类（★★）

（一）资产的定义（★）

资产是指由政府单位过去的经济业务或者事项形成的，由政府单位控制的，预期能够产生服务潜力或者带来经济利益流入的经济资源。

其中，服务潜力是指政府单位利用资产提供公共产品和服务以履行政府职能的潜在能力；经济利益流入表现为现金及现金等价物的流入，或者现金及现金等价物流出的减少。资产是政府单位财务会计要素之一。

政府单位的资产包括流动资产、长期投资、固定资产、无形资产等。由政府单位控制的，供社会公众使用的公共基础设施、政府储备物资、文物文化资产、保障性住房等，也属于政府单位的资产。政府单位对符合资产定义的经济资源，应当在取得对其相关的权利并且能够可靠地进行货币计量时确认。

课堂笔记：

政府单位资产的关键词：过去形成、由政府单位控制、预期能够产生服务潜力或带来经济流入。

课堂笔记：

1. 需要注意，对于“资产”的定义，与企业会计应有所区别，是由政府单位“控制”，而不是“拥有”。

2. 资产确认必须满足以下条件：(1) 与该经济资源相关的服务潜力很可能实现或者经济利益很可能流入政府会计主体；(2) 该经济资源的成本或者价值能够可靠地计量。

（二）资产分类（★★）

1. 按流动性：2类

（1）流动资产。流动资产是指政府单位预计在**1年内（含1年）**耗用或者可以变现的资产，包括货币资金、短期投资、应收及预付款项（包括财政应返还额度、应收票据、应收账款、预付账款、应收股利、应收利息、其他应收款等）、存货等。其中，短期投资、应收票据、应收股利和应收利息属于事业单位特有的流动资产项目，其他属于行政单位和事业单位共有的流动资产项目。

（2）非流动资产。非流动资产是指流动资产以外的资产，包括长期投资、固定资产、在建工程、无形资产、公共基础设施、政府储备物资、文物文化资产、保障性住房和自然资源资产等。其中，长期投资属于事业单位特有的非流动资产项目，其他属于行政单位和事业单位共有的非流动资产项目。

2. 按照占用、使用、监管不同：3类

（1）自用资产。自用资产是政府单位为提供公共产品和服务以履行政府职能而取得，单位占有并使用。大量资产项目均属于此类。

（2）经（监）管类资产。经（监）管类资产是政府单位购建、维护、储存管理，依法占有和管理，但单位并不使用，由社会公众使用，包括政府储备物资、公共基础设施、文物文化资产、保障性住房。该资产是由于单位接受政府委托而形成的。

（3）受托代理资产。受托代理资产是政府单位对该资产不拥有占有权和支配权，只是暂时代管，将来要么归还委托人，要么交付委托人指定的受赠人。该资产的形成同时形成受托代理负债。

课堂笔记：

受托代理资产主要包括受托指定存储和管理的物资等。政府单位只在交易过程中起到中介作用。

3. 按照是否充当支付手段：2类

（1）货币资产。货币资产是指用于充当购买商品或劳务，或者偿还债务的支付手段的资产，如财政资金支付额度、现金、银行存款、其他货币资金。

（2）非货币资产。非货币资产是指除货币资产以外的资产，如应收及预付账款、各类投资（短期投资、长期股权投资、长期债券投资）、存货（包括在途物品、库存物品、加工物品）、固定资产和基本建设（包括工程物资、在建工程）、无形资产、公共基础设施、政府储备物资、文物文化资产等。

二、资产的确认条件和计量属性（★★★）

（一）资产的确认条件（★★★）

符合资产定义的经济资源，在**同时满足**以下条件时，确认为政府单位资产：

（1）与该经济资源相关的**服务潜力很可能实现或者经济利益很可能流入政府单位；**

（2）该经济资源的**成本或者价值能够可靠地计量**。

符合资产定义和资产确认条件的项目，应当列入政府单位资产负债表。

（二）资产的计量属性（★★★）

资产计量，包括初始计量和后续计量。其中：初始计量是资产初始确认时入账金额的确定，后续计量是资产存续期间的各期末对资产账面价值的重新计价。

政府单位资产的计量属性主要包括历史成本、重置成本、现值、公允价值和名义金额。

在历史成本计量下，资产按照取得时支付的现金金额或者支付对价的公允价值计量。

在重置成本计量下，资产按照现在购买相同或者相似资产所需支付的现金金额计量。

在现值计量下，资产按照预计从其持续使用和最终处置中所产生的未来净现金流入量的折现金额计量。

在公允价值计量下，资产按照市场参与者在计量日发生的有序交易中出售资产所能收到的价格计量。

课堂笔记：

“名义金额”含义：公允价值无法确定，但是经济事项又确实存在，因此给一个价格让账上有所体现，不然容易疏漏，让资产流失。通常是人民币1元。

例如：国家拨给甲公司一项固定资产，由于市面上没有同类固定资产，很难确定公允价值，因此甲公司会计分录如下：

借：固定资产	1
贷：营业外收入	1

无法采用上述计量属性的，采用名义金额（即人民币1元）计量。

政府单位在对资产进行计量时，一般应当采用历史成本。采用重置成本、现值、公允价值计量的，应当保证所确定的资产金额能够持续、可靠计量。

政府单位资产内容及其单位归属见表4－1。

表4－1　政府单位资产内容及其单位归属

流动资产	行政单位	事业单位	非流动资产	行单政位	事业单位
库存现金	√	√	长期股权投资		√
银行存款	√	√	长期债券投资		√
零余额账户用款额度	√	√	固定资产	√	√
其他货币资金	√	√	固定资产累计折旧	√	√
短期投资		√	工程物资	√	√
财政应返还额度	√	√	在建工程	√	√
应收票据		√	无形资产	√	√
应收账款	√	√	无形资产累计摊销	√	√
预付账款	√	√	研发支出	√	√
应收股利		√	公共基础设施	√	√
应收利息		√	公共基础设施累计折旧（摊销）	√	√
其他应收款	√	√	政府储备物资	√	√
坏账准备		√	文物文化资产	√	√
在途物品	√	√	保障性住房	√	√
库存物品	√	√	保障性住房累计折旧	√	√
加工物品	√	√	受托代理资产	√	√
待摊费用	√	√	长期待摊费用	√	√
			待处理财产损溢	√	√

第二节　流动资产

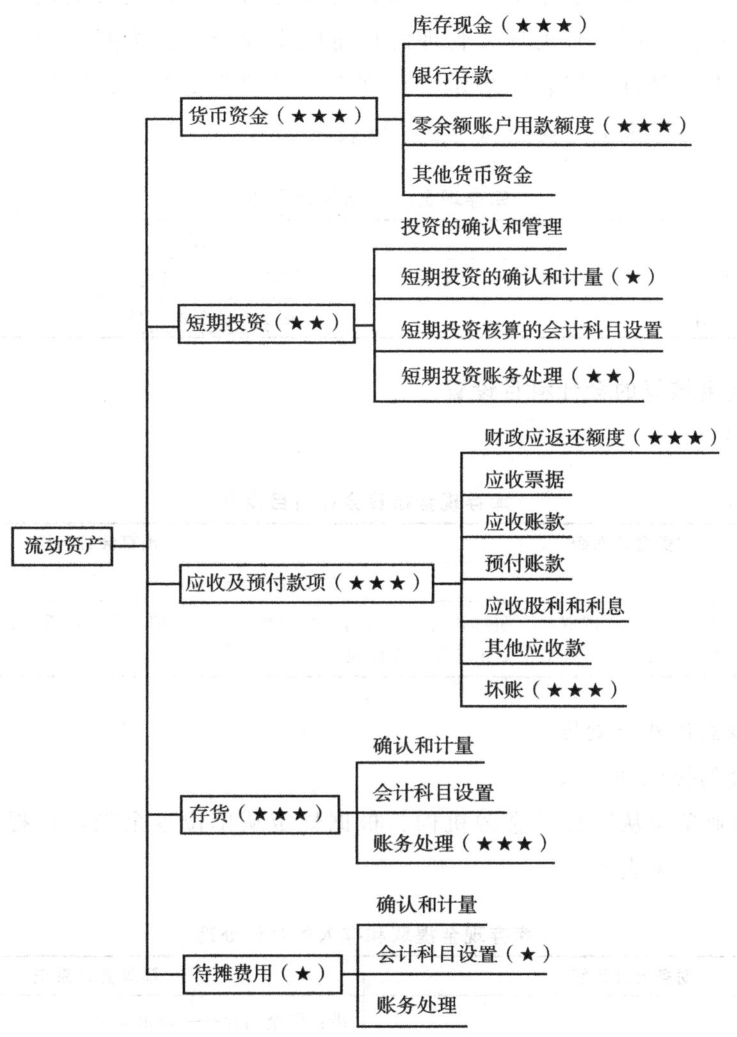

一、货币资金

“货币资金”定义：**行政事业单位的货币资金指单位为准备用于支付而持有的资金。**

货币资金主要的特点：货币资金是流动性最强的资产，是可以立即投入流通的交换媒介。具有普遍可接受性，可以用其购买服务和商品、支付差旅费。

货币资金分类：货币资金按照存放点和用途可分为**库存现金、银行存款、零余额账户用款额度和其他货币资金。**

（一）库存现金

1. 库存现金的确认和计量

库存现金，是指行政事业单位存放在其财务部门的可以随时支用的现金。行政事业单位应当严格按照国家有关现金管理的规定收支现金，并按照《政府会计制度——行政事业单位会计科目和报表》规定核算现金的各项收支业务，以保证库存现金使用的合法性，保护库存现金的安全和完整。见表4－2。

表4－2　库存现金的确认与计量原则

	原则
确认原则	在实际收到时进行确认
计量原则	按照实际收到的金额计量

2. 库存现金核算的会计科目设置

见表4－3。

表4－3　库存现金核算会计科目设置

财务会计系统	预算会计系统
应设置“库存现金”	“资金结存——货币资金”
（1）本科目应当设置“受托代理资产”明细科目，核算行政事业单位受托代理、代管的现金； （2）本科目借方余额反映行政事业单位实际持有的库存现金	

3. 库存现金的账务处理

（1）现金的提取和存入。

①行政事业单位从银行等金融机构、根据规定从单位零余额账户提取现金，按照实际提取的金额，见表4－4。

表4－4　库存现金提取和存入的会计处理

财务会计系统	预算会计系统
借：库存现金 　贷：银行存款/零余额账户用款额度	借：资金结存——货币资金 　贷：资金结存——零余额账户用款额度

②行政事业单位将现金存入银行等金融机构或退回单位零余额账户，按照实际存入金额、实际退回的金额，见表4－5。

表4－5　库存现金退回会计处理

财务会计系统	预算会计系统
借：库存现金 　贷：银行存款/零余额账户用款额度	借：资金结存——货币资金 　贷：资金结存——零余额账户用款额度

【例4-1】某政府单位从单位零余额账户提取现金20 000元，从银行基本户提取现金5 000元。该政府单位的账务处理如下：

财务会计	预算会计
借：库存现金 25 000 　贷：零余额账户用款额度 20 000 　　银行存款 5 000	借：资金结存——货币资金 20 000 　贷：资金结存——零余额账户用款额度 20 000

【例4-2】某政府单位将库存现金50 000元退回单位零余额账户，将现金80 000元存入银行。该政府单位账务处理如下：

财务会计	预算会计
借：零余额账户用款额度 50 000 　银行存款 80 000 　贷：库存现金 130 000	借：资金结存——零余额账户用款额度 50 000 　贷：资金结存——货币资金 50 000

（2）现金的借出。

①政府单位因支付内部职工出差的差旅费借款等借出现金，见表4-6。

表4-6 现金借出会计处理

财务会计系统	预算会计系统
借：其他应收款 　贷：库存现金	不做账

②出差人员报销差旅费时，按照实际报销的金额，见表4-7。

表4-7 出差报销差旅费会计处理

财务会计系统	预算会计系统
借：其他应收款业务活动费用/单位管理费用 ①贷：其他应收款（按照实际借出的现金金额） ②借记或贷记“库存现金”（按照其差额）	借：行政支出/事业支出 　贷：资金结存——货币资金

【例4-3】某政府单位职工张某借现金5 000元作为差旅费。该政府单位的账务处理如下：

财务会计	预算会计
借：其他应收款 5 000 　贷：库存现金 5 000	—

【例4-4】某行政单位职工李某出差回来报销差旅费，实际支出4 500元，退回现金500元。该行政单位的账务处理如下：

财务会计　　　　预算会计

借：业务活动费用　4 500　　借：行政支出　4 500
　　库存现金　500　　　　　　贷：资金结存——货币资金
　　贷：其他应收款　5 000　　　　　　4 500

该例中，如果会计主体是事业单位，财务会计下实际支出的4 500元应按照出差职工从事专业业务活动及其辅助活动、行政及后勤管理活动或非独立核算经营活动的不同，分别确认“业务活动费用”、“单位管理费用”或“经营费用”；预算会计下确认事业支出或经营支出。

（3）现金收支。

①行政事业单位因提供服务、物品或者其他事项收到现金，按照实际收到的金额，见表4－8。

表4－8　　现金收支相关经济业务会计处理

财务会计系统	预算会计系统
借：库存现金 　　贷：事业收入/应收账款	借：资金结存——货币资金 　　贷：事业预算收入/经营预算收入

②行政事业单位因购买服务、物品或者其他事项支付现金，按照实际支付的金额，见表4－9。

表4－9　　支付现金相关经济业务会计处理

财务会计系统	预算会计系统
借：业务活动费用/单位管理费用/库存物品 　　贷：库存现金	借：行政支出/事业支出/经营支出 　　贷：资金结存——货币资金

③行政事业单位以库存现金对外捐赠，按照实际捐出的金额，见表4－10。

表4－10　　对外捐赠相关经济业务会计处理

财务会计系统	预算会计系统
借：其他费用 　　贷：库存现金	借：其他支出 　　贷：资金结存——货币资金

【例4－5】某行政单位购买办公用品一批，价款800元，以现金支付。该行政单位的账务处理如下：

财务会计　　　　预算会计

借：业务活动费用　800　　借：行政支出　800
　　贷：库存现金　800　　　　贷：资金结存——货币资金
　　　　　　　　　　　　　　　　　　800

【例4-6】某事业单位购买办公用品一批，价款1 000元，以现金支付。其中用于开展专业业务活动500元、开展行政及后勤管理活动400元、开展经营活动100元。该事业单位的账务处理如下：

财务会计

借：业务活动费用　500

　　单位管理费用　400

　　经营费用　100

　　贷：库存现金　1 000

预算会计

借：事业支出　900

　　经营支出　100

　　贷：资金结存——货币资金　1 000

【例4-7】某事业单位因开展非独立核算经营活动提供有偿服务，收取现金927元（含税）。该事业单位的账务处理如下：

财务会计

借：库存现金　927

　　贷：经营收入　900

　　　　应交增值税　27

预算会计

借：资金结存——货币资金　927

　　贷：经营预算收入　927

（4）受托代理的现金。

①行政事业单位收到受托代理、代管的现金，按照实际收到的金额，见表4-11。

表4-11　受托代理现金相关经济业务会计处理

财务会计系统	预算会计系统
借：库存现金（受托代理资产） 　贷：受托代理负债	不做账

②支付受托代理、代管的现金，按照实际支付的金额，见表4-12。

表4-12　支付受托代理相关经济业务会计处理

财务会计系统	预算会计系统
借：受托代理负债 　贷：库存现金——受托代理资产	不做账

【例4-8】某政府单位收到职工交来的转赠地震灾区的捐款20 000元（现金）。该政府单位的账务处理如下：

财务会计

借：库存现金——受托代理资产　20 000

　　贷：受托代理负债　20 000

预算会计

—

【例4-9】在【例4-8】中的单位将职工为地震灾区的捐款汇往灾区。该政府单位的账务处理如下：

财务会计　　　　　　　　　　　　预算会计

借：受托代理负债　20 000　　　　　　　　—

　贷：库存现金——受托代理资产

　　　　　20 000

（5）外币业务。政府单位有外币现金的，应当分别按照人民币、外币种类设置“库存现金日记账”进行明细核算。有关外币现金业务的账务处理参见“银行存款”科目的相关规定。

（6）现金的盘点。为了加强对库存现金的管理，政府单位应当设置“库存现金日记账”，由出纳人员根据收付款凭证，按照业务发生顺序逐笔登记。每日终了，政府单位应当计算当日的现金收入合计数、现金支出合计数和结余数，并将结余数与实际库存数相核对，做到账款相符。

①属于现金短缺的，按照实际短缺的金额，见表4－13。

表4－13　现金短缺相关经济业务会计处理

财务会计系统	预算会计系统
借：待处理财产损溢 　贷：库存现金	借：其他支出 　贷：资金结存——货币资金

②属于应由责任人赔偿或向有关人员追回的，见表4－14。

表4－14　应赔偿追回的现金短缺相关经济处理

财务会计系统	预算会计系统
借：其他应收款 　贷：待处理财产损溢	不做账

③实际收到责任人赔偿金额时，见表4－15。

表4－15　收到赔偿款相关经济处理

财务会计系统	预算会计系统
借：库存现金 　贷：其他应收款	借：资金结存——货币资金 　贷：其他支出金

④属于无法查明原因的，报经批准核销时，见表4－16。

表4－16　批准核销的相关会计处理

财务会计系统	预算会计系统
借：资产处置费用 　贷：待处理财产损溢	不做账

⑤属于现金溢余的，按照实际溢余的金额，见表 4－17。

表 4－17　　现金溢余相关经济业务会计处理

财务会计系统	预算会计系统
借：库存现金 　贷：待处理财产损溢	借：资金结存——货币资金 　贷：其他应付款

⑥属于应支付给有关人员或单位的，见表 4－18。

表 4－18　　应支付给有关人员的现金溢余会计处理

财务会计系统	预算会计系统
借：待处理财产损溢 　贷：其他应付款	不做账

⑦将现金支付给有关人员或单位时，见表 4－19。

表 4－19　　现金溢余支付给有关人员或单位的会计处理

财务会计系统	预算会计系统
借：其他应付款 　贷：库存现金	借：其他预算收入 　贷：资金结存——货币资金

⑧属于无法查明原因的，报经批准后，见表 4－20。

表 4－20　　无法查明的现金溢余会计处理

财务会计系统	预算会计系统
借：待处理财产损溢 　贷：其他收入	不做账

【例 4－10】某政府单位月末盘点现金，发现现金溢余 100 元。如果经查明，现金溢余属于职工张某的报销尾款，则，

财务会计	预算会计
借：待处理财产损溢　　100 　贷：其他应付款　　　100	—

支付职工张某的报销尾款 100 元时，则，

财务会计	预算会计
借：其他应付款　　100 　贷：库存现金　　　100	借：其他预算收入　　100 　贷：资金结存——货币资金　　100

如果无法查明原因，报经批准后，则，

财务会计		预算会计	
借：待处理财产损溢	100	—	
贷：其他收入	100		

【例 4－11】某政府单位年末盘点现金，发现短款 50 元。该政府单位的账务处理如下：

财务会计		预算会计	
借：待处理财产损溢	50	借：其他支出	50
贷：库存现金	50	贷：资金结存——货币资金	50

如果经查明，现金短款是由出纳人员工作失误造成的，由其赔偿，则，

财务会计		预算会计	
借：其他应收款	50	—	
贷：待处理财产损溢	50		

出纳人员实际赔偿 50 元时，则，

财务会计		预算会计	
借：库存现金	50	借：资金结存——货币资金	50
贷：其他应收款	50	贷：其他支出	50

如果无法查明原因，报经批准核销时，则，

财务会计		预算会计	
借：资产处置费用	50	—	
贷：待处理财产损溢	50		

如果经查明，现金短款是由出纳人员工作失误造成的，由其赔偿，则，

财务会计		预算会计	
借：其他应收款	50	—	
贷：待处理财产损溢	50		

出纳人员实际赔偿 50 元时，则，

财务会计		预算会计	
借：库存现金	50	借：资金结存——货币资金	50
贷：其他应收款	50	贷：其他支出	50

如果无法查明原因，报经批准核销时，则，

财务会计		预算会计	
借：资产处置费用	50	—	
贷：待处理财产损溢	50		

课外拓展：

【核查政府部门“小金库”的几种方法】针对其经营范围进行了解，在此基础上对其财务账表的收入项目、收入与支出的配比关系等进行对比，确认是否私设“小金库”：

1. 调查询证法：在掌握一定证据的情况下，与有关人员进行谈话询问，再将询证资料与收费依据、账面情况等书面资料进行核对，看是否有“小金库”。

2. 银行账户核查法：以银行账户为线索顺藤摸瓜，观察分析被审计单位的账户往来情况，并与自查表和银行对账单进行核对。如果发现该单位在审计自查表以外存在账户，极有可能是“小金库”的银行账户。

3. 库存现金盘点法：对财务、业务人员保管的现金进行突击盘点，再与调整后的现金账面数据核对。如果调整后的账面现金余额小于或大于实际库存现金时，数额较大的盘盈和盘亏均可能是由单位私设“小金库”所造成的。

4. 票据审核法：对于有收费权利的行政事业单位，通常检查时，先确定一定期间内收费单位领用票据的数量，然后对已使用的票据进行统计并与账面的收入数进行核对。如发现票据金额大于账面金额，该单位就可能存在收入不入账、私设“小金库”的问题。

5. 资产清查追踪法：重点对单位若干年度的各项资产的增减情况进行追踪调查，尤其是对长期不用或报废资产的处理去向进行追踪。这种审计方法对截留、隐匿处理固定资产和废旧物资收入存入“小金库”的情况尤其适用。

（二）银行存款

1. 银行存款的确认和计量

银行存款是行政事业单位存入银行或者其他金融机构的各种存款，**包括活期存款和定期存款**。行政事业单位应当严格按照国家有关支付结算办法的规定办理银行存款收支业务，并按照《政府会计制度——行政事业单位会计科目和报表》规定核算银行存款的各项收支业务，以保证银行存款的合法性，保护银行存款的安全和完整。见表4－21。

表4－21　　银行存款的确认与计量原则

	原则
确认原则	在收到时进行确认
计量原则	按照实际收到的金额计量

2. 银行存款核算的会计科目设置

见表4－22。

表 4－22　　银行存款核算会计科目设置

财务会计系统	预算会计系统
应设置"银行存款"核算存入银行或者其他金融机构的各种存款	与"银行存款"科目对应的资金结存——货币资金
①本科目应当设置"受托代理资产"明细科目核算政府单位受托代理、代管的银行存款； ②本科目借方余额反映政府单位实际存放在银行或其他金融机构的款项	

3. 银行存款的账务处理

（1）银行存款的存入。

①行政事业单位将款项存入银行或者其他金融机构，按照实际存入的金额处理，见表 4－23。

表 4－23　　银行存款的存入会计处理

财务会计系统	预算会计系统
借：银行存款 　贷：库存现金/应收账款/事业收入经营收入/其他收入	借：资金结存——货币资金 　贷：事业预算收入/经营预算收入/其他预算收入

②收到银行存款利息，按照实际收到的金额处理，见表 4－24。

表 4－24　　收到银行存款利息的会计处理

财务会计系统	预算会计系统
借：银行存款 　贷：利息收入	借：资金结存——货币资金 　贷：其他预算收入

【例 4－12】某政府单位将现金 50 000 元存入银行。该政府单位的账务处理如下：

财务会计		预算会计
借：银行存款	50 000	—
贷：库存现金	50 000	

（2）银行存款的支取和支出。

①行政事业单位从银行等金融机构提取现金，按照实际提取的金额处理，见表 4－25。

表 4－25　　银行存款支取与支出的会计处理

财务会计系统	预算会计系统
借：库存现金 　贷：银行存款	不做账

②行政事业单位以银行存款支付相关费用，按照实际支付的金额处理，见表 4 - 26。

表 4 - 26　　以银行存款支付费用的会计处理

财务会计系统	预算会计系统
借：业务活动费用/单位管理费用/其他费用 　贷：银行存款	借：行政支出/事业支出/经营支出/其他支出 　贷：资金结存——货币资金

③行政事业单位以银行存款对外捐赠，按照实际捐出的金额处理，见表 4 - 27。

表 4 - 27　　以银行存款对外捐赠会计处理

财务会计系统	预算会计系统
借：其他费用 　贷：银行存款	借：其他支出 　贷：资金结存——货币资金

【例 4 - 13】某行政单位以银行存款支付保洁员工资 20 000 元，通过银行转账向地震灾区捐赠 50 000 元。该行政单位的账务处理如下：

财务会计
借：业务活动费用　70 000
　贷：银行存款　70 000

预算会计
借：行政支出　70 000
　贷：资金结存——货币资金　70 000

【例 4 - 14】某事业单位以银行存款支付专业业务活动部门保洁员工资 20 000 元。通过银行转账向地震灾区捐赠 50 000 元。该事业单位的账务处理如下：

财务会计
借：业务活动费用　20 000
　其他费用　50 000
　贷：银行存款　70 000

预算会计
借：事业支出　20 000
　其他支出　50 000
　贷：资金结存——货币资金　70 000

（3）受托代理的银行存款。

①行政事业单位收到受托代理、代管的银行存款，按照实际收到的金额处理，见表 4 - 28。

表 4 - 28　　受托代理的银行存款相关会计处理

财务会计系统	预算会计系统
借：银行存款（受托代理资产） 　贷：受托代理负债	不做账

②支付受托代理、代管的银行存款，按照实际支付的金额处理，见表 4 - 29。

表 4－29　　支付受托代理的银行存款相关会计处理

财务会计系统	预算会计系统
借：受托代理负债 　贷：银行存款（受托代理资产）	不做账

【例 4－15】某政府单位银行存款基本户收到 A 单位转赠贫困地区的捐款 50 000 元。该政府单位的账务处理如下：

财务会计　　　　　　　　　　　　　　预算会计

借：银行存款——受托代理资产　　　　　　—

50 000

　贷：受托代理负债　50 000

【例 4－16】在【例 4－15】中的单位将 A 单位转赠贫困地区的捐款 50 000 元通过银行汇往贫困地区。该政府单位的账务处理如下：

财务会计　　　　　　　　　　　　　　预算会计

借：受托代理负债　50 000　　　　　　　—

　贷：银行存款——受托代理资产

50 000

（4）外币业务。行政事业单位发生外币业务的，应当按照业务发生当日的即期汇率，将外币金额折算为人民币金额记账，并登记外币金额和汇率。期末，各种外币账户的期末余额，应当按照期末的即期汇率折算为人民币，作为外币账户期末人民币余额。调整后的各种外币账户人民币余额与原账面余额的差额，作为汇兑损益计入当期费用：

①以外币购买物资、设备等，按照购入当日的即期汇率将支付的外币或应支付的外币折算为人民币金额处理，见表 4－30。

表 4－30　　外币存款相关会计处理

财务会计系统	预算会计系统
借：库存物品 　贷：银行存款/应付账款等科目的外币账户	借：行政支出/事业支出 　贷：资金结存——货币资金

②销售物品、提供服务以外币收取相关款项等，按照收入确认当日的即期汇率将收取的外币或应收取的外币折算为人民币金额处理，见表 4－31。

表 4－31　　以外币销售或提供服务相关会计处理

财务会计系统	预算会计系统
借：银行存款/应收账款 　贷：事业收入	借：资金结存——货币资金 　贷：事业预算收入

③期末，根据各外币银行存款账户按照期末汇率调整后的人民币余额与原账面人民币余额的差额，作为汇兑损益，见表 4－32。

表 4－32　　汇兑损益相关会计处理

财务会计系统	预算会计系统
借记或贷记：银行存款 　贷记或借记：业务活动费用/单位管理费用	借记或贷记：资金结存——货币资金 　贷记或借记：行政支出/事业支出

④“应收账款”“应付账款”等科目有关外币账户期末汇率调整业务的账务处理参照“银行存款”科目。

⑤银行存款期末余额核对：为了加强对银行存款的管理，行政事业单位应当按照开户银行或其他金融机构、存款种类及币种等，分别设置“银行存款日记账”，由出纳人员根据收付款凭证，按照业务的发生顺序逐笔登记，每日终了应结出余额。“银行存款日记账”应定期与“银行对账单”核对（属于账实核对），至少每月核对一次。月度终了，单位银行存款日记账账面余额与银行对账单余额之间如有差额，应当逐笔查明原因并进行处理，按月编制“银行存款余额调节表”，调节相符。

【例 4－17】某事业单位 2×21 年 4 月 20 日收到从美国购入的技术设备一台，价值共计 5 000 美元，用于开展专业业务活动，直接投入使用。假设购入设备当日美元对人民币的汇率为 1 美元＝6.5103 元人民币。该事业单位的账务处理如下：

财务会计	预算会计
借：固定资产　　32 551.5	借：事业支出　　32 551.5
贷：银行存款——人民币　　32 551.5	贷：资金结存——货币资金　　32 551.5

【例 4－18】假设**【例 4－17】**中的事业单位 2×21 年 4 月 30 日因专业业务活动形成的“银行存款——美元户”账面余额为 20 000 美元，合人民币 130 566.20 元。当日美元对人民币的汇率为 1 美元＝6.4672 元人民币。该事业单位的账务处理如下：

汇兑损益＝20 000×4 672－130 566.20＝222.2（元）

财务会计	预算会计
借：业务活动费用　　1 222.2	借：事业支出　　1 222.2
贷：银行存款——人民币　　1 222.2	贷：资金结存——货币资金　　1 222.2

在**【例 4－17】**和**【例 4－18】**中，如果会计主体是行政单位，预算会计则应确认行政支出。

【例 4－19】某政府单位收到某国外公益组织的捐款 10 000 美元，收到款项当日美元对人民币的汇率为 1 美元＝6.4713 元人民币。该政府单位的账务处理如下：

财务会计	预算会计
借：银行存款——人民币　64 713	借：资金结存——货币资金　64 713
贷：捐赠收入　64 713	贷：其他预算收入　64 713

课外拓展：

在行政事业单位财政财务收支审计中，银行存款审计是一项不可忽视的重要内容，通过对被审计单位银行存款相关账簿及银行对账单的核查，很多问题线索就会浮出水面，审计人员再根据实际情况进行延伸审计，可以提高审计工作效率，起到事半功倍的效果。要做好银行存款审计，必须关注以下重点：

（1）摸清底数。了解被审计单位零余额用款账户、一般存款账户、专用存款账户的开销户情况，包含开户金融机构、开户时间、账户名称、账户账号等基本情况；对已销户的银行存款账户进行函证，重点关注账户余额走向。

（2）仔细比对。进一步核对银行存款相关账簿与银行对账单上的收支是否能做到账账相符，是否存在银行对账单上有记录，而银行存款相关账簿上没有记录的收支款项，如国有资产出租收入、罚没收入不入账等情况。发现此类情况，审计人员应进一步跟踪未入账资金的来源、去向。

（3）刨根究底。审计过程中，对被审计单位银行账户中资金异常支出，经研判存在较大疑点时，审计机关应依法出具协查通知书，请求金融机构配合查询有关单位、个人在金融机构与审计事项相关的存款。审计人员以钉钉子的精神一查到底，确保国有资金安全。

（三）零余额账户用款额度

1. 零余额账户用款额度的确认和计量

零余额账户用款额度，是指实行国库集中支付的行政事业单位根据财政部门批复的用款计划收到和支用的零余额账户用款额度，具有与银行存款相同的支付结算功能。行政事业单位的零余额账户由财政部门为行政事业单位在商业银行开设，用于行政事业单位的财政授权支付。行政事业单位的零余额账户属于财政国库单一账户体系中的一个账户。该账户可以用于实现支付并于每日终了与财政国库存款账户进行资金清算后，余额为零。单位零余额账户是一个过渡账户，而不是实存账户。

本科目期末借方余额反映单位尚未支用的零余额账户用款额度；年末注销单位零余额账户用款额度后，本科目应无余额。见表4－33。

表 4－33　　零余额账户的确认与计量原则

	原则
确认原则	收到财政部门下达的财政授权支付额度时确认
计量原则	按照“财政授权支付额度到账通知书”所列金额计量

课堂笔记：

使用零余额账户的原因：连接国库单一账户与商品或劳务供应商，从实质上看，预算资金从国库单一账户转移到供应商。但以零余额账户为过渡，保证资金只有在支付时才流出国库单一账户。也就是说，它使所有预算资金得以集中控制在国库单一账户，从而克服传统的因分散、重复设置账户而导致的预算资金大量滞留于预算单位以及由此引发的一系列弊端。

2. 零余额账户用款额度核算的会计科目设置

见表 4－34。

表 4－34　　零余额账户的科目设置

财务会计系统	预算会计系统
应设置“零余额账户用款额度”	“资金结存——零余额账户用款额度”科目
本科目期末借方余额反映政府单位尚未支用的零余额账户用款额度。年度终了注销单位零余额账户用款额度后，本科目应无余额	

3. 零余额账户用款额度的账务处理

（1）收到额度。行政事业单位收到“财政授权支付额度到账通知书”时，根据通知书所列数额处理，见表 4－35。

表 4－35　　零余额账户收到额度的会计处理

财务会计系统	预算会计系统
借：零余额账户用款额度 　贷：财政拨款收入	借：资金结存——零余额账户用款额度 　贷：财政拨款预算收入

【例 4－20】某政府单位收到“财政授权支付额度到账通知书”，列明本月授权支付额度为 1 000 000 元。该政府单位的账务处理如下：

财务会计	预算会计
借：零余额账户用款额度　1 000 000	借：资金结存——零余额账户用款额度　1 000 000
贷：财政拨款收入　1 000 000	贷：财政预算拨款收入　1 000 000

（2）支用额度。

①政府单位支付日常活动费时，按照支付的金额处理，见表4－36。

表4－36　　零余额账户支付日常活动费会计处理

财务会计系统	预算会计系统
借：业务活动费用/单位管理费用等 　贷：零余额账户用款额度	借：行政支出/事业支出等 　贷：资金结存——零余额账户用款额度

②政府单位购买库存物品或购建固定资产，按照实际发生的成本处理，见表4－37。

表4－37　　零余额账户购买库存物品等的会计处理

财务会计系统	预算会计系统
借：库存物品/固定资产/在建工程 　贷：零余额账户用款额度/应付账款（涉及增值税业务的，相关账务处理参见“应交增值税”科目）	借：行政支出/事业支出 　贷：资金结存——零余额账户用款额度

③政府单位从零余额账户提取现金时，按照实际提取的金额处理，见表4－38。

表4－38　　零余额账户提取现金会计处理

财务会计系统	预算会计系统
借：库存现金 　贷：零余额账户用款额度	借：资金结存——货币资金 　贷：资金结存——零余额账户用款额度

④政府单位在某些特定情况下按规定从本单位零余额账户向本单位实有资金账户划转资金用于后续相关支出的，可在“银行存款”或“资金结存——货币资金”科目下设置“财政拨款资金”明细科目，或采用辅助核算等形式，核算反映按规定从本单位零余额账户转入实有资金账户的资金金额，并应当按照以下规定进行账务处理：

从本单位零余额账户向实有资金账户划转资金时，按照划转的资金金额处理，见表4－39。

表4－39　　零余额账户向实有资金账户划转资金会计处理

财务会计系统	预算会计系统
借：银行存款 　贷：零余额账户用款额度	借：资金结存——货币资金 　贷：资金结存——零余额账户用款额度

将本单位实有资金账户中从零余额账户划转的资金用于相关支出时，按照实际支付的金额处理，见表4－40。

表4－40　　适用实有资金账户中来自零余额账户资金的会计处理

财务会计系统	预算会计系统
借：应付职工薪酬/其他应交税费 　贷：银行存款	借：行政支出/事业支出等支出科目下的财政拨款支出 　贷：资金结存——货币资金

【例4－21】某行政单位通过其零余额账户支付款项购买计算机一台，价款13 560元，计算机直接交付使用。该行政单位的账务处理如下：

财务会计	预算会计
借：固定资产　13 560 　贷：零余额账户用款额度　13 560	借：行政支出　13 560 　贷：资金结存——零余额账户用款额度　13 560

该例中，如果会计主体是事业单位，预算会计应根据所购设备用于专业业务活动、行政及后勤管理活动或经营活动的不同，分别确认事业支出或经营支出。

【例4－22】某事业单位通过财政授权支付方式，支付日常办公费50 000元。其中开展专业业务活动20 000元、开展行政及后勤管理活动30 000元。该事业单位的账务处理如下：

财务会计	预算会计
借：业务活动费用　20 000 　单位管理费用　30 000 　贷：零余额账户用款额度　50 000	借：事业支出　50 000 　贷：资金结存——零余额账户用款额度　50 000

该例中，如果会计主体是行政单位，对依法履职支付的日常办公费，预算会计应确认行政支出。

（3）购货退回。

①因购货退回等发生财政授权支付额度退回的，属于本年度支付的款项的，按照退回的金额处理，见表4－41。

表4－41　　因购货退回产生额度退回（当年）的会计处理

财务会计系统	预算会计系统
借：零余额账户用款额度 　贷：库存物品	借：资金结存——零余额账户用款额度 　贷：行政支出/事业支出等科目

②属于以前年度支付的款项，按照退回金额处理，见表4-42。

表4-42　　因购货退回产生额度退回（以前）的会计处理

财务会计系统	预算会计系统
借：零余额账户用款额度 　贷：以前年度盈余调整/库存物品等	借：资金结存——零余额账户用款额度 　贷：财政拨款结转/财政拨款结余

【例4-23】某事业单位采用财政授权支付方式为专业业务活动采购的电脑耗材因质量问题予以退回，共计50 000元。其中，30 000元属于上年度支付的款项，20 000元属于本年度支付的项。相关款项50 000元已退回单位零余额账户。该事业单位的账务处理如下：

财务会计	预算会计
借：零余额账户用款额度　50 000	借：资金结存——零余额账户用款额度　50 000
贷：库存物品　50 000	贷：财政拨款结转——年初余额调整　30 000
	事业支出　20 000

该例中，如果会计主体是行政单位，退回的本年度支付款项，预算会计应确认行政支出。

【例4-24】某行政单位采用财政授权支付方式采购的一批复印纸因质量问题予以退回，共计5 000元。其中，3 000元属于上年度支付的款项，2 000元属于本年度支付的款项。相关款项5 000元已退回单位零余额账户。该行政单位的账务处理如下：

财务会计	预算会计
借：零余额账户用款额度　5 000	借：资金结存——零余额账户用款额度　5 000
贷：以前年度盈余调整　3 000	贷：财政拨款结转——年初余额调整　3 000
业务活动费用　2 000	行政支出　2 000

该例中，如果会计主体是事业单位，退回的本年度支付款项，预算会计应根据所采购复印纸用于专业业务活动、行政及后勤管理活动或经营活动的不同，分别确认事业支出或经营支出。

（4）年终结余。

①年末，根据代理银行提供的对账单注销额度的处理，如表4-43所示。

表 4－43　　年末注销额度的会计处理

财务会计系统	预算会计系统
借：财政应返还额度——财政授权支付 　贷：零余额账户用款额度	借：资金结存——财政应返还额度 　贷：资金结存——零余额账户用款额度

②根据本年度财政授权支付预算指标数大于零余额账户用款额度下达数的差额处理，如表 4－44 所示。

表 4－44　　返还额度差额的会计处理

财务会计系统	预算会计系统
借：财政应返还额度——财政授权支付 　贷：财政拨款收入	借：资金结存——财政应返还额度 　贷：财政拨款预算收入

市县级政府单位不需要做这笔分录，只有中央和省级政府单位需要在年末做此笔分录。

③下年年初，根据代理银行提供的上年度注销额度恢复到账通知书作恢复额度的处理，如表 4－45 所示。

表 4－45　　恢复额度的会计处理

财务会计系统	预算会计系统
借：零余额账户用款额度 　贷：财政应返还额度——财政授权支付	借：资金结存——零余额账户用款额度 　贷：资金结存——财政应返还额度

④单位收到财政部门批复的上年未下达零余额账户用款额度处理，如表 4－46 所示。

表 4－46　　收到额度的会计处理

财务会计系统	预算会计系统
借：零余额账户用款额度 　贷：财政应返还额度——财政授权支付	借：资金结存——零余额账户用款额度 　贷：资金结存——财政应返还额度

市县级政府单位没有②这笔分录，因此没有指标与下达数差额所对应的“财政应返还额度”，也就没有④这笔分录。只有中央及省级政府单位才有④这笔分录，才可以在本年度继续使用上年未下达的零余额账户用款额度。①

（四）其他货币资金

1. 其他货币资金的确认和计量

其他货币资金，是指政府单位除了库存现金、银行存款和零余额账户用款额度以

① 《政府会计准则制度解释第 4 号》第五条，http：//kjs. mof. gov. cn/zhengcefabu/202112/t20211229_3779124. htm。

外的其他货币资金，主要包括外埠存款、银行本票存款、银行汇票存款、信用卡存款等。其中，外埠存款是指行政事业单位到外地进行临时零星采购时，汇往采购地银行开立采购专户的款项；银行本票存款是指政府单位为取得银行本票按照规定存入银行的款项：银行汇票存款是指政府单位为取得银行汇票按照规定存入银行的款项；信用卡存款是指政府单位为取得信用卡按照规定存入银行的款项。

根据财政部印发的《政府会计准则制度解释第 1 号》中关于第三方支付平台账户资金的会计科目适用问题，单位通过支付宝、微信等方式取得相关收入的，对于尚未转入银行的支付宝、微信收付款等第三方支付平台账户的余额，应当通过“其他货币资金”科目核算。具体见表 4 - 47。

表 4 - 47　　其他货币资金的确认和计量原则

	原则
确认原则	将款项委托本地银行汇往异地开立的账户或将款项交存银行取得银行本票、银行汇票和信用卡时确认
计量原则	按照实际缴存的款项金额计量

2. 其他货币资金核算的会计科目设置

见表 4 - 48。

表 4 - 48　　其他货币资金核算的会计科目设置

财务会计系统	预算会计系统
应设置“其他货币资金”科目	资金结存——货币资金
本科目应当设置“外埠存款”“银行本票存款”“银行汇票存款”“信用卡存款”等明细科目，进行明细核算	

3. 其他货币资金的账务处理

（1）外埠存款。

①行政事业单位按照有关规定需要在异地开立银行账户，将款项委托本地银行汇往异地开立账户时，见表 4 - 49。

表 4 - 49　　外埠存款相关经济业务会计处理

财务会计系统	预算会计系统
借：其他货币资金 贷：银行存款	不做账

②收到采购员交来供应单位发票账单等报销凭证时，见表 4 - 50。

表 4－50　　收到报销凭证相关经济业务会计处理

财务会计系统	预算会计系统
借：库存物品 　贷：其他货币资金	借：行政支出/事业支出 　贷：资金结存——货币资金

③将多余的外埠存款转回本地银行时，根据银行的收账通知处理，见表 4－51。

表 4－51　　外埠存款转回本地银行时，相关经济业务会计处理

财务会计系统	预算会计系统
借：银行存款 　贷：其他货币资金	不做账

（2）银行本票、银行汇票存款。

①行政事业单位将款项交存银行取得银行本票、银行汇票，按照取得的银行本票、银行汇票金额处理，见表 4－52。

表 4－52　　取得银行本票、汇票相关经济业务会计处理

财务会计系统	预算会计系统
借：其他货币资金 　贷：银行存款	不做账

②使用银行本票、银行汇票购买库存物品等资产时，按照实际支付金额处理，见表 4－53。

表 4－53　　适用本票、汇票购买资产相关经济业务会计处理

财务会计系统	预算会计系统
借：库存物品 　贷：其他货币资金	借：行政支出/事业支出 　贷：资金结存——货币资金

③如有余款或因本票、汇票超过付款期等原因而退回款项，按照退款金额处理，见表 4－54。

表 4－54　　本票汇票退回款项相关经济业务会计处理

财务会计系统	预算会计系统
借：银行存款 　贷：其他货币资金	不做账

课堂笔记：

事业单位与行政单位财务处理总结

	用途	财务会计	预算会计
事业单位	主营	业务活动费用	事业支出
	经营	经营费用	经营支出
	管理	单位管理费用	事业支出
行政单位	用途	财务会计	预算会计
	业务	业务活动费用	行政支出
	管理	业务活动费用	行政支出

（3）信用卡存款。

①行政事业单位将款项交存银行取得信用卡，按照交存金额处理，见表4－55。

表4－55　　取得信用卡存款相关经济业务会计处理

财务会计系统	预算会计系统
借：其他货币资金 　贷：银行存款	不做账

②用信用卡购物或支付有关费用，按照实际支付金额处理，见表4－56。

表4－56　　使用信用卡消费相关经济业务会计处理

财务会计系统	预算会计系统
借：单位管理费用/库存物品 　贷：其他货币资金	借：行政支出/事业支出 　贷：资金结存——货币资金

③单位信用卡在使用过程中，需向其账户续存资金的，按照续存金额处理，见表4－57。

表4－57　　信用卡续存资金相关经济业务会计处理

财务会计系统	预算会计系统
借：其他货币资金 　贷：银行存款	不做账

二、短期投资

（一）投资的确认和管理

1. 投资的定义

投资，是指为了合理、有效地使用非财政资金，事业单位按规定以货币资金、实物资产、无形资产等方式形成的债权或股权投资。行政单位**没有**投资业务。

2. 投资的分类

事业单位投资按其收益形式可分为债券投资和股权投资；按变现的时间长短可分为短期投资和长期投资；按投出的资产可分为以货币资金投资、以库存物品投资、以固定资产投资、以无形资产投资等。

3. 投资的管理

按照《事业单位财务规则》（财政部令第68号）和《财政部关于修改（事业单位国有资产管理暂行办法）的决定》（财政部令第100号）的规定管理。国家另有规定的除外。各级事业单位**不得**利用财政资金对外投资，**不得**买卖期货、股票，**不得**购买各种企业债券各类投资基金和其他任何形式的金融衍生品或进行任何形式的金融风险投资，**不得**在国外贷款债务尚未清偿前利用该贷款形成的资产进行对外投资等。事业单位利用国有资产对外投资应当进行必要的可行性论证，并提出申请，经主管部门审核同意后，报同级财政部门审批。法律和行政法规另有规定的，依照其规定。

（二）短期投资的确认和计量（事业单位特有）

短期投资是**事业单位**按照规定取得的，持有时间**不超过1年（含1年）**的投资，主要是国债投资。

短期投资的计量包括初始计量和后续计量。其初始确认与计量原则见表4-58。

表4-58　短期投资的初始确认与计量原则

	原则
初始确认原则	短期投资在取得时，应当按照**实际成本**进行初始计量
初始计量原则	按照实际交存的款项金额计量事业单位在取得短期投资时，应当按照实际成本（包括购买价款和相关税费）作为初始投资成本，实际支付价款中包含的已到付息期，但尚未领取的利息，应当于收到时冲减短期投资成本。期末，短期投资应当按照账面余额计
后续确认原则	短期投资的后续计量包括持有期间的利息和处置事业单位短期投资持有期间的利息，应当于实际收到时确认为投资收益
后续计量原则	事业单位按规定出售或到期收回短期投资，应当将收到的价款扣除短期投资账面余额和相关税费后的差额计入投资损益

（三）短期投资核算的会计科目设置

见表4－59。

表4－59　　短期投资的会计科目设置

财务会计系统	预算会计系统
事业单位应设置“短期投资”	投资支出
本科目期末借方余额，反映事业单位持有短期投资的成本	

（四）短期投资的账务处理

1. 取得短期投资

（1）事业单位取得短期投资时，按照确定的投资成本（确定的投资成本包括购买价款以及税金、手续费等相关税费），处理如表4－60所示。

表4－60　　取得短期投资的会计处理

财务会计系统	预算会计系统
借：短期投资 　贷：银行存款	借：投资支出 　贷：资金结存——货币资金

（2）收到取得投资时实际支付价款中包含的已到付息期，但尚未领取的利息，按照实际收到的金额处理，见表4－61。

表4－61　　收到取得投资时已到期利息的会计处理

财务会计系统	预算会计系统
借：银行存款 　贷：短期投资	借：资金结存——货币资金 　贷：投资支出

2. 收到短期投资持有期间的利息

事业单位收到短期投资持有期间的利息，按照实际收到的金额处理，见表4－62。

表4－62　　收到短期投资持有期间利息的会计处理

财务会计系统	预算会计系统
借：银行存款 　贷：投资收益	借：资金结存——货币资金 　贷：投资预算收益

3. 出售短期投资或到期收回短期投资本息

事业单位出售短期投资或到期收回短期投资本息，按照实际收到的金额处理，见表4－63。

表 4－63　　出售短期投资或到期收回本息的会计处理

财务会计系统	预算会计系统
借：银行存款	①对于出售、对外转让或到期收回本年度以货币资金取得的短期投资： 借：资金结存——货币资金（按照实际取得价款或实际收到的本息金额） ②对出售、对外转让或到期收回以前年度以货币资金取得的短期投资： 借：资金结存——货币资金
①贷：短期投资（按照出售或收回短期投资的账面余额） ②借或贷：投资收益（按照其差额）	①贷：投资支出（按照取得投资时“投资支出”科目的发生额） 贷或借：投资预算收益（按照其差额） ②贷：其他结余（按照取得投资时“投资支出”科目的发生额） 贷或借：投资预算收益（按照其差额）

课堂笔记：

事业单位对于短期投资和长期投资处理的对比：

情形	短期投资	长期投资
取得投资（含有已到付息期但尚未领取的利息时）	按实际支付价款（包含应付利息）计入初始投资成本	按实际成本（不包含应付利息）计入投资成本
月末确认利息时	不需要增加短期投资账面价值，待收到时确认为“投资收益”	每月确认利息时须计入长期投资账面价值

【例 4－25】某事业单位 2×20 年 7 月 1 日以 510 000 元的价款（包含已到期但尚未领取的利息 10 000 元）购买将于 2×21 年 7 月 1 日到期国债，该国债面值 500 000 元，年利率 4%，每半年付息一次、到期还本。2×20 年 7 月 2 日，收到包含在投资支付价款中已到期但尚未领取的利息 10 000 元。2×21 年 1 月 2 日收到 2×20 年的下半年利息 10 000 元，2×21 年 7 月 2 日收到 2×21 年的上半年利息 10 000 元和归还的本金 500 000 元。该事业单位的账务处理如下：

2×20 年 7 月 1 日取得国债时，

财务会计	预算会计
借：短期投资——国债投资　510 000	借：投资支出　510 000
贷：银行存款　510 000	贷：资金结存——货币资金　510 000

2×20 年 7 月 2 日收到包含在投资支付价款中已到期但尚未领取的利息时，

财务会计　　　　预算会计

借：银行存款　10 000
　贷：短期投资——国债投资　10 000

借：资金结存——货币资金　10 000
　贷：投资支出　10 000

2×21 年 1 月 2 日收到 2×20 年的下半年利息时，

财务会计　　　　预算会计

借：银行存款　10 000
　贷：投资收益　10 000

借：资金结存——货币资金　10 000
　贷：投资预算收益　10 000

2×21 年 7 月 2 日收到 2×21 年的上半年利息和归还的本金时，

财务会计　　　　预算会计

借：资金结存——货币资金　510 000
　贷：其他结余　500 000
　　投资收益　10 000

借：银行存款　510 000
　贷：短期投资——国债投资　500 000
　　投资预算收益　10 000

三、应收及预付款项

应收及预付款项定义：应收及预付款项是指行政事业单位在开展业务活动中形成的各项债权。

应收及预付款项分类：包括财政应返还额度、应收票据、应收账款、预付账款、应收股利和利息、其他应收款等。

（一）财政应返还额度

1. 财政应返还额度的确认和计量

财政应返还额度，是指实行国库集中支付的行政事业单位应收财政返还的资金额度，**包括可以使用的以前年度财政直接支付资金额度和财政应返还的财政授权支付资金额度**。其确认和计量原则如表 4－64 所示。

表 4－64　　财政应返还额度的确认与计量原则

	原则
确认原则	财政应返还额度应当按行政事业单位年末国库集中支付**尚未使用的资金额度**确认和计量
计量原则	财政应返还额度应当按行政事业单位年末国库集中支付**尚未使用的资金额度**确认和计量

在财政直接支付方式下，年末国库集中支付尚未使用的资金额度是本年度财政直

接支付预算指标数**大于当年财政直接支付实际发生数的差额**（未支用的支付额度）。**在财政授权支付方式下**，年末国库集中支付尚未使用的资金额度包括本年度财政授权支付预算指标数**大于零余额账户用款额度下达数的差额**（未下达的用款额度），以及本年度零余额账户用款额度下达数与零余额账户用款额度支用数的差额（未支用的用款额度）。对于上述国库集中支付未支用的资金额度和尚未下达的用款额度，年末政府单位先返还财政部门，下年度初再由财政部门予以恢复或下达。

2. 财政应返还额度核算的会计科目设置

见表4-65。

表4-65　　财政应返款额度的会计科目设置

财务会计系统	预算会计系统
应设置"财政应返还额度"	资金结存——财政应返还额度
①本科目应当设置"财政直接支付""财政授权支付"两个明细科目进行明细核算； ②本科目期末借方余额反映政府单位应收财政返还的资金额度	—

3. 财政应返还额度的账务处理

（1）财政直接支付。

①年末，行政事业单位根据本年度财政直接支付预算指标数大于当年财政直接支付实际发生数的差额，处理如表4-66所示。

表4-66　　财政直接支付相关经济业务会计处理

财务会计系统	预算会计系统
借：财政应返还额度——财政直接支付 　贷：财政拨款收入	借：资金结存——财政应返还额度 　贷：财政拨款预算收入

②政府单位使用以前年度财政直接支付额度支付款项时，处理如表4-67所示。

表4-67　　使用以前年度财政直接支付的会计处理

财务会计系统	预算会计系统
借：业务活动费用/单位管理费用 　贷：财政应返还额度——财政直接支付	借：行政支出/事业支出 　贷：资金结存——财政应返还额度

【例4-26】某实行国库集中支付的政府单位，年末通过对账确认本年度财政直接支付预算指标数为1 000 000元，当年财政直接支付实际发生数为900 000元，该政府单位的账务处理如下：

财务会计	预算会计
借：财政应返还额度——财政直接支付　100 000	借：资金结存——财政应返还额度　100 000
贷：财政拨款收入　100 000	贷：财政拨款预收入　100 000

【例 4－27】 某事业单位收到代理银行转来的“财政直接支付入账通知书”，使用上年尚未使用的财政直接支付额度支付款项 100 000 元购买办公用笔记本电脑 10 台，已直接交付使用。该事业单位的账务处理如下：

财务会计	预算会计
借：固定资产　100 000	借：事业支出　100 000
贷：财政应返还额度——财政直接支付　100 000	贷：资金结存——财政应返还额度　100 000

该例中，如果会计主体是行政单位，预算会计应确认行政支出。

（2）财政授权支付。

①年末，政府单位根据代理银行提供的对账单做注销额度的，处理如表 4－68 所示。

表 4－68　　财政授权支付的相关会计处理

财务会计系统	预算会计系统
借：财政应返还额度——财政授权支付 　贷：零余额账户用款额度	借：资金结存——财政应返还额度 　贷：资金结存——零余额账户用款额度

②年末，单位本年度财政授权支付预算指标数大于零余额账户用款额度下达数的，根据未下达的用款额度处理，见表 4－69。

表 4－69　　年末财政授权支付预算指标数大于零余额账户的相关会计处理

财务会计系统	预算会计系统
借：财政应返还额度——财政授权支付 　贷：财政拨款收入	借：资金结存——财政应返还额度 　贷：财政拨款预算收入

③下年年初，单位根据代理银行提供的上年度注销额度恢复到账通知书做恢复额度以及收到财政部门批复的上年未下达零余额账户用款额度时，处理如表 4－70 所示。

表 4－70　　年初返还恢复额度的相关会计处理

财务会计系统	预算会计系统
借：零余额账户用款额度 　贷：财政应返还额度——财政授权支付	借：资金结存——零余额账户用款额度 　贷：资金结存——财政应返还额度

【例 4－28】 某实行国库集中支付的政府单位，年末通过对账确认本年度财政授权支付预算指标数为 500 000 元，零余额账户用款额度下达数为 400 000 元，零余额账户

用款额度支用数为 350 000 元。该政府单位的账务处理如下：

财务会计	预算会计
借：财政应返还额度——财政授权支付　150 000	借：资金结存——财政应返还额度　150 000
贷：零余额账户用款额度　50 000	贷：资金结存——零余额账户用款额　50 000
财政拨款收入　100 000	财政拨款预算收入　100 000

【例 4－29】在【例 4－28】中的政府单位下年度初收到代理银行转来的 50 000 元财政授权支付额度恢复到账通知书和财政部门批复的上年度末下达零余额账户用款额度 100 000 元。该政府单位的账务处理如下：

财务会计	预算会计
借：零余额账户用款额度　150 000	借：资金结存——零余额账户用款额度　150 000
贷：财政应返还额度——财政授权支付　150 000	贷：资金结存——财政应返还额度　150 000

注：按照《国务院关于进一步深化预算管理制度改革的意见》（国发〔2021〕5 号）规定，市县级财政国库集中支付结余不再按权责发生制列支，相关单位年末不再进行相关账务处理。中央级和省级单位根据同级财政部门规范国库集中支付结余权责发生制列支的规定，相应进行会计处理。

因此若【例 4－28】、【例 4－29】中的政府单位为市县级政府单位，【例 4－28】账务处理应变为：

财务会计	预算会计
借：财政应返还额度——财政授权支付　50 000	借：资金结存——财政应返还额度　50 000
贷：零余额账户用款额度　50 000	贷：资金结存——零余额账户用款额度　50 000

【例 4－29】账务处理应变为：

财务会计	预算会计
借：零余额账户用款额度　50 000	借：资金结存——零余额账户用款额度　50 000
贷：财政应返还额度——财政授权支付　50 000	贷：资金结存——财政应返还额度　50 000

即市县级政府单位只用作注销额度和来年恢复额度的会计处理，而不按权责发生

制，对单位本年度财政授权支付预算指标数大于零余额账户用款额度下达数的差额做会计处理[①]。

（二）应收票据（事业单位特有）

1. 应收票据的确认和计量

应收票据是事业单位因开展经营活动销售产品、提供有偿服务等而收到的商业汇票，包括商业承兑汇票和银行承兑汇票。其确认和计量见表4－71。

表4－71　应收票据的确认与计量

	原则
确认原则	应当在产品已经售出或服务已经提供，且收到商业汇票时确认
计量原则	按照商业汇票的票面金额计量

2. 应收票据核算的会计科目设置

见表4－72。

表4－72　应收票据的科目设置

财务会计系统	预算会计系统
应设置“应收票据”科目	经营预算收入
①本科目应当按照开出、承兑商业汇票的单位等进行明细核算； ②本科目期末借方余额，反映事业单位持有的商业汇票票面金额	—

3. 应收票据的账务处理

（1）收到商业汇票。事业单位因销售产品、提供服务等收到商业汇票，按照商业汇票的票面金额处理，见表4－73。

表4－73　收到商业汇票的会计处理

财务会计系统	预算会计系统
借：应收票据 　贷：经营收入	不做账

【例4－30】某事业单位的非独立核算部门从事经营活动销售产品而收到A公司不带息的承兑期2个月的商业承兑汇票一张，该商业承兑汇票的面值为5 150元，则单位的账务处理如下：

① 《政府会计准则制度解释第4号》第五条，http：//kjs. mof. gov. cn/zhengcefabu/202112/t20211229_3779124. htm。

财务会计　　　　　　　　预算会计

借：应收票据——A 公司　　　　　　　—

5 150

　　贷：经营收入　　　　5 000

　　　　应交增值税　　　　150

（2）商业汇票贴现。

①事业单位持未到期的商业汇票向银行贴现，按照实际收到的金额（即扣除贴现息后的净额）处理，见表 4 – 74。

表 4 – 74　　　　商业汇票贴现会计处理

财务会计系统	预算会计系统
借：银行存款 按照贴现息金额，借记“经营费用”等科目， 按照商业汇票的票面金额，贷记“应收票据”科目（无追索权）或“短期借款”科目（有追索权）	借：资金结存——货币资金 　贷：经营预算收入

②附追索权的商业汇票到期未发生追索事项的按照商业汇票的票面金额处理，见表 4 – 75。

表 4 – 75　　　　汇票到期的相关会计处理

财务会计系统	预算会计系统
借：短期借款 　贷：应收票据	不做账

【例 4 – 31】 某事业单位持 1 个月之前因从事经营活动销售产品而收到的 A 公司 1 张 2 个月到期的商业承兑汇票（无追索权）到银行贴现。该汇票票面金额为 5 150 元，银行贴现率为 12%。该事业单位的账务处理如下：

贴现息 = 5 150 × 12% × 1 ÷ 12 = 51.50（元）

扣除贴现息后的净额 = 5 150 – 51.50 = 5 098.50（元）

财务会计　　　　　　　　预算会计

借：银行存款　　5 098.50　　　借：资金结存——货币资金

　　经营费用　　　51.50　　　　　　　　　5 098.50

　　贷：应收票据——A 公司　　　　贷：经营预算收入　5 098.50

5 150

（3）商业汇票背书转让。事业单位将持有的商业汇票背书转让以取得所需物资时，按照取得物资的成本处理，如表 4 – 76 所示。

表 4－76　　商业汇票背书转让相关经济业务会计处理

财务会计系统	预算会计系统
借：库存物品 　贷：应收票据 借或贷：银行存款等（差额）	借或贷：资金结存——货币资金（实际支付或收到） 借：经营支出或贷：经营预算收入

（4）商业汇票到期。

①收回票款时，按照实际收到的商业汇票票面金额处理，见表 4－77。

表 4－77　　收回票款时会计处理

财务会计系统	预算会计系统
借：银行存款 　贷：应收票据	借：资金结存——货币资金 　贷：经营预算收入

②因付款人无力支付票款，收到银行退回的商业承兑汇票、委托收款凭证未付票款通知书或拒付款证明等，处理见表 4－78。

表 4－78　　商业承兑汇票退回的相关经济业务会计处理

财务会计系统	预算会计系统
借：应收账款 　贷：应收票据	不做账

【例 4－32】事业单位的商业承兑汇票到期，通过银行存款基本户收到票据款项 5 150 元。该事业单位的账务处理如下：

财务会计	预算会计
借：银行存款　　5 150 　贷：应收票据——A 公司 　　　　　　　　5 150	借：资金结存——货币资金 　　　　　　　　5 150 　贷：经营预算收入　　5 150

若上述商业承兑汇票到期，该单位收到银行退回的商业承兑汇票，则：

财务会计	预算会计
借：应收账款　　5 150 　贷：应收票据——A 公司 　　　　　　　　5 150	—

（三）应收账款

1. 应收账款的确认

应收账款是指事业单位提供服务、销售产品等应收取的款项，以及行政事业单位因出租资产、出售物资等应收取的款项。其确认与计量见表4－79。

表4－79　　应收账款的确认与计量

	原则
确认原则	在产品已售出或服务已经提供且尚未收到款项时确认
计量原则	按照应收未收金额计量

2. 应收账款核算的会计科目设置

见表4－80。

表4－80　　应收账款的科目设置

财务会计系统	预算会计系统
应设置“应收账款”总账科目 该科目应当按照债务单位（或个人）进行明细核算	①收回后需要上缴财政的应收账款不做账 ②收回后不需上缴财政的，与“应收账款”科目对应的是“事业预算收入”“经营预算收入”“其他预算收入”

3. 应收账款的账务处理

（1）应收账款收回后不需上缴财政情况。

①单位发生应收账款时，按照应收未收金额处理，见表4－81。

表4－81　　发生应收账款相关经济业务会计处理

财务会计系统	预算会计系统
借：应收账款 　贷：经营收入/租金收入/其他收入等科目	不做账

②收回应收账款时，按照实际收到的金额处理，见表4－82。

表4－82　　收回应收账款的会计处理

财务会计系统	预算会计系统
借：银行存款 　贷：应收账款	借：资金结存——货币资金 　贷：事业预算收入/经营预算收入/其他预算收入

（2）应收账款收回后需上缴财政情况。

①单位出租资产发生应收未收租金款项时，见表4－83。

表4－83　　发生未收租金相关经济业务会计处理

财务会计系统	预算会计系统
借：应收账款（按照应收未收金额） 　贷：应缴财政款	不做账

续表

财务会计系统	预算会计系统
借：银行存款（收回应收账款时，按照实际收到） 　贷：应收账款	不做账

②单位出售物资发生应收未收款项时，见表4－84。

表4－84　　　　出售物资发生应收账款相关经济业务会计处理

财务会计系统	预算会计系统
借：应收账款（按照应收未收金额） 　贷：应缴财政款 借：银行存款（收回应收账款时，按照实际收到） 　贷：应收账款	不做账

【例4－33】 某事业单位在开展专业业务活动中发生一项应收账款3 200元，该应收账款收回后不需上缴财政。数日后，该事业单位收回了该项应收账款。暂不考虑相关税费的业务。该事业单位应编制如下会计分录：

发生应收账款时，

财务会计		预算会计
借：应收账款	3 200	—
贷：事业收入	3 200	

收回应收账款时，

财务会计		预算会计	
借：银行存款	3 200	借：资金结存——货币资金	3 200
贷：应收账款	3 200	贷：事业预算收入	3 200

事业单位不需上缴财政的应收账款应当计提坏账准备，对于收回后需上缴财政的应收账款不计提坏账准备。除了对事业单位收回后不需上缴财政的应收账款和其他应收款计提坏账准备外，对于其他资产均未要求计提减值准备。

（四）预付账款

1. 预付账款的确认和计量

预付账款是指行政事业单位按照购货、服务合同或协议规定预付给供应单位（或个人）的款项，以及按照合同规定向承包工程的施工企业预付的备料款和工程款。其确认和计量见表4－85。

表 4－85　　预付账款的确认与计量原则

	原则
确认原则	预付账款应当在已经支付款项目尚未收到物资或服务时确认
计量原则	按照实际支付金额计量

2. 预付账款核算的会计科目设置

见表 4－86。

表 4－86　　预付账款的科目设置

财务会计系统	预算会计系统
应设置"预付账款"总账科目	行政支出/事业支出
①该科目应当按照供应单位（或个人）及具体项目进行明细核算； ②对于基本建设项目发生的预付账款，还应当在该科目所属基建项目明细科目下设置"预付备料款""预付工程款""其他预付款"等明细科目，进行明细核算	

3. 预付账款的账务处理

（1）发生预付账款。单位根据购货、服务合同或协议规定预付款项时，按照预付金额处理，见表 4－87。

表 4－87　　发生预付账款的会计处理

财务会计系统	预算会计系统
借：预付账款 　贷：财政拨款收入/零余额账户/用款额度/银行存款	借：行政支出/事业支出 　贷：财政拨款预算收入/资金结存——零余额账户用款额度/资金结存——货币资金

（2）收到所购资产或服务。按照购入资产或服务的成本处理，见表 4－88。

表 4－88　　收到资产/服务的会计处理

财务会计系统	预算会计系统
借：库存物品/固定资产/无形资产业务活动费用 　贷：预付账款 　　财政拨款收入/零余额账户用款额度/银行存款（实际补付金额）	借：行政支出/事业支出（按实际补付金额） 　贷：财政拨款预算收入/资金结存——零余额账户用款额度、货币资金

（3）结算工程价款及备料款。根据工程进度结算工程价款及备料款时，按照结算金额处理，见表 4－89。

表 4-89　　结算工程款相关经济业务会计处理

财务会计系统	预算会计系统
借：在建工程 　贷：预付账款（账面余额） 　　财政拨款收入/零余额账户用款额度/银行存款（实际补付金额）	借：行政支出/事业支出（按实际补付金额） 　贷：财政拨款预算收入/资金结存——零余额账户用款额度、货币资金

（4）预付账款的退回。政府单位发生预付账款退回的，按照实际退回金额处理，见表 4-90。

表 4-90　　预付账款退回相关经济业务会计处理

财务会计系统	预算会计系统
借：财政拨款收入（本年直接支付） 　财政应返还额度（以前年度直接支付）零余额账户用款额度/银行存款 　贷：预付账款	借：财政拨款预算收入/资金结存——财政应返还额度、零余额账户用款额度、货币资金 　贷：行政支出/事业支出（当年退回） 　　财政拨款结转/财政拨款结余（以前年度退回）

（五）应收股利、应收利息（事业单位特有）

1. 应收股利和应收利息的确认和计量

应收股利，是指事业单位持有长期股权投资应当收取的现金股利或分得的利润。

应收利息，是指事业单位长期债券投资应当收取的利息。应收利息应当在计算应收取利息时确认，且按照应收取金额计量。其确认与计量见表 4-91。

表 4-91　　应收股利与利息的确认与计量原则

	原则
应收股利确认原则	在产品已售出或服务已经提供且尚未收到款项时确认。应当在计算收取的现金股利或应分得的利润时确认
应收股利计量原则	按照收取的或应分得的金额计量
应收利息确认原则	应收利息应当在计算应收取利息时确认
应收利息计量原则	按照应收取金额计量

2. 应收股利和应收利息核算的会计科目设置

见表 4-92。

表 4－92　　应收股利与利息的会计科目设置

财务会计系统	预算会计系统
事业单位应设置“应收股利”和“应收利息”	对应科目是“投资支出”和“投资预算收益”
“应收股利”科目，期末借方余额，反映事业单位应当收取但尚未收到的现金股利或利润； “应收利息”科目，本科目期末借方余额，反映事业单位应收未收的长期债券投资利息	

3. 应收股利和应收利息的账务处理

（1）应收股利。

①事业单位取得长期股权投资，按照支付的价款中所包含的已宣告但尚未发放的现金股利，借记“应收股利”科目处理，见表 4－93。

表 4－93　　取得长期股权投资相关经济业务会计处理

财务会计系统	预算会计系统
借：长期股权投资（按照确定的长期股权投资成本） 　　应收股利 　　贷：银行存款（按照实际支付的金额）	借：投资支出（按照取得投资支付的全部价款） 　　贷：资金结存——货币资金

②收到取得投资时实际支付价款中所包含的已宣告但尚未发放的现金股利时，按照收到的金额处理，见表 4－94。

表 4－94　　收到应收股利相关经济业务会计处理

财务会计系统	预算会计系统
借：银行存款 　　贷：应收股利	借：资金结存——货币资金 　　贷：投资支出

③事业单位长期股权投资持有期间，被投资单位宣告发放现金股利或利润的，按照应享有的份额处理，见表 4－95。

表 4－95　　收到投资收益等相关经济业务会计处理

财务会计系统	预算会计系统
借：应收股利 　　贷：投资收益（成本法下） 　　　　长期股权投资（权益法下）	不做账

④事业单位实际收到现金股利或利润时，按照收到的金额处理，见表 4－96。

表 4-96　　收到现金股利与利润的会计处理

财务会计系统	预算会计系统
借：银行存款 　贷：应收股利	借：资金结存——货币资金 　贷：投资预算收益

（2）应收利息。

①事业单位取得长期债券投资处理，见表 4-97。

表 4-97　　取得长期债券投资会计处理

财务会计系统	预算会计系统
借：长期股权投资（投资成本） 　应收利息（支付的价款中包含的已到付息期但尚未领取的利息） 　贷：银行存款（实际支付的金额）	借：投资支出（取得投资支付的全部价款） 　贷：资金结存——货币资金

②收到取得投资时实际支付价款中所包含的已到付息期但尚未领取的利息时，按收到的金额处理，见表 4-98。

表 4-98　　收到已到付息期但未领取的应收利息的会计处理

财务会计系统	预算会计系统
借：银行存款 　贷：应收利息	借：资金结存——货币资金 　贷：投资支出

③事业单位按期计算确认长期债券投资利息收入时，对于分期付息、一次还本的长期债券投资，按照以票面金额和票面利率计算确定的应收未收利息金额处理，见表 4-99。

表 4-99　　收到分期支付的利息的会计处理

财务会计系统	预算会计系统
借：应收利息 　贷：投资收益	不做账

④实际收到应收利息时，按照收到的金额处理，见表 4-100。

表 4-100　　收到实际收到的应收利息的会计处理

财务会计系统	预算会计系统
借：银行存款 　贷：应收利息	借：资金结存——货币资金 　贷：投资预算收益

（六）其他应收款

1. 其他应收款的确认和计量

其他应收款，是政府单位除财政应返还额度、应收票据、应收账款、预付账款、应收股利、应收利息以外的其他各项应收及暂付款项，如职工预借的差旅费、已经偿还银行尚未报销的本单位公务卡欠款、拨付给内部有关部门的备用金、应向职工收取的各种垫付款项、支付的可以收回的订金或押金、应收的上级补助和附属单位上缴款项等。其确认与计量见表4－101。

表4－101　　其他应收款的确认与计量原则

	原则
确认原则	其他应收款应当在发生时确认
计量原则	按照实际发生额计量

2. 其他应收款核算的会计科目设置

见表4－102。

表4－102　　其他应收款的会计科目设置

财务会计系统	预算会计系统
应设置“其他应收款”科目	上级补助预算收入/附属单位上缴预算收入/其他预算收入
本科目期末借方余额，反映政府单位尚未收回的其他应收款	

3. 其他应收款的账务处理

（1）发生其他应收款。政府单位发生其他各种应收及暂付款项时，按照实际发生金额处理，见表4－103。

表4－103　　发生其他应收款的相关经济业务会计处理

财务会计系统	预算会计系统
借：其他应收款 　贷：零余额账户用款额度/银行存款库存现金/上级补助收入/附属单位上缴收入	不做账

（2）收回其他应收款。政府单位收回其他各种应收及暂付款项时，按照收回的金额处理，见表4－104。

表 4－104　　收回其他应收款的相关经济业务会计处理

财务会计系统	预算会计系统
借：库存现金/银行存款等 贷：其他应收款	借：资金结存——货币资金 贷：上级补助预算收入/附属单上缴预算收入/其他预算收入等

【例 4－34】某政府单位 2×21 年 3 月 1 日以银行存款为本单位职工代垫水电费 50 000 元；3 月 5 日从本单位职工工资中扣回垫付的水电费 50 000 元。该政府单位的账务处理如下：

2×21 年 3 月 1 日为本单位职工代垫水电费时，

财务会计　　　　预算会计

借：其他应收款——代垫水电费　　—

50 000

贷：银行存款　　50 000

3 月 5 日从本单位职工工资中扣回垫付的水电费时，

财务会计　　　　预算会计

借：银行存款　　50 000　　—

贷：其他应收款——代垫水电费

50 000

（3）备用金。政府单位内部实行备用金制度的，有关部门使用备用金以后应当及时到财务部门报销并补足备用金。

①财务部门核定并发放备用金时，按照实际发放金额处理，见表 4－105。

表 4－105　　财务部门发放备用金会计处理

财务会计系统	预算会计系统
借：其他应收款 贷：库存现金	不做账

②根据报销金额用现金补足备用金定额时，处理见表 4－106。

表 4－106　　补足备用金会计处理

财务会计系统	预算会计系统
借：业务活动费用/单位管理费用等 贷：库存现金等科目	借：行政支出/事业支出等 贷：资金结存——货币资金

【例 4－35】某行政单位内部实行备用金制度，财务部门根据报销数用现金补足备用金定额 50 000 元。该行政单位的账务处理如下：

财务会计 预算会计

借：业务活动费用 50 000 借：行政支出 50 000

贷：库存现金 50 000 贷：资金结存——货币资金

50 000

该例中，如果会计主体是事业单位，应分别专业业务活动部门、行政及后勤部门或非独立核算经营部门的报销数用现金补足备用金定额，财务会计分别确认业务活动费用和单位管理费用或经营费用，预算会计分别确认事业支出或经营支出。

（4）偿还尚未报销的公务卡欠款。

①政府单位偿还尚未报销的本单位公务卡欠款时，按照偿还的款项处理，见表4－107。

表4－107　　偿还公务卡欠款会计处理

财务会计系统	预算会计系统
借：其他应收款 　贷：零余额账户用款额度/银行存款等科目	不做账

②持卡人报销时，按照报销金额处理，见表4－108。

表4－108　　持卡人报销金额会计处理

财务会计系统	预算会计系统
借：业务活动费用/单位管理费用 　贷：其他应收款	借：行政支出/事业支出等 　贷：资金结存——零余额账户用款额度、货币资金

【例4－36】某行政单位2×21年12月1日通过单位零余额账户偿还到期但持卡人尚未报销的公务卡欠款200 000元；12月20日，单位公务卡持卡人持有关票据报销因依法履职发生的相关费用200 000元。该行政单位的账务处理如下：

2×21年12月1日偿还公务卡欠款时，

财务会计 预算会计

借：其他应收款——公务卡欠款 —

200 000

贷：零余额账户用款额度

200 000

12月20日单位公务卡持卡人报销时，

财务会计 预算会计

借：业务活动费用 200 000 借：行政支出 200 000

贷：其他应收款——公务卡欠款 贷：资金结存——零余额账户用

200 000 款额 200 000

该例中，如果会计主体是事业单位，应分别专业业务活动部门和行政及后勤部门的持卡人，根据报销金额，财务会计分别确认业务活动费用和单位管理费用；预算会计确认事业支出。

（5）年末暂付非财政资金。

①对于纳入本年度部门预算管理的暂付款项，按照《政府会计制度—行政事业单位会计科目和报表》规定，政府单位在支付款项时可不做预算会计处理，待结算或报销时，按照结算或报销的金额，借记相关预算支出科目，贷记“资金结存”科目。但是在**年末结账**前，对于尚未结算或报销的暂付款项，单位应当按照暂付的金额，借记相关预算支出科目，贷记“资金结存”科目。以后年度，实际结算或报销金额与已计入预算支出的金额不一致的，单位应当通过相关预算结转结余科目“**年初余额调整**”明细科目进行处理。

②对于应当纳入下一年度部门预算管理的暂付款项，政府单位在付出款项时处理，见表4－109。

表4－109　　付出下一年度的暂付款项的会计处理

财务会计系统	预算会计系统
借：其他应收款 　贷：银行存款	本年度不做预算会计处理

下一年实际结算或报销时，单位应当按照实际结算或报销的金额，按照之前暂付的款项金额处理，见表4－110。

表4－110　　结转报销实际金额的会计处理

财务会计系统	预算会计系统
借：有关费用科目 　贷：其他应收款 　借或贷：银行存款（按照退回或补付的金额）	借：有关支出科目 　贷：资金结存

③对于不纳入部门预算管理的暂收暂付款项（如应上缴、应转拨或应退回的资金），**不做预算会计处理**。

【例4－37】年末结转前，某行政单位以银行存款已偿还但公务卡持卡人尚未报销公务卡欠款200 000元。该行政单位的账务处理如下：

财务会计	预算会计
—	借：行政支出　200 000 　贷：资金结存——货币资金　200 000

该例中，如果会计主体是事业单位，应分别专业业务活动部门和行政及后勤部门的持卡人，根据报销金额，财务会计分别确认业务活动费用和单位管理费用；预算会计确认事业支出。

（6）归垫资金。

①用本单位实有资金账户资金垫付相关支出时，按照垫付的资金金额处理，见表4－111。

表4－111　　以实有资金账户垫付支出的会计处理

财务会计系统	预算会计系统
借：其他应收款 　　贷：银行存款	不做账

②通过财政直接支付方式或授权支付方式将资金归还原垫付资金账户时，按照归垫的资金金额处理，见表4－112。

表4－112　　归还垫付资金会计处理

财务会计系统	预算会计系统
借：银行存款 　　贷：财政拨款收入 借：业务活动费用等 　　贷：其他应收款	借：行政支出/事业支出等 　　贷：财政拨款预算收入

（七）坏账

1. 坏账和坏账准备

坏账，是指政府单位无法收回的应收账款、预付账款和其他应收款。

行政单位的坏账不计提坏账准备，事业单位对于收回后不需上缴财政的应收账款、其他应收款的坏账核算计提坏账准备。

事业单位对坏账损失的核算，采用备抵法。事业单位可以采用应收款项余额百分比法、账龄分析法、个别认定法等方法计提坏账准备。

当期应补提或冲减的坏账准备金额的计算公式如下：

当期应补提或冲减的坏账准备 = 按照期末应收账款和其他应收款计算应提的坏账准备 － 坏账准备科目期末贷方余额（或 + 坏账准备科目期末借方余额）

2. 坏账核算的会计科目设置

见表4－113。

表 4－113　　坏账核算的科目设置

财务会计系统	预算会计系统
事业单位应设置“坏账准备”科目	不做账
本科目期末贷方余额，反映事业单位提取的坏账准备金额	

3. 行政单位坏账的账务处理

（1）收回后应当上缴财政的应收账款坏账。

①对于账龄超过规定年限、确认无法收回的应收账款，按照规定报经批准后予以核销。按照核销金额处理，见表 4－114。

表 4－114　　应收账款核销会计处理

财务会计系统	预算会计系统
借：应缴财政款 　贷：应收账款	不做账 核销的应收账款应当在备查簿中保留登记

②已核销的应收账款在以后期间又收回的，按照实际收回金额处理，见表 4－115。

表 4－115　　已核销的应收账款收回的会计处理

财务会计系统	预算会计系统
借：银行存款 　贷：应缴财政款	不做账

（2）其他应收款坏账。

①经批准核销其他应收款时，按照核销金额处理，见表 4－116。

表 4－116　　核销应收账款会计处理

财务会计系统	预算会计系统
借：资产处置费用 　贷：其他应收款	不做账

②已核销的其他应收款在以后期间又收回的，按照收回金额处理，见表 4－117。

表 4－117　　已核销的其他应收款收回的会计处理

财务会计系统	预算会计系统
借：银行存款等 　贷：其他收入	借：资金结存——货币资金 　贷：非财政拨款结余

（3）预付账款坏账。行政单位应当于每年年末，对预付账款进行全面检查。如果有确凿证据表明预付账款不再符合预付款项性质，或者因供应单位破产、撤销等

原因可能无法收到所购货物、服务的，应当先将其转入其他应收款，再按照规定进行处理。

4. 事业单位坏账的账务处理

（1）收回后应当上缴财政的应收账款坏账。其账务处理同行政单位。

（2）收回后不需上缴财政的应收账款坏账和其他应收款坏账。

①提取坏账准备时（冲减作相反分录），处理见表4－118。

表4－118 提取坏账准备的会计处理

财务会计系统	预算会计系统
借：其他费用 　贷：坏账准备	不做账

②对于账龄超过规定年限并确认无法收回的应收账款和其他应收款，应当按照有关规定报经批准予以核销，按照无法收回的金额（核销金额）处理，见表4－119。

表4－119 核销坏账准备会计处理

财务会计系统	预算会计系统
借：坏账准备 　贷：应收账款/其他应收款	不做账

③已核销的应收账款和其他应收款在以后期间又收回的，按照实际收回金额处理，见表4－120。

表4－120 已核销的坏账准备收回的会计处理

财务会计系统	预算会计系统
借：应收账款/其他应收款 　贷：坏账准备 借：银行存款 　贷：应收账款/其他应收款	借：资金结存——货币资金 　贷：非财政拨款结余

（3）预付账款坏账。其账务处理同行政单位。

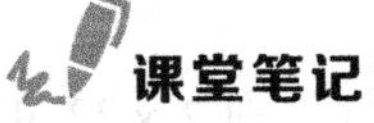

课堂笔记：

企业会计与事业单位会计坏账准备处理对比（应收账款）

1. 企业会计和事业单位会计一样，均采用备抵法。

2. 账务处理上，企业会计计提减值准备时，对应科目是“信用减值损失——计提的坏账准备”，而事业单位会计计提减值准备时，对应科目使用“其他费用”。

【例4－38】某事业单位采用应收款项余额百分比法计提坏账准备。2×20年年末收回后不需上缴财政的应收账款和其他应收款余额共计200 000元，估计坏账准备计提比例为1%。2×21年发生坏账8 000元（全部为应收账款），该年末应收账款和其他应收款余额300 000元。2×22年发生坏账损失3 000元（全部为其他应收款），上年冲销的应收账款中有6 000元本年度又收回，该年度末应收账款余额450 000元。假设坏账准备科目在2×20年初余额为0。该事业单位各年提取的坏账准备和账务处理如下：

2×20年应提坏账准备＝200 000×1%＝2 000（元）。据此计算结果编制会计分录，

财务会计			预算会计
借：其他费用	2 000		—
贷：坏账准备		2 000	

2×21年发生坏账损失时，应编制如下会计分录，

财务会计			预算会计
借：坏账准备	8 000		—
贷：应收账款		8 000	

2×21年年末坏账准备的贷方余额应为300 000×1%＝3 000（元），则2×21年应补提坏账准备＝3 000＋6 000＝9 000（元）。据此应编制如下会计分录，

财务会计			预算会计
借：其他费用	9 000		—
贷：坏账准备		9 000	

2×22年发生坏账损失时，应编制如下的会计分录，

财务会计			预算会计
借：坏账准备	3 000		—
贷：其他应收款		3 000	

2×22年收回已冲销的应收账款时，应编制如下会计分录，

财务会计			预算会计
借：应收账款	6 000		借：资金结存——货币资金　6 000
贷：坏账准备		6 000	
借：应收账款	6 000		贷：非财政拨款结余　6 000
贷：应收账款		6 000	

2×22年年末坏账准备的贷方余额应为450 000×1%＝4 500（元），则2×22年应冲减坏账准备＝4 500－6 000＝－1 500（元）。据此应编制如下会计分录，

财务会计			预算会计
借：坏账准备	1 500		—
贷：其他费用		1 500	

四、存货

（一）存货的确认和计量

存货，是指政府单位在开展业务活动及其他活动中为**耗用或出售**而储存的资产，如材料、产品、包装物和低值易耗品等，以及**未达到固定资产标准**的用具、装具、动植物等。

政府单位取得存货的方式主要包括外购、自制、委托加工、接受捐赠、无偿调入、置换换入等。政府单位在取得存货时，应当按照其**实际成本**入账。

（二）存货核算的会计科目设置

政府单位随买随用的零星办公用品，可以在购进时直接列作费用，不通过本科目核算；政府单位控制的政府储备物资，应当通过“政府储备物资”科目核算，不通过本科目核算；政府单位为在建工程购买和使用的材料物资，应当通过“工程物资”科目核算，不通过本科目核算。见表4－121。

表4－121 存货核算的会计科目设置

财务会计系统	预算会计系统
在途物品、库存物品、加工物品	行政支出/事业支出/经营支出/其他支出
库存物品的核算在理论与实务中存在差异，理论上政府单位采购物资货款已付或开具商业汇票但尚未验收入库的在途物品会计入“在途物品”；但在实务中，政府单位将物资确认为收入通常是在入库之后，因此该科目在实际中较为少见，而“库存商品”更为常见	

（三）存货的账务处理

1. 存货的取得

（1）外购的存货（价、税、费）。

①采购材料等物资时货款已付或开出商业汇票但尚未验收入库的物品，处理见表4－122。

表4－122 已核销的其他应收款收回的会计处理

财务会计系统	预算会计系统
借：在途物品 贷：零余额账户用款额度/财政拨款收入/银行存款等	借：行政支出/事业支出等 贷：财政拨款预算收入/资金结存——零余额账户用款额度、货币基金

验收入库时：

财务会计系统	预算会计系统
借：库存物品 贷：在途物品 银行存款等（达到目前场所和状态所发生的其他支出）	借：行政支出/事业支出等 贷：资金结存——货币基金等

②外购的库存物品验收入库：

财务会计系统	预算会计系统
借：库存物品 贷：财政拨款收入/零余额账户用款额度/银行存款/应付账款/在途物品等	借：行政支出/事业支出等（实际支付的金额） 贷：财政拨款预算收入/资金结存——零余额账户用款额度、货币基金等

（2）自制的存货（直接材料、直接人工、间接费用）。

①领用材料：

财务会计系统	预算会计系统
借：加工物品——自制品——直接材料 贷：库存物品	不做账

②发生的直接人工费用：

财务会计系统	预算会计系统
借：加工物品——自制品——直接人工 贷：应付职工薪酬	不做账

③发生的其他直接费用：

财务会计系统	预算会计系统
借：加工物品——自制品——其他直接费用 贷：零余额账户用款额度/银行存款等	借：行政支出/事业支出等 贷：资金结存——零余额账户用款额度、货币基金等

④发生的间接费用：

财务会计系统	预算会计系统
借：加工物品——自制品——间接费用 　贷：银行存款/零余额账户用款额度/应付职工薪酬/固定资产累计折旧/无形资产累计摊销等	借：行政支出/事业支出等 　贷：资金结存——零余额账户用款额、货币资金等

⑤验收入库：

财务会计系统	预算会计系统
借：库存物品 　贷：加工物品	不做账

（3）委托加工的存货（委托加工前存货成本、委托加工的成本、使存货达到目前场所和状态所发生的归属于存货成本的其他支出）。

①发给外单位加工的材料等：

财务会计系统	预算会计系统
借：加工物品——委托加工物品 　贷：库存物品	不做账

②支付加工费、运输费等费用，按照实际支付的金额：

财务会计系统	预算会计系统
借：加工物品——委托加工物品 　贷：零余额账户用款额度/银行存款等	借：行政支出/事业支出等 　贷：资金结存——零余额账户用款额、货币资金等

③验收入库：

财务会计系统	预算会计系统
借：库存物品 　贷：加工物品——委托加工物品	不做账

（4）接受捐赠的存货。政府单位接受捐赠的存货，其成本按照**有关凭据注明的金额加上相关税费、运输费**等确定；没有相关凭据可供取得，但按规定经过资产评估的，其成本按照**评估价值加上相关税费、运输费**等确定；没有相关凭据可供取得、也未经

资产评估的，其成本比照同类或类似资产的市场价格加上相关税费、运输费等确定；没有相关凭据且未经资产评估、同类或类似资产的市场价格也无法可靠取得的，按照名义金额入账，相关税费、运输费等计入当期费用。

①政府单位接受捐赠的库存物品入库，按照确定的成本：

财务会计系统	预算会计系统
借：库存物品 　　贷：银行存款等（发生的相关税费、运输费） 　　　　捐赠收入（差额）	借：其他支出（实际支付的相关税费、运输费） 　　贷：资金结存——零余额账户用款额、货币资金等

②按照名义金额入账的：

财务会计系统	预算会计系统
借：库存物品（名义金额） 　　贷：捐赠收入 借：其他费用发生的相关税费、运输费） 　　贷：银行存款等	借：其他支出（实际支付的相关税费、运输费） 　　贷：资金结存——零余额账户用款额、货币资金等

（5）无偿调入的存货。成本按照调出方账面价值加上相关税费、运输费等确定。在调出方的账面余额为名义金额的，应当将调入过程中其承担的相关税费计入当期费用。

①政府单位无偿调入的库存物品验收入库，按照确定的成本：

财务会计系统	预算会计系统
借：库存物品（确定的成本） 　　贷：银行存款等（发生的相关税费、运输费） 　　　　无偿调拨交资产（差额）	借：其他支出（实际支付的相关税费、运输费） 　　贷：资金结存——零余额账户用款额、货币资金等

②无偿调入存货在调出方的账面余额为名义金额的：

财务会计系统	预算会计系统
借：库存物品（名义金额） 　　贷：无偿调拨净资产 借：其他费用（支付的相关税费、运输费） 　　贷：银行存款等	借：其他支出（实际支付的相关税费、运输费） 　　贷：资金结存——零余额账户用款额、货币资金等

课堂笔记：

无偿调入的存货，不确认收入，不影响损益，而通过“无偿调拨净资产”直接影响权益。对比政府财政上下级调拨，会通过“上解收入”“补助收入”确认收入，影响损益。

（6）置换换入的存货。成本按照换出资产的评估价值，加上支付的补价或减去收到的补价，加上为换入存货发生的其他相关支出确定。

①验收入库：

财务会计系统	预算会计系统
借：库存物品（确定的成本） 固定资产累计折旧 无形资产累计摊销 资产处置费用（差额在借方） 贷：相关资产科目 银行存款等（发生的其他相关支出） 其他收入（差额在贷方）	借：其他支出（发生的其他相关支出） 贷：资金结存——零余额账户用款额、货币资金等

②支付补价的：

财务会计系统	预算会计系统
借：库存物品（确定的成本） 固定资产累计折旧 无形资产累计摊销 资产处置费用（差额在借方） 贷：相关资产科目 银行存款等（支付的补价和置换过程发生的其他相关支出） 其他收入（差额在贷方）	借：其他支出（支付的补价和发生的其他相关支出） 贷：资金结存——零余额账户用款额、货币资金等

③收到补价的：

财务会计系统	预算会计系统
借：库存物品（确定的成本） 银行存款（收到的补价） 固定资产累计折旧 无形资产累计摊销 资产处置费用（差额在借方）	不做账

续表

财务会计系统	预算会计系统
贷：相关资产科目 银行存款等（置换过程发生的其他相关支出） 应缴财政款（补价扣减其他相关支出后的净收入） 其他收入（差额在贷方）	不做账

2. 发出存货

（1）发出存货的计价方法。政府单位发出存货按照**实际成本**核算。政府单位应当根据实际情况采用**先进先出法、加权平均法或者个别计价法**确定发出材料、产品等存货的实际成本。

政府单位应当采用一次转销法或者五五摊销法对低值易耗品、包装物进行摊销，将其成本计入当期费用或者相关资产成本。

（2）发出存货的账务处理。

①政府单位开展业务活动等领用、按照规定自主出售发出或加工发出的库存物品，按照领用、出售等发出物品的实际成本：

财务会计系统	预算会计系统
借：业务活动费用/单位管理费用/经营费用/加工物品等 贷：库存物品	不做账

②采用一次转销法摊销低值易耗品、包装物的，首次领用时将其账面余额一次性摊销计入有关成本费用。采用五五摊销法的，首次领用时将其账面余额的50%摊销计入有关成本费用；使用完时，将剩余账面价值转销计入有关成本费用。

3. 存货处置

（1）对外出售：

财务会计系统	预算会计系统
借：资产处置费用 贷：库存物品（账面余额） 借：银行存款等（收到的价款） 贷：银行存款等（处置过程发生的相关费用） 应缴财政款（差额）	不做账

课堂笔记：

该例题涉及了现金的流入，为何预算会计不做账？因为虽然将存货出售获得了现金，但获利的这部分现金属于“应缴财政款”，不属于政府单位自己，以后将会有相应现金的流出，现金先流入后流出，为了简化处理预算会计就直接不做账了。

（2）对外捐赠：

财务会计系统	预算会计系统
借：资产处置费用 　贷：库存物品（账面余额） 　　银行存款等（对外捐赠过程中发生的归属于捐出方的相关费用）	借：其他支出（实际支付的归属于捐出方的费用） 　贷：资金结存——零余额账户用款额、货币资金等

（3）无偿调出：

财务会计系统	预算会计系统
借：无偿调拨净资产 　贷：库存物品（账面余额） 借：资产处置费用 　贷：银行存款等（无偿调出过程中发生的归属于调出方的相关费用）	借：其他支出（实际支付的归属于调出方的相关费用） 　贷：资金结存——零余额账户用款额、货币资金等

（4）置换换出。参照“库存物品”有关置换换入的账务处理。

4. 存货盘点

（1）盘盈的存货。成本按照**有关凭据**注明的金额确定；没有相关凭据但按照规定经过资产评估的，其成本按照**评估价值**确定；没有相关凭据也未经过评估的，其成本按照**重置成本**确定。无法采用上述方法确定成本的，按照**名义金额**入账。

①转入待处理财产时：

财务会计系统	预算会计系统
借：库存物品（按照确定的成本） 　贷：待处理财产损溢	不做账

②按照规定报经批准后处理时：

财务会计系统	预算会计系统
借：待处理财产损溢 　贷：单位管理费用（事业单位） 　　业务活动费用（行政单位）	不做账

(2) 盘亏或者毁损、报废的存货。

①转入待处理财产时：

财务会计系统	预算会计系统
借：待处理财产损溢 　贷：库存物品（账面余额）	不做账

②属于增值税一般纳税人的政府单位，因非正常原因导致库存物品盘亏或毁损，应将相关的增值税进项税额转出：

财务会计系统	预算会计系统
借：待处理财产损溢 　贷：应交税费——应交增值税（进项税额转出）	不做账

③报经批准处理时：

财务会计系统	预算会计系统
借：资产处置费用 　贷：待处理财产损溢——待处理财产价值	不做账

④处理毁损、报废存货过程中取得的残值或残值变价收入、保险理赔和过失人赔偿，发生的相关费用等：

财务会计系统	预算会计系统
借：库存现金/银行存款/其他应收款等 　贷：待处理财产损溢——处理净收入 借：待处理财产损溢——处理净收入（处理毁损、报废过程中发生的相关费用） 　贷：库存现金/银行存款等 处理收入大于相关费用： 借：待处理财产损溢——处理净收入（处理收入减去相关费用后的净收入） 　贷：应缴财政款 处理收入小于相关费用： 借：资产处置费用 　贷：待处理财产损溢——处理净收入	借：其他支出（处理净支出） 　贷：资产结存——货币资金

五、待摊费用

（一）待摊费用的确认和计量

待摊费用是指政府单位已经支付，但应当由本期和以后各期分别负担的分摊期在1年以内（含1年）的各项费用，如预付航空保险费、预付租金等。待摊费用应当在其收益期限内**分期平均摊销**（如预付航空保险费应在保险期的有效期内、预付租金应当在租赁期内分期平均摊销），计入当期费用。

（二）待摊费用的会计科目设置

财务会计系统	预算会计系统
应设置“待摊费用”科目 该科目期末借方余额，反映政府单位各种已支付但尚未摊销的分摊期在1年以内（含1年）的费用	行政支出/事业支出等

（三）待摊费用的账务处理

1. 发生待摊费用

财务会计系统	预算会计系统
借：待摊费用 　贷：财政拨款收入/零余额账户用款额度/银行存款等	借：行政支出/事业支出等 　贷：财政拨款预算收入/资金结存——零余额账户用款额、货币资金等

2. 待摊费用摊销

（1）按照受益期限分期平均摊销时：

财务会计系统	预算会计系统
借：业务活动费用/单位管理费用/经营费用等 　贷：待摊费用	不做账

（2）如果某项待摊费用已经不能使政府单位受益，应当将其摊余金额一次全部转入当期费用：

财务会计系统	预算会计系统
借：业务活动费用/单位管理费用/经营费用等 　贷：待摊费用	不做账

第三节 非流动资产

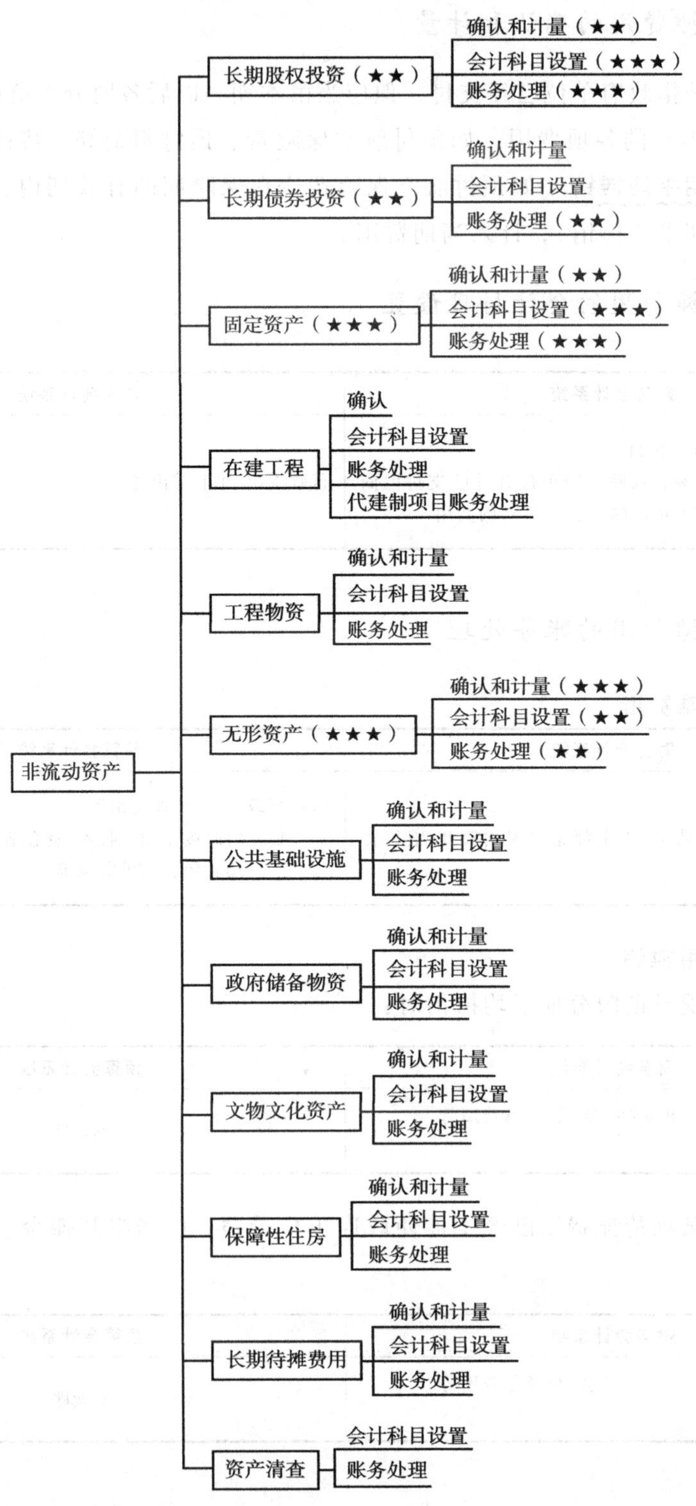
非流动资产
长期股权投资（★★）
确认和计量（★★）
会计科目设置（★★★）
账务处理（★★★）
长期债券投资（★★）
确认和计量
会计科目设置
账务处理（★★）
固定资产（★★★）
确认和计量（★★）
会计科目设置（★★★）
账务处理（★★★）
在建工程
确认
会计科目设置
账务处理
代建制项目账务处理
工程物资
确认和计量
会计科目设置
账务处理
无形资产（★★★）
确认和计量（★★★）
会计科目设置（★★）
账务处理（★★）
公共基础设施
确认和计量
会计科目设置
账务处理
政府储备物资
确认和计量
会计科目设置
账务处理
文物文化资产
确认和计量
会计科目设置
账务处理
保障性住房
确认和计量
会计科目设置
账务处理
长期待摊费用
确认和计量
会计科目设置
账务处理
资产清查
会计科目设置
账务处理

一、长期股权投资（★★）

长期股权投资是指事业单位按照规定取得的，持有时间超过1年（不含1年）的股权性质的投资。

**课外拓展：**

根据财政部印发的《政府会计准则制度解释第3号》，单位按规定出资成立非营利法人单位，如事业单位、社会团体、基金会等，不适用《政府会计准则第2号——投资》的规定，出资时应当按照出资金额，借记“其他费用”科目，贷记“银行存款”等科目，同时，在预算会计中借记“其他支出”科目，贷记“资金结存”科目。单位应当对出资成立的非营利法人单位设置备查簿进行登记。

（一）确认和计量（★★）

	原则
确认取得	应当以实际成本进行初始计量
后续计量	包括持有期间成本法和权益法及其转换、长期股权投资处置

（二）会计科目设置（★★★）

财务会计系统	预算会计系统
应设置“长期股权投资”科目	对应的是“投资支出”科目
①本科目应当按照被投资单位和长期股权投资取得的方式等进行明细核算。长期股权投资采用权益法核算的，应当按照“成本”“损益调整”“其他权益变动”设置明细科目，进行明细核算； ②期末借方余额反映事业单位持有的长期股权投资的价值	

（三）账务处理（★★★）

1. 长期股权投资的取得

①支付以现金取得的长期股权投资：

财务会计系统	预算会计系统
借：长期股权投资/长期股权投资——成本 应收股利（支付的价款中包含的已宣告但尚未发放的现金股利） 贷：银行存款等	借：投资支出（实际支付的全部价款） 贷：资金结存——货币资金

②实际收到投资时支付的价款中包含的已宣告但尚未发放的现金股利：

财务会计系统	预算会计系统
借：银行存款 贷：应收股利	借：资金结存——货币资金 贷：投资支出

③以现金以外的其他资产置换取得的长期股权投资：

参照“库存物品”置换。

④以未入账的无形资产取得的长期股权投资：

财务会计系统	预算会计系统
借：长期股权投资（评估价值+相关税费） 贷：银行存款（发生的相关税费） 其他收入（差额）	借：其他支出（实际支付的相关税费） 贷：资金结存——货币资金

⑤接受捐赠的长期股权投资：

财务会计系统	预算会计系统
借：长期股权投资/长期股权投资——成本 贷：银行存款（发生的相关税费） 捐赠收入（差额）	借：其他支出（实际支付的相关税费） 贷：资金结存——货币资金

⑥无偿调入的长期股权投资：

财务会计系统	预算会计系统
借：长期股权投资/长期股权投资——成本 贷：银行存款（发生的相关税费） 无偿调拨净资产（差额）	借：其他支出（实际支付的相关税费） 贷：资金结存——货币资金

2. 持有期间的成本法和权益法

（1）成本法。事业单位无权决定被投资单位的财务和经营政策或无权参与被投资单位的财务和经营政策决策的，应当采用成本法进行核算。

长期股权投资的账面余额通常保持不变，追加或收回投资时作相应调整。

情境	财务会计系统	预算会计系统
被投资单位宣告发放现金股利或利润	借：应收股利 贷：投资收益（属于事业单位应享有的份额）	不做账
收到现金股利或利润，持有期间取得的投资收益纳入本单位预算管理	借：银行存款等 贷：应收股利	借：资金结存——货币资金 贷：投资预算收益
收到现金股利或利润，持有期间取得的投资收益上缴本级财政	借：银行存款等 贷：应缴财政款 借：投资收益 贷：应收股利 借：应缴财政款（上缴财政时） 贷：银行存款等	不做账

（2）权益法。权益法，是指投资最初以投资成本计量，以后根据事业单位在被投资单位所享有的所有者权益份额的变动对投资的账面余额进行调整的方法。

情境	财务会计系统	预算会计系统
被投资单位实现净利润	借：长期股权投资——损益调整 贷：投资收益（应享有的份额）	不做账
被投资单位发生净亏损	借：投资收益 贷：长期股权投资——损益调整（以长期股权投资账面余额减至零为限）	不做账
被投资单位宣告分派现金股利或利润	借：应收股利 贷：长期股权投资——损益调整	不做账
收到被投资单位宣告分派现金股利或利润，持有期间取得的投资收益纳入本单位预算管理	借：银行存款等 贷：应收股利	借：资金结存——货币资金 贷：投资预算收益
收到被投资单位宣告分派现金股利或利润，持有期间取得的投资收益上缴本级财政	借：银行存款等 贷：应缴财政款 借：投资收益 贷：应收股利 借：应缴财政款（上缴财政时） 贷：银行存款等	不做账
发生除净损益和利润分配以外的所有者权益变动	借或贷：权益法调整（份额） 贷或借：长期股权投资——其他权益变动	不做账

（3）成本法和权益法的转换：

情境	财务会计系统	预算会计系统
权益法转换为成本法	借：长期股权投资（权益法下账面余额） 应收股利（宣告分派现金股利或利润时，属于单位已计入投资账面余额的部分） 贷：长期股权投资——成本 ——损益调整（或借） ——其他权益变动（或借）	不做账
成本法转换为权益法	借：长期股权投资——成本（成本法下账面余额＋追加投资成本） 贷：长期股权投资（成本法下账面余额） 银行存款等（追加投资）	借：投资支出 贷：资金结存——货币资金

3. 处置

情境	财务会计系统	预算会计系统
处置以现金取得的长投	借：银行存款（实际取得的价款） 贷：长期股权投资（账面余额） 应收股利（尚未领取的现金股利或利润） 银行存款（发生的相关税费等支出） 贷：投资收益（差额，可能在借方或贷方） 处置净收入上缴本级财政并纳入一般公共预算管理的，不确认投资收益，通过应缴财政款，预算会计不做账	借：资金结存——货币资金（取得价款扣除相关税费） 贷：投资支出（本年度取得投资） 其他结余（以前年度取得投资） 投资预算收益（差额，可能在借方也可能在贷方）
取得以现金以外其他资产取得的长期股权投资（长期股权资产账面余额大于投资成本）纳入部门预算管理的	借：资产处置费用 贷：长期股权投资——成本 借：银行存款（实际取得价款） 贷：应收股利（尚未领取的现金股利或利润） 银行存款（发生的相关税费等支出） 长期股权投资——损益调整、其他权益变动（或借方） 应缴财政款（贷方差额） 投资收益（取得价款与长投账面余额、应收股利账面余额和相关税费支出合计数的差额）（借方或贷方）	借：资金结存——货币资金（取得价款减去投资成本和相关税费后的金额） 贷：投资预算收益
取得以现金以外其他资产取得的长期股权投资（长期股权资产账面余额小于或等于投资成本）纳入部门预算管理的	借：资产处置费用（长投账面余额） 贷：长期股权投资——成本 贷或借：长期股权投资——损益调整、其他权益变动 借：银行存款（实际取得价款） 贷：应收股利（尚未领取的现金股利或利润） 银行存款（发生的相关税费等支出） 应缴财政款（贷方差额） 投资收益（取得价款与长投成本、应收股利账面余额和相关税费支出合计数的差额）（借方或贷方）	借：资金结存——货币资金（取得价款减去投资成本和相关税费后的金额） 贷：投资预算收益

续表

情境	财务会计系统	预算会计系统
处置以科技成果转换的长期股权投资，取得的收入全部留归本单位的	借：银行存款（实际取得的价款） 　贷：长期股权投资（账面余额） 　　应收股利 　　银行存款（相关税费） 　　贷或借：投资收益（差额）	借：资金结存——货币资金（实际取得价款） 　贷：投资预算收益（处置时确认的投资收益） 　　其他预算收入（贷方差额）
核销	借：资产处置费用 　贷：长期股权投资	不做账
权益法核算的长期股权投资的处置，直接计入净资产相关金额的结转	借或贷：权益法调整 　贷或借：投资收益	不做账

二、长期债券投资（★★）

（一）确认和计量

长期债券投资，是指事业单位按照规定取得的，持有时间超过 1 年（不含 1 年）的债券投资。

	原则
确认取得时	按照实际成本作为初始投资成本
持有期间	以票面金额与票面利率计算确认利息收入

（二）会计科目设置

财务会计系统	预算会计系统
应设置“长期债券投资”科目	对应的是“投资支出”科目
期末借方余额反映事业单位持有的长期债券投资的价值	

（三）账务处理（★★）

1. 取得

情境	财务会计系统	预算会计系统
取得	借：长期债权投资——成本 　应收利息（支付的价款中包含的已到付息期但尚未领取的利息） 　贷：银行存款（实际支付的金额）	借：投资支出 　贷：资金结存——货币资金

续表

情境	财务会计系统	预算会计系统
收到支付价款中包含的已到付息期但尚未领取的利息时	借：银行存款 　贷：应收利息	借：资金结存——货币资金 　贷：投资预算收益

2. 持有期间利息的确认

情境	财务会计系统	预算会计系统
到期一次还本付息	借：长期债权投资——应计利息 　贷：投资收益	不做账
分期付息、到期一次还本	借：应收利息 　贷：投资收益	不做账

3. 到期收回

财务会计系统	预算会计系统
借：银行存款 　贷：长期债权投资 　　应收利息 　　投资收益（差额）	借：资金结存——货币资金（实际收到的金额） 　贷：投资支出（本年取得投资） 　　其他结余（以前年度取得投资） 　贷或借：投资预算收益（差额）

4. 对外出售

财务会计系统	预算会计系统
借：银行存款 　贷：长期债权投资 　　应收利息 　贷或借：投资收益（差额）	借：资金结存——货币资金（实际收到的金额） 　贷：投资支出（本年取得投资） 　　其他结余（以前年度取得投资） 　贷或借：投资预算收益（差额）

三、固定资产（★★★）

固定资产，是指政府单位为满足自身**开展业务活动或其他活动的需要而控制**的，使用年限超过 1 年（不含 1 年）、单位价值在规定标准以上，并在使用过程中基本保持原有物质形态的资产。

使用设备在 1 500 元以上。单位价值虽未达到规定标准，但是使用年限超过 1 年（不含年）的大批同类物资，如图书、家具、用具、装具等，应当确认为固定资产。行政事业单位控制的公共基础设施、政府储备物资、保障性住房等资产，不属于固定资产。

课外拓展：

政府会计与企业会计关于“固定资产”的定义

1. 相同点：均要求使用年限超过一年。

2. 不同点：不同之处在于政府会计主体持有固定资产是“为满足自身开展业务活动或其他活动需要而控制的”，而企业持有固定资产是“为生产商品、提供劳务、出租或经营管理而持有的”，此处差异形成的原因与存货相同，即两大主体存在本质和目的不同。另外，政府会计准则对固定资产识别的范围进行了扩大，对于单位价值虽未达到规定标准，但是使用年限超过1年（不含1年）的大批同类物资，如图书、家具、用具、装具等，确认为固定资产。对此进行分析可知，列示项目中图书等单位价值小而批量价值大等被确认为固定资产反映了政府的服务角色，原因在于政府为了提供公益服务，如建立图书馆，会一次性购买大量的图书等资产，该项资产耐磨损、使用年限可满足固定资产的要求，且批量价值重大，因此定义为固定资产有利于反映政府的职能及其资产的性态。

（一）确认和计量（★★）

	原则
确认条件	与该固定资产相关的服务潜力很可能实现或者经济利益很可能流入政府单位； 该固定资产的成本或者价值能够可靠地计量应当以实际成本进行初始计量
计量	取得时按照成本时行初始计量

（二）会计科目设置（★★★）

财务会计系统	预算会计系统
应设置“固定资产”	行政支出/事业支出等
本科目应当按照固定资产类别和项目进行明细核算 期末借方余额：反映行政事业单位固定资产的原值	

（三）账务处理（★★★）

1. 固定资产的取得

（1）外购的固定资产。

①外购不需安装的固定资产：

财务会计系统	预算会计系统
借：固定资产 　贷：财政拨款收入/零余额账户用款额度/应付账款/银行存款等	借：行政支出、事业支出等 　贷：财政拨款预算收入/资金结存——财政应返还额度、零余额账户用款额度、货币资金等

②需要安装的固定资产：

在安装完毕交付使用前通过“在建工程”核算，安装完毕交付使用时再转入“固定资产”。

③购入固定资产扣留质量保证金的：

情境	财务会计系统	预算会计系统
取得固定资产时	借：固定资产/在建工程 　贷：财政拨款收入/零余额账户用款额度/应付账款/银行存款等（实际支付或应付） 　　其他应付款（扣留期1年内（含1年）） 　　长期应付款（扣留期超1年）	借：行政支出、事业支出等 　贷：财政拨款预算收入/资金结存——财政应返还额度、零余额账户用款额度、货币资金等
质保期满支付质量保证金的	借：其他应付款 　　长期应付款 　贷：财政拨款收入/零余额账户用款额度/应付账款/银行存款等	借：行政支出、事业支出等 　贷：财政拨款预算收入/资金结存——财政应返还额度、零余额账户用款额度、货币资金等

（2）自行建造的固定资产。成本包括该项资产至交付使用前所发生的全部必要支出。

改建、扩建、修缮后的固定资产，成本按照原固定资产账面价值加上改建、扩建、修缮发生的支出，扣除被替换部分账面价值。建设期间专门借款的利息，计入在建工程成本。已交付使用但尚未办理竣工决算手续的固定资产，按照暂估价值入账，待办理竣工决算后再按照实际成本调整原来的暂估价值。

财务会计系统	预算会计系统
借：在建工程 　贷：固定资产	不做账

（3）融资租入的固定资产。

情境	财务会计系统	预算会计系统
融资租入时	借：固定资产/在建工程 　贷：长期应付款（租赁协议或者合同确定的租赁付款额） 　　财政拨款收入/零余额账户用款额度/应付账款/银行存款等（支付的运输费、途中保险费、安装调试费）	借：行政支出、事业支出等 　贷：财政拨款预算收入/资金结存——零余额账户用款额度、货币资金等

续表

情境	财务会计系统	预算会计系统
定期支付租金时	借：长期应付款 　贷：财政拨款收入/零余额账户用款额度/应付账款/银行存款等	借：行政支出、事业支出等 　贷：财政拨款预算收入/资金结存——零余额账户用款额度、货币资金等

（4）接受捐赠的固定资产。

情境	财务会计系统	预算会计系统
按照确定的固定资产成本	借：固定资产/在建工程 　贷：零余额账户用款额度/银行存款等（按照发生的相关税费/运输费等） 　　捐赠收入（差额）	借：其他支出 　贷：资金结存——零余额账户用款额度、货币资金等
按照名义金额入账的	借：固定资产 　贷：捐赠收入 借：其他费用（发生的相关税费、运输费等） 　贷：零余额账户用款额度/银行存款等	借：其他支出 　贷：资金结存——零余额账户用款额度、货币资金等

（5）跨年度分期付款购入的固定资产。

参上。

（6）无偿调入的固定资产。

情境	财务会计系统	预算会计系统
按照确定的固定资产成本	借：固定资产/在建工程 　贷：零余额账户用款额度/银行存款等（按照发生的相关税费/运输费等） 　　无偿调拨净资产（差额）	借：其他支出 　贷：资金结存——零余额账户用款额度、货币资金等
固定资产在调出方账面价值为零的	借：固定资产（账面余额） 　贷：固定资产累计折旧 借：其他费用（支付的相关税费） 　贷：零余额账户用款额度/银行存款等	借：其他支出 　贷：资金结存——零余额账户用款额度、货币资金等
在调出方的账面价值为名义金额的	借：固定资产（名义金额） 　贷：无偿调拨净资产 借：其他费用（支付的相关税费） 　贷：零余额账户用款额度/银行存款等	借：其他支出 　贷：资金结存——零余额账户用款额度、货币资金等

（7）置换取得的固定资产成本。

换出资产的评估价值加上支付的补价或减去收到的补价，加上换入固定资产发生的其他相关支出成本。

2. 与固定资产有关的后续支出

（1）符合固定资产确认条件的后续支出。

情境	财务会计系统	预算会计系统
将固定资产转入改、扩建时	借：在建工程 　　固定资产累计折旧 　　贷：固定资产	
发生的改、扩建等后续支出	借：在建工程 　　贷：财政拨款收入/零余额账户用款额度/应付账款/银行存款等	借：行政支出/事业支出等 　　贷：财政拨款预算收入/资金结存——零余额账户用款额度、货币资金等
改、扩建完成交付使用	借：固定资产 　　贷：在建工程	

（2）不符合固定资产确认条件的后续支出。

财务会计系统	预算会计系统
借：业务活动费用/单位管理费用等 　　贷：财政拨款收入/零余额账户用款额度/银行存款等	借：行政支出、事业支出等 　　贷：财政拨款预算收入/资金结存——零余额账户用款额度、货币资金

【例4－39】 某行政单位对现有的固定资产进行日常维护，使用财政授权支付方式支付日常维修费用20 000元。该行政单位的账务处理如下：

财务会计	预算会计
借：业务活动费用　　20 000	借：行政支出　　20 000
贷：零余额账户用款额度　　20 000	贷：资金结存——零余额账户用款额度　　20 000

3. 固定资产折旧

折旧时不考虑净残值，按月计提折旧，当月增加的当月计提折旧，当月减少的当月不计提折旧。

（1）折旧范围。文物和陈列品、动植物、图书、档案、单独计价入账的土地、以名义金额计量的固定资产除外。

在确定固定资产折旧范围时，应注意以下几点：

①固定资产提足折旧后，无论能否继续使用，均不再计提折旧；提前报废的固定资产，也不再补提折旧。已提足折旧的固定资产，可以继续使用的，应当继续使用，规范实务管理。

②固定资产因改建、扩建或修缮等原因而延长其使用年限的，应当按照重新确定的固定资产的成本以及重新确定的折旧年限计算折旧额。

③政府会计主体应当对暂估入账的固定资产计提折旧，实际成本确定后不需调整原已计提的折旧额。

（2）折旧方法。

①年限平均法：年折旧额 = 固定资产原值/预计使用年限；月折旧额 = 固定资产年折旧额/12

②工作量法：单位工作量折旧额 = 固定资产原值/预计总工作量；某项固定资产月折旧额 = 该项固定资产当月工作量 × 单位工作量折旧额。

（3）账务处理。

财务会计系统	预算会计系统
借：业务活动费用/单位管理费用/经营费用/加工物品/在建工程 贷：固定资产累计折旧	不做账

4. 固定资产处置

情境	财务会计系统	预算会计系统
出售、转让	借：资产处置费用（按照被出售、转让固定资产的账面价值） 固定资产累计折旧 贷：固定资产 借：银行存款（收到的价款） 贷：银行存款（处置过程中发生的相关费用） 应缴财政款（差额）	不做账
对外捐赠	借：固定资产累计折旧 资产处置费用（差额） 贷：固定资产（被处置固定资产账面余额） 银行存款（捐赠过程中发生的归属于捐出方的相关费用）	借：其他支出（归属于捐出方的相关费用） 贷：资金结存——零余额账户用款额度、货币资金等
无偿调出	借：固定资产累计折旧 无偿调拨净资产（差额） 贷：固定资产 借：资产处置费用（归属于调出方的相关费用） 贷：银行存款等	借：其他支出 贷：资金结存——零余额账户用款额度、货币资金等

5. 固定资产盘点

（1）盘盈。

情境	财务会计系统	预算会计系统
转入待处理时	借：固定资产 贷：待处理财产损益	不做账

续表

情境	财务会计系统	预算会计系统
批准后处理，属于本年度取得的	借：待处理财产损溢 贷：财政拨款收入/零余额账户用款额度/银行存款	借：行政支出/事业支出等 贷：财政拨款预算收入/资金结存——零余额账户用款额度、货币资金等
批准后处理，属于以前年度取得的	借：待处理财产损溢 贷：以前年度盈余调整	不做账

（2）盘亏、毁损或报废。

情境	财务会计系统	预算会计系统
转入待处理时	借：待处理财产损溢——待处理财产价值（固定资产的账面价值） 固定资产累计折旧（已计提折旧） 贷：固定资产（固定资产的账面余额）	不做账
报经批准处理时	借：资产处置费用 贷：待处理财产损溢——待处理财产价值	不做账
处理毁损、报废过程中取得的残值或残值变价收入、保险理赔和过失人赔偿等	借：库存现金/银行存款/其他应收款等 贷：待处理财产损溢——处理净收入	不做账
处理毁损、报废过程中发生的相关费用	借：待处理财产损溢——处理净收入 贷：库存现金/银行存款等	不做账
如处理收入大于相关费用	借：待处理财产损溢——处理净收入 贷：应缴财政款（处理收入减相关费用后的净收入）	不做账
如处理收入小于相关费用	借：资产处置费用（相关费用减去处理收入后的净支出） 贷：待处理财产损溢——处理净收入	借：其他支出 贷：资金结存——货币资金

四、在建工程

（一）确认

政府单位已经发生必要支出，但**尚未达到交付使用状态**的在建的建设项目工程。

（二）会计科目设置

预算会计系统下，与“在建工程”科目对应的是“行政支出”“事业支出”等科目。

明细科目	核算
建筑安装工程投资	核算政府单位发生的构成建设项目实际支出的建筑工程和安装工程的实际成本，不包括被安装设备本身的价值以及按照合同规定支付给施工单位的预付备料款和预付工程款。本明细科目应当设置“建筑工程”和“安装工程”两个明细科目进行明细核算
设备投资	核算政府单位发生的构成建设项目实际支出的各种设备的实际成本
待摊投资	核算政府单位发生的构成建设项目实际支出的、按照规定应当分摊计入有关工程成本和设备成本的各项间接费用和税费支出。本明细科目应当按照上述费用项目进行明细核算，其中有些费用（如项目建设管理费等），还应当按照更为具体的费用项目进行明细核算
其他投资	核算政府单位发生的构成建设项目实际支出的房屋购置支出，基本畜禽、林木等购置、饲养、培育支出，办公生活用家具、器具购置支出，软件研发和不能计入设备投资的软件购置等支出。单位为进行可行性研究而购置的固定资产，以及取得土地使用权支付的土地出让金，也通过本明细科目核算。本明细科目应当设置“房屋购置”“基本畜禽支出”“林木支出”“办公生活用家具、器具购置”“可行性研究固定资产购置”“无形资产”等明细科目
待核销基建支出	核算建设项目发生的江河清障、航道清淤、飞播造林、补助群众造林、水土保持、城市绿化、取消项目的可行性研究费以及项目整体报废等不能形成资产部分的基建投资支出。本明细科目应按照待核销基建支出的类别进行明细核算
基建转出投资	核算为建设项目配套而建成的、产权不归属本单位的专用设施的实际成本。本明细科目应按照转出投资的类别进行明细核算

（三）账务处理

1. 建筑安装工程投资

（1）建筑工程转入。

情境	财务会计系统	预算会计系统
将固定资产等资产转入改、扩建	借：在建工程——建筑安装工程投资 　　固定资产累计折旧 　　贷：固定资产	不做账
替换或拆除原资产的某些组成部分	借：待处理财产损益 　　贷：在建工程——建筑安装工程投资	不做账

（2）工程款的结算。

情境	财务会计系统	预算会计系统
发包建筑安装工程	借：在建工程——建筑安装工程投资（应承付的工程价款） 　　贷：预付账款（预付工程款余额） 　　　　财政拨款收入/零余额账户用款额度/银行存款/应付账款等（差额）	借：行政支出、事业支出等（实际支付的金额） 　　贷：财政拨款预算收入/资金结存——零余额账户用款额度、货币资金等

续表

情境	财务会计系统	预算会计系统
自行施工的小型建筑安装工程	借：在建工程——建筑安装工程投资 贷：工程物资/零余额账户用款额度/银行存款/应付职工薪酬等	借：行政支出、事业支出等（实际支付的金额） 贷：资金结存——零余额账户用款额度、货币资金等

（3）工程完工。

财务会计系统	预算会计系统
借：固定资产 贷：在建工程——建筑安装工程投资	不做账

2. 设备投资

（1）政府单位购入设备。

财务会计系统	预算会计系统
借：在建工程——设备投资 贷：财政拨款收入/零余额账户用款额度/银行存款等	借：行政支出、事业支出等 贷：财政拨款预算收入/资金结存——零余额账户用款额度、货币资金等

（2）设备安装完毕。

财务会计系统	预算会计系统
借：固定资产 贷：在建工程——设备投资、建筑安装工程投资——安装工程	不做账

3. 待摊投资

情境	财务会计系统	预算会计系统
发生待摊投资	借：在建工程——待摊投资 贷：财政拨款收入/零余额账户用款额度/银行存款/应付利息/长期借款其他应交税费固定资产累计折旧无形资产累计摊销等	借：行政支出、事业支出等（实际支付的金额） 贷：财政拨款预算收入/资金结存——零余额账户用款额度、货币资金等
建设过程中试生产、设备调试等产生的收入	借：银行存款 贷：在建工程——待摊投资 应缴财政款/其他收入（差额）	不上缴财政的 借：资金结存——货币资金 贷：其他预算收入

续表

情境	财务会计系统	预算会计系统
因自然灾害、管理不善等原因报废、毁损	借：在建工程——待摊投资 银行存款/其他应收款（残料变价收入、保险公司和过失人赔款等） 贷：在建工程——建筑安装工程投资（报废或毁损的成本）	不做账
工程交付使用，合理分配待摊投资	借：在建工程——设备投资、建筑安装工程投资 贷：在建工程——待摊投资 应当分摊计入转出投资价值和待核销基建支出的 借：在建工程——待核销基建支出、基建转出支出 贷：在建工程——待摊投资	不做账

4. 其他投资

政府单位为建设工程发生的房屋购置支出，基本畜禽、林木等的购置、饲养、培育支出，办公生活用家具、器具购置支出，软件研发和不能计入设备投资的软件购置等支出。

财务会计系统	预算会计系统
借：在建工程——其他投资 贷：财政拨款收入/零余额账户用款额度/银行存款等	借：行政支出/事业支出 贷：财政拨款预算收入/资金结存——零余额账户用款额度、货币资金等

资产交付使用时：

财务会计系统	预算会计系统
借：固定资产/无形资产等 贷：在建工程——其他投资	不做账

5. 待核销基建支出

情境	财务会计系统	预算会计系统
建设项目发生的江河清障、城市绿化等不能形成资产的各类待核销基建支出	借：在建工程——待核销基建支出 贷：财政拨款收入/零余额账户用款额度/银行存款等	借：行政支出、事业支出等 贷：财政拨款预算收入/资金结存——零余额账户用款额度、货币资金等
取消的建设项目发生的可行性研究费	借：在建工程——待核销基建支出 贷：在建工作——待摊投资	不做账

续表

情境	财务会计系统	预算会计系统
因自然灾害等发生的建设项目整体报废所形成的净损失	借：在建工程——待核销基建支出（净损失） 银行存款/其他应收款（残料变价收入、保险公司赔款等） 贷：在建工程——建筑安装工程投资（报废的工程成本）	不做账
建设项目交付使用时	借：资产处置费用 贷：在建工程——待核销基建支出	不做账

6. 基建投资转出

政府单位为建设项目配套而建成的、产权不归属本单位的专用设施或建设项目竣工验收交付使用时：

情境	财务会计系统	预算会计系统
直接转入建设单位以外的会计主体的	借：在建工程——基建转出投资 贷：在建工程——建筑安装工程投资 借：无偿调拨净资产 贷：在建工作——基建转出投资	不做账
先转入建设单位，再无偿划拨给其他会计主体的	借：固定资产/公共基础设施等 贷：在建工程——建筑安装工程投资 借：无偿调拨净资产 贷：固定资产/公共基础设施等	不做账

（四）代建制项目账务处理

1. 建设单位的账务处理

情境	财务会计系统	预算会计系统
拨付代建单位工程款时	借：预付账款——预付工程款 贷：财政拨款收入/零余额账户用款额度/银行存款等	借：行政支出、事业支出等 贷：财政拨款预算收入/资金结存——零余额账户用款额度、货币资金等
按照工程进度结算工程款或年终代建单位对账确认在建工程成本	借：在建工程——建筑安装工程投资、设备投资 贷：预付账款——预付工程款	不做账
确认代建管理费	借：在建工程——待摊投资 贷：预付账款——预付工程款	不做账

续表

情境	财务会计系统	预算会计系统
项目完工交付使用资产	借：在建工程——建筑安装工程投资、设备投资 　贷：预付账款——预付工程款 涉及补付资金的，按照补付金额 　贷：财政拨款收入/零余额账户用款额度/银行存款等 借：固定资产、公共基础设施等 　贷：在建工程	按照补付金额 借：行政支出、事业支出等 　贷：财政拨款预算收入/资金结存——零余额账户用款额度、货币资金等

2. 代建单位（为事业单位）的账务处理

情境	财务会计系统	预算会计系统
收到建设单位拨付的建设项目资金	借：银行存款 　贷：预收账款——预收工程款	不做账
工程项目使用资金或发生其他耗费	借：代建项目——建筑安装工程投资、设备投资 　贷：银行存款/应付职工薪酬/工程物资/固定资产累计折旧等	不做账
按工程进度与建设单位结算工程款或年终与建设单位对账确认在建工程成本并转出	借：代建项目——代建项目转出 　贷：代建项目——建筑安装工程投资、设备投资 借：预收账款——预收工程款 　贷：代建项目——代建项目转出	不做账
确认代建费收入	借：预收账款——预收工程款 　贷：有关收入	借：资金结存 　贷：有关预算收入
项目完工交付使用	借：代建项目——代建项目转出 　贷：代建项目——建筑安装工程投资、设备投资 借：预收账款——预收工程款 　贷：代建项目——代建项目转出 收到补付资金的，按照补付金额， 借：银行存款等 　贷：预收账款——预收工程款	不做账

五、工程物资

（一）确认和计量

在发生时确认，按照确定的成本计量。

（二）会计科目设置

财务会计系统	预算会计系统
工程物资：核算为在建工程准备的各种物资的成本	行政支出、事业支出等
借方余额，反映政府单位为在建工程准备的各种物资的成本	

（三）账务处理

情境	财务会计系统	预算会计系统
购入为工程准备的物资	借：工程物资 　贷：财政拨款收入/零余额账户用款额度/银行存款/应付账款	借：行政支出、事业支出等 　贷：财政拨款预算收入/资金结存——零余额账户用款额度、货币资金等
领用工程物资	借：在建工程（按照物资成本） 　贷：工程物资	不做账
工程完工后将剩余的工程物资转作本单位存货等	借：库存物品 　贷：工程物资	不做账

六、无形资产（★★★）

（一）确认和计量（★★★）

政府单位控制的没有实物形态的可辨认非货币性资产，如专利权、商标权、著作权、土地使用权、非专利技术等。

课堂笔记：

无形资产的可辨认性标准

1. 能够从政府单位中分离或者划分出来，并能单独或者与相关合同、资产或负债一起，用于出售、转移、授予许可、租赁或者交换。

2. 源自合同性权利或其他法定权利，无论这些权利是否可以从政府单位或其他权利和义务中转移。

确认条件：与该无形相关的服务潜力很有可能实现或者经济利益很可能流入政府会计单位；该无形资产的成本或者价值能够可靠地计量。

情况	是否确认
政府单位购入的不构成相关硬件不可缺少组成部分的软件	是
政府单位自创商誉及内部产生的品牌、报刊名等	否
政府单位非大批量购入、单价小于 1 000 元的无形资产	否；在购买当期计量当期费用

无形资产在取得时按照**成本**进行初始计量。后续计量包括摊销和处置。

（二）会计科目设置（★★）

财务会计系统	预算会计系统
应设置“无形资产”和“研发支出”科目	对应是“行政支出”和“事业支出”等科目
①“无形资产”按照类别、项目等进行明细核算；期末借方余额，反映单位无形资产的成本。 ②“研发支出”按自行研究开发项目，分别以“研究支出”“开发支出”进行明细核算；期末借方余额，反映单位预计能达到预定用途的研究开发项目在开发阶段发生的累计支出数。（建设项目中的研发支出，通过“在建工程”核算）	

（三）账务处理（★★）

1. 无形资产的取得

（1）外购的无形资产。

财务会计系统	预算会计系统
借：无形资产 　贷：财政拨款收入/零余额账户用款额度/应付账款/银行存款等	借：行政支出/事业支出 　贷：财政拨款预算收入/资金结存——零余额账户用款额度、货币资金

外购的成本包括**购买价款、相关税费**以及可归属于该项资产**达到预定用途前所发生的其他支出**。

（2）委托开发的无形资产。

情境	财务会计系统	预算会计系统
预付开发费用	借：预付账款 　贷：财政拨款收入/零余额账户用款额度/银行存款等	借：事业支出/经营支出等 　贷：财政拨款预算收入/资金结存——零余额账户用款额度、货币资金等
软件开发完成交付使用并支付剩余或全部软件开发费用时	借：无形资产 　贷：预付账款 　　财政拨款收入/零余额账户用款额度/银行存款等（支付的剩余金额）	借：事业支出/经营支出等 　贷：财政拨款预算收入/资金结存——零余额账户用款额度、货币资金等

【例 4－40】某事业单位委托软件公司开发财务软件，双方合同确定的开发费用总额为 200 000 元。按照合同约定，开发前预付开发费用 100 000 元，开发完成并交付使用时再付 100 000 元。全部款项采用财政直接支付。该事业单位的账务处理如下：

财务会计	预算会计
借：预付账款　100 000 　贷：财政拨款收入　100 000	借：事业支出　100 000 　贷：财政拨款预算收入　100 000

软件开发完成交付使用并支付剩余费用时，

财务会计	预算会计
借：无形资产——财务软件　200 000 　贷：财政拨款收入　100 000 　　预付账款　100 000	借：事业支出　100 000 　贷：财政拨款预算收入　100 000

如果主体是行政单位，预算会计确认行政支出。

（3）自行开发的无形资产（成本包括开发阶段后至达到预定用途前发生的支出总额）。

①自行研究开发项目研究阶段的支出：

情境	财务会计系统	预算会计系统
发生时	借：研发支出——研究支出 　贷：应付职工薪酬/库存物品/财政拨款收入/零余额账户用款额度/固定资产累计折旧/银行存款等	借：行政支出/事业支出等 　贷：财政拨款预算收入/资金结存——零余额账户用款额度、货币资金等
期（月）末	借：业务活动费用等 　贷：研发支出——研究支出	不做账

②自行研究开发项目开发阶段的支出：

情境	财务会计系统	预算会计系统
发生时	借：研发支出——开发支出 　贷：应付职工薪酬/库存物品/财政拨款收入/零余额账户用款额度/固定资产累计折旧/银行存款等	借：行政支出/事业支出等 　贷：财政拨款预算收入/资金结存——零余额账户用款额度、货币资金等
自行研究开发项目完成，达到预定用途形成无形资产的	借：无形资产 　贷：研发支出——开发支出	不做账

续表

情境	财务会计系统	预算会计系统
尚未进入开发阶段或确实无法区分阶段支出，但按照程序已申请取得无形资产的	借：无形资产（依法取得时注册费、聘请律师费等） 贷：财政拨款收入/零余额账户用款额度/银行存款等 借：业务活动费用等（依法取得前发生的研究开发支出） 贷：研发支出	借：行政支出/事业支出等（实际支付的注册费、聘请律师费等） 贷：财政拨款预算收入/资金结存——零余额账户用款额度、货币资金等
年度终了，评估研究开发项目，预计不能达到用途	借：业务活动费用等 贷：研发支出——开发支出	不做账

（4）接受捐赠的无形资产。

①按照确定的无形资产成本：

财务会计系统	预算会计系统
借：无形资产 贷：零余额账户用款额度/银行存款等（相关税费） 捐赠收入（差额）	借：行政支出/事业支出 贷：财政拨款预算收入/资金结存——零余额账户用款额度、货币资金

②按名义金额入账的：

财务会计系统	预算会计系统
借：无形资产（名义金额） 贷：捐赠收入 借：其他费用（发生的相关税费） 贷：零余额账户用款额度/银行存款等	借：其他支出 贷：资金结存——零余额账户用款额度、货币资金等

（5）无偿调入的无形资产。

情境	财务会计系统	预算会计系统
按确定的无形资产成本	借：无形资产（调出方账面价值加相关税费） 贷：零余额账户用款额度/银行存款等无偿调拨净资产（差额）	借：其他支出（实际支付的相关税费） 贷：资金结存——货币资金、零余额账户用款额度
无形资产在调出方账面价值为零的	借：无形资产 贷：无形资产累计摊销 借：其他费用（支付的相关税费） 贷：零余额账户用款额度/银行存款等	借：其他支出（实际支付的相关税费） 贷：资金结存——货币资金、零余额账户用款额度

续表

情境	财务会计系统	预算会计系统
无偿调入资产在调出方的账面余额为名义金额的	借：无形资产 贷：无偿调拨净资产（名义金额） 借：其他费用（支付的相关税费） 贷：零余额账户用款额度/银行存款等	借：其他支出（实际支付的相关税费） 贷：资金结存——货币资金、零余额账户用款额度

（6）置换取得的无形资产。

置换取得的成本按照评估价值加上支付或减去收到的补价，加上换入发生的其他相关支出确定。参照"库存物品"科目中置换取得库存物品进行账务处理。

2. 无形资产的后续支出

（1）符合无形资产确认条件的后续支出，增加使用效能而升级改造或扩展功能发生的。

情境	财务会计系统	预算会计系统
须暂停对无形资产进行摊销的	借：在建工程（账面价值） 无形资产累计摊销 贷：无形资产（账面余额）	不做账
后续支出	借：无形资产（无须暂停摊销的） 在建工程（须暂停摊销的） 贷：财政拨款收入/零余额账户用款额度/银行存款等	借：行政支出/事业支出等 贷：财政拨款预算收入/资金结存——货币资金、零余额账户用款额度
交付使用	借：无形资产 贷：在建工程	不做账

（2）不符合无形资产确认条件的后续支出。

财务会计系统	预算会计系统
借：业务活动费用/单位管理费用等 贷：财政拨款收入/零余额账户用款额度/银行存款等	借：行政支出/事业支出等 贷：财政拨款预算收入/资金结存——货币资金、零余额账户用款额度

（3）专利权维护费。政府单位应当按照《政府会计准则第 4 号——无形资产》规定，将依法取得的专利权确认为无形资产，并进行后续摊销，在以后年度发生时计入费用，原确定的无形资产摊销年限不据此调整。

【例 4-41】某事业单位对财务软件系统进行日常维护，以银行存款支付维护费 3 000 元。该事业单位的账务处理如下：

财务会计	预算会计
借：单位管理费用 3 000 贷：银行存款 3 000	借：事业支出 3 000 贷：资金结存——货币资金 3 000

支付财务软件系统日常维护费时，财务会计应确认为业务活动费用，预算会计确认行政支出。

3. 无形资产的摊销

（1）摊销范围。使用年限有限的无形资产，虽已摊销完毕但仍继续使用和以名义金额计量的除外。

（2）摊销方法。采用年限平均法或工作量法进行摊销，应摊销金额为其成本不考虑预计残值。

（3）摊销时点。取得当月起，按月计提摊销；减少的当月，不再计提摊销。

（4）科目设置。

财务会计系统	预算会计系统
应设置“无形资产累计摊销”	不做账
该科目应当按照所对应无形资产的明细分类进行明细核算 该科目期末贷方余额反映单位计提的无形资产摊销累计数	

（5）**账务处理**。

财务会计系统	预算会计系统
借：业务活动费用/单位管理费用/加工物品/在建工程等 贷：无形资产累计摊销等	不做账

4. 无形资产的处置

情境	财务会计系统	预算会计系统
出售、转让	借：资产处置费用 无形资产累计摊销 贷：无形资产 借：银行存款（收到的价款） 贷：银行存款（处置过程中发生的相关费用） 应缴财政款（规定上缴转让净收入） 其他收入（转让收入纳入本单位预算管理）	转让收入纳入本单位预算管理的，按照实际收到价款扣减处置过程中发生的相关费用的差额 借：资金结存——货币资金 贷：其他预算收入
对外捐赠	借：无形资产累计摊销 资产处置费用（差额） 贷：无形资产 银行存款等（捐赠过程归属于捐出方的相关费用）	借：其他支出（实际支付的归属于捐出方的相关费用） 贷：资金结存——货币资金等

续表

情境	财务会计系统	预算会计系统
无偿调出	借：无形资产累计摊销 　　无偿调拨净资产（差额） 　　贷：无形资产 借：资产处置费用 　　贷：银行存款等（归属于调出方的相关费用）	借：其他支出（实际支付的归属于调出方的相关费用） 　　贷：资金结存——货币资金等
置换换出	参照库存物品	
对外投资	参照长期股权投资	
核销	借：资产处置费用 　　无形资产累计摊销 　　贷：无形资产	不做账

5. 无形资产的盘点参照固定资产

七、公共基础设施

政府单位为满足社会公共需求而控制的，同时具有以下特征的有形资产：一是一个有形资产系统或网络的组成部分；二是具有特定用途；三是一般不可移动。

（一）确认和计量

确认的一般条件	公共基础设施同时满足下列条件的，应当予以确认： ①相关的服务潜力很可能实现或经济利益很可能流入； ②成本或者价值能够可靠地计量
确认主体	①符合确认条件的由负有管理维护职责的政府单位予以确认； ②多个政府单位共同管理维护的，由负有主要管理维护职责或者承担后续主要支出责任的政府单位予以确认； ③分为多个组成部分由不同政府单位分别管理维护的，由各个政府单位分别对其负责管理维护的相应部分予以确认； ④负有管理维护职责的政府单位通过购买服务方式委托企业或其他会计主体代为管理维护的，应当由委托方予以确认
确认的特殊情形	①对于自建或外购的，应当在验收合格并交付使用时确认；对于无偿调入、接受捐赠的，在开始承担管理维护职责时确认； ②根据提供公共产品或服务的性质或功能特征进行分类确认； ③各组成部分适用不同折旧率或折旧方法且可以分别确定原价的，分别确认为一个单项公共基础设施； ④购建时能够分清购建成本中各个部分的，分别确认为公共基础设施；不能分清各个部分的，应当整体确认为公共基础设施

续表

不予确认的情形	独立于公共基础设施、不构成公共基础设施使用不可缺少组成部分的管理维护用房屋建筑物、设备、车辆等，属于文物文化资产的公共基础设施，以及采用政府和社会资本合作模式（PPP）形成的公共基础设施
计量	取得时按照成本进行计量

（二）会计科目设置

财务会计系统	预算会计系统
应设置“公共基础设施”科目，核算政府单位控制的公共基础设施的原值	对应是“行政支出”和“事业支出”等科目
①按照类别、项目等进行明细核算； ②期末借方余额，反映公共基础设施的原值	

（三）账务处理

1. 公共基础设施的取得

（1）自行建造的公共基础设施。其成本包括完成内容所**发生的全部必要支出**，包括建筑安装工程投资支出、设备投资支出、待摊投资支出和其他投资支出。自行建造的公共基础设施完工交付使用时，按照在建工程的成本：

财务会计系统	预算会计系统
借：公共基础设施 　　贷：在建工程	不做账

（2）无偿调入的公共基础设施。

情境	财务会计系统	预算会计系统
成本按照调出方账面价值加上归属于调入方的相关费用确定	借：公共基础设施 　　贷：财政拨款收入/零余额账户用款额度/银行存款等 　　　　无偿调拨净资产（差额）	借：其他支出（实际支付的归属于调入方的相关费用） 　　贷：财政拨款预算收入/资金结存——货币资金、零余额账户用款额度
无偿调入的公共基础设施成本无法可靠取得的	借：其他费用（发生的相关税费、运输费等） 　　贷：财政拨款收入/零余额账户用款额度/银行存款等	借：其他支出（实际支付的归属于调入方的相关费用） 　　贷：财政拨款预算收入/资金结存——货币资金、零余额账户用款额度
无偿调入的公共基础设施在调出方账面价值为零的	借：公共基础设施 　　贷：公共基础设施累计折旧（摊销） 借：其他费用（支付的相关税费） 　　贷：零余额账户用款额度/银行存款等	借：其他支出（实际支付的相关税费） 　　贷：资金结存——货币资金、零余额账户用款额度

(3) 接受捐赠的公共基础设施。

情境	财务会计系统	预算会计系统
按照确定的成本	借：公共基础设施 贷：财政拨款收入/零余额账户用款额度/银行存款等（发生的相关费用） 捐赠收入（差额）	借：其他支出（实际支付的归属于捐入方的相关费用） 贷：财政拨款预算收入/资金结存——货币资金、零余额账户用款额度
成本无法可靠取得的	借：其他费用（发生的相关税费） 贷：财政拨款收入/零余额账户用款额度/银行存款等	借：其他支出（实际支付的归属于捐入方的相关费用） 贷：财政拨款预算收入/资金结存——货币资金、零余额账户用款额度

(4) 外购的公共基础设施。外购成本包括购买价款、相关税费以及公共基础设施交付使用前所发生的可归属于该项资产的运输费、装卸费、安装费和专业人员服务费等。

财务会计系统	预算会计系统
借：公共基础设施 贷：财政拨款收入/零余额账户用款额度/银行存款等	借：行政支出/事业支出等 贷：财政拨款预算收入/资金结存——货币资金、零余额账户用款额度

2. 与公共基础设施相关的后续支出

为增加公共基础设施使用效能或延长其使用年限而发生的改建、扩建等，计入成本；为维护其正常使用而发生的日常维修、养护等后续支出，计入当期费用。

在原有公共基础设施基础上进行改建、扩建等建造活动后的公共基础设施成本按照原账面价值加建造活动发生的支出，扣除被替换部分账面价值后的金额确定。

情境	财务会计系统	预算会计系统
将公共基础调入转入改、扩建时	借：在建工程 公共基础设施累计折旧（摊销） 贷：公共基础设施	不做账
发生的改、扩建等后续支出	借：在建工程 贷：财政拨款收入/零余额账户用款额度/银行存款等	借：行政支出/事业支出等 贷：财政拨款预算收入/资金结存——零余额账户用款额度、货币资金等
改、扩建完成交付使用	借：公共基础设施 贷：在建工程	
发生的日常维修等支出	借：业务活动费用/单位管理费用等 贷：财政拨款收入/零余额账户用款额度/银行存款等	借：行政支出/事业支出等 贷：财政拨款预算收入/资金结存——零余额账户用款额度、货币资金等

3. 公共基础设施折旧（摊销）

（1）折旧（摊销）范围。政府单位持续进行良好的维护使得其性能得到永久维持的公共基础设施和确认为公共基础设施的单独计价入账的土地使用权除外。

（2）**折旧的计提方法。**采用年限平均法或工作量法进行摊销，应摊销金额为其成本不考虑预计残值。

（3）摊销时点。取得当月起，按月计提摊销；减少的当月，不再计提摊销。

（4）科目设置。

财务会计系统	预算会计系统
应设置"公共基础设施累计折旧（摊销）"	不做账
①按照所对应公共基础设施的明细分类进行明细核算； ②期末贷方余额，反映单位提取的公共基础设施折旧和摊销的累计数	—

（5）账务处理。

财务会计系统	预算会计系统
借：业务活动费用 　贷：公共基础设施累计折旧（摊销）	不做账

4. 公共基础设施折旧处置

情境	财务会计系统	预算会计系统
对外捐赠	借：公共基础设施累计折旧（摊销） 　　资产处置费用（差额） 　贷：公共基础设施 　　　银行存款（捐赠过程中发生的归属于捐出方的相关费用）	借：其他支出（实际支付的归属于捐出方的相关费用） 　贷：资金结存——零余额账户用款额度、货币资金
无偿调出	借：公共基础设施累计折旧（摊销） 　　无偿调拨净资产（差额） 　贷：公共基础设施 借：资产处置费用 　贷：银行存款等（归属于调出方的相关费用）	借：其他支出（实际支付的归属于调出方的相关费用） 　贷：资金结存——货币资金等

5. 公共基础设施的盘点参照固定资产

八、政府储备物资

为满足实施国家安全与发展战略、进行抗灾救灾、应对公共突发事件等特定公共需求控制的，同时具有下列特征的**有形资产**：①在应对可能发生的**特定事件或情形时动用**；②购入、存储保管、更新（轮换）、动用有专门管理制度规范。通常情况下由政府单位委托承储单位存储。

（一）确认和计量

符合确认条件的，由对其负有行政管理职责的政府单位予以确认。不负有行政管理职责但接受委托负责执行存储保管等工作的，应当作为受托代理资产核算，按照成本进行初始计量。

课外拓展：

政府储备物资的保管主体并非一定是政府储备物资的确认主体，如政府储备粮的保管，保管单位只对粮食有保管职责，在保管期间应保证粮食的质量即不腐坏、可食用，期间所发生的仓储费用及日常维护费用应计入保管单位的管理费用等科目，而不计入粮食的价值中。政府会计准则对政府储备物资确认方式的设置有利于权责和事责分离，在通过定期的双方检查和核对后，可确保战略物资的安全。

（二）会计科目设置

财务会计系统	预算会计系统
应设置“政府储备物资”科目。	对应的是“行政支出”“事业支出”科目。
①按照政府储备物资的种类、品种、存放地点等进行明细核算。根据需要可设置“在库”“发出”等明细科目进行明细核算； ②期末借方余额，反映政府储备物资的成本	

（三）账务处理

1. 政府储备物资的取得

政府在储备物资取得时，应当按照其成本入账。下列各项不计入政府储备物资成本：（1）仓储费用；（2）日常维护费用；（3）不能归属于使政府储备物资达到目前场所和状态所发生的其他支出。

（1）购入的政府储备物资。

财务会计系统	预算会计系统
借：政府储备物资 　贷：财政拨款收入/零余额账户用款额度/银行存款	借：行政支出/事业支出 　贷：财政拨款预算收入/资金结存——零余额账户用款额度、货币资金

（2）委托加工的政府储备物资。

成本包括委托加工前物料成本、委托加工成本，以及政府单位承担的使政府储备物资达到目前场所和状态所发生的归属于政府储备物资成本的其他支出。

（3）接受捐赠的政府储备物资。

财务会计系统	预算会计系统
借：政府储备物资 　贷：零余额账户用款额度/银行存款等（单位承担的相关税费、运输费等） 　　捐赠收入（差额）	借：其他支出（实际支付的相关税费、运输费等） 　贷：资金结存——零余额账户用款额度、货币资金

（4）无偿调入的政府储备物资。

财务会计系统	预算会计系统
借：政府储备物资 　贷：零余额账户用款额度/银行存款等（单位承担的相关税费、运输费等） 　　无偿调拨净资产（差额）	借：其他支出（实际支付的相关税费、运输费等） 　贷：资金结存——零余额账户用款额度、货币资金

【例4－42】某政府单位收到无偿调入的医药物资一批，调出方账面价值为500 000元，以现金支付运输费545元。该政府单位的账务处理如下：

财务会计	预算会计
借：政府储备物资——医药物资　500 545	借：其他支出　545
贷：库存现金　545	贷：资金结存——货币资金　545
无偿调拨净资产　500 000	

2. 政府储备物资的发出

根据实际情况采用先进先出法、加权平均法或者个别计价法确定发出成本。

（1）动用的政府储备物资。

情境	财务会计系统	预算会计系统
政府单位因动用而发出无须收回的政府储备物资的	借：业务活动费用 　贷：政府储备物资	不做账
政府单位因动用而发出需要收回或预期可能收回的政府储备物资时	借：政府储备物资——发出（发出物资的账面余额） 　贷：政府储备物资——在库 借：政府储备物资——在库（收回物资的原账面余额） 　业务活动费用（未收回物资原账面余额） 　贷：政府储备物资——发出	不做账

（2）无偿调出的政府储备物资。

财务会计系统	预算会计系统
借：无偿调拨净资产 　　贷：政府储备物资	不做账

（3）对外销售的政府储备物资。

情境	财务会计系统	预算会计系统
政府单位对外销售政府储备物资并将销售收入纳入单位预算统一管理的	借：业务活动费用 　　贷：政府储备物资 借：银行存款/应收账款等 　　贷：事业收入等	借：资金结存——货币资金 　　贷：事业预算收入等
政府单位对外销售政府储备物资并按照规定将销售净收入上缴财政的	借：资产处置费用 　　贷：政府储备物资 借：银行存款（实际收到的款项） 　　贷：银行存款（发生的相关税费） 　　　　应缴财政款（差额）	不做账

（4）更新（轮换）的政府储备物资。采取销售采购方式进行更新（轮换）的，视为物资销售，按照**对外销售**政府储备物资处理；将物资轮入视为**物资采购**，按照购入的政府储备物资处理。

3. 政府储备物资的盘点

（1）盘盈。参照固定资产。

（2）盘亏或毁损、报废。参照库存物品。

九、文物文化资产

（一）确认和计量

	定义
文物文化资产	指行政事业单位为满足社会公共需求而控制的历史文物、艺术品以及其他具有历史或文化价值并作长期或永久保存的典藏等
特殊情况	行政事业单位为满足自身开展业务活动或其他活动需要而控制的文物和陈列品，属于单位的固定资产，不属于文物文化资产
计量	按照“政府会计制度——行政事业单位会计科目和报表”进行计量

（二）会计科目设置

财务会计系统	预算会计系统
应设置“文物文化资产”科目	对应的是“行政支出”和“事业支出”等科目
①按照类别、项目等进行明细核算； ②期末借方余额，反映文物文化资产成本	

（三）账务处理

1. 文物文化资产的取得

（1）外购的文物文化资产。

财务会计系统	预算会计系统
借：文物文化资产 　贷：财政拨款收入/零余额账户用款额度/银行存款等	借：行政支出/事业支出 　贷：财政拨款预算收入/资金结存——零余额账户用款额度、货币资金

（2）无偿调入的文物文化资产。

情境	财务会计系统	预算会计系统
按照确定的成本以及相关费用	借：文物文化资产 　贷：零余额账户用款额度/银行存款等（发生的归属于调出方的相关费用） 　　无偿调拨净资产（差额）	借：其他支出（实际支付的归属于调出方的相关费用） 　贷：资金结存——零余额账户用款额度、货币资金
成本无法可靠取得的	借：其他费用（归属于调出方的相关费用） 　贷：零余额账户用款额度/银行存款等	借：其他支出（实际支付的归属于调出方的相关费用） 　贷：资金结存——零余额账户用款额度、货币资金

（3）接受捐赠的文物文化资产。

情境	财务会计系统	预算会计系统
按照确定的成本	借：文物文化资产 　贷：零余额账户用款额度/银行存款等（发生的相关税费、运输费） 　　捐赠收入（差额）	借：其他支出（实际支付的相关税费、运输费） 　贷：资金结存——零余额账户用款额度、货币资金
成本无法可靠取得	借：其他费用（发生的相关税费、运输费） 　贷：零余额账户用款额度/银行存款等	借：其他支出（实际支付的归属于调出方的相关费用） 　贷：资金结存——零余额账户用款额度、货币资金

【例 4－43】某事业单位从拍卖市场拍得佛教造像一尊用于研究，采用财政直接支付方式支付款项 5 000 000 元。通过单位零余额账户支付相关税费 50 000 元。该事业单位的账务处理如下：

财务会计	预算会计
借：文物文化资产——佛教造像 5 050 000	借：事业支出 5 050 000
贷：财政拨款收入 5 000 000	贷：财政拨款预算收入 5 000 000
零余额账户用款额度 50 000	资金结存——零余额账户用款额度 50 000

该例中，如果会计主体是行政单位，则预算会计应确认行政支出。

2. 与文物文化资产有关的后续支出

参照“公共基础设施”。

3. 文物文化资产的处置

（1）对外捐赠。

财务会计系统	预算会计系统
借：资产处置费用 贷：文物文化资产 银行存款（归属于捐出方的相关费用）	借：其他支出 贷：资金结存——零余额账户用款额度、货币资金

（2）无偿调出。

财务会计系统	预算会计系统
借：无偿调拨净资产 资产处置费用（归属于捐出方的相关费用） 贷：文物文化资产 银行存款（归属于捐出方的相关费用）	借：其他支出 贷：资金结存——零余额账户用款额度、货币资金

4. 文物文化资产的盘点

参照“公共基础设施”。

十、保障性住房

（一）确认和计量

保障性住房，是指行政事业为满足社会公共需求而控制的用于居住保障目的的住房。

保障性住房主要为经济适用房、廉租房、公共租赁房、定向安置房、两限商品房和安居商品房。经济适用房是以政府指导价出售给有一定支付能力的低收入住房困难家庭，实行税收优惠政策。廉租房只租不售，出租给城镇居民的收入最低者。公共租赁房指通过政府或政府委托的机构，按照市场租价向中低收入住房困难家庭提供可租赁住房，并且政府对承租家庭按月支付租房补贴。定向安置房是政府因城市建设项目对被拆迁住户进行安置所建的房屋。两限商品房是“限套型、限房价”的商品住房，经城市人民政府批准，在“限套型、限价格”的基础上，以竞地价、竞房价的方式，招标确定开发单位，由中标单位按约定标准建设、约定价位出售。安居商品房属于经济适用房的一类，是实施国家“安居工程”而建设的住房，是面向广大中低收入家庭提供销售价格低于成本、由政府补贴的非营利性住房。

确认条件尚无规定，计量按照“政府会计制度——行政事业单位会计科目和报表”执行。

（二）会计科目设置

财务会计系统	预算会计系统
应设置“保障性住房”科目。	对应的是“行政支出”和“事业支出”等科目。
①按照类别、项目等进行明细核算； ②期末借方余额，反映保障性住房的原值	

（三）账务处理

1. 保障性住房的取得

（1）外购的保障性住房。外购的成本包括购买价款、相关税费以及可归属于该项资产达到预定用途前所发生的其他支出。

财务会计系统	预算会计系统
借：保障性住房 　贷：财政拨款收入/零余额账户用款额度/银行存款等	借：行政支出/事业支出 　贷：财政拨款预算收入/资金结存——零余额账户用款额度、货币资金

（2）自行建造的保障性住房。交付使用时，按照在建工程成本：

财务会计系统	预算会计系统
借：保障性住房 　贷：在建工程	不做账

(3) 无偿调入的保障性住房。

情境	财务会计系统	预算会计系统
按资产在调出方的账面价值加归属于调入方的相关费用	借：保障性住房（账面价值加相关费用） 贷：零余额账户用款额度/银行存款等无偿调拨净资产（差额）	借：其他支出（实际支付的相关税费） 贷：资金结存——货币资金、零余额账户用款额度
在调出方账面价值为零的	借：保障性住房 贷：保障性住房累计折旧 借：其他费用（支付的相关税费） 贷：零余额账户用款额度/银行存款等	借：其他支出（实际支付的相关税费） 贷：资金结存——货币资金、零余额账户用款额度

(4) 接受捐赠、融资租赁取得的保障性住房。参照“固定资产”。

2. 与保障性住房有关的后续支出

参照“固定资产“。

3. 保障性住房折旧

通过“保障性住房累计折旧”科目，按月计提折旧。

财务会计系统	预算会计系统
借：业务活动费用 贷：保障性住房累计折旧	不做账

4. 保障性住房出租

财务会计系统	预算会计系统
借：银行存款 贷：应缴财政款	不做账

5. 保障性住房处置

情境	财务会计系统	预算会计系统
无偿调出保障性住房	借：保障性住房累计折旧 无偿调拨净资产（差额） 贷：保障性住房 借：资产处置费用（归属于调出方的相关费用） 贷：银行存款等	借：其他支出（实际支付的归属于调出方的相关费用） 贷：资金结存——货币资金、零余额账户用款额度
对外出售的保障性住房	借：资产处置费用 保障性住房累计折旧 贷：保障性住房 借：银行存款（收到的价款） 贷：银行存款（出售过程中发生的相关费用） 应缴财政款（差额）	不做账

6. 保障性住房的盘点

参照“固定资产”。

十一、长期待摊费用

（一）确认和计量

长期待摊费用，是指政府单位已经支出，但应由本期和以后各期负担的分摊期限在1年以上（不含1年）的各项费用。在发生时确认，按已经支出的金额计量。

（二）会计科目设置

财务会计系统	预算会计系统
应设置“长期待摊费用”科目。	对应的是“行政支出”和“事业支出”等科目。
①按照费用项目进行明细核算； ②期末借方余额，反映单位尚未摊销完毕的长期待摊费用	

（三）账务处理

情境	财务会计系统	预算会计系统
发生长期待摊费用时，按支出金额	借：长期待摊费用 　贷：财政拨款收入/零余额账户用款额度/银行存款等	借：事业支出等 　贷：财政拨款预算收入/资金结存——零余额账户用款额度、货币资金
按照受益期间摊销长期待摊费用时，按摊销金额	借：业务活动费用/单位管理费用/经营费用等 　贷：长期待摊费用	不做账
如果某项长期待摊费用已经不能使单位受益，应当一次全部转入当期费用	借：业务活动费用/单位管理费用/经营费用等 　贷：长期待摊费用	不做账

十二、资产清查

资产清查，是指政府单位对其控制的现金、实物资产和无形资产进行清查，以查明资产盘盈、盘亏、报废和毁损等情况的行为。

（一）会计科目设置

财务会计系统	预算会计系统
应设置“待处理财产损溢”科目	主要对应“其他预算收入”“其他支出”科目
①本科目应当按照待处理的资产项目进行明细核算； ②对于在资产处理过程中取得收入或发生相关费用的项目，还应当设置“待处理财产价值”“处理净收入”明细科目，进行明细核算； ③期末借方余额，反映尚未处理完毕的净损失；期末贷方余额，反映尚未处理完毕的净盈余； ④年末，经批准处理后，本科目一般应无余额	

（二）账务处理

1. 账款核对时发现的库存现金短缺或溢余

（1）库存现金短缺。

情境	财务会计系统	预算会计系统
按照实际短缺的金额	借：待处理财产损溢 　　贷：库存现金	借：其他支出 　　贷：资金结存——货币资金
属于应由责任人赔偿或向有关人员追回的	借：其他应收款 　　贷：待处理财产损溢	不做账
属于无法查明原因的，报经批准核销时	借：资产处置费用 　　贷：待处理财产损溢	不做账

（2）库存现金溢余。

情境	财务会计系统	预算会计系统
按照实际溢余的金额	借：库存现金 　　贷：待处理财产损溢	借：资金结存——货币资金 　　贷：其他预算收入
属于应支付给有关人员或单位的	借：待处理财产损溢 　　贷：其他应付款	不做账
属于无法查明原因的，报经批准后	借：待处理财产损溢 　　贷：其他收入	不做账

2. 资产清查过程中发现的存货、固定资产、无形资产、公共基础设施、政府储备物资、文物文化资产、保障性住房等各种资产盘盈、盘亏或报废、毁损

（1）盘盈的各项资产。

①转入待处理时：

财务会计系统	预算会计系统
借：库存物品/固定资产/无形资产/公共基础设施/政府储备物资/文物文化资产/保障性住房等 贷：待处理财产损益	不做账

②报经批准后处理时：

情境	财务会计系统	预算会计系统
盘盈的流动资产	借：待处理财产损溢 贷：单位管理费用（事业单位） 业务活动费用（行政单位）	不做账
对于盘盈的非流动资产，属于本年度取得的	借：待处理财产损益 贷：财政拨款收入/零余额账户用款额度/银行存款	借：行政支出/事业支出等 贷：财政拨款预算收入/资金结存——零余额账户用款额度、货币资金等
对于盘盈的非流动资产，属于以前年度取得的	借：待处理财产损溢 贷：以前年度盈余调整	不做账

（2）盘亏或者毁损、报废的各类资产。

①转入待处理时：

财务会计系统	预算会计系统
借：待处理财产损益——待处理财产价值 固定资产累计折旧/无形资产累计摊销/公共基础设施累计折旧（摊销）/保障性住房累计折旧（盘亏、毁损、报废固定资产、无形资产、公共基础设施、保障性住房的） 贷：库存物品/固定资产/无形资产/公共基础设施/政府储备物资/文物文化资产/保障性住房/在建工程等 （涉及增值税业务的，相关账务处理参见“应交增值税”科目）	不做账

②报经批准后处理时：

财务会计系统	预算会计系统
借：资产处置费用 贷：待处理财产损溢——待处理财产价值	不做账

③处理毁损、报废实物资产过程中取得的残值或残值变价收入、保险理赔和过失

人赔偿等，以及处理过程发生的相关费用：

情境	财务会计系统	预算会计系统
处理毁损、报废过程中取得的残值或残值变价收入、保险理赔和过失人赔偿等	借：库存现金/银行存款/其他应收款/库存物品等 贷：待处理财产损溢——处理净收入	不做账
处理毁损、报废过程中发生的相关费用	借：待处理财产损溢——处理净收入 贷：库存现金/银行存款等	不做账

④处理收支结清：

情境	财务会计系统	预算会计系统
如处理收入大于相关费用	借：待处理财产损溢——处理净收入 贷：应缴财政款（处理收入减相关费用后的净收入）	不做账
如处理收入小于相关费用	借：资产处置费用（相关费用减去处理收入后的净支出） 贷：待处理财产损溢——处理净收入	借：其他支出 贷：资金结存——货币资金

第四节　受托代理资产

一、概念和确认

指政府单位接受委托方委托管理的各项实物资产，包括受托指定转赠的物资、受托储存管理的物资等。

在政府单位收到受托代理资产时确认，相应形成受托代理负债。

二、会计科目设置

财务会计系统	预算会计系统
应设置“受托代理资产”科目	不做账
①按照资产的种类和委托人进行明细核算； ②属于转赠资产的，按捐赠人进行明细核算； ③单位收到的受托代理资产为现金和银行存款的，不通过“受托代理资产”科目核算，应当通过“库存现金”“银行存款”科目进行核算； ④本科目期末借方余额，反映单位受托代理资产的成本	政府单位作为受托方按照受托协议约定承担相关税费、运输费的，将相关费用计入“其他支出”

三、账务处理

（一）受托转赠物资

情境	财务会计系统	预算会计系统
政府单位接受受托转赠的物资验收入库	借：受托代理资产 贷：受托代理负债	不做账
受托协议约定由受托方承担相关税费、运输费等的	借：其他费用 贷：银行存款等	借：其他支出 贷：资金结存——货币资金
政府单位将受托转赠物资交付给受赠人的	借：受托代理负债 贷：受托代理资产	不做账
委托人取消了对捐赠物资的转赠要求，且不再收回捐赠物资的	借：受托代理负债 贷：受托代理资产 借：库存物品/固定资产等 贷：其他收入	不做账

（二）受托存储保管物资

情境	财务会计系统	预算会计系统
政府单位接受委托人委托存储保管的物资	借：受托代理资产 贷：受托代理负债	不做账
发生由受托方承担的与受托存储保管物资相关的运输费、保管费用时	借：其他费用 贷：银行存款等	借：其他支出 贷：资金结存——货币资金
政府单位交付或发出受托存储保管物资时	借：受托代理负债 贷：受托代理资产	不做账

（三）罚没物资

情境	财务会计系统	预算会计系统
政府单位取得罚没物资时	借：受托代理资产 贷：受托代理负债	不做账
按照规定处置或移交罚没物资时	借：受托代理负债 贷：受托代理资产	不做账
处置时取得款项的，按取得款项金额	借：银行存款等 贷：应缴财政款	不做账

（四）受托代理的其他实物资产

参照“受托转赠物资”和“受托存储保管物资”。

第五节　PPP 项目资产

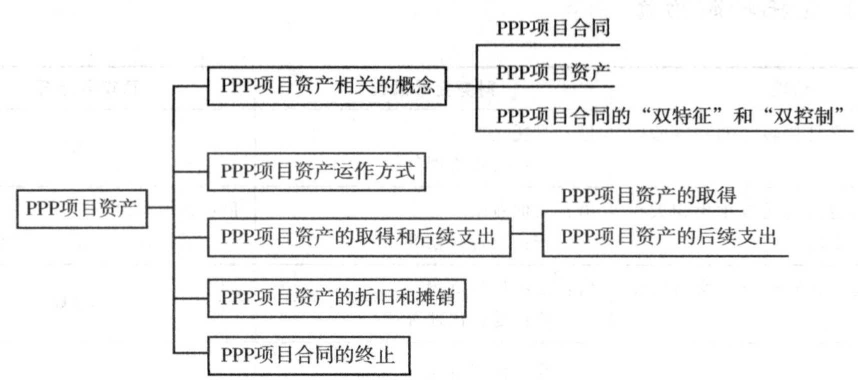

一、PPP 项目资产相关的概念（★★）

（一）PPP 项目合同

根据《政府会计准则第 10 号——政府和社会资本合作项目合同》，该准则所称“政府和社会资本合作（public - private partnership，PPP）项目合同”，**是指政府方与社会资本方依法依规就 PPP 项目合作所订立的合同。**

（二）PPP 项目资产

PPP 项目资产，是指 PPP 项目合同中确定的用来提供**公共产品和服务**的资产。该资产有以下两方面来源：一是由社会资本方投资建造或者从第三方购买，或者是社会资本方的现有资产；二是政府方现有资产，或者对政府方现有资产进行改建、扩建。

（三）PPP 项目合同的“双特征”和“双控制”

1. 双特征

（1）社会资本方在合同约定的运营期间内代表政府方使用 PPP 项目资产提供公共产品和服务。

（2）社会资本方在合同约定的期间内就其提供的公共产品和服务获得补偿。

2. 双控制

根据《政府会计准则第 10 号——政府和社会资本合作项目合同》，该准则适用于同时满足以下两个条件的 PPP 项目合同：

（1）政府方**控制或管制**社会资本方使用 PPP 项目资产必须提供的公共产品和服务的类型、对象和价格。

(2) PPP 项目合同终止时，政府方通过所有权、收益权或其他形式控制 PPP 项目资产的**重大剩余权益**。(重大剩余权益，强调的是期满移交后的剩余生命期间内使用、出租、出售等所带来的收益。)

二、PPP 项目资产运作方式

见图 4-1。

运作方式	预算会计系统
BOT	是指由社会资本或项目公司承担新建项目设计、融资、建造、运营、维护和用户服务职责，合同期满后项目资产及相关权利等移交给政府的项目运作方式
TOT	是指政府将存量资产在一定期限内的所有权或经营权转让给社会资本或项目公司，并由其负责运营、维护和用户服务，合同期满后资产及其所有权或经营权等移交给政府的项目运作方式
ROT	是指政府在 TOT 模式的基础上，增加改扩建内容的项目运作方式
O&M	是指政府保留存量公共资产的所有权，而仅将公共资产的运营维护职责委托给社会资本或项目公司，并向社会资本或项目公司支付委托运营费用的政府和社会资本合作项目运作方式

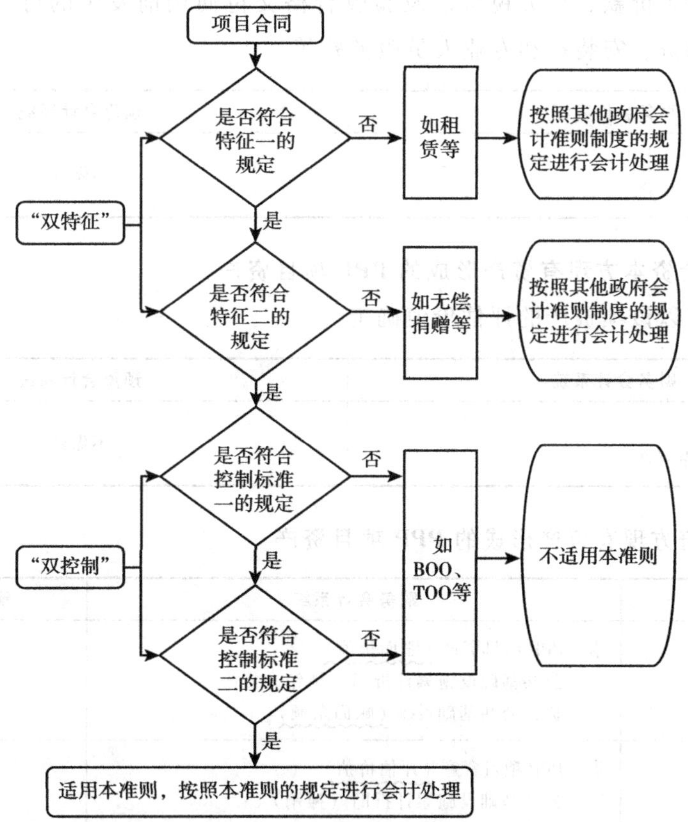

图 4-1 政府方应当按照图所示来判断确定《政府会计准则第 10 号——政府和社会资本合作项目合同》的适用范围

三、PPP项目资产的取得和后续支出

（一）PPP项目资产的取得

1. 社会资本方投资建造形成的PPP项目资产

成本包括该项资产至验收合格交付使用前所发生的全部必要支出。

情境	财务会计系统	预算会计系统
政府方应在资产验收合格交付使用时	借：PPP项目资产 　贷：PPP项目净资产	不做账
已交付使用但尚未办理竣工财务决算手续的PPP项目资产	借：PPP项目资产 　贷：PPP项目净资产	不做账
待办理竣工财务决算后，政府方应当按照实际成本与暂估价值的差额	借或贷：PPP项目资产 　贷或借：PPP项目净资产	不做账

2. 社会资本方从第三方购买形成的PPP项目资产

成本包括购买价款、相关税费以及验收合格交付使用前发生的可归属于该项资产的运输费、装卸费、安装费和专业人员服务费等。

财务会计系统	预算会计系统
借：PPP项目资产 　贷：PPP项目净资产	不做账

3. 使用社会资本方现有资产形成的PPP项目资产

成本按规定以该项资产的评估价值确定。

财务会计系统	预算会计系统
借：PPP项目资产 　贷：PPP项目净资产	不做账

4. 使用政府方现有资产形成的PPP项目资产

情境	财务会计系统	预算会计系统
无须进行资产评估的	借：PPP项目资产（账面价值） 　公共基础设施累计折旧（摊销） 　贷：公共基础设施（账面余额）	不做账
需要进行资产评估的	借：PPP项目资产（评估价值） 　公共基础设施累计折旧（摊销） 　其他费用（评估价值与账面余额的差额） 　贷：公共基础设施（账面余额） 　　其他收入（评估价值与账面余额的差额）	不做账

5. 社会资本方对政府方原有资产进行改建、扩建形成的PPP项目资产

财务会计系统	预算会计系统
借：PPP项目资产（资产改建、扩建前的账面价值加上改建、扩建发生的支出，再扣除该资产被替换部分账面价值） 公共基础设施累计折旧（摊销） 贷：公共基础设施 PPP项目净资产（资产初始入账价值与原有资产账面价值的差额）	不做账

【例4-44】某行政单位经政府授权成为一项政府方现有公共基础设施PPP项目的政府方实施单位。该行政单位与社会资本方签订了一项PPP项目合同，采用ROT方式进行项目运作，具体由新成立的项目公司负责项目运作，该项现有公共类基础设施的账面余额为855 000元，已计提累计折旧212 000元，账面价值为643 000元（855 000－212 000）项目公司经过一段时间的融资和改建，扩建，完成了该项现有公共基础设施的改扩建任务，形成一项PPP项目资产。该项PPP项目资产经验收合格，交付使用，确定的成本为867 000元。同时，项目公司获得政府授予的该PPP项目资产业务特许经营权。该行政单位应编制如下会计分录：

财务会计	预算会计
借：PPP项目资产　867 000	—
公共基础设施累计折旧（摊销）　212 000	
贷：PPP项目净资产 224 000	
公共基础设施　855 000	

根据规定，PPP项目合同中有关政府方对项目公司的直接投资，适用《政府会计准则第2号——投资》；有关代表政府出资的企业对项目公司的投资，适用**相关企业会计准则**。

（二）PPP项目资产的后续支出

对于为维护PPP项目资产的正常使用而发生的**日常维修、养护**等后续支出，**不计入**PPP项目资产的成本，在发生时直接计入费用；对于为**增加PPP项目资产的使用效能或延长其使用年限**而发生的大修、改建、扩建等后续支出，应当**计入**PPP项目资产的成本。

财务会计系统	预算会计系统
借：PPP项目资产（相关支出扣除资产被替换部分账面价值的差额） 贷：PPP项目净资产	不做账

按照我国PPP有关规章制度的规定，规范的PPP项目应建立按效付费机制，**不得通过降低考核标准等方式**，提前锁定、固化政府支出责任。PPP项目合同中如果约定了政府方承担向社会资本方支付款项的义务，其会计处理，分为两种情况（相关义务应当按照《政府会计准则第8号——负债》有关规定进行会计处理，会计处理结果不影响PPP项目资产及净资产的账面价值）：

政府方在义务发生的当期及时向社会资本方支付款项的，在支付款项时确认**当期费用**，同时在预算会计中确认预算支出。

政府方在义务发生的当期未及时向社会资本方支付款项的，应当按照应付未付的金额确认**当期费用和负债（应付账款等）**，在后续实际支付款项时冲减负债的账面余额，同时在预算会计中确认预算支出。

四、PPP项目资产的折旧和摊销

除特殊情况外，政府方应当参照《政府会计准则第3号——固定资产》《政府会计准则第5号——公共基础设施》等，对PPP项目资产进行后续计量。对于作为PPP项目资产单独计价入账的土地使用权，政府方应当按照其他政府会计准则制度的规定进行摊销。

政府方应当按月对PPP项目资产计提折旧（摊销），**但社会资本方持续进行良好维护使得其性能得到永久维护的PPP项目资产除外。**

情境	财务会计系统	预算会计系统
政府方初始确认的PPP项目净资产金额等于PPP项目资产初始入账金额的	借：PPP项目净资产 　贷：PPP项目资产累计折旧（摊销）	不做账
政府方初始确认的PPP项目净资产金额小于PPP项目资产初始入账金额的	借：PPP项目净资产（计提的PPP项目资产折旧（摊销）金额的相应比例） 　业务活动费用（差额） 　贷：PPP项目资产累计折旧（摊销）	不做账

【例4-45】某行政单位月末对一项PPP项目资产计提折旧2 400元。该项PPP项目资产在初始确认时，PPP项目净资产入账金额小于PPP项目资产入账金额，两者的比例为25%，即PPP项目净资产初始入账金额占PPP项目资产初始入账金额的比例为25%。该行政单位计算应冲减PPP项目净资产的折旧数额为600元（2 400×25%）应计入业务活动费用的折旧数额为1 800元（2 400－600）。该行政单位应编制如下会计分录：

财务会计	预算会计
借：PPP 项目净资产　600 　业务活动费用　1 800 　贷：PPP 项目资产累计折旧（摊销）　2 400	—

在国务院财政部门对 PPP 项目资产折旧（摊销）年限做出规定之前，政府方对 PPP 项目资产暂不计提折旧，初始入账后也暂不计提折旧（摊销）。

五、PPP 项目合同的终止

PPP 项目合同终止时，PPP 项目资产按规定移交至政府方的，政府方应当根据 PPP 项目资产的性质和用途，将其重分类为**公共基础设施**等资产。

情境	财务会计系统	预算会计系统
终止时，无须对所移交的 PPP 项目资产进行资产评估的	借：公共基础设施（PPP 项目资产的账面价值） 　PPP 项目资产累计折旧（摊销） 　贷：PPP 项目资产（账面余额）	不做账
终止时，按规定需要对所移交的 PPP 项目资产进行资产评估的	借：公共基础设施（资产评估价值） 　PPP 项目资产累计折旧（摊销） 　其他费用（评估价值与账面价值差额） 　贷：PPP 项目资产（账面余额） 　　其他收入（评估价值与账面价值差额）	不做账
尚未冲减完的 PPP 项目净资产账面余额	借：PPP 项目净资产 　贷：累计盈余	不做账

【例 4－46】 某行政单位负责实施的一项 PPP 项目合同到期终止。按照项目合同的约定，相应的 PPP 项目资产移交至政府方，具体为一项公共基础设施资产。移交的 PPP 项目资产无须进行资产评估，移交日，该 PPP 项目资产的账面余额为 955 000 元，已计提的累计折旧为 789 000 元，账面价值为 166 000 元（955 000－789 000），相应的 PPP 项目净资产账面余额为 166 000 元。该行政单位应编制如下会计分录：

财务会计	预算会计
借：公共基础设施　166 000 　PPP 项目资产累计折旧（摊销）　789 000 　贷：PPP 项目资产　955 000 同时： 借：PPP 项目净资产　166 000 　贷：累计盈余　166 000	—

课后习题

1. 【单选题】下列各项中属于事业单位应收票据账户核算内容的是（　　）。

A. 职工预借差旅费　　B. 拨付给内部有关部门的预付金

C. 向职工收取的代垫款项　　D. 提供服务收到的商业汇票

【参考答案】D.

【解析】

“应收票据”账户用来核算事业单位因开展经营活动销售产品、提供有偿服务而收到的商业汇票，包括商业承兑汇票和银行承兑汇票。

2. 【单选题】某事业单位收回一笔已核销的应收账款，应贷记的科目是（　　）。

A. 应收账款　　B. 坏账损失

C. 其他收入　　D. 其他应收款

【参考答案】C.

【解析】其他收入是指财政补助收入、事业收入、上级补助收入、附属单位上缴收入、经营收入以外的各项收入，包括投资收益、银行存款利息收入、租金收入、捐赠收入、现金盘盈收入、存货盘盈收入、收回已核销应收及预付款项、无法偿付的应付及预收款项等。

3. 【单选题】下列选项中，关于事业单位无形资产摊销年限表述错误的是（　　）。

A. 有法律规定的，按照法律规定的有效年限

B. 无法律规定的，按照相关合同或单位申请书中的受益年限

C. 无法律规定且合同或单位申请书明确规定受益年限的，不少于 10 年

D. 无法确定年限的，不进行摊销

【参考答案】D.

【解析】事业单位拥有的无形资产，应该从取得的当月起采用年限平均法摊销其价值。无形资产应摊销额为其实际成本。无形资产的摊销年限按如下原则确定：法律规定了有效年限的，按照法律规定的有效年限作为摊销年限；法律没有规定有效年限的，按照相关合同或单位申请书中的受益年限作为摊销年限；法律没有规定有效年限，相关合同或单位申请书中也没有规定受益年限的，按照不少于 10 年的期限摊销。故选项 ABC 表述正确。选项 D 错误。

4. 【单选题】某行政单位取得融资租入的一台设备，合同价款为 50 000 元，支付

运费 1 000 元，运输保险费 1 200 元，安装调试费 200 元，那么这台设备的入账价值为（　　）元。

A. 50 000　　B. 51 000

C. 52 400　　D. 51 400

【参考答案】C.

【解析】融资租赁取得的固定资产，其成本按照租赁协议或者合同确定的租赁价款、相关税费以及固定资产交付使用前所发生的可归属于该项资产的运输费、途中保险费、安装调试费等确定。因此这台设备的入账价值应当为 50 000 + 1 000 + 1 200 + 200 = 52 400 元。

5. 【多选题】对于政府单位会计资产，在建工程的明细科目“待摊投资”，其具体核算内容包括（　　）。

A. 基建拨款　　B. 土地征用及迁移补偿费

C. 勘探费　　D. 印花税

【参考答案】BCD.

【解析】“待摊投资”明细科目，核算单位发生的构成建设项目实际支出的、按照规定应当分摊计入有关工程成本和设备成本的各项间接费用和税费支出。本明细科目的具体核算内容包括以下方面：

（1）勘察费、设计费、研究试验费、可行性研究费及项目其他前期费用。

（2）土地征用及迁移补偿费、土地复垦及补偿费、森林植被恢复费及其他为取得土地使用权、租用权而发生的费用。

（3）土地使用税、耕地占用税、契税、车船税、印花税及按照规定缴纳的其他税费。

（4）项目建设管理费、代建管理费、临时设施费、监理费、招投标费、社会中介审计（审查）费及其他管理性质的费用。

只有选项 A 基建拨款不属于上述方面，因此选择 BCD。

6. 【多选题】以下表述中错误的有（　　）。

A. 应收账款和应收票据是为了适应权责发生制设置的会计科目

B. 单位采取直接支付方式购买固定资产，应借：“固定资产”、贷：“银行存款”科目

C. 事业单位为自制存货发生的相关费用，应通过“加工物品”科目核算

D. 单位提前报废的固定资产，需要补提尚未提足的折旧

【参考答案】BD.

【解析】

B 选项：单位采取直接支付方式购买固定资产时，财务会计借“固定资产”，贷

“财政拨款收入”；预算会计借“行政（事业）支出”，贷“财政拨款预算收入”。

D选项：固定资产应当按月计提折旧，当月增加的固定资产，当月开始计提折旧；当月减少的固定资产，当月不再计提折旧。固定资产提足折旧后，无论能否继续使用，均不再计提折旧；提前报废的固定资产，也不再补提折旧。已提足折旧的固定资产，可以继续使用的，应当继续使用，规范实物管理。

7. **【单选题】**下列各项中，关于政府储备物资的说法正确的有（　　）。

A. 对政府储备物资不负有行政管理职责但接受委托具体负责执行其存储保管等工作的政府单位，应当将受托代储的政府储备物资作为受托代理资产核算

B. 因动用而发出无须收回的政府储备物资的，按照发出物资的账面余额，计入业务活动费用

C. 因行政管理主体变动等原因而将政府储备物资调拨给其他主体的，按照无偿调出政府储备物资的账面余额冲减无偿调拨净资产

D. 政府储备物资应按月计提折旧

【参考答案】D.

【解析】政府储备物资无须计提折旧。

8. **【多选题】**下列各项中，关于政府单位无形资产的说法正确的有（　　）。

A. 政府单位购入的不构成相关硬件不可缺少组成部分的软件，应当确认为无形资产

B. 政府单位外购的无形资产，其成本包括购买价款、相关税费以及可归属于该项资产达到预定用途前所发生的其他支出

C. 单位应于每年年度终了评估研究开发项目是否能达到预定用途，如预计不能达到预定用途，应当将已发生的开发支出金额全部转入当期费用

D. 无法预见无形资产为政府会计主体提供服务潜力或者带来经济利益期限的，应按10年进行摊销

【参考答案】ABC.

【解析】无法预见无形资产为政府会计主体提供服务潜力或者带来经济利益期限的，应当视为使用年限不确定的无形资产。使用年限不确定的无形资产不应摊销。

9. **【多选题】**关于政府储备物资的后续计量，以下表述中，正确的有（　　）。

A. 对于不能替代使用的政府储备物资、为特定项目专门购入或加工的政府储备物资，政府会计主体通常应采用个别计价法确定发出物资的成本

B. 因动用而发出无需收回的政府储备物资的，政府会计主体应当在发出物资时将其账面余额予以转销，计入当期费用

C. 因动用而发出需要收回或者预期可能收回的政府储备物资的，政府会计主体应当在按规定的质量验收标准收回物资时，将未收回物资的账面余额予以转销，计入当

期费用

D. 因行政管理主体变动等原因而将政府储备物资调拨给其他主体的，政府会计主体应当在发出物资时将其账面余额予以转销

【参考答案】ABCD.

【解析】见第三节非流动资产政府储备物资账务处理。

10. **【单选题】**关于固定资产的初始计量，以下表述中，不正确的是（　　）。

A. 固定资产在取得时应当按照成本进行初始计量

B. 以一笔款项购入多项没有单独标价的固定资产，应当按照各项固定资产同类或类似资产市场价格的比例对总成本进行分配，分别确定各项固定资产的成本

C. 政府会计主体无偿调入的固定资产，其成本按照调出方账面价值加上相关税费、运输费等确定

D. 政府会计主体盘盈的固定资产，按规定经过资产评估的，其成本按照评估价值确定；未经资产评估的，其成本按照公允价值确定

【参考答案】D.

【解析】未经资产评估的，其成本按照重置成本确定。

11. **【多选题】**下列各项属于事业单位货币资金的是（　　）。

A. 短期投资　　B. 零余额账户用款额度

C. 其他货币资金　　D. 财政补助收入

【参考答案】BC.

【解析】货币资金按照存放点和用途可分为库存现金、银行存款、零余额账户用款额度和其他货币资金。

12. **【单选题】**事业单位零余额账户用款额度指的是（　　）。

A. 财政直接支付用款额度　　B. 财政授权支付用款额度

C. 财政实拨资金用款额度　　D. 财政零余额账户用款额度

【参考答案】B.

【解析】行政事业单位的零余额账户由财政部门为行政事业单位在商业银行开设，用于行政事业单位的财政授权支付。

13. **【单选题】**（　　）是 PPP 项目的实际投资人。

A. 政府方　　B. 社会资本方

C. 医院　　D. 学校

【参考答案】B.

【解析】社会资本方是 PPP 项目的实际投资人。

14. **【单选题】**关于 PPP 项目资产确认时点选择，以下表述不正确的是（　　）。

A. 由社会资本方投资建造或从第三方购买形成的 PPP 项目资产，政府方应当在

PPP 项目资产验收合格交付前予以确认

B. 使用社会资本方现有资产形成的 PPP 项目资产，政府方应当在 PPP 项目开始运营日予以确认

C. 政府方使用其现有资产形成 PPP 项目资产的，应当在 PPP 项目开始运营日将其现有资产重分类为 PPP 项目资产

D. 社会资本方对政府方现有资产进行改建、扩建形成的 PPP 项目资产，政府方应当在 PPP 项目资产验收合格交付使用时予以确认，同时终止确认现有资产

【参考答案】 A.

【解析】 选项 A，由社会资本方投资建造或从第三方购买形成的 PPP 项目资产，政府方应当在 PPP 项目资产验收合格交付使用时予以确认。

15. **【单选题】** 政府方按规定无须对移交的 PPP 项目资产进行资产评估的，应当以 PPP 项目资产的（　　）作为重分类后资产的入账价值。

A. 公允价值　　　　B. 现值

C. 账面价值　　　　D. 评估价值

【参考答案】 C.

【解析】 政府方按规定无需对移交的 PPP 项目资产进行资产评估的，应当以 PPP 项目资产的账面价值作为重分类后资产的入账价值。

案例：基于青海省水利工程移民资金会计核算

水利工程项目经济效益显著，具有深远的社会影响，需重点考虑移民搬迁工作，其整个发展过程中产生的财务信息以价值的形态反映出移民安置的运行轨迹和运行效果。通过会计核算和资金管理，可以判断移民资金使用的正确与否，看其是否符合政策规定、移民生产生活水平是否真正得到恢复与提高。政府综合财务报告制度在会计核算、资产管理、预决算编制、会计信息系统等多方面的改革对行政事业单位意义重大，那么本文就以青海省水利工程移民资金为研究对象，在新政府会计准则的指导下，以目前会计核算存在的问题为重点，对其内容作出相应调整与修订，从而落实会计科目的设置和使用。同时提出移民资金管理的改进措施，这对于进一步完善移民专项资金核算办法、提高移民资金使用效率、健全内部控制和监管机制具有重要的现实意义。

（一）水利工程移民资金

1. 基本概念

（1）水利工程：是国家的重点项目，也是国民经济建设的重要内容，包括引水灌溉、防汛排涝、水土保持、滩涂治理等各类工程，主要是为了消除水害、进行发电，

一般规模巨大，工期较长，工程复杂。随着“十三五”期间党中央、国务院加大对水利基础设施投入力度，我国水电事业成就令人瞩目。

（2）水库移民：水库蓄水带来经济效益的同时，也会对村庄、农田、城镇等产生淹没影响。政府必须把周围居民安置或转移到其他的安置点重建家园，由水利水电工程中调蓄淹没所产生的搬迁人口，就叫作“水库移民”。由于水库移民是我国的特殊经济困难人群，需要在移民搬迁安置过程中对土地、资源、人才、技术等加以全面的调查研究，适当调节产业结构，从而拓宽产业经济发展的空间，使移民的生存条件得以进一步延伸和扩展。

（3）移民资金：作为水利工程投资的重要组成部分，是在国家批复下专门用于移民前期补偿及移民后期扶持的特殊用途的资金。前期补偿资金是指列入项目建设的征地补偿和移民安置资金、耕地开垦费、耕地占用税以及森林植被恢复费等[①]；后期扶持资金指移民在迁建安置后，政府为提高物质收益、改善生活水平、恢复就业生产给予的经济帮助。两者结合符合我国国情和水利建设的客观事实，有助于保持移民区的安宁和社会的稳定。

2. 管理体制

目前，水电工程所产生的移民搬迁安置费用在水利设施建设总投资中所占比重越来越高，因此必须统一移民资金管理体制，做到“专款专用，专户存储，独立核算”，保证移民资金使用符合政策规定。水利工程移民资金按照“政府领导、分级负责、县为基础、全面监管的原则，实行省、市、县三级管理体制”，如图1所示。

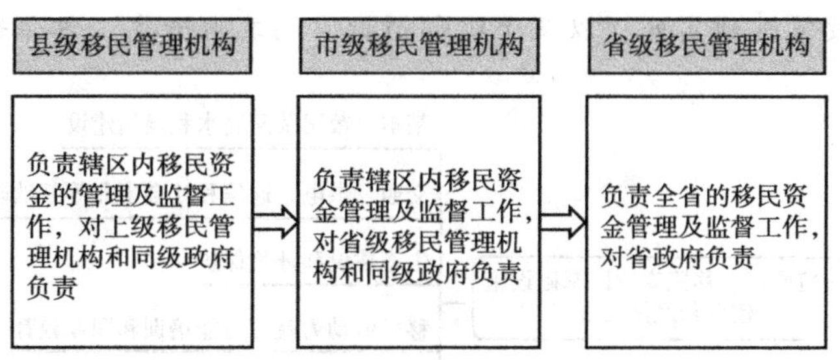

图1　移民资金管理体制

3. 收入和支出

收入来源包括：项目概算内财政拨款，项目利息收入，概算外的各类其他收入等。

支出用途：款项繁杂，多达几十项，前期资金主要用于移民安置和征地补偿，具体如图2所示。

① 参见《大中型水库移民资金管理办法》，https：//www.docin.com/p-796463738.html。

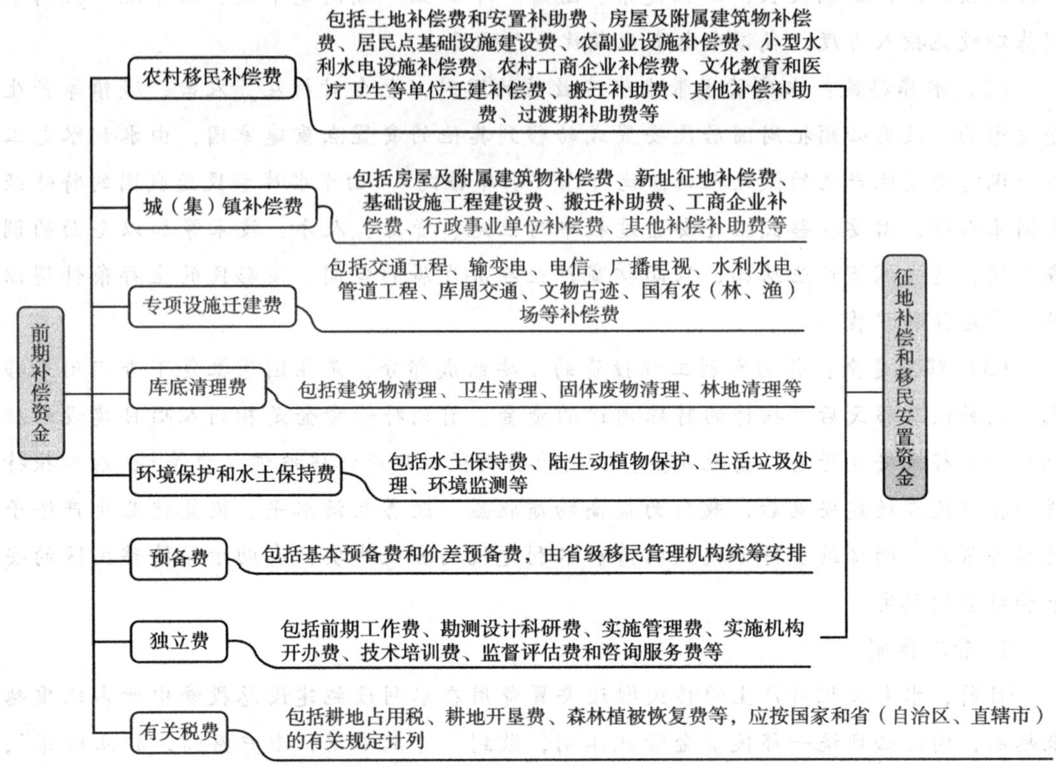

图2　前期补偿资金支出图

后期扶持资金支出范围主要是：支持库区设施建设、帮扶移民就业、恢复生产，把移民后期扶持政策落到实处，以及上级部门批准的其他开支，具体如图3所示。

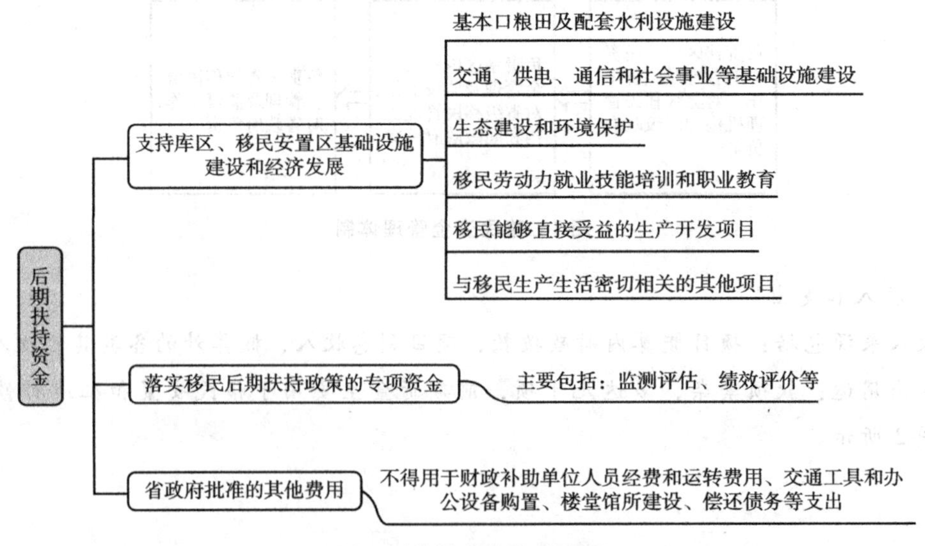

图3　后期扶持资金支出图

4. 特点

（1）社会效益性：移民资金以货币形式支付给移民，用于基础设施建设、个人财产补偿帮扶以及专业项目复建，从形式上讲，这些投资并不会直接实现资金的增值，但其产生的社会效益是显而易见的：兴修水利能够控制水流，满足人民群众的基本生活需求；改善生存环境，防止洪涝灾害，带动当地航运的发展，发展前景广阔；此外，搬迁安置使移民的文化意识、思想观念、商业意识、生产方式发生了重大转变，并逐渐接受新的生产技能。

（2）经济效益性：一方面我国现行水库移民补贴政策，体现在移民安置、土地补偿、私有财产三个方面。对移民搬迁过程中受到水库蓄水淹没影响的当地居民的财产损失和生产资料给予经济补助，保障移民合法权益，奠定了恢复和发展生产的经济基础。另一方面水利水电工程建设已成为关系国计民生的重要问题，切实提高了移民的生产、生活水平，并在发电供水、防洪灌溉、维护生态等方面推动着国民经济的可持续发展。

（3）复杂艰巨性：大中型水利水电移民项目区多处于偏僻农村，建设征地和拆迁面积广、淹没损失大、移民数量多、就业安排难度大、恢复周期长，这些特点决定了它是一个涉及政治、经济、文化等多个专业领域的复杂问题。因此，做好新时期移民工作至关重要，这不仅关系到水利工程能否顺利建设，人民群众切身利益能否得到保障，而且关系到区域地区能否科学发展。

（4）包干性：移民资金投资是静态投资，采取包干管理的方法，由县级人民政府负责实施，不能出现任何漏洞。在已知应实施的基础设施、专业项目以及补偿补助目标的基础上移民资金总额也是不能发生变化的，要求移民资金绝对不可以随便敞口花销，不得对补偿标准作出随意调整，这可能会造成资金的混乱。如果在移民开始搬迁后出现国家政策变更、物价调整及不可抗力因素等情况，可上报给上级主管部门，考虑调整概算或追加部分投资。

（二）研究现状

国外文献集中于对水利工程建设的研究，而有关移民资金管理研究的内容甚少，因此并无太大参考价值。水利工程在人类发展历史上占据着极其重要的地位。随着传统水利向生态水利的转变，水利工程的功能已从“预防和控制水害”转变为“发展水利和消除洪灾”。学者基于水利水电关系的演变和对水利工程的认知转变，提出水利工程检查是水利工程建设和管理的重要手段，需重视水利工程的复检工作，建立水利工程生态效应三级评价指标体系进行定量评价，准确有效地利用问题清单，提高水利检查的质量和效率。此外，为提高水利工程建设中的成本管理和运行管理效率，分析了我国水利工程信息系统的现状，讨论了大数据在水利工程信息化平台中的科学性和可行性，以实现水利工程信息化建设的目的。国内论文主要通过某地大型水利工程移民资金管理情况的实际案例，针对移民专项资金管理的重要性，具体分析移民资金在拨付、运转过程中暴露的缺陷，对此提出改进措施。

1. 前期补偿资金管理现状及存在问题

（1）资金管理混乱：补偿资金超概，资金拨付手续繁琐，报账中间环节较多，资金到位与资金文件的下达的时间错位，以致无法及时反馈项目执行和资金拨付情况。

（2）内部控制薄弱：票据、印章管理松散，竣工验收不规范，立项缺乏可行性研究，未及时办理资产移交，价款结算不精确，内部控制制度落实不到位，造成资金挤占、挪用的情况时有发生。

（3）监察力度不够：基建部门配合不当，政府稽查次数少，调查粗心大意，群众参与监督的热情度不够，审计监管流于形式，造成财务信息缺乏透明度，很难达成有效监督的目标。

（4）人员素质参差不齐：会计人员在水利工程的成本控制与财务分析中承担着重要职责。然而，目前财务岗位变动频繁，职责分工不明确，年轻员工无所事事、老员工工作繁重的现象很常见，长此以往必然影响工程实施进度。

2. 后期扶持资金绩效评价分析

水利水电工程建设一般工期很长，大型水利要十几年甚至几十年时间才能完成，因此移民资金在整个项目内的计划和分配至关重要。为加快移民开发和工程建设，国家实行后期移民扶持政策，减轻工程建设巨大的资金压力，缓和短期内投资过大的矛盾。为了迅速推动后期资金的高效使用，构建完备的激励机制，提升经济效益，就很有必要开展资金使用的绩效评价管理工作。

为避免制度形同虚设，如何科学布局以及计划移民扶持资金是保证水库移民后期管理正常运行、取得良好实验效果的重点。但是一些安置区的移民群众收入普遍较低，对政府扶持资金依赖性强，出现较大的资金需求。此外，后期扶持资金在不同地区使用效益产生显著差异性。因此为了保证后期投入资金的高效使用，充分发挥在水利事业发展中的作用，必须要加强绩效评价管理，从以下几个方面做起：一是确立科学、合理的绩效指标体系；二是制订合理的考评方法；三是开展绩效考核结果应用分析工作；四是建立健全相应的激励措施。通过对绩效指标进行总结和评价，并公示结果，让移民资金真正落实惠及人民群众。

（三）研究意义

1. 理论意义

现有文献大都围绕移民资金管理使用方法或细则展开，集中于对各省和地方政府投资兴建的水利工程移民前期补偿资金、后期扶持资金的管理模式、内部控制、内部审计、绩效评价等领域的探讨，但是一直未研究最新的会计核算办法及财务管理制度。本文为进一步推动移民资金会计核算改革，丰富移民资金管理提出一些认识，对于各省细化国家规定而制定适合自身水利工程项目的会计核算办法有很大的借鉴意义。

2. 现实意义

财务部门是全面了解移民项目资金使用方向，明确项目补偿标准和资金具体额度的最全面、最具体的工作部门。同时，会计还是移民资金使用的全程记录者，并且能够准确地反映其来龙去脉，并汇总各项记录的内容形成系统的信息，使之全面反映移民资金的运行情况。移民主管部门通过会计提供的信息与既定财务运行目标进行比较，就可以方便、准确地找出差距，进行偏差纠正。所以结合工作实践，各省很有必要出台符合自身实际的移民资金会计核算办法。

当时青海省借鉴《三峡工程库区移民资金会计制度》，于2011年出台《青海省大中型水利水电工程移民资金会计核算办法》。三峡工程是举世瞩目的大型水利枢纽工程，全国人民高度重视，重点在于修建大型水利设施，以移民搬迁为辅，而青海省移民资金主要是留存备用，用于扶持补助，以兴修水利为辅，二者实际情况不一致，不能直接沿用。随着新的政府会计准则制度持续发布，该核算办法太过老旧，不符合时代发展的需求，应作出相应的改进。而且对于知识产权的保护越来越看重，东部发达地区和新准则试点地区的最新会计核算办法已成为机密内容，并不会公开，因此青海省在自身的实践中，对会计核算基础工作和移民资金管理出台一系列最新修订的设计制度迫在眉睫，那么本文研究的内容对于适应移民资金管理的需要，充分实现会计信息的可检验性，促进水利事业可持续发展具有深远影响。

长江三峡工程投资巨大，时间跨度达20多年，水库淹没波及20个区县，创造了世界工程建设史上空前的移民规模，迁建任务十分艰巨。该工程涉及移民项目的管理机构繁多，移民资金量大，其财务决算相当于整个社区和部分社会的重建决算，因此资金管理的难度相当大。作为一项特殊的工程，我国首次对大型水电工程项目建立了单独的会计制度来立项研究，在此之前大多数单位靠自己的理解执行着不同的会计制度，不利于统一管理。在《行政单位会计制度》指导下，三峡移民管理机构会计为了提供连续、全面的会计信息，将会计科目按资金的来源和占用划分两大类进行核算（如图4所示），以拨代支有利于清楚凸显三峡移民资金的来源和去向，促进移民工作的顺利开展。特别地，会计制度针对项目的实施单位作出设计，核算流程为移民资金投入→迁建支出→交付使用资产→搬迁销号资产[1]。

---

① 刘攀：《大型工程移民资金财务总决算分析——以三峡工程移民资金财务总决算为例》，https：//www.docin.com/p－2456215158.html。

资金来源	资金占用
（1）财政拨入移民资金； （2）拨入以工代赈资金； （3）耕地占用税返还款、土地出让金返还款； （4）利息收入和其他收入转入移民资金； （5）暂收及应付款	（1）具体的移民资金使用项目； （2）往来结算占用形式，如暂付及应收款； （3）货币资金占用形式，如银行存款和现金

图4　三峡工程移民资金来源和占用

（四）水库移民概况

青海省水库移民工作自20世纪70年代便开始了，陆续建设了龙羊峡、李家峡等水电站。水电站工程建设集中于黄河流域周围，规划建设大中型水电站25座，现已建11座水库，在建的有大河家、积石峡等10座水电站。5年来，青海省水库移民工作在直补资金、基础设施建设、就业帮助、鼓励创业及移民扶持等方面取得的成绩如图5所示，不仅有效提高了移民的收入，进一步改善了村庄环境，而且助力脱贫攻坚战，受到了移民群众的一致称赞。

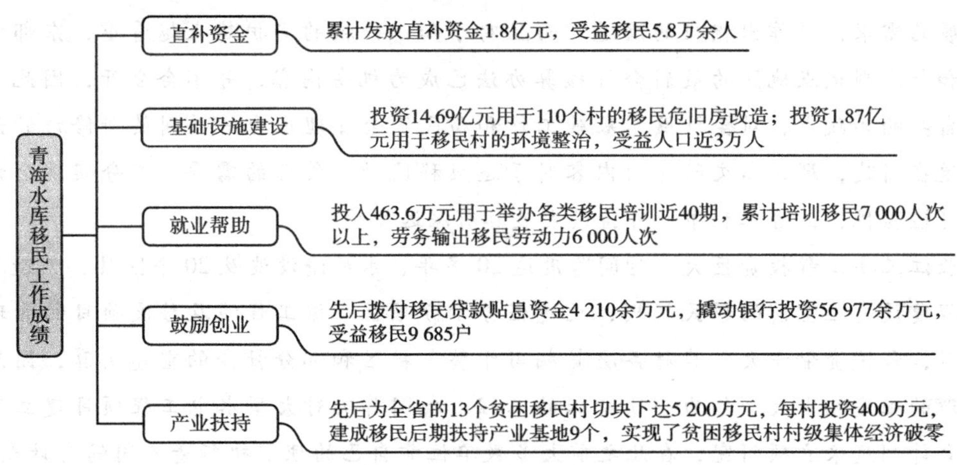

图5　青海水库移民工作成绩

由于移民资金使用年限长，往往要跨多个年度，移民资金补偿对象与目标庞杂，涵盖集体、个人、农村、城镇、专业项目等方面，还包括大量的独立费用开支项目。这些资金的核算既有基建会计的性质，又有政府会计的特征。对于一个基层移民财务机构来说，其信息处理工作量之大，难度可想而知，稍不注意就会有财务隐患。因此，在移民搬迁安置过程中，规范资金在筹集、拨付、使用过程中的会计核算，才是移民资金使用最理想的途径。只有确定移民资金会计核算的权责归属问题，才能对各项经济业务或事项进行计量和确认。但当今水利工程移民资金会计核算的责任归属单位无法界定，各省都有所不同，通常有如图6所示的三种界定方式。

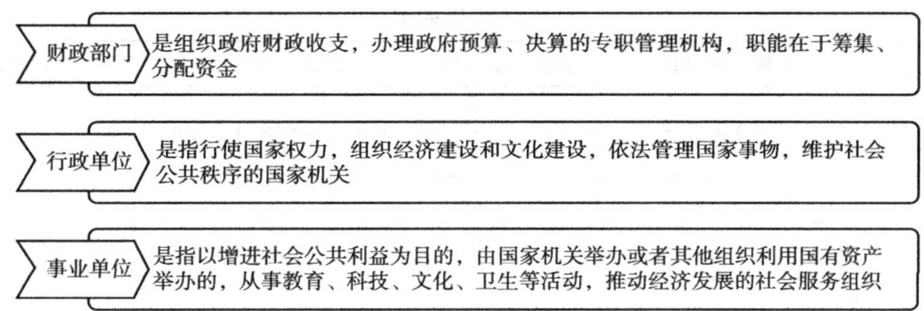

图6　会计核算的责任归属单位

（五）会计核算问题

目前移民专项资金的会计核算在科目设置上存在缺陷，不符合最新事业单位会计制度，不能清晰、真实地反映每个年度的资金运营情况，与项目实际情况不一致，现必须实现移民资金会计核算的革新。而且会计科目使用说明中未出现各会计科目余额的代表含义，应予以补充。

1. 记账基础

目前移民管理机构规定“业务收支以权责发生制为记账基础”，会计科目只涉及资产、负债、收入、费用四个要素，无法准确提供实际收支内容和资产负债情况，应该实现财务会计和单位预算会计“双系统”“双基础”“双报告”核算（如图7所示），这才能满足不同报表使用者个性化的需求，符合新政府会计准则和管理理念国际化的发展趋势。

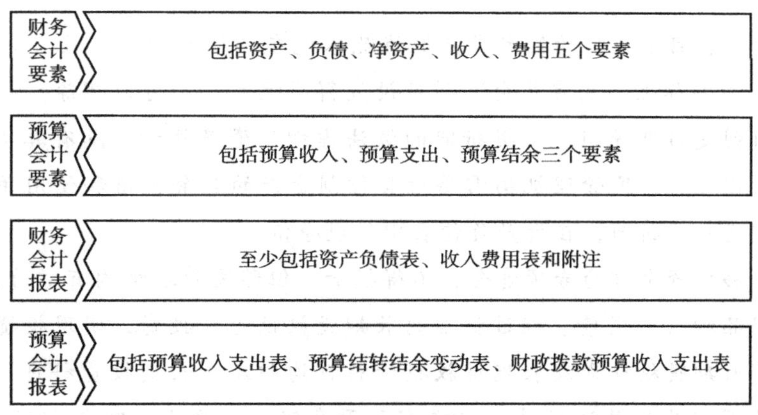

图7　政府会计要素

2. 明细科目

目前移民管理机构对于预算收支的科目明细核算过于简单，不具有针对性，应该精细化管理收入、支出，以预算会计中财政拨款预算收入、事业预算收入、事业支出和财政拨款结余为例，如表1所示。

表 1　　　　明细科目举例

<table>
<tr><th>总账科目</th><th>二级明细科目</th><th>三级明细科目</th><th>四级明细科目</th><th>五级明细科目</th></tr>
<tr><td rowspan="3">财政拨款预算收入</td><td rowspan="2">基本支出拨款</td><td>人员经费</td><td rowspan="3">政府收支类科目中支出功能的项级科目</td><td rowspan="3"></td></tr>
<tr><td>日常共用经费</td></tr>
<tr><td>项目支出拨款</td><td>×××项目</td></tr>
<tr><td rowspan="3">事业预算收入</td><td rowspan="3">支出功能分类项级科目</td><td>非专项收入</td><td>×××收入</td><td rowspan="3"></td></tr>
<tr><td rowspan="2">×××项目</td><td>非同级财政拨款</td></tr>
<tr><td>其他资金收入</td></tr>
<tr><td rowspan="3">事业支出</td><td>财政拨款支出</td><td rowspan="3">支出功能分类项级科目</td><td>基本支出</td><td rowspan="3">部门预算支出经济分类款级项目</td></tr>
<tr><td>非财政专项资金支出</td><td rowspan="2">项目支出－×××项目</td></tr>
<tr><td>其他资金支出</td></tr>
<tr><td rowspan="5">财政拨款结余</td><td>年初余额调整</td><td rowspan="5">支出功能分类项级科目</td><td rowspan="5">×××项目</td><td rowspan="5"></td></tr>
<tr><td>结转转入</td></tr>
<tr><td>归集上缴</td></tr>
<tr><td>单位内部调剂</td></tr>
<tr><td>累计结余</td></tr>
</table>

3. 资产核算

①应收账款、其他应收款：单位目前没有计提坏账准备，并不知道以后能否收回大额债权，财务状况无法得到真实反映。为了确定资产的可收回性和收回的风险，移民管理机构应制定明确的坏账政策，准确测算两者账龄，并对超期账龄进行催收。

②固定资产：目前单位的固定资产价值既体现在“固定资产”上，也体现在“固定基金”上，但实际上“固定基金”科目设置得毫无意义，可以删除。而且待使用期限满后一次性列支当期费用，不提折旧的做法虚增了资产总量，没有真实、准确地反映成本支出。因此，移民管理机构需要对其控制资产的剩余价值和使用年限进行重新评估，计提固定资产折旧，在资产负债表中体现净值。

③投资：移民资金作为专项资金，不得投资。但移民管理机构有暂时闲置的资金，可以进行有限品种（如国债、经过批准的长期股权投资）投资，实现投资增值，补充事业经费。将长期股权投资及长期债权投资科目均归属于长期投资科目，同时，针对长期股权投资调整为权益法核算，这样有利于真实、全面地反映长期投资变化情况，对于降低投资风险有较大的意义。

④存货：移民管理机构现有存货科目不完整，须细化有关存货的会计核算内容，划分成库存物品、在途物品、加工物品及工程物资四个大类，如图 8 所示，核算采购在途、入库和加工的建材、设备、移民救济物资、抢险物资等，这样有利于单位对存货进行分项管理，明确各自成本。

在途物品	核算采购物资时贷款已付但尚未验收入库的在途物品的采购成本
库存物品	核算在开展业务活动及其他活动过程中为耗用或出售而储存的资产
加工物品	记录生产加工、完成产品过程中发生的各类耗费，核算相应产品的成本
工程物资	核算为在建工程准备的各种物资成本

图 8　存货会计科目

（六）修订会计科目

1. 资产类

（1）货币资产：移民安置局需增设“零余额账户用款额度”和“财政应返还额度”两个科目，核算财政部门批复给移民安置局的用款计划以及应收财政返还资金额度。以上科目若涉及预算资金的变动，预算会计中体现为“资金结存”科目的变动，如表 2 所示。

表 2　货币资产会计分录

零余额账户用款额度和财政应返还额度		财务会计分录	预算会计分录
收到额度	收到“授权支付到账通知书”	借：零余额账户用款额度 贷：财政拨款收入	借：资金结存——零余额账户用款额度 贷：财政拨款预算收入
按照规定支用额度	支付日常活动费用 购买存货或固定资产等	借：业务活动费用/单位管理费用 贷：零余额账户用款额度 借：库存物品/固定资产/在建工程等 贷：零余额账户用款额度	借：事业支出 贷：资金结存——零余额账户用款额度
提现	从零余额账户提取现金 将现金退回单位零余额账户	借：库存现金 贷：零余额账户用款额度 借：零余额账户用款额度 贷：库存现金	借：资金结存——货币资金 贷：资金结存——零余额账户用款额度 借：资金结存——零余额账户用款额度 贷：资金结存——货币资金
年末注销额度	根据对账单注销财政授权支付额度 年末预算指标数大于额度下达数的，根据未下达的用款额度	借：财政应返还额度——财政授权支付 贷：零余额账户用款额度 借：财政应返还额度——财政授权支付 贷：财政拨款收入	借：资金结存——财政应返还额度 贷：资金结存——零余额账户用款额度 借：资金结存——财政应返还额度 贷：财政拨款预算收入

（2）应收和预付款项：

①增设“应收账款”科目，核算单位提供劳务或销售物品而应收的账款，如表3所示。

表3　　应收账款会计分录

应收账款		财务会计分录	预算会计分录
发生应收账款时	款收回后不需上缴财政	借：应收账款 　贷：事业收入/经营收入/其他收入等	—
	款收回后需要上缴财政	借：应收账款 　贷：应缴财政款	
收回应收账款时	款收回后不需上缴财政	借：银行存款等 　贷：应收账款	借：资金结存——货币资金等 　贷：事业预算收入/其他预算收入
	款收回后需要上缴财政	借：银行存款等 　贷：应收账款	—
逾期无法收回	报批后予以核销	借：坏账准备/应缴财政款 　贷：应收账款	—

②修改“移民资金预付款”为“预付账款”科目，核算移民安置局向施工单位预付的备料和工程款项，如表4所示。

表4　　预付账款会计分录

预付账款		财务会计分录	预算会计分录
发生预付账款时		借：预付账款 　贷：财政拨款收入/银行存款等	借：事业支出 　贷：财政拨款预算收入/资金结存
收到所购物资或劳务	补付款项	借：业务活动费用/库存物品/固定资产等 　贷：预付账款 　　财政拨款收入/银行存款等	借：事业支出 　贷：财政拨款预算收入/资金结存
预付账款退回	当年退回	借：财政拨款收入/银行存款等 　贷：预付账款	借：财政拨款预算收入/资金结存 　贷：事业支出

（3）坏账准备：移民安置局如有收回不需要上缴财政的应收账款和其他应收款，每年年末需要进行检查，分析其可收回性，如果发现不能收回的迹象，需要预计产生的坏账损失，并按款项类别进行明细核算，如表5所示。坏账准备业务与预算资金变动无关，因此一般不涉及预算会计的核算。

表 5　　坏账准备会计分录

计提坏账准备	冲减坏账	已核销无须上缴财政的款项在以后收回
借：其他费用 　贷：坏账准备	借：坏账准备 　贷：应收账款/其他应收款	借：应收账款/其他应收款 　贷：坏账准备 借：银行存款 　贷：应收账款/其他应收款

（4）投资：移民安置局利用闲置资金主要进行国债投资，应增设“短期投资”科目，如表 6 所示。

表 6　　短期投资会计分录

短期投资	财务会计分录	预算会计分录
取得短期投资时	借：短期投资 　贷：银行存款等	借：投资支出 　贷：资金结存——货币资金
收到购买时已到付息期但尚未领取的利息	借：银行存款 　贷：短期投资	借：资金结存——货币资金 　贷：投资支出
持有期间收到利息	借：银行存款 　贷：投资收益	借：资金结存——货币资金 　贷：投资预算收益
出售或到期收回短期投资（国债）本息	借：银行存款［实际收到］ 　投资收益［借差］ 　贷：短期投资［账面余额］ 　　投资收益［贷差］	借：资金结存——货币资金［实际收到］ 　投资预算收益［实收款小于投资成本的差额］ 　贷：投资支出［当年］/其他结余［以前年度］ 　　投资预算收益［实收款大于投资成本的差额］

（5）固定资产：移民安置局需设置“固定资产累计折旧”科目按月计提折旧，并计入相关成本或费用，如表 7 所示。

表 7　　与固定资产有关的会计分录

固定资产	财务会计分录	预算会计分录
按月计提固定资产折旧时	借：业务活动费用/单位管理费用/经营费用等 　贷：固定资产累计折旧	—
需要安装的固定资产	借：在建工程 　贷：财政拨款收入/零余额账户用款额度	借：行政支出/事业支出/经营支出等 　贷：财政拨款预算收入/资金结存
安装完工交付使用时	借：固定资产 　贷：在建工程	—

续表

固定资产	财务会计分录	预算会计分录
盘盈的固定资产	借：固定资产 　贷：待处理财产损溢	—
盘亏、毁损或报废的固定资产	借：待处理财产损溢［账面价值］ 　固定资产累计折旧 　贷：固定资产［账面余额］	—

2. 负债类

(1) 商业信用负债类。

①移民安置局应设“应付职工薪酬”科目，计提支付给职工的各种薪酬，如表8所示。

表8　应付职工薪酬会计分录

应付职工薪酬	财务会计分录	预算会计分录
计提职工薪酬	借：业务活动费用/单位管理费用/经营费用等 　贷：应付职工薪酬	—
支付工资、津贴补贴等薪酬	借：应付职工薪酬 　贷：财政拨款收入/零余额账户用款额度	借：事业支出/经营支出 　贷：财政拨款预算收入/资金结存
从职工薪酬中代扣各种款项	借：应付职工薪酬——基本工资 　贷：其他应交税费——应交个人所得税/社会保险费/住房公积金/其他应收款等	—
缴纳职社会保险费和住房公积金	借：应付职工薪酬——社会保险费/住房公积金 　贷：财政拨款收入/零余额账户用款额度	借：事业支出/经营支出 　贷：财政拨款预算收入/资金结存

②因接受劳务、购买物资、开展工程项目产生的短期应付款，用“应付账款”科目核算，如表9所示。

表9　应付账款会计分录

应付账款	财务会计分录	预算会计分录
尚未付款	借：库存物品/固定资产/在建工程等 　贷：应付账款	—

续表

应付账款	财务会计分录	预算会计分录
偿付应付账款	借：应付账款 　贷：财政拨款收入/零余额账户用款额度	借：事业支出 　贷：财政拨款预算收入/资金结存
无法偿付或债权人豁免偿还	借：应付账款 　贷：其他收入	—

③修改“移民资金预收款”为“预收账款”科目，核算单位预先收取的部分价款或定金，如表10所示。

表10　　预收账款会计分录

预收账款	财务会计分录	预算会计分录
从付款方预收款项时	借：银行存款 　贷：预收账款	借：资金结存——货币资金 　贷：事业预算收入/经营预算收入等
确认有关收入时	借：预收账款 　银行存款［收到补付款］ 　贷：事业收入/经营收入等 　　银行存款［退回预收款］	借：资金结存——货币资金 　贷：事业预算收入/经营预算收入等 　　退回预收款的金额做相反会计分录
无法偿付或债权人豁免偿还	借：预收账款 　贷：其他收入	—

（2）税收财政负债：现行会计核算办法没有涉及税费，移民安置局应单独设置“应交增值税”和“其他应交税费”科目，专门核算单位按照税法规定应缴纳的增值税和其他税费，二级明细科目如图9所示。

应交税费	“应交税金”“未交税金”“预交税金”“待抵扣进项税额”“待认证进项税额”“待转销项税额”“简易计税”“转让金融商品应交增值税”“代扣代交增值税”
其他应交税费	“应交城市维护建设税”“应交教育费附加”“应交地方教育费附加”“应交车船税”“应交房产税”“应交城建土地使用税”“应交个人所得税”“单位应交所得税”

图9　相关税费的明细科目

（3）金融负债：移民安置局借款主要用于资产的购置或建造，应增设“短期借款”和“长期借款”科目，如表11所示。

表11　　金融负债会计分录

短期借款	财务会计分录	预算会计分录
借入各种短期借款	借：银行存款 　贷：短期借款	借：资金结存——货币资金 　贷：债务预算收入

续表

<table>
<tr><th colspan="2">短期借款</th><th>财务会计分录</th><th>预算会计分录</th></tr>
<tr><td colspan="2">归还短期借款</td><td>借：短期借款
　贷：银行存款</td><td>借：债务还本支出
　贷：资金结存——货币资金</td></tr>
<tr><th colspan="4">长期借款</th></tr>
<tr><td colspan="2">借入各项长期借款时</td><td>借：银行存款
　贷：长期借款——本金</td><td>借：资金结存——货币资金
　贷：债务预算收入［本金］</td></tr>
<tr><td rowspan="2">为购置固定资产、建造基础设施等应支付的专门借款利息</td><td>属于建设期间发生的</td><td>借：在建工程
　贷：应付利息</td><td rowspan="2">—</td></tr>
<tr><td>属于交付使用后发生的</td><td>借：其他费用
　贷：应付利息</td></tr>
<tr><td>其他长期借款利息</td><td>计提利息时</td><td>借：其他费用
　贷：应付利息</td><td rowspan="2">—</td></tr>
<tr><td>实际支付利息时</td><td>分期支付</td><td>借：应付利息
　贷：银行存款等</td></tr>
<tr><td colspan="2">归还长期借款本息</td><td>借：长期借款——本金
　　应付利息
　贷：银行存款</td><td>借：债务还本支出［支付的本金］
　贷：资金结存
借：其他支出［支付的利息］
　贷：资金结存</td></tr>
</table>

3. 净资产类

移民安置局应增设“本期盈余”，“本年盈余分配科目”“专用基金”“累计盈余”科目，核算内容如图 10 所示。

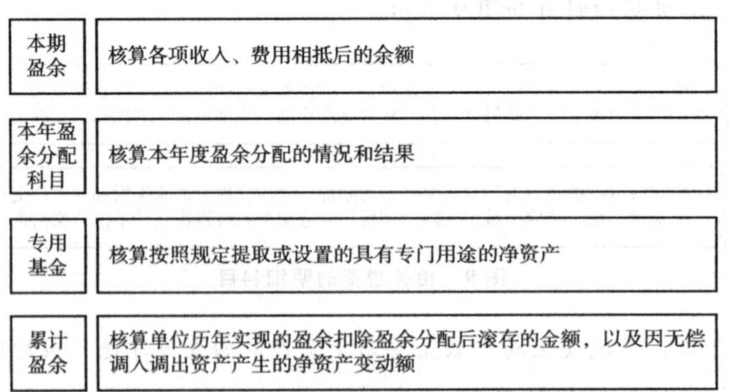

图 10　净资产类会计科目

4. 收入类

移民安置局应删除“利息收入转增项目资金”科目和“其他收入转增项目资金”科目，除“利息收入”和“其他收入”科目外，还需设置“财政拨款收入”“事业收入”和“经营收入”科目，核算内容如图11所示，期末结转到本期盈余后这些科目应无余额。

财政拨款收入	核算从同级政府财政部门取得的各类财政拨款
事业收入	核算开展专业业务活动及其辅助活动实现的收入
经营收入	核算在专业业务活动及其辅助活动之外开展非独立核算经营活动取得的收入

图11 收入类会计科目

5. 费用类（单位业务费用）

移民安置局应增设“业务活动费用”“单位管理费用”“经营费用”“资产处置费用”及“其他费用”等科目，业务活动费用是为业务发生的直接费用，单位管理费用是为业务发生的间接费用，经营费用是与经营收入对应的费用，资产处置费用及其他费用则是与业务和经营活动无关的其他支出，核算内容如图12所示，年末结转至本期盈余后这些科目应无余额。

业务活动费用	核算为实现其职能目标，依法履职或开展专业业务活动及其辅助活动所发生的各项费用
单位管理费用	核算本级行政及后勤管理部门开展管理活动发生的各项工资、办公、折旧等费用
经营费用	核算在专业业务活动及其辅助活动之外开展非独立核算经营活动发生的各项费用
资产处置费用	核算经批准处置资产时发生的费用，包括转销的被处置资产价值，以及在处置过程中发生的相关费用或者处置收入小于相关费用形成的净支出
其他费用	核算发生的利息费用、坏账损失、罚没支出、现金资产捐赠支出以及相关税费、运输费等

移民专项资金
应按“农村移民安置补偿补助费”“城（集）镇迁建补偿补助费”“专项设施迁建费”“库底清理费”“环境保护和水土保持费”“独立费”“预备费”等进行明细核算

图12 费用类会计科目

第五章 政府单位负债

第一节 政府单位负债概述

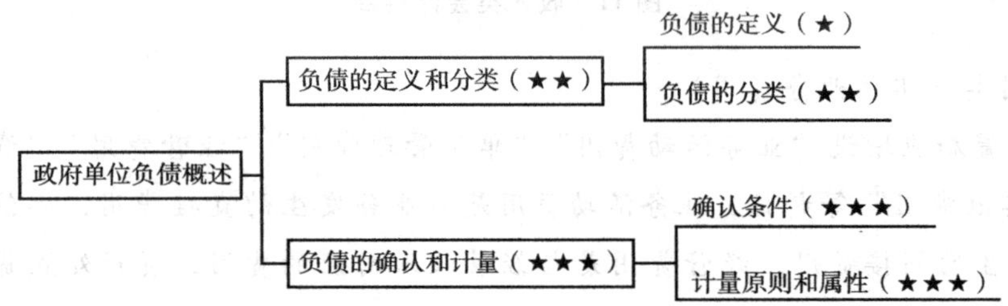

一、负债的定义和分类（★★）

（一）负债的定义（★）

政府单位过去的经济业务或者事项形成的，预期会导致经济资源流出政府单位的现时义务。

> **课堂笔记：**
> 负债的特征还包括可以可靠计量。未来发生的经济业务或者事项形成的义务不属于现时义务，不应当确认为负债。其中，现时义务是指行政事业单位在现行条件下已承担的义务。

（二）负债的分类（★★）

1. 按流动性：2 类

（1）流动负债。预计在 1 年内（含 1 年）偿还的负债，包括：短期借款、应付职工薪酬、应付票据、应付账款、应付政府补贴款、预收款项、应交税费、其他应付款、应缴财政款等。

课堂笔记：

短期借款、应付票据、应付利息和预收账款属于事业单位特有的流动负债项目，应付政府补贴款属于行政单位特有的流动负债项目，其他均属于行政单位和事业单位共有的流动负债项目。

（2）非流动负债。主要指长期借款、长期应付款和预计负债。

课堂笔记：

除长期借款属于事业单位特有的非流动负债项目外，其他均属于行政单位和事业单位共有的非流动负债项目。

2. 按确定性：3类

类别		说明	包含项目
偿还时间与金额基本确定的负债	融资活动形成的举借债务及其应付利息	政府单位通过融资活动借入的债务	短期借款、长期借款
	运营活动形成的应付及预收款项	政府单位在运营活动中形成的、应当支付而尚未支付的款项、预先收到但尚未实现收入的款项	应付职工薪酬、应付票据、应付账款、应付政府补贴款、预收款项、应交税费、其他应付未付款项
	暂收性负债	政府单位暂时收取，随后应做上缴、退回、转拨等处理的款项	应缴财政款、其他暂收款项（包括政府单位暂时收取，随后应退还给其他方的押金或保证金）
或有事项形成的预计负债		政府单位对因或有事项所产生的现时义务而确认的负债	

3. 按形成原因：4类

类别	说明	包含项目
商业信用负债	履行职能过程中，进行市场采购、支付员工薪酬等导致的负债	应付职工薪酬、应付票据、应付账款、预收账款、长期应付款等
金融负债	履行职能过程中，从金融机构取得的借款和相关负债	短期借款、长期借款、应付利息等
税收财政负债	履行职能过程中发生的、按相关法规上缴税收部门或财政部门的款项	应交增值税、其他应交税费、应缴财政款等
其他负债		应付政府补贴款、预提费用、预计负债、其他应付款和受托代理负债等

二、负债的确认和计量（★★★）

（一）确认条件（★★★）

符合负债定义，在**同时满足**以下2个条件时，确认为政府单位负债，应当列入政府单位资产负债表：

①履行该义务很可能导致含有服务潜力或者经济利益的经济资源流出政府单位；

②该义务的金额能够可靠地计量。

课堂笔记：

在实际工作中，会计人员可根据某项义务是否由财政性资金来偿付，作为“与该义务有关的经济利益是否流出主体”的判定标准。

（二）计量原则和属性（★★★）

1. 原则

一般采用历史成本进行计量，采用现值、公允价值计量的，应当保证所确定的负债金额能够持续、可靠计量。

2. 计量属性

计量属性包括历史成本、现值、公允价值。

流动负债	行政单位	事业单位	非流动负债	行政单位	事业单位
短期借款		√	长期借款		√
应交增值税	√	√	长期应付款	√	√
其他应交税费	√	√	预计负债	√	√
应缴财政款	√	√	受托代理负债	√	√
应付职工薪酬	√	√			
应付票据		√			
应付账款	√	√			
应付政府补贴款	√				
应付利息		√			
预收账款		√			
其他应付款	√	√			
预提费用	√	√			

第二节 流动负债

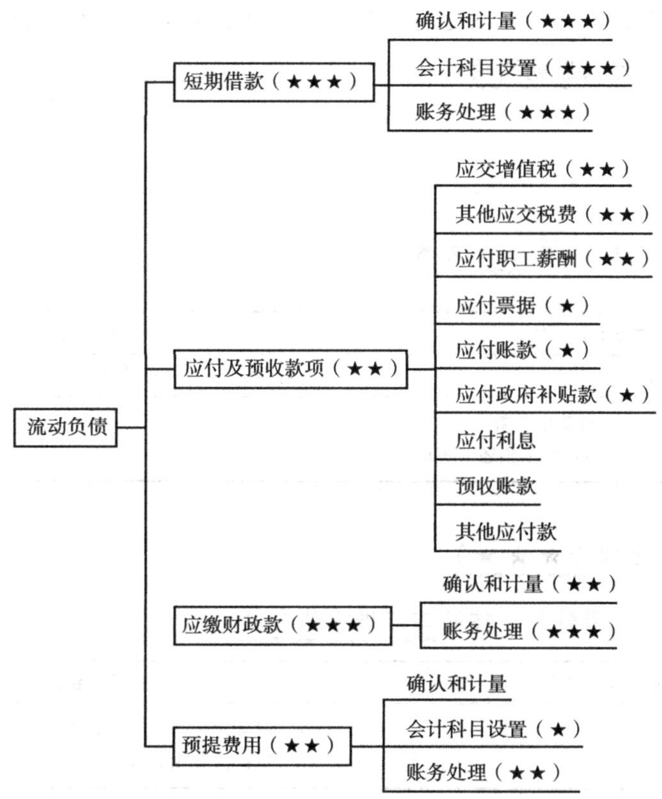

一、短期借款（★★★）

（一）确认和计量（★★★）

短期借款是**事业单位**经批准向银行或其他金融机构等借入的期限在**1年以内（含1年）**的各种借款。

原则	含义
确认原则	与债权人签订借款合同并取得举借资金时，予以确认
计量原则	按照借款的实际发生额（借款本金）进行计量

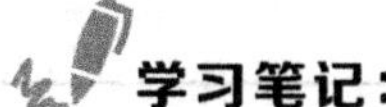
学习笔记：

事业单位应在偿还短期借款本金时，冲减相关短期借款的账面余额。

事业单位的借款主要用于资产的购置或者建造。

课外拓展：

课本上规定，事业单位应当按照短期借款本金和合同或协议约定的利率，按期计提借款利息，并将计算确定的应付未付利息计入应付利息。因举借短期借款发生的借款费用计入当期费用。

在准则制定过程中，曾有专家建议不要按期计提短期借款利息，而是在实际收到时再确认。

（二）会计科目设置（★★★）

财务会计系统	预算会计系统
应设置“短期借款”科目	对应的是“债务预算收入”和“债务还本支出”科目
①按照债权人和借款种类进行明细核算 ②期末贷方余额，反映事业单位尚未偿还的短期借款本金	—

（三）账务处理（★★★）

1. 借入各种短期借款时，按照实际借入的金额

财务会计系统	预算会计系统
借：银行存款 　　贷：短期借款	借：资金结存——货币资金 　　贷：债务预算收入

2. 银行承兑汇票到期，本单位无力支付票款的，按照应付票据的账面余额

财务会计系统	预算会计系统
借：应付票据 　　贷：短期借款	借：事业支出/经营支出 　　贷：债务预算收入

3. 按期计提利息费用时，按照计算确定的金额

财务会计系统	预算会计系统
借：其他费用 　　贷：应付利息	不做账

4. 实际支付应付利息时，按照支付的金额

财务会计系统	预算会计系统
借：应付利息 　　贷：银行存款	借：其他支出 　　贷：资金结存——货币资金

5. 归还短期借款本金时

财务会计系统	预算会计系统
借：短期借款 　　贷：银行存款	借：债务还本支出 　　贷：资金结存——货币资金

6. 归还短期借款利息时

财务会计系统	预算会计系统
借：应付利息 　　贷：银行存款	借：其他支出 　　贷：资金结存——货币资金

二、应付及预收款项（★★）

（一）应交增值税（★★）

1. 确认和计量

在政府单位发生纳税义务事项时确认，并按税法规定计算的应交增值税金额计量。

一般计税方法	简易计税方法
按照销项税额抵扣进项税额后的余额计算应纳税额	按照应税销售额和征收率计算应纳税额，不得抵扣进项税额
当期应纳税额 = 当期销项税额 - 当期进项税额	当期应纳税额 = 当期销售额 × 征收率

事业单位的增值税业务主要涉及经营活动，而经营活动在事业单位中是少量的和小规模的，在公益一类事业单位及行政单位没有经营活动。

一般纳税人实行凭增值税专用发票计税的计征方法；小规模纳税人实行按征收率计算应纳税额的简易办法（按经营规模大小以及会计核算是否健全划分）。

2. 会计科目设置

财务会计系统	预算会计系统
应设置“应交增值税”科目	对应的是“行政支出”“事业支出”“经营支出”“事业预算收入”“经营预算收入”等
①期末贷方余额，反映单位应交未交的增值税 ②期末借方余额，反映单位尚未抵扣或多交的增值税	—

明细科目设置：

政府单位为增值税一般纳税人	政府单位为增值税小规模纳税人
应交税金、未交税金、预交税金、待抵扣进项税额、待认证进项税额、待转销项税额、简易计税、“转让金融商品应交增值税、代扣代交增值税”	转让金融商品应交增值税、代扣代交增值税

3. 主要账务处理

(1) 取得资产或接受劳务。

①采购等业务：如果进项税额允许抵扣，**一般纳税人政府单位**购买用于增值税应税项目的资产或服务等：

财务会计系统	预算会计系统
借：业务活动费用/在途物品/库存物品/在建工程/固定资产/无形资产等 应交增值税——应交税金（进项税额）（按照当月已认证可抵扣增值税额） 应交增值税——待认证进项税额（按照当月未认证可抵扣增值税额） 贷：应付账款/银行存款/零余额账户用款额度等（按照应付或实际支付金额）	借：行政支出/事业支出/经营支出等（按照实际支付的金额） 贷：资金结存——零余额账户用款额度、货币资金等

注意：

发生退货情况	小规模纳税人
原专用发票已做认证，应根据红字专用发票做相反的会计分录；未做认证，应将发票退回并做相反的会计分录	发生的增值税计入资产成本或相关成本，不得抵扣

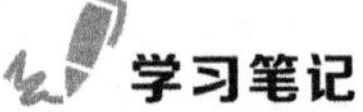

学习笔记：

该“应交增值税”的举例以一般纳税人事业单位为会计主体。

根据《政府会计制度——行政事业单位会计科目和报表》：小规模纳税人购买资产或服务等时不能抵扣增值税，发生的增值税计入资产成本或相关成本费用。

②采购等业务：如果进项税额不得抵扣，一般纳税人政府单位购进资产或服务等，用于**简易计税方法的计税项目**、**免征增值税项目**、**集体福利或个人消费**等，其进项税额**不得**从销项税额中抵扣：

情境	财务会计系统	预算会计系统
取得增值税专用发票时	借：应交增值税——待认证进项税额（按照待认证的增值税进项税额） 贷：银行存款/应付账款/零余额账户用款额度等（按照实际支付或应付的金额）	借：行政支出/事业支出/经营支出等（按照实际支付的金额） 贷：资金结存——零余额账户用款额度、货币资金等

续表

情境	财务会计系统	预算会计系统
经税务机关认证为不可抵扣进项税时	借：应交增值税——应交税金——进项税额 　　贷：应交增值税——待认证进项税额 同时将进项税额转出 借：相关成本费用科目 　　贷：应交增值税——应交税金——进项税额转出	不做账

【例5-1】某事业单位开展专业业务活动购买办公用电脑，取得已认证的增值税专用发票上记载的金额为200 000元、税额为26 000元，款项实行财政授权支付。另以银行存款支付运输费用1 000元、税额90元。电脑直接交付使用。

财务会计

借：固定资产　　201 000

　　应交增值税——应交税金——进项税额　　26 090

　　贷：零余额账户用款额度　　227 090

预算会计

借：事业支出　　227 090

　　贷：资金结存——零余额账户用款额度　　227 090

③购进不动产或不动产在建工程：进项税额抵扣：

情境	财务会计系统	预算会计系统
一般纳税人政府单位取得应税项目为不动产或者不动产在建工程时	借：固定资产/在建工程 　　应交增值税——应交税金——进项税额（当月已认证可抵扣） 　　应交增值税——待认证进项税额（当月未认证可抵扣） 　　贷：应付账款/应付票据/银行存款/零余额账户用款额度等	借：行政支出/事业支出/经营支出等（按照实际支付的金额） 　　贷：资金结存——零余额账户用款额度、货币资金等
尚未抵扣的进项税额以后期间允许抵扣时	借：应交增值税——应交税金——进项税额（按照允许抵扣的金额） 　　贷：应交增值税——待认证进项税额	不做账

特别注意：在2019年4月1日起，纳税人取得不动产或者不动产在建工程中的进项税额不再分2年抵扣。

④进项税额抵扣情况发生改变：

情境	财务会计系统	预算会计系统
因发生非正常损失或改变用途等，原已计入进项税额、待抵扣进项税额或待认证进项税额，按照现行规定不得从销项税额中抵扣的	借：待处理财产损溢/固定资产/无形资产等 　　贷：应交增值税——应交税金——进项税额转出、待抵扣进项税额、待认证进项税额	不做账

续表

情境	财务会计系统	预算会计系统
原不得抵扣且未抵扣进项税额的固定资产、无形资产等，因改变用途等用于允许抵扣进项税额的应税项目的	借：应交增值税——应交税金——进项税额（按照允许抵扣的金额） 贷：固定资产/无形资产等	不做账

固定资产、无形资产经上述调整后，按照调整后的账面价值计提折旧或摊销。

⑤购买方作为扣缴义务人（境外单位或个人在境内发生应税行为，在境内未设有经营机构的，以购买方为增值税扣缴义务人）：

情境	财务会计系统	预算会计系统
境内一般纳税人政府单位购进服务或资产时	借：在途商品/库存物品/工程物资/在建工程/固定资产/无形资产等 应交增值税——应交税金——进项税额 贷：应交增值税——代扣代交增值税（按照应代扣代缴的增值税额） 银行存款/应付账款等	借：行政支出/事业支出/经营支出等（按照实际支付的金额） 贷：资金结存——零余额账户用款额度、货币资金等
缴纳代扣代缴增值税时	借：应交增值税——代扣代交增值税 贷：银行存款/零余额账户用款额度等	借：行政支出/事业支出/经营支出等 贷：资金结存——零余额账户用款额度、货币资金等

（2）销售资产或提供服务等业务的账务处理。

①销售资产或提供服务业务：

财务会计系统	预算会计系统
借：应收账款/应收票据/银行存款等 贷：经营收入/事业收入等 应交增值税——应交税金——销项税额 或：应交增值税——简易计税 （小规模贷：应交增值税）	借：资金结存——货币资金等 贷：事业预算收入/经营预算收入等

学习笔记：

收入的时点早于按照增值税制度确认增值税纳税义务发生时点的，财务会计应将相关销项税额记入“应交增值税——待转销项税额”科目，待实际发生纳税义务时再转入“应交增值税——应交税金——销项税额”科目或“应交增值税——简易计税”科目。

> 按照相关制度确认的增值税纳税义务发生时点早于确认收入时点的，借“应收账款”，贷“应交增值税——应交税金——销项税额”或“应交增值税——简易计税”科目。

【例5-2】 某事业单位为一般纳税人但实行简易计税产品含税价款5 150元，增值税征收率为13%。该事业单位的账务处理如下：

如果款项收到且已存入银行，

财务会计	预算会计
借：银行存款　5 150 　贷：经营收入——销售收入　5 000 　　应交增值税——简易计税　150	借：货币结存——货币资金　5 150 　贷：经营预算收入　5 150

如果向卖方签发金额为5 150元的商业承兑汇票，

财务会计	预算会计
借：应收票据　5 150 　贷：经营收入——销售收入　5 000 　　应交增值税——简易计税　150	—

②金融商品转让按照规定以盈亏相抵后的余额作为销售额：

情境	财务会计系统	预算会计系统
产生转让收益时	借：投资收益 　贷：应交增值税——转让金融商品应交增值税	不做账
产生转让损失时	借：应交增值税——转让金融商品应交增值税（按照可结转下月抵扣额） 　贷：投资收益	不做账
缴纳增值税时	借：应交增值税——转让金融商品应交增值税 　贷：银行存款等	借：投资预算收益 　贷：资金结存——货币资金
年末，“应交增值税——转让金融商品应交增值税”科目如有借方余额	借：投资收益 　贷：应交增值税——转让金融商品应交增值税	不做账

③月末转出多交增值税和未交增值税的账务处理：

情境	财务会计系统	预算会计系统
当月应交未交	借：应交增值税——应交税金——转出未交增值税 贷：应交增值税——未交税金	不做账
当月多交	借：应交增值税——未交税金 贷：应交增值税——应交税金转出多交增值税	不做账

（3）交纳增值税的账务处理。

①交纳当月应交增值税：

财务会计系统	预算会计系统
借：应交增值税——应交税金——已交税金 （小规模纳税人借“应交增值税”） 贷：银行存款等	借：行政支出/事业支出/经营支出等 贷：资金结存——货币资金

②交纳以前期间未交增值税：

财务会计系统	预算会计系统
借：应交增值税——未交税金 （小规模纳税人借“应交增值税”） 贷：银行存款等	借：行政支出/事业支出/经营支出等 贷：资金结存——货币资金

③预交增值税：

情境	财务会计系统	预算会计系统
预交增值税时	借：应交增值税——预交税金 贷：银行存款等	借：行政支出/事业支出/经营支出等 贷：资金结存——货币资金等
月末，结转“预交税金”科目余额	借：应交增值税——未交税金 贷：应交增值税——预交税金	不做账

（4）减免增值税的账务处理。

情境	财务会计系统	预算会计系统
当期直接减免的	借：应交增值税——应交税金——减免税款 贷：业务活动费用/经营费用等	不做账
政府单位初次购买增值税税控系统专用设备支付的费用以及缴纳的技术维护费允许在增值税应纳税额中全额抵减的	借：应交增值税——应交税金——减免税款 贷：业务活动费用/经营费用等	不做账

【例5－3】某事业单位以银行存款支付初次购买增值税税控系统专用设备款1 130元（含税价）、购买打印机款2 260元（含税），缴纳技术维护费565元（含税），取得

增值税专用发票上记载金额3 500元，税额455元。该事业单位的账务处理如下：

财务会计	预算会计
借：单位管理费用 1 695 固定资产 2 260 贷：银行存款 3 955	借：事业支出 3 955 贷：资金结存——货币资金 3 955
借：应交增值税——应交税金——减免税款 1 130 贷：单位管理费用 1 130	

（二）其他应交税费（★★）

1. 确认和计量

（1）定义：其他应交税费，是指政府单位按照税法等规定计算应交纳的除增值税以外的各种税费，包括城市维护建设税、教育费附加、地方教育费附加、车船税、房产税、城镇土地使用税和企业所得税等。

（2）原则：其他应交税费应当在政府单位发生纳税义务事项时，按照税法规定计算的应交税费金额予以确认和计量。

2. 会计科目的设置

财务会计系统	预算会计系统
应设置“其他应交税费”科目	对应的是“行政支出”和“事业支出”等科目
①按照应交纳的税费种类进行明细核算 ②期末贷方余额，反映单位应交未交的除增值税以外的税费金额；期末借方余额，反映单位多交的除增值税以外的税费金额	—

印花税直接通过“业务活动费用”“单位管理费用”“经营费用”等科目核算。

3. 账务处理

（1）发生城建税、教育费附加等纳税义务时：

财务会计系统	预算会计系统
借：业务活动费/单位管理费用/经营费用等（按照税法计算的应缴税费） 贷：其他应交税费 ——应交城市维护建设税 ——应交教育费附加 ——应交地方教育费附加 ——应交车船税/应交房产税 ——应交城镇土地使用税等	不做账

（2）代扣代缴职工（含长期聘用人员）的个人所得税：

财务会计系统	预算会计系统
借：应付职工薪酬 （职工以外人员：业务活动费用/单位管理费用等） 贷：其他应交税费——应交个人所得税	不做账

（3）发生企业所得税纳税义务的，按照税法规定计算的应交所得税额：

财务会计系统	预算会计系统
借：所得税费用 贷：其他应交税费——单位应交所得税	不做账

（4）政府单位实际交纳：

财务会计系统	预算会计系统
借：其他应交税费 ——应交城市维护建设税 ——应交教育费附加 ——应交地方教育费附加 ——应交车船税 ——应交房产税 ——应交城镇土地使用税 ——应交个人所得税 ——单位应交所得税 贷：财政拨款收入/零余额账户用款额度/银行存款等	借：行政支出/事业支出等 贷：财政拨款预算收入/资金结存——零余额账户用款额度、货币资金等

课堂笔记：

政府单位实际支付其他应交税费时，如果是单位承担，预算会计应按照实际支付的货币资金，确认相应预算支出；如果是单位代交，预算会计不进行核算。

（三）应付职工薪酬（★★）

1. 确认和计量

同企业会计。

2. 会计科目的设置

财务会计系统	预算会计系统
应设置“应付职工薪酬”科目	对应的是“行政支出”和“事业支出”等科目
期末贷方余额，反映单位应付未付的职工薪酬	

3. 账务处理

（1）应付职工薪酬的计提：

情境	财务会计系统	预算会计系统
计提从事专业及其辅助活动人员的职业薪酬	借：业务活动费用/单位管理费用 　贷：应付职工薪酬	不做账
计提应由在建工程、加工物品、自行研发无形资产负担的职工薪酬	借：在建工程/加工物品/研发支出等 　贷：应付职工薪酬	不做账
计提从事专业及其辅助活动之外的经营人员的职业薪酬	借：经营费用 　贷：应付职工薪酬	不做账
因解除与职工的劳动关系而给予的补偿	借：单位管理费用等 　贷：应付职工薪酬	不做账

（2）应付职工薪酬的支付：

财务会计系统	预算会计系统
借：应付职工薪酬（按照实际支付的金额） 　贷：财政拨款收入/零余额账户用款额度/银行存款等	借：行政支出/事业支出等 　贷：财政拨款预算收入/资金结存——零余额账户用款额度、货币资金等

（3）代扣各种款项：

情境	财务会计系统	预算会计系统
代扣职工个人所得税	借：应付职工薪酬——基本工资 　贷：其他应交税费——应交个人所得税	不做账
从应付职工薪酬中代扣社会保险费和住房公积金	借：应付职工薪酬——基本工资 　贷：应付职工薪酬——社会保险费、住房公积金	不做账
从应付职工薪酬中代扣为职工垫付的水电费、房租等费用	借：应付职工薪酬——基本工资 　贷：其他应收款	不做账

（4）缴纳职工社会保险费和住房公积金：

财务会计系统	预算会计系统
借：应付职工薪酬——社会保险费、住房公积金 　贷：财政拨款收入/零余额账户用款额度/银行存款等	借：行政支出/事业支出等 　贷：财政拨款预算收入/资金结存——零余额账户用款额度、货币资金等

（5）支付的其他款项：

财务会计系统	预算会计系统
借：应付职工薪酬 　贷：零余额账户用款额度/银行存款等	借：行政支出/事业支出等 　贷：资金结存——零余额账户用款额度、货币资金等

【例5－4】 某高校发生如下应付职工薪酬相关业务。要求：编制该单位会计对下述业务进行账务处理的会计分录。

应付职工薪酬计算表

单位：元

项目	应付职工薪酬项目	金额	代扣代缴项目	金额	实付职工金额	对外缴纳金额
业务活动	工资	280 000	社会保险费	30 800	212 840	30 800
			住房公积金	33 600		33 600
			个人所得税	2 760		2 760
			其他扣款	0		
	离退休费	120 000			120 000	
	津贴补贴	200 500			200 500	
	其他补助	0			0	
	工资总额小计	600 500			533 340	
	社会保险费	84 000				84 000
	住房公积金	33 600				33 600
	应付职工薪酬小计	718 100				
管理活动	工资	36 400	社会保险费	4 004	27 668	
			住房公积金	4 368		4 368
			个人所得税	360		360
			其他扣款			
	离退休费	16 800		16 800		
	津贴补贴	26 065		26 065		
	其他补助	0		0		
	工资总额小计	79 265		70 533		
	社会保险费	10 920			10 920	
	住房公积金	4 368			4 368	
	应付职工薪酬小计	94 553				
基本工资合计		453 200				377 308
社会保险费合计						129 724
住房公积金合计						75 936
个人所得税合计						3 120
应付职工薪酬合计		812 653				

财务部门计算确认应发放职工薪酬812 653元，其中，业务部门应承担718 100元，管理部门应承担94 553元。则：

财务会计　　　　　　　　　　　　预算会计

借：业务活动费用　718 100　　　　　　　　　—

　　单位管理费用　　94 553

　　贷：应付职工薪酬　812 653

财务部门根据表格，确定应代缴个人所得税3 120元。

财务会计

借：应付职工薪酬　　3 120

　　贷：其他应交税费　　3 120

通过零余额账户代理银行发放职工薪酬，并将需代缴的3 120元个人所得税缴付相关单位。

财务会计	预算会计
借：应付职工薪酬　809 533 　　其他应交税费——应交个人所得税　3 120 　　贷：零余额账户用款额度　812 653	借：事业支出　812 653 　　贷：资金结存——零余额账户用款额度　812 65

（四）应付票据（★）

1. 确认和计量

应付票据应当在取得资产、接受劳务，或外包工程完成规定进度时，按照应付未付款项的金额予以确认和计量。

2. 会计科目的设置

财务会计系统	预算会计系统
应设置“应付票据”科目	对应的是“事业支出”和“经营支出”等科目
期末贷方余额，反映事业单位开出、承兑的尚未到期的应付票据金额	

3. 账务处理

（1）事业单位开出、支付银行承兑汇票时：

情境	财务会计系统	预算会计系统
事业单位开出、承兑商业汇票时	借：库存物品/固定资产等 　　贷：应付票据	不做账

续表

情境	财务会计系统	预算会计系统
以商业汇票抵付应付账款时	借：应付账款 贷：应付票据	不做账
事业单位支付银行承兑汇票的手续费时	借：业务活动费用/经营费用等 贷：银行存款/零余额账户用款额度等	借：事业支出/经营支出等 贷：资金结存等

（2）商业汇票到期时：

情境	财务会计系统	预算会计系统
收到银行支付到期票据的付款通知时	借：应付票据 贷：银行存款	借：事业支出/经营支出等 贷：资金结存——货币资金
银行承兑汇票到期，单位无力支付票款的	借：应付票据（账面金额） 贷：短期借款	借：事业支出/经营支出等 贷：债务预算收入
商业承兑汇票到期，单位无力支付票款的	借：应付票据 贷：应付账款	不做账

（五）应付账款（★）

1. 政府单位收到所购材料、物资、设备或服务以及确认完成工程进度但尚未付款时，根据发票及账单等有关凭证

财务会计系统	预算会计系统
借：库存物品/固定资产/在建工程等（按应付未付款项的金额） 贷：应付账款	不做账

2. 政府单位偿付应付账款时

财务会计系统	预算会计系统
借：应付账款 贷：财政拨款收入/零余额账户用款额度/银行存款等	借：行政支出/事业支出等 贷：财政拨款预算收入/资金结存——零余额账户用款额、货币资金等

3. 事业单位开出承兑商业汇票抵付应付账款时

财务会计系统	预算会计系统
借：应付账款 贷：应付票据	不做账

4. 政府单位无法偿付或债权人豁免偿还的应付账款，经批准核销时

财务会计系统	预算会计系统
借：应付账款 贷：其他收入	不做账 在备查簿中保留登记

（六）应付政府补贴款（★）

应付政府补贴款，是指负责发放政府补贴的行政单位，按照有关规定应该支付给政府补贴对象的各种政府补贴款。

期末贷方余额反映行政单位应付未付的政府补贴金额。预算会计对应**"行政支出"**。

情境	财务会计系统	预算会计系统
行政单位发生应付政府补贴时	借：业务活动费用 贷：应付政府补贴款	不做账
行政单位支付应付政府补贴款时	借：应付政府补贴款 贷：零余额账户用款额度/银行存款等	借：行政支出 贷：资金结存等

（七）应付利息

应付利息，是指**事业单位**按照合同约定应支付的借款利息，包括短期借款、分期付息到期还本的长期借款等应支付的利息。

1. 事业单位为建造固定资产、公共基础设施等借入的专门借款的利息

情境	财务会计系统	预算会计系统
属于建设期间发生的	借：在建工程 贷：应付利息	不做账
不属于建设期间发生的	借：其他费用 贷：应付利息	不做账

2. 事业单位对于其他借款，近期计提利息费用时

财务会计系统	预算会计系统
借：其他费用 贷：应付利息	不做账

3. 事业单位实际支付利息时

财务会计系统	预算会计系统
借：应付利息 贷：银行存款等	借：其他支出 贷：资金结存——货币资金等

（八）预收账款

预收账款，是指商业交易中预先收取的商品或服务的部分价款或订金，当政府单位采用完工百分比法确认收入时，预收账款体现为已经收到但尚未确认的收入。

事业单位设置“预收账款”，预算会计对应“事业预算收入”“经营预算收入”等。

情境	财务会计系统	预算会计系统
事业单位从付款方预收款项时	借：银行存款等（按照实际预收的金额） 贷：预收账款	借：资金结存——货币资金 贷：事业预算收入/经营预算收入等
事业单位确认有关收入时	借：预收账款（按照预收账款账面余额） 贷：事业收入/经营收入等（按照应确认的收入金额） 借或贷：银行存款等（按照付款方补付或退回付款方的金额）	借或贷：资金结存——货币资金（按照实际收到的补付或退回付款方的金额） 贷或借：事业预算收入/经营预算收入等
事业单位无法偿付或债权人豁免偿还的预收账款，经批准核销时	借：预收账款 贷：其他收入	不做账，核销的在备查簿中保留登记

（九）其他应付款

收取的押金、存入保证金、已经报销但尚未偿还银行的本单位公务卡欠款等。预算会计下对应“资金结存”“行政支出”“事业支出”等。

1. 发生的其他应付及暂收款项

情境	财务会计系统	预算会计系统
发生其他应付及暂收款时	借：银行存款等 贷：其他应付款	不做账
支付或退回其他应付及暂收款项时	借：其他应付款 贷：银行存款等	借：行政支出/事业支出等 贷：资金结存——货币资金
将暂收款项转为收入时	借：其他应付款 贷：事业收入等	借：资金结存——货币资金 贷：事业预算收入等

2. 收到同级政府财政部门预拨的下期预算款和没有纳入预算的暂付款

情境	财务会计系统	预算会计系统
收到时	借：银行存款等 贷：其他应付款	不做账

续表

情境	财务会计系统	预算会计系统
待到下一预算期或批准纳入预算时	借：其他应付款 贷：财政拨款收入	借：资金结存——货币资金 贷：财政拨款预算收入

3. 单位收到应当纳入下一年度部门预算管理的暂收非财政资金款项时

情境	财务会计系统	预算会计系统
收到时	借：银行存款等 贷：其他应付款	不做账
下年初，单位应当按照上年暂收的款项金额	借：其他应付款 贷：有关收入	借：资金结存——货币资金 贷：有关预算收入

4. 采用实拨资金方式通过本单位转拨给下属单位的财政拨款

情境	财务会计系统	预算会计系统
收到时	借：银行存款等 贷：其他应付款	不做账
下年初，单位应当按照上年暂收的款项金额	借：其他应付款 贷：银行存款	不做账

【例 5－5】某事业单位开展专业业务活动收取申请者押金 5 000 元，款项已存入银行。一个月后，专业业务活动已经结束，因一直无法联系到部分申请者，其押金 5 000 元无法退还，报经批准后转为收入。该事业单位的账务处理如下：

收取押金时：

财务会计	预算会计
借：银行存款　　5 000 贷：其他应付款　　5 000	—

将无法退还的押金转为收入时：

财务会计	预算会计
借：其他应付款　　5 000 贷：事业收入　　5 000	借：资金结存——货币资金　　5 000 贷：事业预算收入　　5 000

5. 公务卡核算

情境	财务会计系统	预算会计系统
公务卡持卡人报销时	借：业务活动费用/单位管理费用等（按照审核报销的金额） 贷：其他应付款	不做账

续表

情境	财务会计系统	预算会计系统
偿还公务卡欠款时	借：其他应付款 　贷：零余额账户用款额度等	借：行政支出/事业支出 　贷：资金结存——零余额账户用款额度等

6. 无法偿付或债权人豁免偿还的其他应付款，批准核销时

财务会计系统	预算会计系统
借：其他应付款 　贷：其他收入	借：资金结存——货币资金 　贷：相关预算收入

三、应缴财政款（★★★）

（一）确认和计量（★★）

应缴财政款，是指政府单位暂时收取、按规定应当上缴国库或财政专户的款项。

应缴国库款项，是指政府单位暂时收取、按规定应当上缴国库的款项，比如国有资产处置收入、出租收入、单位取得捐赠的货币资金按规定应当上缴财政的等。**应缴财政专户款项**是指政府单位按规定应缴入财政专户的款项，比如政府单位按规定收取的尚未纳入预算管理但实行财政专户管理的教育收费。

确认时点：应缴财政款应当在**实际收到**相关款项或取得相关应缴款的**收款权利**时，按照相关规定计算确定的上缴金额予以确认和计量。

课外拓展：

政府单位执收的行政事业性收费、罚没款项等已实行国库集中收缴改革，通常有两种上缴方式：一种是直接缴库，即由缴款人直接将款项缴入财政部门；另一种是集中汇缴，即政府单位收取缴款人缴纳的款项后，按照规定的时间上缴国库或财政专户。采取直接缴库方式的，没有资金流入流出政府单位，因此政府单位不必进行应缴财政款的账务处理，只需要登记台账；采用集中汇缴方式的，收款单位从集中款项到汇缴款项，中间可能存在时间差，收款单位需要对尚未汇缴的款项进行核算。

政府单位的教育收费，通常通过集中汇缴方式收取和缴纳。

（二）账务处理（★★★）

情境	财务会计系统	预算会计系统
政府单位取得或应收按照规定应缴财政的款项时	借：银行存款/应收账款等 贷：应缴财政款	不做账
上缴应缴财政的款项时	借：应缴财政款（按照实际上缴的金额） 贷：银行存款	不做账

处置资产取得的应上缴财政的处置净收入，参见“待处理财产损溢”。

四、预提费用（★★）

（一）确认和计量

定义：政府单位预先提取的已经发生但尚未支付的费用，如预提租金费用等。

计量原则：按照预先提取的已经发生但尚未支付金额予以确认和计量。

政府单位计提的借款利息费用，通过“应付利息”和“长期借款科目”核算。不通过本科目核算

（二）会计科目设置（★）

财务会计系统	预算会计系统
应设置“预提费用”科目	对应的是“行政支出”和“事业支出”等科目
①本科目下设“项目间接费用或管理费”明细科目； ②期末贷方余额，反映单位预提但尚未支付的各项费用	—

（三）账务处理（★★）

1. 项目间接费用或管理费

（1）事业单位按规定从科研项目预算收入中提取项目间接费用或管理费：

情境	财务会计系统	预算会计系统
提取时	借：单位管理费用（按提取的金额） 贷：预提费用——项目间接费用或管理费	借：非财政拨款结转——项目间接费用或管理费 贷：非财政拨款结余——项目间接费用或管理费
实际使用计提的项目间接费用或管理费时	借：预提费用——项目间接费用或管理费（按照实际支付金额） 贷：银行存款/库存现金等	借：事业支出等 贷：资金结存——货币资金

续表

情境	财务会计系统	预算会计系统
政府单位按规定从财政科研项目中计提项目间接费用或管理费的	借：业务活动费用/单位管理费用（按提取的金额） 贷：预提费用——项目间接费用或管理费	不做账
使用从财政科研项目中计提项目间接费用或管理费时	借：预提费用——项目间接费用或管理费（按照实际支付金额） 贷：银行存款/零余额账户用款额度/财政拨款收入等	借：事业支出等 贷：资金结存——货币资金

（2）政府单位按规定从财政科研项目中计提项目间接费用或管理费：

情境	财务会计系统	预算会计系统
计提时	借：业务活动费用/单位管理费用（按提取的金额） 贷：预提费用——项目间接费用或管理费	不做账
使用从财政科研项目中计提项目间接费用或管理费时	借：预提费用——项目间接费用或管理费（按照实际支付金额） 贷：银行存款/零余额账户用款额度/财政拨款收入等	借：事业支出等（按实际支付的金额） 贷：财政拨款预算收入/资金结存
使用其购买固定资产、无形资产的	借：固定资产/无形资产（成本） 贷：银行存款/零余额账户用款额度/财政拨款收入等 同时，按照相同金额 借：预提费用——项目间接费用或管理费 贷：累计盈余	

2. 其他预提费用

情境	财务会计系统	预算会计系统
按期预提租金等费用时，按照预提的金额	借：业务活动费用/单位管理费用/经营费用等 贷：预提费用	不做账
实际支付款项时	借：预提费用 贷：零余额账户用款额度/银行存款等	借：事业支出等 贷：资金结存——零余额账户用款额度、货币资金

【例5－6】某事业单位按照专业业务活动部门的财政科研项目收入5 000 000元的3%提取项目管理费。该事业单位的账务处理如下：

该单位计提项目管理费时：

财务会计	预算会计
借：业务活动费用　150 000 　　贷：预提费用——项目间接费用 　　　　或管理费　　150 000	—

若使用项目间接费用通过银行存款缴纳水电费 5 000 元时：

财务会计	预算会计
借：预提费用——项目间接费用或管 　　理费　　5 000 　　贷：银行存款　　5 000	借：事业支出　　5 000 　　贷：资金结存——货币资金 　　　　　　5 000

若使用项目间接费用通过单位零余额账户购买 100 000 元的办公设备时：

财务会计	预算会计
借：固定资产　　100 000 　　贷：零余额账户用款额度 　　　　　　100 000 借：预提费用　　100 000 　　——项目间接费用或管理费 　　　　100 000	借：事业支出　　100 000 　　贷：资金结存——零余额账户用 　　　　款额度　　100 000

第三节　非流动负债

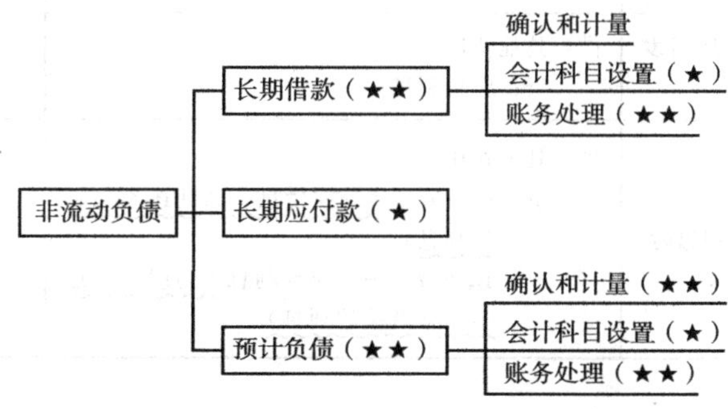

一、长期借款（★★）

（一）确认和计量

长期借款［期限超过 1 年（不含 1 年）］，**事业单位**应当在与债权人签订借款合同并取得举借资金时予以确认，并按照借款的实际发生额进行计量。

（二）会计科目设置（★）

财务会计系统	预算会计系统
应设置"长期借款"科目	对应的是"债务预算收入""债务还本支出""其他支出"科目
①本科目下设"本金"和"应计利息"明细科目 ②期末贷方余额，反映事业单位尚未偿还的长期借款本息金额	—

（三）账务处理（★★）

1. 借入长期借款

财务会计系统	预算会计系统
借：银行存款 　贷：长期借款——本金	借：资金结存——货币资金 　贷：债务预算收入

2. 计提长期借款利息

为建造固定资产、公共基础设施等应支付的专门借款利息。

情境	财务会计系统	预算会计系统
属于工程项目建设期间发生的利息，按照计算确定的应支付的利息金额计入工程成本	借：在建工程 　贷：应付利息	不做账
属于工程项目完工交付使用后发生的利息	借：其他费用 　贷：应付利息	不做账
按期计提其他长期借款的利息时	借：其他费用 　贷：应付利息（分期付息、到期还本借款的利息） 　　长期借款——应计利息（到期一次还本付息借款的利息）	不做账

3. 到期归还长期借款本息

财务会计系统	预算会计系统
借：长期借款——本金、应计利息 　贷：银行存款	借：债务还本支出（实际支付本金） 　其他支出（实际支出利息） 　贷：资金结存——货币资金

二、长期应付款（★）

情境	财务会计系统	预算会计系统
发生长期应付款时	借：固定资产/在建工程等 贷：长期应付款	不做账
支付长期应付款时	借：长期应付款（实际支付的金额） 贷：财政拨款收入/零余额账户用款额度/银行存款等	借：行政支出/事业支出等 贷：财政拨款预算收入/资金结存——零余额账户用款额度、货币资金等
无法偿付或债权人豁免偿还的长期应付款，经批准核销时	借：长期应付款 贷：其他收入	不做账，备查簿中保留登记

涉及质保金形成长期应付款的，参见“固定资产”。

三、预计负债（★★）

（一）确认和计量（★★）

预计负债，是指政府单位对因**或有事项**所产生的现时义务而确认的负债，如对未决诉讼等确认的负债。

初始计量：履行相关义务所需支出的最佳估计数。

情况	最佳估计数
所需支出存在一个连续范围，且该范围内各种结果同可能发生	按照该范围内的中间值确定
或有事项涉及单个项目	按照最可能发生金额确定
或有事项涉及多个项目	按照各种可能结果及相关概率计算确定

清偿预计负债所需支出预期全部或部分由第三方补偿的，补偿金额只有在**基本确定**能够收到时才能作为资产单独确认。确认金额不超过预计负债的账面余额。履行该预计负债的相关义务不是**很可能**导致经济资源流出政府会计主体时，将账面余额予以转销。

可能性的判断	
基本确定	大于95%但小于100%
很可能	大于50%但小于或等于95%
可能	大于5%但小于或等于50%
极小可能	大于0但小于或等于5%

（二）会计科目设置（★）

财务会计系统	预算会计系统
应设置“预计负债”科目	对应的是“行政支出”“事业支出”等科目
期末贷方余额，反映单位已确认但尚未支付的预计负债金额	

（三）账务处理（★★）

1. 确认预计负债时

财务会计系统	预算会计系统
借：业务活动费用/经营费用/其他费用等 　贷：预计负债	不做账

2. 实际偿付预计负债时

财务会计系统	预算会计系统
借：预计负债 　贷：零余额账户用款额度/银行存款等	借：行政支出/事业支出等 　贷：资金结存——货币资金、零余额账户用款额度

3. 根据确凿证据对已确认预计负债账面余额进行调整的

情境	财务会计系统	预算会计系统
调整增加	借：有关科目（按调整增加的金额） 　贷：预计负债	不做账
调整减少	借：预计负债（按照调整减少的金额） 　贷：有关科目	不做账

【例5－7】某行政单位2×22年3月1日在行使行政职权时因侵犯人身权被受害人起诉，2×22年12月31日，法院尚未做出判决。根据单位法律顾问的职业判断，单位败诉的可能性为90%。如果败诉，单位需要赔偿20万元。该行政单位的账务处理如下：

财务会计	预算会计
借：业务活动费用　200 000 　贷：预计负债　200 000	—

假定假定2×23年2月1日法院做出判决，单位败诉，赔偿受害人20万元，以银行存款付讫：

财务会计		预算会计	
借：预计负债	200 000	借：行政支出	200 000
贷：银行存款	200 000	贷：资金结存——货币资金	200 000

第四节　受托代理负债

受托代理负债是指政府单位接受委托取得受托代理资产时形成的负债。

相关处理见“受托代理资产”。

课后习题

1.【单选题】下列各项中，不属于政府举借债务的是（　　）。

A. 对外国政府贷款担保形成的预计负债

B. 向国际经济组织借入的款项

C. 政府发行的债券

D. 向上级政府借入的转贷款

【参考答案】A.

【解析】政府举借的债务包括政府发行的债券、向外国政府、国际经济组织借入的款项，以及向上级政府借入的转贷款，故选择 A 项。

2.【单选题】政府负债的计量属性不包括（　　）。

A. 历史成本　　　　B. 现值

C. 名义价值　　　　D. 公允价值

【参考答案】C.

【解析】计量属性包括历史成本、现值、公允价值。

3.【单选题】下列关于“应缴财政款”的表述，不正确的是（　　）。

A. 行政事业单位应缴财政款包括应缴国库的款项和应缴财政专户的款项

B. 行政事业单位按照国家税法等有关规定应当缴纳的各种税费，不通过“应缴财政款”科目核算

C. 应缴财政款科目期末借方余额反映应当上缴财政但尚未交纳的款项

D. “应缴财政款”属于流动负债

【参考答案】C.

【解析】贷方登记应当上缴财政款项的增加，借方登记实际上缴财政款项的金额，期末贷方余额反映应当上缴财政但尚未交纳的款项。

4.【判断题】政府单位收到的受托代理资产为现金和银行存款的，应借记“受托代理资产”科目，贷记“受托代理负债”科目。(　　)

【参考答案】错。

【解析】政府单位收到的受托代理资产为现金和银行存款的，不通过“受托代理资产”科目核算，应当通过“库存现金”“银行存款”科目进行核算。

第六章　政府单位净资产的核算

第一节　政府单位净资产概述

一、基本概念（★★★）

定义：政府单位净资产，是指政府单位资产扣除负债后的净额。

核算基础：权责发生制。

性质：（1）净资产属于财务会计要素。（2）净资产项目应当列入政府单位资产负债表。

确认原则：取决于其他会计要素的确认。

计量原则：取决于资产和负债的计量。

二、科目设置（★★★）

（一）内容

本期盈余、本年盈余分配、以前年度盈余调整、无偿调拨净资产、专用基金、累计盈余、权益法调整等。

（二）科目归属

专用基金和权益法调整属于事业单位特有的净资产项目，其他均属于行政单位和事业单位共有的净资产项目。见表6－1。

表6－1　政府单位净资产及其单位归属

净资产	行政单位	事业单位
本期盈余	√	√
本年盈余分配	√	√
以前年度盈余调整	√	√
无偿调拨净资产	√	√
专用基金		√
累计盈余	√	√
权益法调整		√

（三）科目分类

按照**政府单位的净资产核算业务**，可将净资产会计科目分为3类，见表6-2。

表6-2　　政府单位净资产会计科目分类

反映内容	涉及科目
盈余结转	本期盈余、本年盈余分配
净资产调整	以前年度盈余调整、无偿调拨净资产、权益法调整
历年累计盈余	累计盈余、专用基金

课外拓展：

1. 净资产调整业务可分为两类：一类是［影响只限于当期的业务］，包括政府单位在权责发生制下发生的本应计入当期收入或费用，但通过直接调整净资产进行记录的业务，如“以前年度盈余调整”和“无偿调拨净资产”；另一类是［影响持续整个资产持有期间的净资产变化的业务］，涉及长期资产，如在长期投资使用权益法核算时，由于其他投资者对被投资企业溢价追加投资而产生的“权益法调整”。这两类业务都在增减资产的同时增减单位的净资产。

2. **政府单位净资产科目设置与报表列示**：政府财务会计中，“本年盈余分配”“以前年度盈余调整”两个科目期末无余额；“本期盈余”“无偿调拨净资产”两个科目月末借方或贷方有余额，年末无余额；“专用基金”科目期末贷方有余额；“累计盈余”“权益法调整”两个科目期末贷方或借方有余额。

因此，［月度资产负债表］列示“累计盈余”“专用基金”“权益法调整”“本期盈余”“无偿调拨净资产”5个净资产项目，［年度资产负债表］列示“累计盈余”“专用基金”“权益法调整”3个净资产项目。

值得强调的是，除公立医院外，政府财务会计中期末全部收入、费用科目的本期发生额“统一”转入“本期盈余”科目——不区分收入、费用项目性质，不论财政资金还是非财政资金，也不论专项资金还是非专项资金，“统一”结转。因此，“累计盈余”科目不设置明细科目核算。政府会计核算中主要通过政府预算会计反映“财政资金还是非财政资金”“专项资金还是非专项资金”等项目资金性质信息。

（四）年末净资产总额

第一，年末，“本期盈余”科目余额转入“本年盈余分配”科目后，“本年盈余分配”“以前年度盈余调整”“无偿调拨净资产”的科目余额均转入“累计盈余”科目。

第二，**行政单位**年末净资产总额 = “累计盈余”项目金额。

第三，**事业单位**年末净资产总额 = “累计盈余”项目金额 + “专用基金”项目金额 + “权益调整法”项目金额。

第二节　政府单位净资产各科目的核算

一、本期盈余（★★★）

（一）科目设置

1. 核算内容

政府单位本期各项收入、费用相抵后的余额。

2. 计算公式

（1）本期盈余 = 本期收入 - 本期费用

（2）本期收入 = 财政拨款收入 + 事业收入 + 上级补助收入 + 附属单位上缴收入 + 经营收入 + 非同级财政拨款收入 + 投资收益 + 捐赠收入 + 利息收入 + 租金收入 + 其他收入

（3）本期费用 = 业务活动费用 + 单位管理费用 + 经营费用 + 资产处置费用 + 上缴上级费用 + 对附属单位补助费用 + 所得税费用 + 其他费用

3. 期末余额

（1）若**贷方余额**：反映单位自年初至当期期末累计实现的**盈余**。

（2）若**借方余额**：反映单位自年初至当期期末累计发生的**亏损**。

（3）年末结转后，该科目应**无余额**。

4. 预算会计系统

不做账。

（二）账务处理

1. 期末，将各类收入科目的本期发生额转入“本期盈余”时

财务会计系统	预算会计系统
借：财政拨款收入/事业收入/上级补助收入 附属单位上缴收入/经营收入/非同级财政拨款收入/投资收益/捐赠收入/利息收入/租金收入/其他收入（按照各类收入科目的本期发生额） 贷：本期盈余	不做账

相关举例参见【例 6 - 1】。

2. 期末，将各类费用科目的本期发生额转入“本期盈余”

财务会计系统	预算会计系统
借：本期盈余 贷：业务活动费用/单位管理费用/经营费用/所得税费用/资产处置费用/上缴上级费用/对附属单位补助费用/其他费用（按照各类费用科目的本期发生额）	不做账

相关举例参见【例6－1】。

3. 年末，将“本期盈余”科目余额转入“本年盈余分配”

财务会计系统	预算会计系统
借：本期盈余（按照“本期盈余”科目余额，或在贷方） 贷：本年盈余分配	不做账

【例6－1】年末，某事业单位各类收入和费用科目的本年发生额如表6－3所示。年末，在完成各类收入和费用科目的本年发生额结转后，该事业单位“本期盈余”科目的贷方余额为5 800元（835 500－829 700）。

表6－3　　收入和费用科目本年发生额表　　单位：元

收入和费用科目	本年贷方发生额	本年借方发生额
财政拨款收入	356 000	
事业收入	289 000	
附属单位上缴收入	12 500	
经营收入	3 600	
非同级财政拨款收入	55 000	
投资收益	23 000	
捐赠收入	78 000	
利息收入	2 800	
租金收入	9 500	
其他收入	6 100	
业务活动费用		668 000
单位管理费用		145 000
经营费用		2 400
所得税费用		200
资产处置费用		8 800

续表

收入和费用科目	本年贷方发生额	本年借方发生额
对附属单位补助费用		2 000
其他费用		3 300
合计	**835 500**	**829 700**

该事业单位的账务处理如下：

①结转各类收入科目本年发生额时，

财务会计	预算会计
借：财政拨款收入　356 000 　　事业收入　289 000 　　附属单位上缴收入　12 500 　　经营收入　600 　　非同级财政拨款收入　55 000 　　投资收益　23 000 　　捐赠收入　78 000 　　利息收入　2 800 　　租金收入　9 500 　　其他收入　6 100 　　贷：本期盈余　835 500	—

②结转各类费用科目本年发生额时，

财务会计	预算会计
借：本期盈余　829 700 　　贷：业务活动费用　668 000 　　　　单位管理费用　145 000 　　　　经营费用　2 400 　　　　所得税费用　200 　　　　资产处置费用　8 800 　　　　对附属单位补助费用　2 000 　　　　其他费用　3 300	—

③将“本期盈余”科目年末贷方余额转入“本年盈余分配”科目时，

财务会计	预算会计
借：本期盈余　　5 800 　贷：本年盈余分配　　5 800	—

二、本年盈余分配（★★★）

（一）科目设置

1. 核算内容

设置专用基金的事业单位本年度专用基金的分配过程。

2. 期末余额

年末结转后，该科目应无余额。

3. 预算会计系统

对应的科目是**"非财政拨款结余分配"**。

4. 注意

（1）政府单位的盈余分配并非利润分配，而是政府单位对预算资金中非财政资金的一部分进行用途限定的一种方式。

（2）**财务会计**上体现为净资产的一部分从非限定资金转为限定性的专用基金。

（3）**预算会计**上体现为一部分预算资金从未限定用途的非财政拨款结余转为受限定的专用结余。

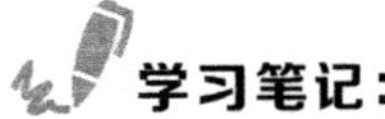

学习笔记：

专用结余是政府按照规定从非财政拨款结余中提取的具有专门用途的资金，但它的专门用途不是资金提供方限定的，这是它与结转的区别之一。

（二）账务处理

1. 年末，将"本期盈余"余额转入"本年盈余分配"

财务会计系统	预算会计系统
借：本期盈余（按照"本期盈余"科目余额） 　贷：本年盈余分配 可视实际情况做相反分录	不做账

相关举例参见【例6－2】。

2. 年末，根据有关规定从本年度非财政拨款结余或经营结余中提取专用基金

财务会计系统	预算会计系统
借：本年盈余分配（按照预算会计下计算的提取金额） 　贷：专用基金	借：非财政拨款结余分配（按照预算会计下计算的提取金额） 　贷：专用结余

相关举例参见【例6－2】。

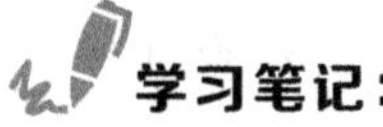

学习笔记：

非财政拨款结转结余包括非财政拨款结转、非财政拨款结余、经营结余、专用结余、其他结余。经营结余、其他结余最终都转入和累积到“非财政拨款结余”科目中，若要从经营结余、其他结余中提取专用基金，则须经历如下的分配过程：“经营结余”和“专用结余”→“非财政拨款结余分配”→“专用结余”→“非财政拨款结余”。

3. 年末，将“本年盈余分配”余额转入“累计盈余”

财务会计系统	预算会计系统
借：本年盈余分配（按照“本年盈余分配”科目余额） 　贷：累计盈余 可视实际情况做相反分录	不做账

【例6－2】年末，某事业单位“本期盈余”科目贷方余额为26 000元，将其转入“本年盈余分配”科目。年末，按规定从本年度非财政拨款结余中提取专用基金3 000元。之后，将“本年盈余分配”科目贷方余额23 000元（26 000－3 000）转入“累计盈余”科目。该事业单位应编制如下会计分录：

①年末将“本期盈余”科目余额转入“本年盈余分配”科目时，

财务会计	预算会计
借：本期盈余　　26 000 　贷：本年盈余分配　　26 000	—

②按规定从本年度非财政拨款结余中提取专用基金时，

财务会计	预算会计
借：本年盈余分配　　3 000 　贷：专用基金　　3 000	借：非财政拨款结余分配　　3 000 　贷：专用结余　　3 000

③年末将“本年盈余分配”科目余额转入“累计盈余”科目时，

财务会计	预算会计
借：本年盈余分配　23 000 　贷：应付利息　　23 000	—

课外拓展：

为什么“以前年度盈余调整”不可以省略？

从财务会计的分录看，以前年度盈余调整只是一个过渡科目。是否可以省略，直接“借：银行存款，贷：累计盈余”呢？答案是否定的。

因为政府会计的制度要求和规范，也需要和预算会计相对应；对于财务人员而言这样做不仅是规范的，而且是必要的。在净资产变动表中我们可以找到答案：

“以前年度盈余调整”行，反映单位本年度调整以前年度盈余的事项对累计盈余进行调整的金额。本行“累计盈余”项目应当根据本年度“以前年度盈余调整”科目转入“累计盈余”科目的金额填列；如调整减少累计盈余，以“－”号填列。

项　目
一、上年年末余额
二、以前年度盈余调整（减少以“－”号填列）
三、本年年初余额
四、本年变动金额（减少以“－”号填列）
（一）本年盈余
（二）无偿调拨净资产
（三）归集调整预算结转结余
（四）提取或设置专用基金
其中：从预算收入中提取
从预算结余中提取
设置的专用基金
（五）使用专用基金
（六）权益法调整
五、本年年末余额

从报表的格式内容看，如果“累计盈余”科目本年发生变动，只能是（一）—（六）项，而“以前年度盈余调整”需要单独反映，如不用“以前年度盈余调整”科目过渡，在填列报表时会产生账表不一致的情况；另外，如果是报表自动生成模式，也是不能按规定格式自动生成的。

（来源：财政部会计司就印发《政府会计准则第10号——政府和社会资本合作项目合同》答记者问）

三、以前年度盈余调整（★★）

（一）科目设置

1. 核算内容

本年度发生的调整以前年度盈余的事项，包括本年度发生的重要前期差错更正涉及调整以前年度盈余的事项。

2. 期末余额

年末结转后，该科目应无余额。

3. 预算会计系统

对应的科目是"财政拨款结转""财政拨款结余""非财政拨款结转""非财政拨款结余"等科目。

（二）账务处理

1. 调整增加以前年度收入时

财务会计系统	预算会计系统
借：有关科目（按照调整增加的金额） 　贷：以前年度盈余调整 　　调整减少做相反会计分录	借：资金结存——财政应返还额度（按照实际收到的金额）/零余额账户用款额度/货币资金等 　贷：财政拨款结转——年初余额调整/财政拨款结余——年初余额调整/非财政拨款结转——年初余额调整/非财政拨款结余——年初余额调整

【例6－3】某事业单位2×22年10月通过日常检查发现2×21年的一笔预收账款219 000元，付款方已经收到商品，可以确认为收入，财务会计却没有确认收入。当年收到款项时，预算会计已经确认相关预算收入。假设不考虑相关税费，该事业单位的账务处理如下：

财务会计		预算会计
借：预收账款	219 000	—
贷：应付利息	219 000	

2. 调整增加以前年度费用时

财务会计系统	预算会计系统
借：以前年度盈余调整（按照调整增加的金额）	借：财政拨款结转——年初余额调整/财政拨款结余——年初余额调整/非财政拨款结转——年初余额调整/非财政拨款结余——年初余额调整

续表

财务会计系统	预算会计系统
贷：有关科目 调整减少做相反会计分录	贷：资金结存——财政应返还额度（按照实际收到的金额）/零余额账户用款额度/货币资金等

【例6－4】【判断题】 调整增加以前年度收入或费用时只需对财务会计系统进行调整，贷或借“以前年度损益调整”科目，不需要对预算会计系统进行调整。（　）

【参考答案】 错。

【解析】 调整增加以前年度收入或费用时，财务会计系统和预算会计系统都要有相应调整。

3. 盘盈的以前年度的各种非流动资产，报经批准后处理时

财务会计系统	预算会计系统
借：待处理财产损溢（按照非流动资产的账面价值） 贷：以前年度盈余调整	不做账

【例6－5】 某事业单位盘盈的一部分专业设备已在“待处理财产损溢”科目核算，账面价值3 000元，经过批准调整“以前年度盈余调整”科目。该事业单位应编制如下会计分录：

财务会计	预算会计
借：待处理财产损溢　3 000 贷：以前年度盈余调整　3 000	—

4. 年末，将“以前年度盈余调整”余额转入“累计盈余”

财务会计系统	预算会计系统
借：以前年度盈余调整（按照“以前年度盈余调整”科目余额） 贷：累计盈余 可视实际情况做相反分录	不做账

【例6－6】 某行政单位本年度发现上一会计年度漏计提一项固定资产的折旧，由此形成上一会计年度少计算相应的业务活动费12 500元，本年度发现时，对这一重要前期差错进行更正，调整增加以前年度的费用数额，并相应调整减少以前年度的累计盈余数额。该行政单位应编制如下会计分录：

①调整增加以前年度费用时，

财务会计	预算会计
借：以前年度盈余调整　12 500 　贷：累计折旧　12 500	—

②将“以前年度盈余调整”科目余额转入累计盈余时，

财务会计	预算会计
借：累计盈余　12 500 　贷：以前年度盈余调整　12 500	—

四、无偿调拨净资产（★★）

（一）科目设置

1. 核算内容

无偿调入或调出非现金资产所引起的净资产变动金额。

2. 期末余额

该科目年末余额转入“累计盈余”，年末结转后，该科目应**无余额**。

3. 预算会计系统

不做账。

4. 注意

（1）单位记入“无偿调拨净资产”科目的金额，以调入和调出资产的**账面价值**为依据。

（2）为**调入资产**而发生的本单位承担的**税费**，应计入**调入资产的价值**；为**调出资产**而发生的本单位承担的**税费**，应计入单位的**资产处置费用**。

课外拓展：

1. 无偿调拨净资产核算的原因

政府单位之间无偿调拨的资产金额往往很大，但就每个单位来说往往是一次性的。如果将调入资产增加确认为“收入”，将调出资产减少确认为“费用”，就会导致调拨资产单位的收入费用表畸形，产生极大的当期盈余，给会计报表使用者造成解读困难。为此，政府单位在会计核算时不将无偿调拨资产导致的资产增加或减少计入收入或费用，而是直接登记增加或减少净资产。这样，既保持了会计核算和资产负债表的平衡关系，又避开了收入费用表。

2. “无偿调拨净资产”和捐赠收入的区别

（1）“无偿调拨净资产”是指无偿调入或调出非现金资产所引起的净资产变动金额。该资产是指依法确认为国有资产，它是国家所有，单位占有、使用的资产，在不改变国有资产性质的前提下，经主管部门批准，以无偿转让的方式变更国有资产占有权、使用权的行为。它具有以下三个特点：

①资产的调拨不改变资产的所有权，改变的仅仅是资产的使用权和占有权；

②无偿调拨的资产在调入调出单位都属于国有资产；

③是非现金资产。

（2）“捐赠收入”是核算单位接受其他单位或者个人捐赠取得的收入，它具有以下三个特点：

①它可以是现金资产，也可以是非现金资产；

②接受捐赠的资产的所有权、使用权、占有权发生转移；

③接受捐赠的资产对于捐出单位而言，属于非国有资产。

（二）账务处理

1. 按照规定取得无偿调入资产时

财务会计系统	预算会计系统
借：库存物品/长期股权投资/固定资产/无形资产/公共基础设施/政府储备物资/文物文化资产/保障性住房等（按照调入资产确定的成本） 贷：零余额账户用款额度/银行存款等（按照调入过程中发生的归属于调入方的相关费用）/无偿调拨净资产（按照差额）	借：其他支出（按照实际支付的归属于调入方的相关费用） 贷：资金结存——零余额账户用款额度 若没有发生该部分费用，则预算会计不做账

【例6－7】某事业单位按规定取得无偿调入的一批库存物品，该批库存物品在调出方的账面价值为6 500元，调入过程中，该事业单位发生相关费用200元，款项通过零余额账户用款额度支付。该批库存物品在调入时确定的成本为6 700元（6 500＋200）。该事业单位应编制如下会计分录：

财务会计

借：库存物品　6 700

　贷：无偿调拨净资产　6 500

　　零余额账户用款额度　200

预算会计

借：其他支出　200

　贷：资金结存——零余额账户用款额度　200

2. 按照规定经批准无偿调出资产时

财务会计系统	预算会计系统
借：无偿调拨净资产（按照调出资产的账面余额或账面价值）/固定资产累计折旧（按照折旧或摊销的金额）/无形资产累计摊销/公共基础设施累计折旧（摊销）/保障性住房累计折旧 贷：库存物品（按照调出资产的账面余额）/长期股权投资/固定资产/无形资产/公共基础设施/政府储备物资/文物文化资产/保障性住房 借：资产处置费用（按照调出过程中发生的归属于调出方的相关费用） 贷：零余额用款额度/银行存款等	借：其他支出（按照实际支付的归属于调出方的相关费用） 贷：资金结存——零余额账户用款额度/货币资金等 若没有发生该部分费用，则预算会计不做账

【例 6－8】某行政单位按规定报经批准无偿调出一项固定资产，该项固定资产的账面余额为 174 000 元，已计提的累计折旧为 42 000 元，账面价值为 132 000 元（174 000－42 000）。该行政单位应编制如下会计分录：

财务会计	预算会计
借：无偿调拨净资产 132 000	—
固定资产累计折旧 42 000	
贷：固定资产 174 000	

3. 年末，将“无偿调拨净资产”余额转入“累计盈余”

财务会计系统	预算会计系统
借：无偿调拨净资产（按照“无偿调拨净资产”科目的余额） 贷：累计盈余 可视实际情况做相反分录	不做账

【例 6－9】年末，某行政单位“无偿调拨净资产”科目借方余额为 218 000 元，将其转入“累计盈余”科目。该行政单位应编制如下会计分录：

财务会计	预算会计
借：累计盈余 218 000	—
贷：无偿调拨净资产 218 000	

【例 6－10】下列关于无偿调拨净资产的核算的说法中，正确的是（　　）。

A. 无偿调拨非现金资产业务，不需要进行预算会计核算

B. 单位应当设置“无偿调拨净资产”科目，核算无偿调入或调出非现金资产所引起的净资产变动金额

C. 单位按照规定取得无偿调入的非现金资产等，按照相关资产在调出方的账面价值确定调入资产的入账金额

D. 单位按照规定经批准无偿调出非现金资产等，按照调出资产的账面价值加上调出过程中发生的归属于调出方的相关费用，借记“无偿调拨净资产”科目

【参考答案】B

【解析】无偿调拨净资产如果以现金支付相关费用，需要对支付的费用进行预算会计核算，选项 A 错误。单位按照规定取得无偿调入的非现金资产等，按照相关资产在调出方的账面价值加上相关税费、运输费等确定的金额（资产账面价值为零或该资产以名义金额计量的除外）作为调入资产的入账金额，选项 C 错误。单位按照规定经批准无偿调出非现金资产等，按照调出资产的账面价值，借记“无偿调拨净资产”科目，调出过程中发生的归属于调出方的相关费用，借记“资产处置费用”科目，选项 D 错误。

五、专用基金（★★）

（一）科目设置

1. 核算内容：事业单位按照规定提取或设置的具有专门用途的净资产，主要包括职工福利基金、科技成果转化基金等。

2. 期末余额：期末余额为**贷方余额**，反映事业单位累计提取或设置的尚未使用的专用基金。

3. 预算会计系统：对应的科目是**“专用结余”“事业支出”**等科目。

4. 注意：

（1）将专用基金转至累计盈余，只影响净资产的构成，不影响净资产的总数。

（2）事业单位按照规定使用专用基金购置固定资产或无形资产时，只是完成了专用基金的专门用途规定，但净资产的数额没有发生变化。

（3）政府单位使用专用基金时，同时减少专用基金和相应的货币资产。

（4）在新的政府会计制度下，使用提取的专用基金购置固定资产等情况，事业单位按照专用基金使用金额进行核算。

（二）专用基金类别

见表6－4。

表6－4　事业单位常见的专用基金

专用基金类别	来源	用途	适用单位	备注
职工福利基金	（1）非财政拨款结余； （2）经营结余	（1）单位职工的集体福利设施； （2）集体福利待遇； （3）其他	相关事业单位均可	（1）若事业单位的非财政拨款结余或经营结余如果发生亏损，不能再提取职工福利基金； （2）该基金的提取比例在单位年度非财政补助结余的40%以内确定
科技成果转化基金	（1）事业收入 （2）经营收支结余	科技成果转化	科学事业单位	科技成果转化基金的计提比例不得超过10%
修购基金	（1）事业收入； （2）经营收入	事业单位固定资产维修和购置	（1）文化、广播电视、体育、文物等事业单位； （2）中小学校的**非义务教育阶段**	（1）事业收入和经营收入较少的事业单位可以不提取修购资金； （2）中小学校的**义务教育阶段**高等学校、科研事业单位、医院等未提出提取修购基金的要求
学生奖励基金	事业收入	学费减免、勤工助学、校内无息借款、校内奖助学金和特殊困难补助	高等学校	—
奖助学基金	（1）接受社会捐赠； （2）事业收入	奖励、资助学生	中小学校	—
医疗风险基金	医疗收入	（1）支付医院购买医疗保险； （2）实际发生医疗事故赔偿	医院	—

（三）账务处理

1. 年末，从非财政拨款结余或经营结余中提取专用基金时

财务会计系统	预算会计系统
借：本年盈余分配（按照预算会计下计算提取的金额） 　贷：专用基金	借：非财政拨款结余分配（按照预算会计下计算提取的金额） 　贷：专用结余

【例 6-11】年末，某事业单位根据有关规定从本年度非财政拨款结余中提取专用基金 24 600 元。该事业单位应编制如下会计分录：

财务会计	预算会计
借：本年盈余分配　　24 600 　贷：专用基金　　　　24 600	借：非财政拨款结余分配　　24 600 　贷：专用结余　　　　24 600

2. 从收入中提取专用基金并计入费用时

财务会计系统	预算会计系统
借：业务活动费用等（按照预算会计下基于预算收入计算提取的金额） 　贷：专用基金	不做账 （国家另有规定的，从其规定）

【例 6-12】某事业单位根据有关规定从事业收入中提取专用基金 7 800 元并计入业务活动费用。该事业单位应编制如下会计分录：

财务会计	预算会计
借：业务活动费用　　7 800 　贷：专用基金　　　　7 800	—

3. 设置其他专用基金时

财务会计系统	预算会计系统
借：银行存款等（按照实际收到的基金金额） 　贷：专用基金	不做账

【例 6-13】某事业单位根据有关规定设置一项专用基金，实际收到相关基金金额 6 000 元，款项存入开户银行。该事业单位应编制如下会计分录：

财务会计	预算会计
借：银行存款　　6 000 　贷：专用基金　　　　6 000	—

4. 使用提取的专用基金且非用于购置固定资产、无形资产时

财务会计系统	预算会计系统
借：专用基金（按照使用的金额） 　贷：银行存款等	借：事业支出［从预算收入中计提的专用基金］（按照实际支付的金额）/专用结余［从非财政拨款结余中提取的专用基金］等 　贷：资金结存——货币资金等

【例 6－14】某事业单位按照规定使用从非财政拨款结余中提取的专用基金 2 600 元，款项通过银行存款支付。本次使用提取的专用基金发生的支出属于费用性支出，即不是用于购置固定资产或无形资产。该事业单位应编制如下会计分录：

财务会计	预算会计
借：专用基金　　2 600 　贷：银行存款　　2 600	借：专用结余　　2 600 　贷：资金结存——货币资金　　2 600

5. 使用提取的专用基金且用于购置固定资产、无形资产时

财务会计系统	预算会计系统
借：固定资产/无形资产（按照固定资产、无形资产成本金额） 　贷：银行存款等 借：专用基金（按照专用基金使用金额） 　贷：累计盈余	借：事业支出［从预算收入中计提的专用基金］（按照实际支付的金额）/专用结余［从非财政拨款结余中提取的专用基金］等 　贷：资金结存——货币资金等

【例 6－15】某事业单位 2×21 年使用科技成果转化基金购买科研所用的专用技术设备一台（免征增值税项目），以银行存款支付价款 100 000 元。该事业单位应编制如下会计分录：

财务会计	预算会计
借：事业支出　　100 000 　贷：资金结存——货币资金　　100 000 借：固定资产　　100 000 　贷：银行存款　　100 000	借：专用基金　　100 000 　贷：累计盈余　　100 000

【例 6－16】某事业单位 2×21 年使用职工福利基金购买音乐播放设备一台供职工集体娱乐活动使用，以银行存款支付价款 3 600 元。该事业单位应编制如下会计分录：

财务会计	预算会计
借：固定资产　　3 600 　贷：银行存款　　3 600 借：专用基金　　3 600 　贷：累计盈余　　3 600	借：专项结余　　3 600 　贷：资金结存——货币资金　　3 600

六、累计盈余（★★★）

（一）科目设置

1. 核算内容

（1）历年实现的盈余扣除盈余分配后滚存的金额。

（2）历年因无偿调入调出资产产生的净资产变动额。

（3）按照规定上缴、缴回、单位间调剂结转结余资金产生的净资产变动额。

（4）对以前年度盈余的调整金额。

2. 计算公式

本年年末累计盈余 = 本年年初余额 ± 本年变动金额

本年年初余额 = 上年年末余额 ± 以前年度盈余调整

本年变动金额 = 本年未分配盈余变动额 + 本年无偿调拨净资产变动额 + 从其他单位调入财政拨款结转结余 + 事业单位专用基金使用金额 - 上缴、缴回、向其他单位调出财政拨款结转结余

3. 年末余额

反映单位未分配利润（或未弥补亏损）以及无偿调拨净资产变动的累计数，作为新旧净资产类科目衔接的关键，新政府会计制度要求行政事业单位在年终转账后进“累计盈余”科目存在余额）。

4. 预算会计系统

对应“财政拨款结转”“财政拨款结余”“非财政拨款结转”等。

**课外拓展：**

累计盈余科目的设立意义

1. 基于累计盈余科目可统一净资产统计口径，更加直观地反映各单位的资产及增值保值情况，便于各单位进行横向纵向对比，提升政府会计信息可比性。

2. 全面体现单位的资金结余和在建项目情况。通过对累计盈余的构成分析，针对性制定合理的绩效考核指标。

对于资金存量过多且无合理原因的单位，可考虑缩减次年预算拨付，提升单位预算执行效率和财政资金使用效果；对于在建设项目长期未交付固定资产，穿透分析项目验收、竣工决算、工程审计等节点进程；对于在建项目长期未转固定资产且无合理原因，从严进行绩效考核，打通项目转资关键节点，加快长期挂账项目清理。

3. 直观反映单位资产购置和折旧计提情况，加强政府采购和资产管理。

新政府会计制度与老制度不同的一点在于固定资产要计提折旧并计入单位管理费用或业务活动费用，因此单位应树立成本观念，注重财务绩效考核，强化资产精细管理，科学筹划政府采购，提高资产使用效能。

事业单位的专用基金按照资金来源方式分为三种：一是单位从非财政拨款预算资金结余中计算提取的专用基金；二是从收入中按照一定标准计提并列入当期费用的专用基金；三是将某些单位筹集的资金直接设置为专用基金。

（二）账务处理

1. 年末，本年盈余分配余额转入

财务会计系统	预算会计系统
借：本年盈余分配（按照“本年盈余分配”科目余额） 　贷：累计盈余 　　　可视实际情况做相反分录	不做账

2. 年末，以前年度盈余调整余额转入

财务会计系统	预算会计系统
借：以前年度盈余调整（按照“以前年度盈余调整”科目余额） 　贷：累计盈余 　　　可视实际情况做相反分录	不做账

3. 年末，无偿调拨净资产余额转入

财务会计系统	预算会计系统
借：无偿调拨净资产（按照“无偿调拨净资产”科目余额） 　贷：累计盈余 　　　可视实际情况做相反分录	不做账

4. 上缴、缴回、向其他单位调出财政拨款结转资金

财务会计系统	预算会计系统
借：累计盈余（按照实际上缴、缴回、调出金额） 　贷：财政应返还额度	借：财政拨款结转 　　财政拨款结余

续表

财务会计系统	预算会计系统
零余额账户用款额度 银行存款等	非财政拨款结转 贷：资金结存——财政应返还额度/零余额账户用款额度/货币资金

【例6－17】某行政单位按规定上缴财政拨款结余资金3 200元，具体通过上缴财政授权支付额度的方式完成。该行政单位应编制如下会计分录：

财务会计

借：累计盈余　3 200

　贷：零余额账户用款额度　3 200

预算会计

借：财政拨款结余——归集上缴　3 200

　贷：资金结存——零余额账户用款额度　3 200

5. 从其他单位调入财政拨款结转资金

财务会计系统	预算会计系统
借：零余额账户用款额度（按照实际调入金额）/银行存款等 贷：累计盈余	借：资金结存——零余额账户用款额度/货币资金 贷：财政拨款结转财政拨款结余等

【例6－18】某事业单位按照规定从其他单位调入财政拨款结转资金15 000元，收到相应数额的财政授权支付额度。该事业单位应编制如下会计分录：

财务会计

借：零余额账户用款额度　15 000

　贷：累计盈余　15 000

预算会计

借：资金结存——零余额账户用款额度　15 000

　贷：财政拨款结转——归集调入　15 000

6. 使用提取的专用基金且用于购置固定资产、无形资产时

财务会计系统	预算会计系统
借：固定资产/无形资产（按照固定资产、无形资产成本金额） 贷：银行存款等 借：专用基金（按照专用基金使用金额） 贷：累计盈余	借：事业支出［从预算收入中计提的专用基金］（按照实际支付的金额）/专用结余［从非财政拨款结余中提取的专用基金］等 贷：资金结存——货币资金等

7. 使用从财政科研项目收入中计提项目间接费用或管理费用用于购买固定资产、无形资产时

财务会计系统	预算会计系统
借：固定资产/无形资产（按照固定资产、无形资产成本金额） 贷：银行存款/零余额账户用款额度/财政拨款收入等 借：预提费用——项目间接费用或管理费（按照相同的金额） 贷：累计盈余	借：事业支出——财政拨款支出（按照实际支付的金额）/非财政资金专项支出 贷：资金结存——零余额账户用款额度/货币资金等、财政拨款预算收入

【例6－19】某事业单位按照专业业务活动部门的财政科研项目收入5 000 000元的3%提取项目管理费，并使用项目间接费用通过单位零余额账户购买100 000元的办公设备，该事业单位应编制如下会计分录：

①该单位计提项目管理费时，

财务会计	预算会计
借：业务活动费用　150 000 贷：预提费用——项目间接费用或管理费　150 000	—

②购买办公设备时，

财务会计	预算会计
借：固定资产　100 000 贷：零余额项目用款额度　100 000	借：事业支出　100 000 贷：资金结存——零余额账户用款额度　100 000
借：预提费用——项目间接费用或管理费　100 000 贷：累计盈余　100 000	

七、权益法调整（★）

（一）科目设置

1. 核算内容

事业单位持有的长期股权投资**采用权益法核算**时，按照被投资单位**除净损益和利润分配以外**的所有者权益变动份额调整长期股权投资账面余额而计入净资产的金额。

2. 期末余额

（1）若**贷方余额**：反映事业单位在被投资单位除净损益和利润分配以外的所有者

权益变动中享有的份额。

（2）若**借方余额**：反映事业单位在被投资单位除净损益和利润分配以外的所有者权益变动中分担的份额。

3. 预算会计系统

不做账。

（二）账务处理

1. 年末，计算被投资单位除净损益和利润分配以外的所有者权益变动应享有（或应分担）的份额时

财务会计系统	预算会计系统
借：长期股权投资——其他权益变动 　贷：权益法调整（按照被投资单位除净损益和利润分配以外的所有者权益变动应享有或应分担的份额） 可视实际情况做相反分录	不做账

【例6-20】某事业单位持有A公司80%的股份，有权决定A公司的财务和经营政策，相应的长期股权投资采用权益法核算。年末，A公司发生除净利润和利润分配以外的所有者权益变动增加数为20 000元，该事业单位应享有的相应份额为16 000元（20 000×80%）。该事业单位应编制如下会计分录：

财务会计	预算会计
借：长期股权投资—其他权益变动 16 000 　贷：权益法调整 16 000	—

2. 采用权益法核算的长期股权投资，因被投资单位除净损益和利润分配以外的所有者权益变动而将应享有（或分担）的份额计入单位净资产的，处置该项投资时

财务会计系统	预算会计系统
借：权益法调整（按照原计入净资产的相应部分金额） 　贷：投资收益 可视实际情况做相反分录	不做账

【例6-21】某事业单位持有B公司30%的股份，有权参与B公司的财务和经营政策，相应的长期股权投资采用权益法核算。该股权投资3年前以银行存款510 000元购买取得。某日，该事业单位经批准转让持有的B公司全部30%的股份，获得转让收入540 000元，款项已存入银行。股份转让日，该事业单位采用权益法核算的相应长期股权投资的成本数额为510 000元，损益调整借方余额为21 000元，其他权益变动借方余

额为 6 000 元，转让收益为 3 000 元（540 000 - 510 000 - 21 000 - 6 000）。该事业单位应编制如下会计分录：

①转让股份时，

财务会计	预算会计
借：银行存款　540 000 　贷：长期股权投资——成本　510 000 　　　　——损益调整　21 000 　　　　——其他权益变动　6 000 　　　　——投资收益　3 000	借：资金结存——货币资金　540 000 　贷：其他结余　510 000 　　　投资预算收益　30 000

②转出权益法调整时，

财务会计	预算会计
借：权益法调整　6 000 　贷：应付利息　250	—

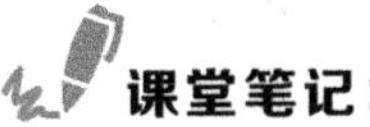

课堂笔记：

净资产类型	年末有/无余额	余额意义/余额去向	注意事项
累计盈余	有	贷方（借方），表示“未分配盈余（或未弥补亏损）的累计数以及截至上年末无偿调拨净资产变动的累计数”	
专用基金	有	贷方，表示“事业单位累计提取或设置的具有专门用途的净资产”	专用基金不会有借方余额
权益法调整	有	贷方（借方），“事业单位在被投资单位除净损益和利润分配以外的所有者权益变动中累计享有（或分担）的份额”	
本期盈余	无	转入“本期盈余分配”	按月编制，月末有余额，年末无余额
本期盈余分配	无	转入“累计盈余”	按年编制
无偿调拨净资产	无	转入“累计盈余”	按月编制，月末有余额，年末无余额
以前年度盈余调整	无	转入“累计盈余”	按年编制

课后习题

1.【思考题】什么是政府单位的净资产？行政单位和事业单位的净资产各自包括哪些内容？

【参考答案】

①政府单位的净资产是政府单位资产扣除负债后的余额。它是行政事业单位采用权责发生制基础核算资产和负债后，按照净资产的种类进行分类的结果。

②行政单位的净资产包括本期盈余、无偿调拨净资产、专用基金、累计盈余和权益法调整。事业单位的净资产不仅包括行政单位的内容，还包括本年盈余分配、以前年度盈余调整。

2.【思考题】累计盈余的核算内容包含哪些？

【参考答案】

①单位历年实现的盈余扣除盈余分配后滚存的金额。

②因无偿调入调出资产产生的净资产变动额。

③按照规定上缴、缴回、单位间调剂结转结余资金产生的净资产变动额。

④对以前年度盈余的调整金额。

3.【思考题】什么是本期盈余？如何计算？

【参考答案】

①本期盈余是指行政事业单位本期各项收入、费用相抵后的余额。

②本期盈余的计算方法如下：

本期盈余＝本期收入－本期费用

本期收入＝财政拨款收入＋事业收入＋上级补助收入＋附属单位上缴收入＋经营收入＋非同级财政拨款收入＋投资收益＋捐赠收入＋利息收入＋租金收入＋其他收入

本期费用＝业务活动费用＋单位管理费用＋经营费用＋资产处置费用＋上缴上级费用＋对附属单位补助费用＋所得税费用＋其他费用

4.【思考题】什么是专用基金？主要包括哪些项目？各自来源是什么？

【参考答案】

①专业基金是事业单位按照规定提取或设置的具有专门用途的净资产。

②专用基金主要包括职工福利基金、科技成果转化基金等。

③主要来源：职工福利基金是事业单位按照非财政补助结余的一定比例提取以及

按照其他规定提取转入，用于单位职工的集体福利设施、集体福利待遇等的资金；科技成果转化基金是事业单位从事业收入和经营收入中提取，在相关费用中列支，用于科技成果转化的资金。

5.【思考题】什么是累计盈余，如何计算？

【参考答案】

累计盈余是政府单位历年实现的盈余扣除盈余分配后滚存的余额，以及因无偿调入调出资产产生的净资产变动额。计算公式：

本年年末累计盈余＝本年年末余额＋/－本年变动金额

本年变动金额＝本年未分配盈余变动额＋本年无偿调拨净资产变动额＋从其他单位调入财政拨款结转结余＋事业单位专用基金使用金额－上缴、缴回、向其他单位调出财政拨款结转结余

本年年初余额＝上年年末余额＋/－以前年度盈余调整

6.【应用题】某体育管理中心当年各收入、费用科目的发生额如下表所示。假定该单位每年进行相关的收入、费用结转。要求：编制该单位会计年末结转当年收入、费用的会计分录。

某体育管理中心收入、费用科目发生额　　单位：元

总账科目	贷方金额	总账科目	借方金额
财政拨款收入	28 700 000	业务活动费用	36 770 000
上级补助收入	730 000	单位管理费用	180 900
事业收入	4 100 000	经营费用	190 000
经营收入	176 000	资产处置费用	68 000
附属单位上缴收入	355 000	所得税费用	25 000
投资收益	140 000	上缴上级费用	300 000
捐赠收入	200 000	对附属单位补助费用	500 000
利息收入	22 500	其他费用	17 000
租金收入	250 000		
其他收入	127 500		

【参考答案】

①结转各类收入科目本年发生额时，

财务会计		预算会计
借：财政拨款收入	28 700 000	—
上级补助收入	730 000	
事业收入	4 100 000	
经营收入	176 000	
附属单位上缴收入	355 000	
投资收益	140 000	
捐赠收入	200 000	
利息收入	22 500	
租金收入	250 000	
其他收入	127 500	
贷：本期盈余	34 801 000	

②结转各类费用科目本年发生额时，

财务会计		预算会计
借：本期盈余	38 050 900	—
贷：业务活动费用	36 770 000	
单位管理费用	180 900	
经营费用	190 000	
资产处置费用	68 000	
所得税费用	25 000	
上缴上级费用	300 000	
对附属单位补助费用	500 000	
其他费用	17 000	

③将“本期盈余”科目年末贷方余额转入“本年盈余分配”科目时，

财务会计		预算会计
借：本年盈余分配	3 249 900	—
贷：本年盈余分配	3 249 900	

7. **【应用题】**某体育管理中心年末转账业务如下：

①年末，单位根据规定从“非财政拨款结余分配”科目余额中计提职工福利基金15万元。

②将本年盈余分配余额 3 399 900 元转入“累计盈余”科目。

要求：编制该单位会计进行账务处理的会计分录。

【参考答案】

①发生时：

财务会计	预算会计
借：本年盈余分配　150 000 　贷：专用基金　　150 000	借：非财政拨款结余分配 　　　　　　150 000 　贷：专用结余　　150 000

②结转时：

财务会计	预算会计
借：本年盈余分配　150 000 　贷：专用基金　　150 000	

8. **【应用题】**某体育管理中心发生以下业务：

①年初，接到财政部门的通知，按照规定，通过核减财政应返还额度收回一笔两年没有使用的财政项目资金额度 15 万元。

②年初，接到财政部门的通知，财政部门从其他单位调剂给本单位一笔财政拨款 5 万元，用于单位场馆改造项目，银行已收到资金。

要求：编制该单位会计进行账务处理的会计分录。

【参考答案】

①发生时：

财务会计	预算会计
借：累计盈余　　150 000 　贷：财政应返还额度 　　　　　　150 000	借：财政拨款结转　150 000 　贷：资金结存——零余额账户用款额度　150 000

②发生时：

财务会计	预算会计
借：累计盈余　　3 399 900 　贷：累计盈余　　3 399 900	借：资金结存　　50 000 　贷：财政拨款结转　　50 000

9. **【单选题】**下列选项中，纳入事业单位“专用基金”核算的是（　）。

A. 职工医疗基金　　B. 非流动资产基金

C. 职工福利基金　　D. 职工住房基金

【参考答案】C.

【解析】专用基金是指事业单位按规定提取或者设置的具有专门用途的净资产，主要包括修购基金、职工福利基金等。故本题选项 C 正确。

10. 【多选题】下列各项中，事业单位年末结账后应无余额的会计科目有（　　）。

A. 财政拨款结转　　　　　　　　　B. 其他结余

C. 无偿调拨净资产　　　　　　　　D. 财政拨款结余

【参考答案】BC.

【解析】“财政拨款结转”科目除“累计结转”明细科目外，其他明细科目年末结转后无余额，选择项A错误；“其他结余”科目年末结转后无余额，选项B正确；“无偿调拨净资产”科目年末余额全部转入累计盈余，结转后无余额，选项C正确；“财政拨款结余”科目除“累计结余”明细科目外，其他明细科目年末结转后无余额，选项D错误。

11. 【单选题】期末，预算会计中，事业单位应将“事业预算收入”本科目本期发生额中的专项资金收入结转记入的会计科目是（　　）。

A. 专用结余　　　　　　　　　　　B. 其他结余

C. 非财政拨款结余　　　　　　　　D. 经营结余

【参考答案】C.

【解析】期末，事业单位应将“事业预算收入”科目本期发生额中的专项基金收入结转至非财政拨款结转，借“事业预算收入”下各类专项资金收入的明细科目，贷“非财政拨款结转”科目。

12. 【多选题】下列各项中，属于事业单位净资产的有（　　）。

A. 累计盈余　　　　　　　　　　　B. 专用基金

C. 无偿调拨净资产　　　　　　　　D. 以前年度盈余调整

【参考答案】ABCD.

【解析】单位财务会计净资产的来源主要包括累计实现的盈余和无偿调拨的净资产。在日常核算中，单位应当在财务会计中设置“累计盈余”“专用基金”“无偿调拨净资产”“权益法调整”和“本期盈余”“本年盈余分配”“以前年度盈余调整”等科目。

13. 【多选题】下列各项中，属于政府单位财务会计中净资产的来源的有（　　）。

A. 累计实现的盈余　　　　　　　　B. 未分配利润

C. 无偿调拨的净资产　　　　　　　D. 限定性净资产

【参考答案】AC.

【解析】选项B，是企业单位的所有者权益项目；选项D，是民间非营利组织的净资产。

14. 【单选题】以下哪个净资产科目年终有余额（　　）。

A. 本期盈余　　　　　　　　B. 无偿调拨净资产

C. 累计盈余　　　　　　　　D. 本年盈余分配

【参考答案】 C.

【解析】 年末，将“本期盈余”科目余额转入“本年盈余分配”，将“本年盈余分配”“无偿调拨净资产”科目余额转入“累计盈余”。

第七章　政府单位财务报表

第一节　财务报表概述

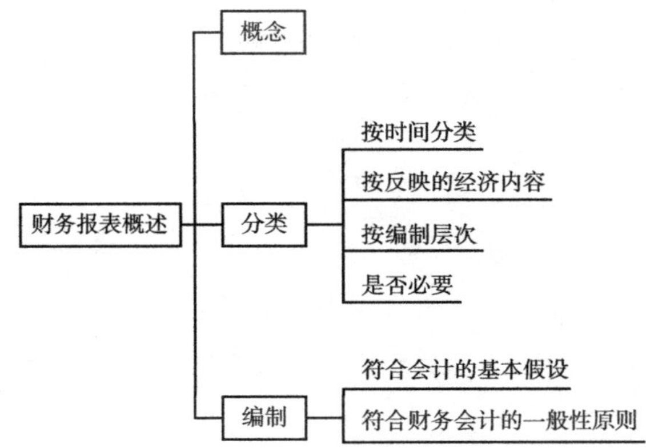

一、财务报表的构成

（一）财务报表概念（★★）

1. 财务报表是对政府单位财务状况、运行情况和现金流量等信息的结构性表述。财务报表包括会计报表和附注。会计报表至少包括资产资产负债表、收入费用表和现金流量表。

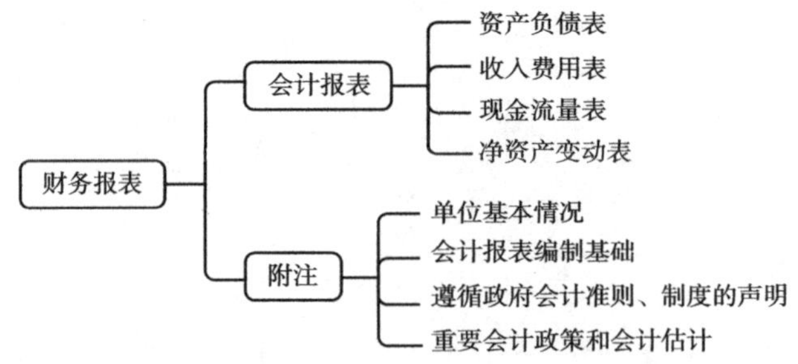

学习笔记：

［资产负债表］反映［财务状况］，［收入费用表］反映［运行情况］，［现金流量表］反映［现金流量信息］。

2. 政府单位两套会计系统分别向信息需求者提供决算报告和财务报告。

财务会计实行权责发生制，生成财务报告；预算会计实行收付实现制，生成决算报告。

学习笔记：

政府单位每年年末提供的会计报表分为决算报表和财务报表两部分。决算报表与财务报表为不同会计系统提供的同级报表。

（二）财务报表的分类（★★★）

报表名称	编制期	是否必要	编制层次
资产负债表	月度、年度	必须编制	本单位报表、合并报表（部门报表）
收入费用表			
净资产变动表	年度		
现金流量表		自行选择是否编制	
附注		必须编制	

1. 由于政府单位已经编制以收付实现制为基础的预算收入支出表，能够从预算收支的角度反映单位现金流入流出情况，因此政府单位会计制度规定，单位可以自行选择是否编制现金流量表。

一般来说，需要编制现金流量表的情况包括两种：一是政府主管部门要求编制现金流量表，如目前政府医疗卫生主管部门要求医院编制现金流量表；二是会计信息使用者要求编制并提供现金流量表，如向银行贷款时有关信用评估单位要求提供现金流量表。

2. 本单位报表：是政府单位根据会计账簿记录和有关资料编制的反映本单位财务状况、运行情况、现金流量情况的会计报表。

3. 合并报表（部门报表）：是主管会计单位和二级会计单位根据本单位会计报表和经审查过的所属单位会计报表汇总编制的会计报表。

二、财务报表的编制要求（★）

1. 政府单位应以持续运行为前提；政府单位在编制财务报表过程中，应当考虑报表项目的重要性；财务报表项目的列报应当在各个会计期间保持一致，不得随意变更。

学习笔记：

1. 对于性质或功能不同的项目，应该在财务报表中单独列报。

2. 对于性质或功能类似的项目，其所属类别具有重要性的，应当按其类别在财务报表中单独列示。

3. 对于某些项目重要性不足以在报表中单独列示但对理解报表有重要性的，应在附注中单独披露。

4. 备抵扣除净额是资产项目和负债项目的历史成本扣除备抵科目余额后的账面价值，如“固定资产”项目，应根据“固定资产”账户期末借方余额－“累计折旧”账户贷方余额－“固定资产减值准备”账户贷方余额。

2. 财务报表中的资产项目和负债项目的金额、收入项目和费用项目的金额不得相互抵消。（备抵扣除净额不属于抵消）

3. 除现金流量表以收付实现制为基础编制外，政府单位应当以**权责发生制**为基础编制财务报表，以财务会计核算生成的数据为准编制。

4. 政府单位至少应当按年编制财务报表，并且至少应当提供所有列报项目上一个**可比**会计期间的比较数据。

5. 政府单位应当至少在财务报表的显著位置披露下列各项：

（1）编报单位的名称；

（2）报告日或财务报表涵盖的会计期间；

（3）人民币金额单位；

（4）财务报表是否为合并财务报表。

6. 政府财务会计报告应当由单位负责人和主管会计工作的负责人、会计机构负责人（会计主管人员）签名并盖章；设置总会计师的单位，还须由总会计师签名并盖章。单位负责人应当保证财务会计报告真实、完整。（来源：《中华人民共和国会计法》）

学习笔记：

结合会计的基本假设和原则学习：

1. 会计基本假设包括**会计主体、持续经营、会计分期和货币计量**。

2. 我国企业会计制度和企业会计准则将财务会计的一般原则归纳为：客观性、**实质重于形式**、**相关性**、**可比性**、一贯性、及时性、明晰性、权责发生制、配比、谨慎性、历史成本、划分收益性支出与资本性支出和重要性等13项原则。

政府会计的会计信息质量特征主要包括真实性、相关性、可比性、及时性、可理解性、全面性和实质重于形式。

3. 回顾政府会计不同构成的编制基础，避免混淆：

（1）政府财务会计：以权责发生制为基础，核算各项经济业务和事项；

（2）政府预算会计：以收付实现制为基础，核算全部收入和全部支出。

课外阅读：

关于部门（单位）合并财务报表范围中所属事业单位的确认

《政府会计准则制度解释第2号》“九、关于部门（单位）合并财务报表范围”中的部门（单位）所属事业单位，其所属关系应当根据以下原则确认：

1. 存在财政预算拨款关系的事业单位，以财政预算拨款关系为基础确认所属关系。

2. 实行经费自理的事业单位，按照“事业单位法人证书”所列举办单位确认所属关系。涉及两个或两个以上举办单位的，按排序第一的举办单位确认，纳入该举办单位的合并财务报表编制范围；举办单位之间有协议、章程或管理办法约定的，按约定执行，不得重复编报。

第二节　资产负债表

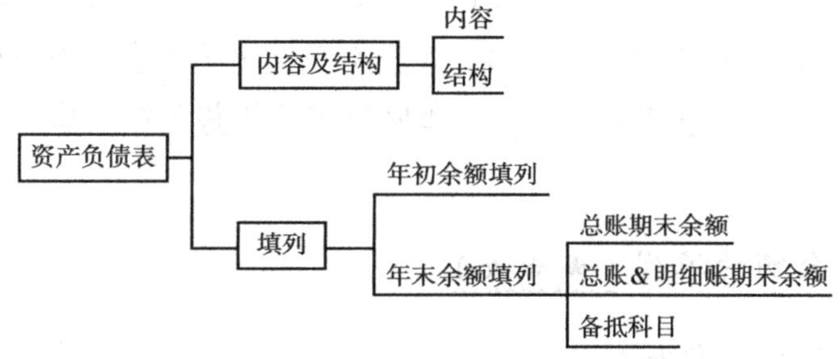

一、资产负债表的内容和结构（★★）

（一）资产负债表的内容

资产负债表是反映政府单位在某一特定日期的财务状况的报表，属于**静态报表**。

资产负债表，可以反映政府单位在某一特定日期的全部资产、负债和净资产的情况。

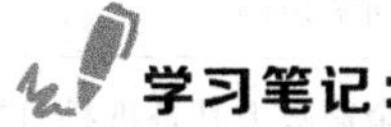

学习笔记：

1. 某一日期的资产总额及其结构，表明政府单位拥有或控制的资源的分布情况。

2. 某一日期的负债总额及其结构，表明政府单位未来需要用多少资产或劳务清偿债务以及清偿时间。

3. 某一日期净资产总额及其结构，表明政府单位拥有盈余、专用基金的情况。

（二）资产负债表的结构

资产负债表按照**“资产＝负债＋净资产”**的平衡公式设置，分为左右两方，左方列示资产各项目，右方列示负债和净资产各项目。

二、资产负债表的填列（★★★）

资产负债表的会计期间有月、年，以下填列举例以年度报表为例。

（一）年初余额的填列（★）

资产负债表中“年初余额”栏内的各项数字，应当根据上年末资产负债表“期末余额”栏内的数字填列：如果本年度资产负债表规定的各项目的名称和内容同上年度不一致，应对上年末资产负债表各项目的名称和数字按照本年度的规定进行调整，将调整后的数字填入本表“年初余额”栏内。如果本年度单位发生了因前期差错更正、会计政策变更等调整以前年度盈余的事项，还应当对“年初余额”栏中的有关项目金额进行相应调整。

（二）年末余额的填列（★★★）

见表7－1、表7－2和表7－3。

表7－1　资产类项目表

项目	项目含义	填列方式
货币资金[①]	单位期末库存现金、银行存款、零余额账户用款额度、其他货币资金的合计数	总账和明细科目期末余额分析
短期投资	事业单位期末持有的短期投资账面余额	总账期末余额
财政应返还额度	单位期末财政应返还额度的金额	总账期末余额
应收票据	事业单位期末持有的应收票据的票面金额	总账期末余额
应收账款净额	单位期末尚未收回的应收账款减去已计提的坏账准备后的净额	期末余额减去其备抵科目期末余额
预付账款	单位期末预付给商品或者劳务供应单位的款项	总账期末余额

续表

项目	项目含义	填列方式
应收股利	事业单位期末因股权投资而应收取的现金股利或应当分得的利润	总账期末余额
应收利息	事业单位期末因债券投资等而应收取的利息	总账期末余额
其他应收款净额	单位期末尚未收回的其他应收款减去已计提的坏账准备后的净额	期末余额减去其备抵科目期末余额
存货[②]	单位期末存储的存货的实际成本	总账和明细科目期末余额分析
待摊费用	单位期末已经支出，但应当由本期和以后各期负担的分摊期在1年以内（含1年）的各项费用	总账期末余额
一年内到期的非流动资产[③]	单位期末非流动资产项目中将在1年内（含1年）到期的金额，如事业单位将在1年内（含1年）到期的长期债券投资金额	总账和明细科目期末余额分析
其他流动资产	除本表中上述各项之外的其他流动资产的合计金额	总账中有关科目合计数
流动资产合计	单位期末流动资产的合计数	本表中有关项目合计数
长期股权投资	事业单位期末持有的长期债券投资的账面余额	总账期末余额
长期债券投资[④]	事业单位期末持有的长期债券投资的账面余额	总账和明细科目期末余额分析
固定资产原值	单位期末固定资产的原值	总账期末余额
固定资产累计折旧	单位期末固定资产已计提的累计折旧金额	总账期末余额
固定资产净值	单位期末固定资产的账面价值	期末余额减去其备抵科目期末余额
工程物资	单位期末为在建工程准备的各种物资的实际成本	总账期末余额
在建工程	单位期末所有的建设项目工程的实际成本	总账期末余额
无形资产原值	单位期末无形资产的原值	总账期末余额
无形资产累计摊销	单位期末无形资产已计提的累计摊销金额	总账期末余额
无形资产净值	单位期末无形资产的账面价值	期末余额减去其备抵科目期末余额
研发支出	单位期末**正在进行**的无形资产开发项目开发阶段发生的累计支出数	总账期末余额

续表

项目	项目含义	填列方式
公共基础设施原值	单位期末控制的公共基础设施的原值	总账期末余额
公共基础设施累计折旧（摊销）	单位期末控制的公共基础设施已计提的累计折旧和累计摊销金额	总账期末余额
公共基础设施净值	单位期末控制的公共基础设施的账面价值	期末余额减去其备抵科目期末余额
政府储备物资	单位期末控制的政府储备物资的实际成本	总账期末余额
文物文化资产	单位期末控制的文物文化资产的成本	总账期末余额
保障性住房原值	单位期末控制的保障性住房的原值	总账期末余额
保障性住房累计折旧	为期末控制的保障性住房已计提的累计折旧金额	总账期末余额
保障性住房净值	单位期末控制的保障性住房的账面价值	期末余额减去其备抵科目期末余额
长期待摊费用	单位期末已经支出，但应由本期和以后各期负担的分摊期限在1年以上（不含1年）的各项费用	总账期末余额
待处理财产损溢	单位期末尚未处理完毕的各种资产的净损失或净溢余	总账期末余额
其他非流动资产	单位期末除本表中上述各项之外的其他非流动资产的合计数	总账中相关科目期末余额
非流动资产合计	单位期末非流动资产的合计数	本表中有关项目合计数
受托代理资产⑤	单位期末受托代理资产的价值	总账和明细科目期末余额分析
资产总计	单位期末资产的合计数	本表中“流动资产合计”“非流动资产合计”“受托代理资产”三个项目合计数

注：根据总账和明细科目期末余额分析具体填列方式：

①货币资金项目，应当根据“库存现金”“银行存款”“零余额账户用款额度”“其他货币资金”科目的期末余额的合计数填列；若单位存在通过“库存现金”“银行存款”科目核算的受托代理资产，应当按照前述合计数扣减“库存现金”“银行存款”科目下**“受托代理资产”**明细科目的期末余额后的金额填列。

②存货项目，应当根据“在途物品”“库存物品”“加工物品”科目的期末余额的合计数填列。

③一年内到期的非流动资产项目，应当根据“长期债券投资”等科目的明细科目的期末余额分析填列。

④长期债券投资项目，应当根据“长期债券投资”科目的期末余额减去其中将于1年内（含1年）到期的长期债券投资余额后的金额填列。

⑤**受托代理资产**项目，应当根据“受托代理资产”科目的期末余额与“库存现金”“银行存款”科目下“受托代理资产”明细科目的期末余额的合计数填列。

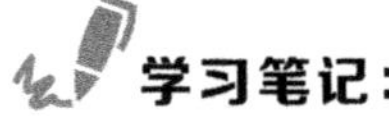

学习笔记：

1. 账面价值 vs. 账面余额。

（1）账面价值：是指某科目（通常是资产类科目）的账面余额减去相关备抵项目后的净额。

账面价值 = 固定/无形资产的原价 − 计提的累计折旧 − 计提的减值准备

（2）账面余额：是指某账户的账面实际余额，不扣除与该账户相关的备抵项目（如累计折旧、累计摊销），是账面上实际存在的金额，会计报表上的原值。

账面余额 = 固定/无形资产的账面原价

2. “研发支出”属于资产类项目。

3. 应当注意与企业会计资产负债表中不同的项目，如**“财政应返还额度”“政府储备物资”“保障性住房”**等。

4. 应当注意项目的表述：流动资产和非流动资产是**“合计”**，资产是**“总计”**。

5. 应当与财务会计的资产总计区分，财务会计中，

资产总计 = 流动资产合计 + 非流动资产合计

而在**政府单位会计中，**

资产总计 = 流动资产合计 + 非流动资产合计 + 受托代理资产

课外阅读：

行政单位受托代理资产，是指行政单位接受委托方委托管理的各项非货币性资产，分为受托转赠物资，受托储存管理物资，不包括受托代理的现金、银行存款等货币性资产。受托转赠物资是指接受委托人委托，需要转赠给受赠人的物资；受托储存管理物资指接受委托人委托储存管理的物资。受托代理资产会计确认的时间为行政单位收到受托代理的资产时。

企业会计中，受托代理资产是指民间非营利组织因从事受托代理交易而从委托方取得的资产。在受托代理交易过程中，民间非营利组织通常只是从委托方收到受托资产，并按照委托人的意愿将资产转赠给指定的其他组织或者个人，或者按照有关规定将资产转交给指定的其他组织或者个人，民间非营利组织本身并不拥有受托资产的所有权和使用权，它只是在交易过程中起中介作用。（来源：百度百科）

相比之下，行政单位受托代理资产的范围更小，对受托代理的货币性资产进行了限制；并且行政单位受托代理资产更加细化地分为了受托转赠物资和受托储存管理物资两类。

**课外阅读：**

报表中存货披露方式（政府会计与企业会计对比）
——关于存货跌价准备计提[①]

政府会计准则要求附注中应列示“各类存货的期初和期末账面余额”，而企业会计准则要求列示“各类存货的期初和期末账面价值”。对比政府会计准则与企业会计准则关于存货披露的要求可知，政府会计主体的报表中列示的存货金额为其账面余额，而企业报表中列示的是其账面余额减去存货跌价准备后的余额。存货的列示方式再次反映了两大会计主体存在的目的及其持有存货的目的。由于企业持有存货的唯一目的是获得经济利益，故其报表中列示的存货价值应以市场价值为基础，即剔除账面余额高于市场价值的部分，反映企业的真实价值。而政府作为管理与服务合一的主体，其列示的存货应该反映的是获得该存货的支出，为历史成本，这既能反映其持有存货的主要目的并非为了盈利，而且能够减少政府财务人员操作会计信息的机会，体现了政府会计的刚性。

表 7－2　　负债类项目表

项目	项目含义	填列方式
短期借款	事业单位期末短期借款的余额	总账期末余额
应交增值税 *	单位期末应缴未缴的增值税税额	总账期末余额，若期末为借方余额，应以“－”填列
其他应交税费 *	期末应缴未缴的除增值税以外的税费金额	总账期末余额，若期末为借方余额，应以“－”填列
应缴财政款	单位期末应当上缴财政但尚未缴纳的款项	总账期末余额
应付职工薪酬	单位期末按有关规定应付给职工及为职工支付的各种薪酬	总账期末余额
应付票据	事业单位期末应付票据的金额	总账期末余额
应付账款	单位期末应当支付但尚未支付的偿还期限在 1 年以内（含 1 年）的应付账款的金额	总账期末余额
应付政府补贴款	负责发放政府补贴的行政单位期末按照规定应当支付给政府补贴接受者的各种政府补贴款余额	总账期末余额
应付利息	事业单位期末按照合同约定应支付的借款利息	总账期末余额
预收账款	事业单位期末预先收取但尚未确认收入和实际结算的款项余额	总账期末余额

① 高军朝：“政府会计准则分析”，《合作经济与科技》2021 年第 18 期，第 139－141 页。

续表

项目	项目含义	填列方式
其他应付款	单位期末其他各项偿还期限在 1 年内（含 1 年）的应付及暂收款项余额	总账期末余额
预提费用	单位期末已预先提取的已经发生但尚未支付的各项费用	总账期末余额
一年内到期的非流动负债①	单位年末将于 1 年内（含 1 年）偿还的非流动负债的余额	总账和明细科目期末余额分析
其他流动负债	单位期末除本表中上述各项之外的其他流动负债的合计数	总账中有关科目期末余额
流动负债合计	单位期末流动负债合计数	本表中有关项目合计数
长期借款②	事业单位期末长期借款的余额	总账和明细科目期末余额分析
长期应付款③	单位期末长期应付款的余额	总账和明细科目期末余额分析
预计负债	单位期末已确认但尚未偿付的预计负债的余额	总账期末余额
其他非流动负债	单位期末除本表中上述各项之外的其他非流动负债的合计数	总账中有关科目期末余额
非流动负债合计	单位期末非流动负债合计数	本表中有关项目合计数
受托代理负债	单位期末受托代理负债的金额	总账期末余额
负债合计	单位期末负债的合计数	本表中“流动负债合计”“非流动负债合计”“受托代理负债”三个项目合计数

注：根据总账和明细科目期末余额分析具体填列方式：

①一年内到期的非流动负债项目，应当根据“长期应付款”“长期借款”等科目的明细科目的期末余额分析填列。

②长期借款项目，应当根据“长期借款”科目的期末余额减去其中将于一年内（含一年）到期的长期借款余额后的金额填列。

③长期应付款项目，应当根据“长期应付款”科目的期末余额减去其中将于一年内（含一年）到期的长期应付款金额后的结果填列。

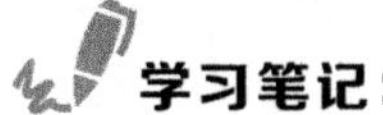

学习笔记：

1. 应当注意与企业会计资产负债表中不同的项目，例如，**“应缴财政款”“应付政府补贴”**等。

2. 应当注意项目的表述：流动负债和非流动负债是**“合计”**，负债是**“总计”**。

3. 与财务会计核算区分，财务会计中负债合计 = 流动负债 + 非流动负债，**政府单位预算会计中负债合计 = 流动负债 + 非流动负债 + 受托代理负债。**

表 7-3　　权益类项目表

项目	项目含义	填列方式
累计盈余	单位期末未分配盈余（或未弥补亏损）以及无偿调拨净资产变动的累计数	总账期末余额
专用基金	事业单位期末累计提取或设置但尚未使用的专用基金余额	总账期末余额
权益法调整	事业单位期末在被投资单位除净损益和利润分配以外的所有者权益变动中累计享有的份额	总账期末余额，若期末为借方余额，应以"－"填列
无偿调拨净资产【月度】	单位本年度截至报告期期末无偿调入的非现金资产价值扣减无偿调出的非现金资产价值后的净值	总账期末余额，若期末为借方余额，应以"－"填列【月度】
本期盈余【月度】	单位本年度截至报告期期末实现的累计盈余或亏损	总账期末余额【月度】
净资产合计	单位期末净资产合计数	

注：

①在净资产类项目中，"无偿调拨净资产"科目仅在月度报表中列示，年度报表中不列示。"本期盈余"项目仅在月度报表中列示，年度报表中不列示。

②政府单位净资产科目"无偿调拨净资产"只在年末结转到"累计盈余"科目，"本期盈余"科目的余额只在年末结转到"本年结余分配"科目并最终结转到"累计盈余"科目。因而，编制月度资产负债表时，净资产栏目中的"无偿调拨净资产""本期盈余"科目可能存在余额，需要在月度资产负债表栏目中填列金额。年末结转后余额为0，因此，年末的资产负债表中，这两个净资产科目金额为0。

此外，"以前年度盈余调整"科目余额在月末转入"累计盈余"科目后就不存在月末余额，因此月度、年度资产负债表中该账户余额都不在报表中设置项目反映。

学习笔记：

1. 注意［月度］和［年度］权益类项目列示差异。政府单位权益类项目与企业权益类项目有较大差异，可以对比结合学习。

2. 牢记不同项目的填列方法，并结合具体的案例强化记忆。

（三）资产负债表格式

表 7-4　　资产负债表

资产	期末余额	年初余额	负债和净资产	期末余额	年初余额
流动资产：			流动负债：		
货币资金			短期借款		
短期投资			应交增值税		
财政应返还额度			其他应交税费		
应收票据			应缴财政款		
应收账款净额			应付职工薪酬		

续表

资产	期末余额	年初余额	负债和净资产	期末余额	年初余额
预付账款			应付票据		
应收股利			应付账款		
应收利息			应付政府补贴款		
其他应收款净额			应付利息		
存货			预收账款		
待摊费用			其他应付款		
一年内到期的非流动资产			预提费用		
其他流动资产			一年内到期的非流动负债		
流动资产合计			其他流动负债		
非流动资产：			流动负债合计		
长期股权投资			非流动负债：		
长期债券投资			长期借款		
固定资产原值			长期应付款		
减：固定资产累计折旧			预计负债		
固定资产净值			其他非流动负债		
工程物资			非流动负债合计		
在建工程			受托代理负债		
无形资产原值			负债合计		
减：无形资产累计摊销					
无形资产净值					
研发支出					
公共基础设施原值					
减：公共基础设施累计折旧（摊销）					
公共基础设施净值					
政府储备物资					
文物文化资产					
保障性住房原值					
减：保障性住房累计折旧			净资产：		
保障性住房净值			累计盈余		
长期待摊费用			专用基金		
待处理财产损溢			权益法调整		
其他非流动资产			无偿调拨净资产*		
非流动资产合计			本期盈余*		
受托代理资产			净资产合计		
资产总计			负债和净资产总计		

课堂笔记：

根据《政府会计准则第 10 号——政府和社会资本合作项目合同》的规定，适用该准则的政府方应当对资产负债表做如下调整：

1. 政府方应当在“保障性住房净值”和“长期待摊费用”项目之间依次增加“PPP 项目资产”“减：PPP 项目资产累计折旧（摊销）”“PPP 项目资产净值”项目。

2. 政府方应当在“权益法调整”项目和“无偿调拨净资产”项目之间增加“PPP 项目净资产”项目。

【例 7－1】某行政单位月末科目余额表反映库存现金的期末余额 4 000 元（借方），银行存款期末余额 1 612 270 元（借方），其他货币资金 14 600 元（借方），零余额账户用款额度 3 000 000 元；加工物品 550 000 元（借方），在途物品 90 000 元，库存物品 4 424 800 元（借方），则：资产负债表上“货币资金”和“存货”数据填列如下：

（1）货币资金＝库存现金（4 000）＋银行存款（1 612 270）＋其他货币资金（14 600）＋零余额账户用款额度（3 000 000）＝4 630 870（元）；

（2）存货＝在途物品（90 000）＋加工物品（550 000）＋库存物品（4 424 800）＝5 064 800（元）。

【例 7－2】某事业单位月末科目余额表反映应收账款余额为 120 万元，该单位已计提坏账准备 15 万元。

则：资产负债表上“应收账款”应填列的数字为 120－15＝105（万元）。

【例 7－3】某事业单位月末科目余额表反映应收账款余额为 120 万元，该单位已计提坏账准备 15 万元。

则：资产负债表上“应收账款”应填列的数字为 120－15＝105（万元）。

【例 7－4】某事业单位长期债券投资余额 3 000 万元，长期借款余额 800 万元。其中将于一年内到期的债券投资 500 万元，长期借款中还有 8 个月到期的借款 100 万元。那么，资产负债表中：

（1）长期债券投资＝3 000－500＝2 500（万元）；

（2）长期借款＝800－100＝700（万元）。

注意：500 万元长期债券投资填在“一年内到期的非流动资产”；

100 万元长期借款填在“一年内到期的非流动负债”。

【例 7－5】某事业单位长期借款情况如下表：

借款起始日期	借款期限（年）	金额（万元）
2019年1月1日	3	100
2018年3月1日	2	300
2017年5月1日	5	200
2016年7月1日	4	150

该单位2019年12月31日资产负债表中“长期借款”项目金额是多少？

【参考答案】该单位2019年12月31日资产负债表中“长期借款”项目金额为：100+200=300（万元）；

该单位2019年12月日资产负债表中“一年内到期的非流动债”项目300+150=450（万元）。

第三节　收入费用表

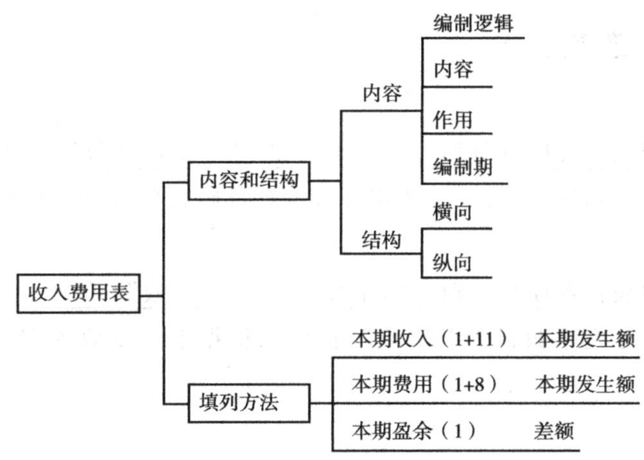

一、收入费用表的内容和结构（★★）

（一）内容（★）

1. 编制逻辑

本期收入-本期费用=本期盈余

2. 内容

反映政府单位在**一定会计期间**运行情况的报表，属于**动态报表**。

3. 作用

收入费用表可以提供政府单位在某一会计期间内的各项**收入实现**、**费用耗费**以及盈余实现情况的报表。

4. 编制期

按照编制时间的不同，分为月度报表和年度报表。

课外拓展：

收入费用表的作用

收入费用表的作用主要表现在以下几个方面：

1. 提供某一会计期间收入总额及其构成情况的信息。例如，可以提供某一会计期间收入总额、财政拨款收入数额、事业收入数额等信息。

2. 提供某一会计期间费用总额及其构成情况的信息。例如，可以提供某一会计期间费用总额、业务活动费用数额、单位管理费用数额等信息。

3. 提供某一会计期间本期盈余的信息。本期收入总额减去本期费用总额等于本期盈余。

（二）结构（★★）

1. 横向

月度收入费用表：各项目分别"本月数"和"年度累计数"填列。"本月数"栏反映各项目的本月实际发生数，"本年累计数"栏反映各项目自年初至报告期期末的累计实际发生数。

年度收入费用表：各项目分别"本年数"和"上年数"填列。"本年数"栏反映本年度各项目的实际发生数；"上年数"栏应当根据上年度收入费用表中"本年数"栏内所列数字填列。

2. 纵向

按照本期收入、本期费用、本期盈余分项列示。

二、收入费用表的填列方法（★★★）

（一）本期收入（1+11）

1. 根据对应总账科目的本期发生额填列

"财政拨款收入""事业收入""上级补助收入""附属单位上缴收入""经营收入""非同级财政拨款收入""投资收益""捐赠收入""利息收入""租金收入""其他收入"等项目。

2. 根据明细科目的本期发生额填列

"政府性基金收入"项目应当根据"财政拨款收入"相关明细科目的本期发生额填列。

（二）本期费用（1+8）

“业务活动费用”“单位管理费用”“经营费用”“资产处置费用”“上缴上级费用”“对附属单位补助费用”“所得税费用”“其他费用”等项目根据对应总账科目的本期发生额填列。

（三）本期盈余（1）

根据收入费用表中“本期收入”项目金额减去“本期费用”项目后的金额填列，如为负数，以“-”号填列。见表7-5和表7-6。

表7-5　　收入费用表的填列方法

项目	说明	填列方法
一、本期收入	政府单位本期收入总额	根据本表中“财政拨款收入”“事业收入”“上级补助收入”等项目金额的**合计数**填列
（一）财政拨款收入	政府单位本期从**同级**政府财政部门取得的各类财政拨款	根据“财政拨款收入”科目的本期发生额填列
其中：政府性基金收入	政府单位本期取得的财政拨款收入中属于政府性基金预算拨款的金额	根据“财政拨款收入”相关**明细科目的本期发生额**填列
（二）事业收入	**事业单位**本期开展专业业务活动及其辅助活动实现的收入	根据“事业收入”科目的本期发生额填列
（三）上级补助收入	**事业单位**本期从主管部门和上级单位收到或应收的非财政拨款收入	根据“上级补助收入”科目的本期发生额填列
（四）附属单位上缴收入	**事业单位**本期收到或应收的**独立核算**的附属单位按照有关规定上缴的收入	根据“附属单位上缴收入”科目的本期发生额填列
（五）经营收入	**事业单位**本期在专业业务活动及其辅助活动之外开展**非独立核算**经营活动实现的收入	根据“经营收入”科目的本期发生额填列
（六）非同级财政拨款收入	政府单位本期从**非同级**政府财政部门取得的财政拨款，**不包括**事业单位因开展科研及其辅助活动从非同级政府财政部门取得的经费拨款	根据“非同级财政拨款收入”科目的本期发生额填列
（七）投资收益	**事业单位**本期股权投资和债券投资所实现的收益或发生的损失。如为投资净损失，以“-”号填列	根据“投资收益”科目的本期发生额填列；**如为投资净损失，以“-”号填列**
（八）捐赠收入	政府单位本期接受捐赠取得的收入	根据“捐赠收入”科目的本期发生额填列

续表

项目	说明	填列方法
（九）利息收入	政府单位本期取得的银行存款利息收入	根据“利息收入”科目的本期发生额填列
（十）租金收入	政府单位本期经批准利用国有资产出租取得并按规定纳入本单位预算管理的租金收入	根据“租金收入”科目的本期发生额填列
（十一）其他收入	政府单位本期取得的除以上收入项目外的其他收入的总额	根据“其他收入”科目的本期发生额填列
二、本期费用	政府单位本期费用总额	根据本表中“业务活动费用”“单位管理费用”“经营费用”等项目金额的**合计数**填列
（一）业务活动费用	政府单位本期为实现其**职能目标**，依法履行或开展专业业务活动及其辅助活动所发生的各项费用	根据“业务活动费用”科目本期发生额填列
（二）单位管理费用	**事业单位**本期**本级行政及后勤管理部门**开展管理活动发生的各项费用，**以及**由单位统一负担的离退休人员经费、工会经费、诉讼费、中介费等	根据“单位管理费用”科目的本期发生额填列
（三）经营费用	**事业单位**本期在专业业务活动及其辅助活动之外开展的**非独立核算**经营活动发生的各项费用	根据“经营费用”科目的本期发生额填列
（四）资产处置费用	政府单位本期经批准处置资产时转销的资产价值以及在处置过程中发生的相关费用或者处置收入小于处置费用形成的净支出	根据“资产处置费用”科目的本期发生额填列
（五）上缴上级费用	**事业单位**按照规定上缴上级单位款项发生的费用	根据“上缴上级费用”科目的本期发生额填列
（六）对附属单位补助费用	**事业单位**用财政拨款收入**之外**的收入对附属单位补助发生的费用	根据“对附属单位补助费用”科目的本期发生额填列
（七）所得税费用	有企业所得税缴纳义务的**事业单位**本期计算应交纳的企业所得税	根据“所得税费用”科目的本期发生额填列
（八）其他费用	政府单位本期发生的除以上费用项目外的其他费用的总额	根据“其他费用”科目的本期发生额填列
三、本期盈余	政府单位本期收入扣除本期费用后的净额	根据本表中“本期收入”项目金额减去“本期费用”项目金额后的金额填列；**如为负数，以“－”号填列**

表 7－6　　收入费用表　　会政财 02 表

编制单位：________　　____年____月　　单位：元

项目	本月数	本年累计数
一、本期收入		
（一）财政拨款收入		
其中：政府性基金收入		
（二）事业收入		
（三）上级补助收入		
（四）附属单位上缴收入		
（五）经营收入		
（六）非同级财政拨款收入		
（七）投资收益		
（八）捐赠收入		
（九）利息收入		
（十）租金收入		
（十一）其他收入		
二、本期费用		
（一）业务活动费用		
（二）单位管理费用		
（三）经营费用		
（四）资产处置费用		
（五）上缴上级费用		
（六）对附属单位补助费用		
（七）所得税费用		
（八）其他费用		
三、本期盈余		

课堂笔记：

1. 如果本年度收入费用表规定的项目的名称和内容同上年度不一致，应当按照本年度的规定对上年度收入费用表项目的名称和内容进行调整，将调整后的金额填入本年度收入费用表的“上年数”栏内。

2. 如果本年度单位发生因前期差错更正、会计政策变更等调整以前年度盈余的事项，还应当对年度收入费用表中“上年数”栏中有关项目的金额进行调整。

【例 7－6】甲事业单位 2×21 年有关收入和费用的本年累计发生额见表 7－7。

表7－7　　甲单位2×21年度有关收入和费用科目本年累计发生额　　单位：元

收入科目名称	贷方发生额	费用科目名称	借方发生额
财政拨款收入	8 600 000	业务活动费用	10 594 200
事业收入	15 600 000	单位管理费用	4 635 000
上级补助收入	500 000	经营费用	367 000
附属单位上缴收入	200 000	资产处置费用	5 500
经营收入	500 000	上缴上级费用	200 000
非同级财政拨款收入	300 000	对附属单位补助费用	540 000
投资收益	5 000	其他费用	1 680 800
捐赠收入	1 490 000		
利息收入	50 000		
租金收入	521 000		
其他收入	870 000		

根据上述资料，编制甲事业单位2×21年收入费用表。

见表7－8。

表7－8　　甲事业单位2×21年收入费用表

收入费用表　　会政财02表

编制单位：甲事业单位　　2×21年　　单位：元

项目	本年数	上年数（略）
一、本期收入		
（一）财政拨款收入	8 600 000	
其中：政府性基金收入	600 000	
（二）事业收入	15 600 000	
（三）上级补助收入	500 000	
（四）附属单位上缴收入	200 000	
（五）经营收入	500 000	
（六）非同级财政拨款收入	300 000	
（七）投资收益	5 000	
（八）捐赠收入	1 490 000	
（九）利息收入	50 000	
（十）租金收入	521 000	
（十一）其他收入	870 000	
二、本期费用		
（一）业务活动费用	10 594 200	

续表

项目	本年数	上年数（略）
（二）单位管理费用	4 635 000	
（三）经营费用	367 000	
（四）资产处置费用	5 500	
（五）上缴上级费用	200 000	
（六）对附属单位补助费用	540 000	
（七）所得税费用		
（八）其他费用	1 680 800	
三、本期盈余	10 613 500	

第四节　净资产变动表

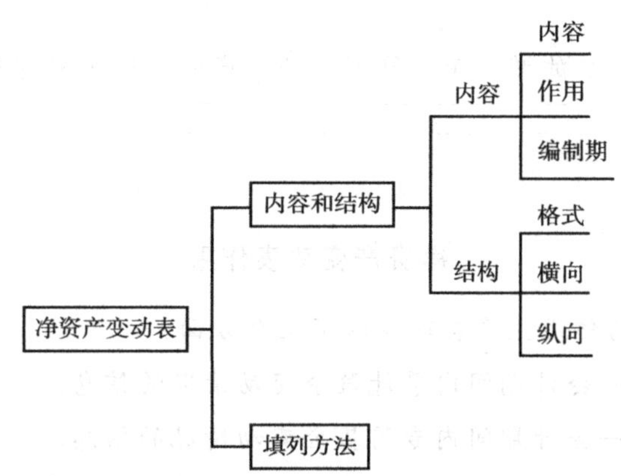

一、净资产变动表的内容和结构（★★）

（一）内容（★）

1. 内容

净资产变动表是反映单位在某一会计年度内净资产项目的变动情况的报表，属于**动态报表**。

2. 作用

净资产变动表，可以提供政府单位在某一会计期间内的**累计盈余**、**专用基金**、**权益法调整**以及**净资产合计**的情况。

3. 编制期

按照规定，单位的净资产变动表应当按年度编制。

（二）结构（★★）

1. 格式

采用矩阵的格式。横向和纵向分别按照不同项目列示，并且将各项目再分为“本年数”和“上年数”两栏填列。

2. 横向

列示净资产的各组成部分：按照累计盈余、专用基金、权益法调整、PPP 项目净资产和净资产合计分项列示。

3. 纵向

列示净资产各组成部分增减变动的具体原因：按照上年年末余额、以前年度盈余调整、本年年初余额、本年变动金额和本年年末余额分项列示。

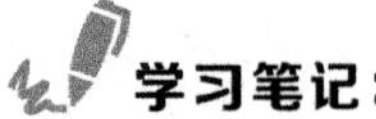

学习笔记：

净资产各组成部分的增减变动原因与净资产的相应组成部分形成对应。

课外拓展：

净资产变动表作用

净资产变动表的作用主要表现在以下几个方面：

1. 可以提供某一会计期间内累计盈余变动情况的信息。
2. 可以提供某一会计期间内专用基金变动情况的信息。
3. 可以提供某一会计期间内权益法调整变动情况的信息。
4. 可以提供某一会计期间内**PPP 项目净资产**变动情况的信息。

变动情况表现为期初余额、本期变动金额、期末余额等信息。

注：①政府方在确认 PPP 项目资产时，应当同时确认一项 PPP 项目净资产，PPP 项目净资产的初始入账金额与 PPP 项目资产的初始入账金额相等。

②PPP（Public - Private Partnership），即政府和社会资本合作，是公共基础设施中的一种项目运作模式。在该模式下，鼓励私营企业、民营资本与政府进行合作，参与公共基础设施的建设。

二、净资产变动表的填列方法（★★★）

“本年数”栏反映本年度各项目的实际变动数，“上年数”栏反映上年度各项目的实际变动数，应当根据上年度净资产变动表中“本年数”栏内所列数字填列。

如果上年度净资产变动表规定的项目的名称和内容与本年度不一致，应对上年度净资产变动表项目的名称和数字按照本年度的规定进行调整，将调整后金额填入本年度净资产变动表“上年数”栏内。见表7－9和表7－10。

表7－9 净资产变动表的填列方法

项目	说明	填列方法
一、上年年末余额	反映政府单位净资产各项目上年年末的余额	本行各项目应当根据“累计盈余”“专用基金”“权益法调整”科目上年年末余额填列
二、以前年度盈余调整（减少以“－”号填列）	反映政府单位本年度调整以前年度盈余的事项对累计盈余进行调整的金额	本行“累计盈余”项目应当根据本年度“以前年度盈余调整”科目转入“累计盈余”科目的金额填列；如调整减少累计盈余，则以“－”号填列
三、本年年初余额	反映经过以前年度盈余调整后，政府单位净资产各项目的本年年初余额	本行“累计盈余”“专用基金”“权益法调整”项目应当根据其各自在“上年年末余额”和“以前年度盈余调整”行对应项目金额的**合计数**填列
四、本年变动金额（减少以“－”填列）	反映政府单位净资产各项目本年变动总金额	本行“累计盈余”“专用基金”“权益法调整”项目应当根据其各自在“本年盈余”“无偿调拨净资产”“归集调整预算结转结余”“提取或设置专用基金”“使用专用基金”“权益法调整”行对应项目金额的**合计数**填列
（一）本年盈余	反映政府单位本年发生的收入、费用对净资产的影响	本行“累计盈余”项目应当根据年末由“本期盈余”科目转入“本年盈余分配”科目的金额填列；如转入时借记“本年盈余分配”科目，则以“－”号填列
（二）无偿调拨净资产	反映政府单位本年**无偿**调入、调出非现金资产事项对净资产的影响	本行“累计盈余”项目应当根据年末由“无偿调拨净资产”科目转入“累计盈余”科目的金额填列；如转入时借记“累计盈余”科目，则以“－”号填列
（三）归集调整预算结转结余	反映政府单位本年财政拨款结转结余资金归集调入、归集上缴或调出，以及非财政拨款结转资金缴回对净资产的影响	本行“累计盈余”项目应当根据“累计盈余”科目明细账记录分析填列；如归集调整减少预算结转结余，则以“－”号填列
（四）提取或设置专用基金	反映政府单位本年提取或设置专用基金对净资产的影响	本行“累计盈余”项目应当根据“从预算结余中提取”行“累计盈余”项目的金额填列。 本行“专用基金”项目应当根据“从预算收入中提取”“从预算结余中提取”“设置的专用基金”行“专用基金”项目金额的**合计数**填列

续表

项目	说明	填列方法
其中：从预算收入中提取	反映政府单位本年从预算收入中提取专用基金对净资产的影响	本行“专用基金”项目应当通过对“专用基金”科目明细账记录的分析，根据本年按有关规定从预算收入中提取基金的金额填列
从预算结余中提取	反映事业单位本年根据有关规定从本年度非财政拨款结余或经营结余中提取专用基金对净资产的影响	本行“累计盈余”“专用基金”项目应当通过对“专用基金”科目明细账记录的分析，根据本年按有关规定从本年度非财政拨款结余或经营结余中提取专用基金的金额填列； 本行“累计盈余”项目以“－”号填列
设置的专用基金	反映事业单位本年根据有关规定设置的其他专用基金对净资产的影响	本行“专用基金”项目应当通过对“专用基金”科目明细账记录的分析，根据本年按有关规定设置的其他专用基金的金额填列
（五）使用专用基金	反映事业单位本年按规定使用专用基金对净资产的影响	本行“累计盈余”“专用基金”项目应当通过对“专用基金”科目明细账记录的分析，根据本年按规定使用专用基金的金额填列； 本行“专用基金”项目以“－”号填列
（六）权益法调整	反映事业单位本年按照被投资单位除净损益和利润分配以外的所有者权益变动份额而调整长期股权投资账面余额对净资产的影响	本行“权益法调整”项目应当根据“权益法调整”科目本年发生额填列；如本年净发生额为借方时，则以“－”号填列
五、本年年末余额	反映政府单位本年各净资产项目的年末余额	本行“累计盈余”“专用基金”“权益法调整”项目应当根据其各自在“本年年初余额”“本年变动金额”行对应项目金额的合计数填列

表 7－10　　净资产变动表　　会政财 03 表

编制单位：________　　____年　　单位：元

项目	本年数				上年数			
	累计盈余	专用基金	权益法调整	净资产合计	累计盈余	专用基金	权益法调整	净资产合计
一、上年年末余额								
二、以前年度盈余调整（减少以“－”号填列）		—	—			—	—	
三、本年年初余额								

续表

项目	本年数				上年数			
	累计盈余	专用基金	权益法调整	净资产合计	累计盈余	专用基金	权益法调整	净资产合计
四、本年变动金额（减少以"－"号填列）								
（一）本年盈余		—	—			—	—	
（二）无偿调拨净资产		—	—			—	—	
（三）归集调整预算结转结余		—	—			—	—	
（四）提取或设置专用基金			—				—	
其中：从预算收入中提取	—		—		—		—	
从预算结余中提取			—				—	
设置的专用基金	—		—		—		—	
（五）使用专用基金			—				—	
（六）权益法调整	—	—			—	—		
五、本年年末余额								

注："—"标识单元格不需填列。

课外拓展：

《政府会计准则第10号——政府和社会资本合作项目合同》应用指南指出关于净资产变动表的调整：

1. 政府方应当在"本年数""上年数"两栏中的"权益法调整"和"净资产合计"项目之间增加"**PPP项目净资产**"列项目。

2. 政府方应当在"（六）权益法调整"和"五、本年年末余额"项目之间增加"**PPP项目净资产**"行项目。

【例7－7】甲事业单位2×21年有关资料如下：2×20年"累计盈余""专用基金""净资产"项目的年末余额分别为14 432 500元、2 850 000元、17 282 500元；甲事业单位2×21年12月31日，"无偿调拨净资产"科目贷方余额200 000元，"以前年度损益调整科目"贷方余额219 000元。2×21年收到主管部门从其他单位调入的财政拨款结转资金200 000元，用于当年大楼的日常修缮，该笔资金已转入单位零余额账户；按主管部门的规定，将100 000元的财政拨款结转资金调出给一所小学用于校舍维修，已通过单位零余额账户转账；检查上年度已完成的老菜地改造工程项目，发现该项目上年结余资金100 000元，按财政部门要求必须上缴，收到代理银行通知已扣减零余额账户用款额度。按照2×21年本年度预算会计下非财政拨款结余1 741 000元的40%计提职工福利基金696 400元；年末按本年度实现事业预算收入17 370 000元的6%提取科技成果转化基金1 042 200元。使用科技成果转化基金购买科研所用的专用技术设备一台（免征增值税项目），以银行存款支付价款100 000元；使用职工福利基金购买音乐播放设备一台供职工集体娱乐活动使用，以银行存款支付价款3 600元。

根据上述资料，编制甲事业单位2×21年净资产变动表。

如表7－11所示。

表7－11　　甲事业单位净资产变动表

净资产变动表　　会财政03表

编制单位：甲事业单位　　2×21年　　单位：元

项目	本年数				上年数
	累计盈余	专用基金	权益法调整	净资产合计	（略）
一、上年年末余额	14 432 500	2 850 000		17 282 500	
二、以前年度盈余调整（减少以“－”填列）	219 000	—	—	219 000	
三、本年年初余额	14 651 500	2 850 000		17 501 500	
四、本年变动金额（减少以“－”填列）	10 220 700	1 635 000		11 855 700	
（一）本年盈余	10 613 500	—	—	10 613 500	
（二）无偿调拨净资产	200 000	—	—	200 000	
（三）归集调整预算结转结余	0	—	—	0	
（四）提取或设置专用基金	－696 400	1 738 600	—	1 042 200	
其中：从预算收入中提取	—	1 042 200	—	1 042 200	
从预算结余中提取	－696 400	696 400	—	0	
设置的专用基金	—	—	—	0	
（五）使用专用基金	103 600	－103 600	—	0	
（六）权益法调整	—	—	0	0	
五、本年年末余额	24 872 200	4 485 000		29 357 200	

注：“—”标识单元格不需填列。

第五节　现金流量表

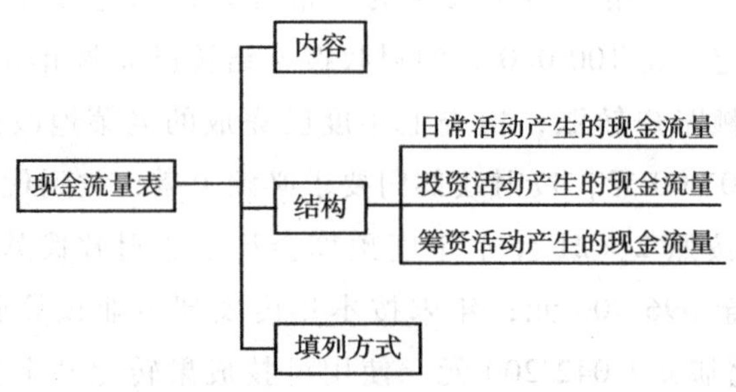

一、内容和结构（★★★）

（一）内容概述

现金流量表，是反映政府单位在**一定会计期间现金及现金等价物流入和流出情况**的报表，是政府单位主要会计报表之一。政府单位现金流量表应当**至少编制年度报表**。将权责发生制下的盈余信息**调整为收付实现制下的现金流量信息**（以便信息使用者了解政府单位盈余质量）。

注：按照现行政府会计制度的规定，行政事业单位可根据实际情况自行选择编制现金流量表。如果选择编制现金流量表，那么现金流量表应当按年度编制。①

课外拓展：

目前，现金流量表的编制还未强制要求，单位可自行决定，但是出台现金流量表准则和法定编制要求将是以后《政府会计制度》发展改革的趋势。目前国际上的类似行业早出台了现金流量表准则，在我国只象征性地出台了现金流量表编制说明和格式要求，这不利于不同政府之间会计信息交流和资源共享。由于我国行政事业单位以前没有编制现金流量表的要求，相关会计人员基本不具备该表的编制经验和专业技能，编制现金流量表是目前制度转换的难点。

从内容上看，现金流量表被划分为日常活动、投资活动、筹资活动三个部分，每类活动下设具体项目，从不同角度反映政府单位业务活动的现金流入和流出，弥补资产负债表和收入费用表所提供信息的不足。

现金流量表使报表使用者能够了解现金流量的影响因素，评价政府单位的**支付能力和偿债能力**，为其决策提供依据。

课外阅读：

评价政府单位的偿债能力指标

1. 债务率＝年末债务余额/当年综合可用财力×100%
2. 偿债率＝当年偿还债务本息额/当年综合可用财力×100%
3. 逾期债务率＝年末逾期债务额/年末债务总余额×100%
4. 借新还旧偿债率＝举借新债偿还债务本息额/当年债务还本付息总额×100%

① 奉有东："新旧《政府会计制度》衔接的难点及对策分析"，《纳税》2020年第14期，第75－76页。

5. 新增债务率 = 当年新增债务额/年末债务余额

6. 一般债务率 =(一般债务余额/债务年限)/一般公共预算可偿债财力 × 100%

7. 专项债务率 =(专项债务余额/债务年限)/政府性基金预算可偿债能力 × 100%

8. 可偿债财力 = 综合财力扣除用于保障人员工资、机关运转、民生支出等刚性支出后的财力

9. 财政自给率 = 地方财政一般预算收入/地方财政一般预算支出 ×100%

10. 债务依存度 = 当年债务收入/当年财政支出

11. 利息支出率 = 当年债务利息支出/当年财政收入 ×100%

12. 债务负担率 = 当年债务余额/当年 GDP ×100%

(二)结构

1. 日常活动产生的现金流量

政府单位投资活动和筹资活动以外的交易事项产生的现金流量，可采用排除法。如：财政基本支出拨款收到的现金、购买商品或接受劳务支付的现金。

2. 投资活动产生的现金流量

包括对内投资和对外投资的活动产生的现金流量。如收回投资收回的现金、购买固定资产、无形资产、公共基础设施等支付的现金。

3. 筹资活动产生的现金流量

资本及债务规模和构成发生变化的活动产生的现金流量。如财政资本性项目拨款收到的现金、偿还借款支付的现金。

(三)注意事项

1. 现金

这里指政府单位的**库存现金**，以及**其他可以随时用于支付的款项**。

如：库存现金、可以随时用于支付的银行存款、其他货币资金、零余额账户用款额度、财政应返还额度、通过财政直接支付方式支付的款项。

课外阅读：

1. 其他货币资金：企业的银行汇票存款、银行本票存款、信用卡存款、信用证保证金存款、存出投资款、外埠存款等其他货币资金。

2. 零余额账户用款额度：是指拨款并未实际拨到实户上，而是给了一个用款额度控制数，需要用钱的时候再在国库集中支付系统中申请。

3. 财政应返还额度：核算实行国库集中支付的事业单位应收财政返还的资金额度。

2. 现金流量

现金的流入和流出：现金流量净额 = 现金流入 - 现金流出。

3. 提供比较现金流量

各项目分为**“本年金额”**（本年实际发生数）和**“上年金额”**（上年实际发生数，根据上年现金流量表“本年金额”栏填写）两栏分别填列。使报表使用者通过比较不同年度现金流量变动表的数据，掌握政府单位各类现金流量及其各项目**变动情况及发展趋势**。

4. 编制方法

直接法编制。

**课外拓展：**

直接法和间接法编制现金流量表的区别

1. 直接法：应用在编制现金流量表，是指通过现金收入和现金支出的主要类别列示各类现金流量，以利润表中的营业收入为起点，调整有关项目的增减变动，计算现金流量。

2. 间接法：应用在现金流量表的编制，是指以净利润为起点，调整有关项目，将以权责发生制为基础计算的净利润调整为以收付实现制为基础计算的经营活动的现金流量净值。

5. 编制情景

由于政府单位已经编制以收付实现制为基础的预算收入支出表，能够从预算收支的角度反映单位现金流入流出的情况，因此，按照现行政府会计制度的规定，单位**可以自行选择是否编制**现金流量表。一般来说，**需要编制现金流量表的情况包括以下两种：**

（1）政府主管部门要求编制现金流量表，如目前政府医疗卫生主管部门要求医院编制现金流量表；

（2）会计信息使用者要求编制并提供现金流量表，如向银行贷款时有关信用评估单位要求提供现金流量表。

课外拓展：

政府会计的现金与企业现金的异同

企业现金主要包括库存现金、银行存款以及其他货币资金；政府的现金流量表中的现金除了包括上述三项外，还包括零余额账户用款额度、财政应返还额度和财政直接支付方式支付的款项。

现金流入方面，政府会计主体的现金流量表中财政拨款现金流入来源于财政基本支出拨款（日常活动）、财政非资本性项目拨款、事业活动收到的除财政拨款以外的现金、财政资本性项目拨款收到的现金（筹资活动）。相比政府会计主体现金流入，虽然企业的现金流入包括政府补助，但不具有同样稳定的财政拨款现金流入。

与企业不同，政府会计主体不能从处置子公司及其他营业单位收到现金净额。现金流出方面，政府的现金流量表中现金流出主要是通过财政直接支付、财政授权支付、非同级财政拨款支付、财政应返还额度和非财政拨款的现金流出。而企业的现金流出通常是直接作用于生产经营，几乎不存在无偿直接支付给非关联实体的情况，因此政府会计主体也不会存在“分配股利、利润的现金”的现金流出。

二、填列方式（★★）

见表7－12。

表7－12　　现金流量表填列

项目	说明
一、日常活动产生的现金流量：	
财政基本支出拨款收到的现金	本年接受**财政基本支出拨款**取得的现金。 根据“零余额账户用款额度”“财政拨款收入”“银行存款”等科目及其所属明细科目的记录分析填列
财政非资本性项目拨款收到的现金	本年接受**除用于构建固定资产、无形资产、公共基础设施等资本性项目以外的财政项目拨款**取得的现金。 根据“银行存款”“零余额账户用款额度”“财政拨款收入”等科目及其所属明细科目的记录分析填列
事业活动收到的除财政拨款以外的现金	本年**开展专业业务活动及其辅助活动取得的除财政拨款以外的**现金。 根据“库存现金”“银行存款”“其他货币资金”“应收账款”“应收票据”“预收账款”“事业收入”等科目及其所属明细科目的记录分析填列

续表

项目	说明
收到的其他与日常活动有关的现金	本年收到的除以上项目之外的与日常活动有关的现金。 根据“库存现金”“银行存款”“其他货币资金”“上级补助收入”“附属单位上缴收入”“经营收入”“非同级财政拨款收入”“捐赠收入”“利息收入”“租金收入”“其他收入”等科目及其所属明细科目的记录分析填列
日常活动的现金流入小计	本年日常活动产生的现金流出的合计数。 根据本表中“购买商品、接受劳务支付的现金”“支付给职工以及为职工支付的现金”“支付的各项税费”“支付的其他与日常活动有关的现金”项目金额的合计数填列
购买商品、接受劳务支付的现金	本年在**日常活动中用于购买商品、接受劳务**支付的现金。 根据“库存现金”“银行存款”“财政拨款收入”“零余额账户用款额度”“预付账款”“在途物品”“库存物品”“应付账款”“应付票据”“业务活动费用”“单位管理费用”“经营费用”等科目及其所属明细科目的记录分析填列
支付给职工以及为职工支付的现金	本年**支付给职工以及为职工支付**的现金。 根据“库存现金”“银行存款”“零余额账户用款额度”“财政拨款收入”“应付职工薪酬”“业务活动费用”“单位管理费用”“经营费用”等科目及其所属明细科目的记录分析填列
支付的各项税费	本年用于**缴纳日常活动相关税费**而支付的现金。 根据“库存现金”“银行存款”“零余额账户用款额度”“应交增值税”“其他应交税费”“业务活动费用”“单位管理费用”“经营费用”“所得税费用”等科目及其所属明细科目的记录分析填列
支付的其他与日常活动有关的现金	本年支付的除上述项目之外与日常活动有关的现金。 根据“库存现金”“银行存款”“零余额账户用款额度”“财政拨款收入”“其他应付款”“业务活动费用”“单位管理费用”“经营费用”“其他费用”等科目及其所属明细科目的记录分析填列
日常活动的现金流出小计	本年日常活动产生的现金流出的合计数。 根据本表中“购买商品、接受劳务支付的现金”“支付给职工以及为职工支付的现金”“支付的各项税费”“支付的其他与日常活动有关的现金”项目金额的合计数填列
日常活动产生的现金流量净额	按照本表中“日常活动的现金流入小计”－“日常活动中的现金流出小计”。如为负数，则以“－”号填列
二、投资活动产生的现金流量：	
收回投资收到的现金	本年**出售、转让或者收回投资收到**的现金。 根据“库存现金”“银行存款”“短期投资”“长期股权投资”“长期债券投资”等科目的记录分析填列

续表

项目	说明
取得投资收益收到的现金	本年因对外投资而收到被投资单位分配的股利或利润，以及收到投资利息而取得的现金。 根据“库存现金”“银行存款”“应收股利”“应收利息”“投资收益”等科目的记录分析填列
处置固定资产、无形资产、公共基础设施等收回的现金净额	本年处置固定资产、无形资产、公共基础设施等非流动资产所取得的现金，减去为处置这些资产而支付的有关费用之后的净额；由于自然灾害所造成的固定资产等长期资产损失而收到的保险赔款收入，也在本项目反映。 根据“库存现金”“银行存款”“待处理财产损溢”等科目的记录分析填列
收到的其他与投资活动有关的现金	本年收到的除上述项目之外与投资活动有关的现金。对于金额较大的现金流入，应当单列项目反映。 根据“库存现金”“银行存款”等有关科目的记录分析填列
投资活动的现金流入小计	本年投资活动产生的现金流入的合计数。 本表中“收回投资收到的现金”“取得投资收益收到的现金”“处置固定资产、无形资产、公共基础设施等收回的现金净额”“收到的其他与投资活动有关的现金”项目金额的合计数填列
购建固定资产、无形资产、公共基础设施等支付的现金	本年购买和建造固定资产、无形资产、公共基础设施等非流动资产所支付的现金。 融资租入固定资产支付的租赁费不在本项目反映，在筹资活动的现金流量中反映。 根据“库存现金”“银行存款”“固定资产”“工程物资”“在建工程”“无形资产”“研发支出”“公共基础设施”“保障性住房”等科目的记录分析填列
对外投资支付的现金	本年为取得短期投资、长期股权投资、长期债券投资而支付的现金。 根据“库存现金”“银行存款”“短期投资”“长期股权投资”“长期债券投资”等科目的记录分析填列
上缴处置固定资产、无形资产、公共基础设施等净收入支付的现金	本年单位将处置固定资产、无形资产、公共基础设施等非流动资产所收回的现金净额予以上缴财政所支付的现金。 根据“库存现金”“银行存款”“应缴财政款”等科目的记录分析填列
支付的其他与投资活动有关的现金	本年支付的除上述项目之外与投资活动有关的现金。对于金额较大的现金流出，应当单列项目反映。 根据“库存现金”“银行存款”等有关科目的记录分析填列
投资活动的现金流出小计	本年投资活动产生的现金流出的合计数。 本表中“收回投资收到的现金”“取得投资收益收到的现金”“处置固定资产、无形资产、公共基础设施等收回的现金净额”“收到的其他与投资活动有关的现金”项目金额的合计数填列
投资活动产生的现金流量净额	按照本表中“投资活动的现金流入小计” －“投资活动中的现金流出小计”。如为负数，则以“－”号填列

续表

项目	说明
三、筹资活动产生的现金流量：	
财政资本性项目拨款收到的现金	本年**接受用于购建固定资产、无形资产、公共基础设施等资本性项目的财政项目拨款**取得的现金。 根据“银行存款”“零余额账户用款额度”“财政拨款收入”等科目及其所属明细科目的记录分析填列
取得借款收到的现金	本年**举借短期、长期借款**所收到的现金。 根据“库存现金”“银行存款”“短期借款”“长期借款”等科目记录分析填列
收到的其他与筹资活动有关的现金	本年收到的除上述项目之外与筹资活动有关的现金。对于金额较大的现金流入，应当单列项目反映。 根据“库存现金”“银行存款”等有关科目的记录分析填列
筹资活动的现金流入小计	本年筹资活动产生的现金流入的合计数。 根据本表中“财政资本性项目拨款收到的现金”“取得借款收到的现金”“收到的其他与筹资活动有关的现金”项目金额的合计数填列
偿还借款支付的现金	本年**偿还借款本金**所支付的现金。 根据“库存现金”“银行存款”“短期借款”“长期借款”等科目的记录分析填列
偿还利息支付的现金	本年**支付的借款利息**等。 根据“库存现金”“银行存款”“应付利息”“长期借款”等科目的记录分析填列
支付的其他与筹资活动有关的现金	本年支付的除上述项目之外与筹资活动有关的现金，如融资租入固定资产所支付的租赁费。 根据“库存现金”“银行存款”“长期应付款”等科目的记录分析填列
筹资活动的现金流出小计	本年筹资活动产生的现金流出的合计数。 根据本表中“偿还借款支付的现金”“偿付利息支付的现金”“支付的其他与筹资活动有关的现金”项目金额的合计数填列
筹资活动产生的现金流量净额	按照本表中“筹资活动的现金流入小计”项目金额减去“筹资活动的现金流出小计”金额后的金额填列；如为负数，则以－号填列
四、汇率变动对现金的影响额	本年**外币现金流量折算为人民币时所采用的现金流量发生日的汇率折算**的人民币金额，**与外币现金流量净额按期末汇率折算的**人民币金额之间的**差额**
五、现金净增加额	本年**现金变动的净额**。 根据本表中“日常活动产生的现金流量净额”“投资活动产生的现金流量净额”“筹资活动产生的现金流量净额”和“汇率变动对现金的影响额”项目金额的合计数填列；如为负数，则以－号填列

学习笔记：

1. 与财务会计对现金流量表的分类不同，政府单位会计将现金流量分为“**日常活动**”“投资活动”“筹资活动”，而财务会计分为“**经营活动**”“投资活动”“筹资活动”。注意辨别。

2. **事业活动收到的除财政拨款以外的现金：**

（1）政府会计主体的事业收入是以权责发生制为基础，其中包含应收未收以及以前年度预售的款项，这部分款项在本年确认了收入，但是并未产生现金流入，应予以扣除。此外，本年预收以及收回以前年度应得款项，在本年未确认收入，但收到了现金，应予以调增。

（2）应缴纳的增值税销项税额不属于事业收入，但应计入事业活动收到的现金，应此需要在此基础上调增增值税销项税额。

（3）资产负债表“应收账款净额”项目扣除了坏账准备，所以还需要调减计提的坏账准备。

（4）填列公式：事业活动收到的除财政拨款以外的现金 = 事业收入 + 增值税销项税额 -（事业活动应收账款净额年末数 - 年初数）-（事业活动应收票据年末数 - 年初数）+ 事业活动预收账款年末数 - 年初数）- 计提的坏账准备。

课外拓展：

政府财务会计的主体和企业财务会计的主体制作的现金流量表区别重点是，对现金的界定范畴有所差别，现金流出、流入的区别，此项报表无须制作附表资料，此报表归属非强制性的编制报表。在政府财务会计的主体中，现金流量表隶属于政府财务系统，可是此项报表是基于收付实现制的编制前提。**政府财务现金流量表在种类**上和企业财务会计具有很大的区别，企业财务会计的报表是把现金流量划分成运营活动发生现金流动、投资发生现金流动以及筹资发生现金流动三种形式。可是，政府财务会计报表当中将其划分成**日常活动、筹资活动以及投资活动的现金流动形式**。两者**对现金界定**有所差异，企业会计现金重点涵盖账面现金、银行存款与其余货币；政府会计现金**不但包含了这三种，还包含了零余额账户用款额度、财政拨款返还额度与财政支付形式的支出的金额**。在现金流入层面，在政府财务主体的报表当中，**财政拨款流入来自财政基本日常活动、财政资本性项目拨款收入现金，非资本性项目拨款（收益补助）、去除财政拨款之外的事业活动收入的现金**。与政府财务主体现金流入对比，即便企业财务现金流入涵盖政府补助，可是未能具备其平稳的政府拨款现金流入。**政府财务主体和企业会**

计有所不同的是，未能处理下属单位与其余部门收到的现金净额度。在现金流出层面中，政府财务会计的此项报表中现金流出重点是，经过政府财政直接支出、财政授权支出、非同等级别的财政拨款支出、主体自身的现金支付等。

第六节　附注和会计报表重要项目说明

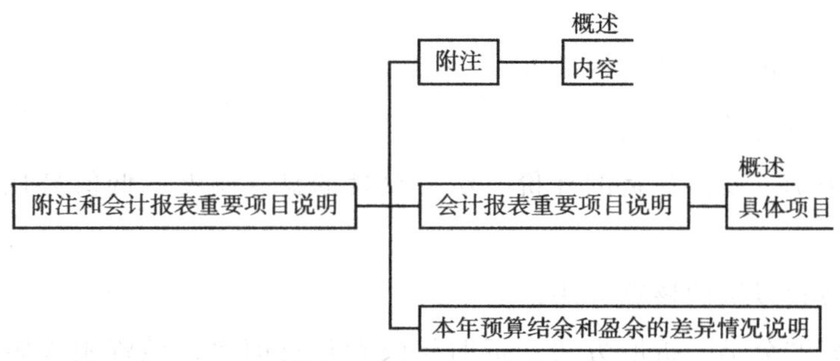

一、附注（★★★）

（一）概述

对会计报表中列示的项目进一步说明，以及对未能在会计报表中列示项目的说明，附注是财务报表的重要组成部分。不论《政府单位会计制度》是否有明确规定，**凡是对报表使用者的决策有重要影响的会计信息，都应当充分披露。**

课外拓展：

披露原则

对于哪些事项该在报表附注中披露，财务人员可以从两个会计目标角度衡量：一是**受托责任观**。政府是代理人，社会公众是委托人，社会公众委托政府履行公共服务，二者之间存在委托代理关系，因此政府有责任和义务向社会公众公开信息。二是**决策有用观**。对外披露的信息要对管理层决策有用。

（二）内容

1. 单位基本情况

政府单位应当简要披露其基本情况，包括**单位主要职能、主要业务活动、所在地、预算管理关系**等。

2. 会计报表编制基础

3. 遵循政府会计准则、制度的声明

4. 重要会计政策和会计估计

政府单位应当：

（1）采用与其业务特点相适应的具体会计政策；

（2）充分披露报告期内采用的重要会计政策和会计估计。

主要包括：

（1）会计期间；

（2）记账本位币，外币折算汇率；

（3）坏账准备的计提方法；

（4）存货类别、发出存货的计价方法、存货的盘存制度，低值易耗品和包装物的摊销方法；

（5）长期股权投资的核算方法；

（6）固定资产分类、折旧方法、折旧年限和年折旧率；融资租入固定资产的计价和折旧方法；

（7）无形资产的计价方法；使用寿命有限的无形资产，其使用寿命估计情况；使用寿命不确定的无形资产，其使用寿命不确定的判断依据；单位内部研究开发项目划分研究阶段和开发阶段的具体标准；

（8）公共基础设施的分类、折旧（摊销）年限，以及其确定标准；

（9）政府储备物资分类，及确定其发出成本所采用的方法；

（10）保障性住房的分类、折旧方法、折旧年限；

（11）其他重要的会计政策和会计估计；

（12）本期发生重要会计政策和会计估计变更的，变更的内容和原因、受其重要影响的报表项目名称和金额、相关审批程序，以及会计估计变更开始适用的时点。

二、会计报表重要项目说明（★★★）

（一）概述

1. 顺序

按照**资产负债表和收入费用表项目列示顺序**。

2. 方式

文字和数据描述**相结合**。大多使用表格形式，简洁明了。

3. 内容

披露重要项目的明细信息。报表重要项目的明细金额合计，应当与报表项目金额相衔接。

（二）具体项目

1. 货币资金的明细信息

包括：货币资金的种类，每种货币资金的年初余额、期末余额。

2. 应收账款的明细信息

包括：债务人的类别和名称，应收各债务人款项的年初余额、期末余额。

“部门内部单位”是指纳入单位所属部门财务报告合并范围的单位（下同）。

有应收票据、预付账款、其他应收款的，可比照应收账款进行披露。

3. 存货的明细信息

包括：存货的种类，每种存货的年初余额、期末余额。

4. 其他流动资产的明细信息

包括：其他流动资产的种类，每种其他流动资产年初余额、期末余额。

有长期待摊费用、其他非流动资产的，可比照其他流动资产进行披露。

5. 长期投资的明细信息

包括：长期债券投资的明细信息，长期股权投资的明细信息，当期发生的重大投资净损益项目、金额及原因。

有短期投资的，可比照长期债券投资进行披露。

6. 固定资产的明细信息

包括：固定资产的种类，每种固定资产的原值、累计折旧、账面价值、年初价值、本期增减变动数额、期末余额等，已提足折旧的固定资产名称、数量等，出租、出借固定资产，固定资产对外投资等情况。

7. 在建工程的明细信息

包括：在建工程的项目名称，各项目的年初余额、本期增减变动数额、期末余额等情况。

8. 无形资产的明细信息

包括：无形资产的种类，每种无形资产的原值、累计摊销、账面价值、年初余额、本期增减变动数额、期末余额等情况，计入当期损益的研发支出金额、确认为无形资产的研发支出金额，无形资产出售、对外投资等处置情况。

9. 公共基础设施的明细信息

包括：公共基础设施的种类，每种公共基础设施的原值、累计折旧、账面价值、年初余额、本期增减变动数额、期末余额等情况，确认为公共基础设施的单独计价入账的土地使用权的账面余额、累计摊销额及变动情况已提足折旧继续使用的公共基础设施的名称、数量等。

10. 政府储备物资的明细信息

包括：政府储备物资的种类，各种类物资的年初余额、本期增减变动数额、期末余额等情况。

如单位有因动用而发出需要收回或者预期可能收回、但期末尚未收回的政府储备物资，应当单独披露其期末账面余额。

11. 受托代理资产的明细信息

包括：受托代理资产的种类，各种类资产的年初余额、本期增减变动数额、期末余额等情况。

12. 应付账款的明细信息

包括：债权人的类别和名称，应付各债权人款项的年初余额和期末余额等情况。

有应付票据、预收账款、其他应付款、长期应付款的，可比照应付账款进行披露。

13. 其他流动负债的明细信息

包括：其他流动负债的项目，各项目的年初余额和期末余额等情况。

有预计负债、其他非流动负债的，可比照其他流动负债进行披露。

14. 长期借款的明细信息

包括：债权人的名称向各债权人借款的年初余额和期末余额等情况。单位有基建借款的，应当分基建项目披露长期借款的年初数、本年变动数、年末数及到期期限。

有短期借款的，可比照长期借款进行披露。

15. 事业收入的明细信息

包括：事业收入的来源渠道、每种事业收入的本期发生额和上期发生额等情况。

16. 非同级财政拨款收入的明细信息

包括：非同级财政拨款收入的来源渠道、每种非同级财政拨款收入的本期发生额和上期发生额等情况。

17. 其他收入的明细信息

包括：其他收入的来源渠道、每种其他收入的本期发生额和上期发生额等情况。

18. 业务活动费用的明细信息

包括：按经济分类的明细信息和按支付对象分类的明细信息。其中，按经济分类的明细信息包括费用项目、每一项费用项目的本期发生额和上期发生额。费用项目包括工资福利费用、商品和服务费用、对个人和家庭的补助费用、对企业补助费用、固定资产折旧费、无形资产摊销费等。按支付对象分类的明细信息包括支付对象名称、每一支付对象的本期发生额和上期发生额。

有单位管理费用、经营费用的，可比照业务活动费用表进行披露。

19. 其他费用的明细信息

包括：其他费用的类别、每一项费用类别的本期发生额和上期发生额。其他费用的类别如利息费用、坏账损失、罚没支付等。

20. 本期费用的明细信息

包括：本期费用的项目、每一项费用项目的本年数和上年数等情况。

单位在按照《政府会计制度——行政事业单位会计科目和报表》规定编制收入费用表的基础上，可以根据需要按照此表披露的内容编制收入费用表。

三、本年预算结余和盈余的差异情况说明（★★）

为反映政府单位**财务会计和预算会计因核算基础和核算范围不同所产生的本年盈余数与本年预算结余数之间的差异**，政府单位应当按照**重要性原则**，对本年度发生的各类影响收入（预算收入）和费用（预算支出）的业务进行适度归并和分析，**披露将年度预算收入支出表中“本年预算收支差额”调节为年度收入费用表中“本期盈余”的信息**。①

**课外拓展：**

新政府会计制度全面纳入了权责发生制，创建了具有财务会计与预算会计双重功能的会计核算模式。由于**存在两种不同的核算基础**，导致本年盈余与预算结余产生差异，本年盈余与预算结余差异调节表是连接预算会计体系和财务会计体系的桥梁，能具体反映本年财务盈余与预算结余到底存在哪些差异。在**权责发生制下**，财务会计当期的收入和费用是以权利和责任是否发生来确认，而无论是否涉及现金收支；在**收付实现制下**，预算会计的收入和支出则是以是否涉及现金收支以及该业务是否纳入了部门预算管理来确认，所以在两种不同核算基础上，财务会计与预算会计在收入和费用（支出）的具体确认上不同步，当期的损益必然存在差异，这就需要一张差异调节表通过将预算会计与财务会计收支差异和其他事项导致的差异剥离出来，最终使预算结余与本年盈余相等，从而**实现了财务会计与预算会计适度分离又相互衔接的“双功能”**。

四、其他重要事项说明（★）

1. 资产负债表日存在的**重要或有事项说明**。若没有，也应当说明。

2. 以**名义金额计量的**资产名称、数量等情况，以及名义金额计量理由说明。

3. 通过**债务资金形成的**固定资产、公共基础设施、保障性住房等资产的账面价值、使用情况、收益情况及与此相关的债务偿还情况等的说明。

---

① 金玉珠：“浅析新政府会计制度下本年盈余与预算结余差异调节表的编制”，《今日财富（中国知识产权）》2021年第5期，第188－189＋192页。

4. **重要资产置换、无偿调入（出）、捐入（出）、报废、重大毁损**等情况的说明。

5. 事业单位将**单位内部独立核算单位的会计信息纳入本单位财务报表情况**的说明。

6. 政府会计具体准则中要求附注披露的其他内容。

7. 有助于理解和分析单位财务报表需要说明的其他事项。

课外拓展：

在“需要说明的其他事项”中要求披露**重要或有事项**。参照国际做法，美国爱达荷州政府会在附注中披露很多承诺事项，例如，如果州政府正在盖一栋大楼，到年底时大楼尚未完工，州政府有相应的应付账款形成，那么州政府的会计报表附注中就会披露由于该事由到年底还有多少应付款项，这种未来的支付义务就属于承诺事项。同样，美国联邦政府的报告中会披露一些融资租赁资产的情况、未支付订单的情况等，这些都属于承诺事项。因此，财务人员在进行其他事项说明时，可参考国际做法披露重要或有事项。

课后习题

1. **【单选题】**对于政府单位会计报表，下列说法正确的是（　　）。

A. 如果单位有因动用而发出需要收回或者预期可能收回、但期末尚未收回的政府储备物资，其期末账面余额不需要在报表中列示。

B. 列示会计报表具体项目中的业务活动费用的明细信息时，列示按经济分类的明细信息和按时间先后的明细信息。

C. 说明本年预算结余和盈余的差异情况时，政府单位应当按照实质重于形式原则，对本年度发生的各类影响收入（预算收入）和费用（预算支出）的业务进行适度归并和分析。

D. 事业单位将单位内部独立核算单位的会计信息纳入本单位财务报表情况的说明应当在其他重要事项说明中列示。

【参考答案】D.

【解析】选项A的正确表述为，如单位有因动用而发出需要收回或者预期可能收回、但期末尚未收回的政府储备物资，应当在会计报表具体项目中单独披露其期末账面余额。

选项B的正确表述为，列示会计报表具体项目中的业务活动费用的明细信息时，列示按经济分类的明细信息和按支付对象分类的明细信息。

选项C的相关资料为，为反映政府单位财务会计和预算会计因核算基础和核算范围不同所产生的本年盈余数与本年预算结余数之间的差异，政府单位应当按照重要性原则，对本年度发生的各类影响收入（预算收入）和费用（预算支出）的业务进行适度归并和分析，披露将年度预算收入支出表中“本年预算收支差额”调节为年度收入费用表中“本期盈余”的信息。因此对本年发生的各类影响收入和费用的业务分析时，应当采用重要性原则而不是实质重于形式原则。

2.【单选题】下列各项中，行政单位可以根据实际情况自行选择是否编制的财务报表是（　　）。

A. 净资产变动表　　B. 收入费用表

C. 现金流量表　　D. 资产负债表

【参考答案】C.

【解析】单位可根据实际情况**自行**选择编制现金流量表。

3.【单选题】下列关于政府会计财务报表的说法中，错误的是（　　）。

A. 财务报表的编制主要以权责发生制为基础以单位预算会计核算生成的数据为准。

B. 财务报表一般包括资产负债表、收入费用表和净资产变动表

C. 单位可根据实际情况自行选择编制现金流量表

D. 单位应当至少按照年度编制财务报表

【参考答案】A.

【解析】财务报表的编制主要以权责发生制为基础，以财务会计核算生成的数据为准。

4.【单选题】下列选项中，不属于政府单位财务报表的是（　　）。

A. 资产负债表　　B. 收入费用表

C. 预算收入支出表　　D. 附注

【参考答案】C.

【解析】政府单位会计报表包括资产负债表、收入费用表、净资产变动表、现金流量表、附注和会计报表重要项目说明。

5.【单选题】政府会计报表无需由下列哪些人员签名并盖章（　　）。

A. 单位负责人　　B. 会计机构负责人

C. 主办会计　　D. 主管会计工作的负责人

【参考答案】C.

【解析】政府会计报表应由单位负责人、会计机构负责人，主管会计工作的负责人

签名并盖章。

6.【主观题】什么是行政单位的会计报表？行政单位的会计报表主要包括哪些种类？

【参考答案】行政单位会计报表是反映行政单位财务状况和预算执行情况的书面文件，主要包括资产负债表、收入支出表、经费支出明细表、基本支出明细表、项目支出明细表、基本数字表和会计报表说明书等。主管行政单位还需要编制本部门的部门收支决算表。

【解析】行政单位会计报表是反映行政单位财务状况和预算执行情况的书面文件，主要包括资产负债表、收入支出表、经费支出明细表、基本支出明细表、项目支出明细表、基本数字表和会计报表说明书等。主管行政单位还需要编制本部门的部门收支决算表。

第八章　政府单位预算会计报表

第一节　年度预算会计报表概述

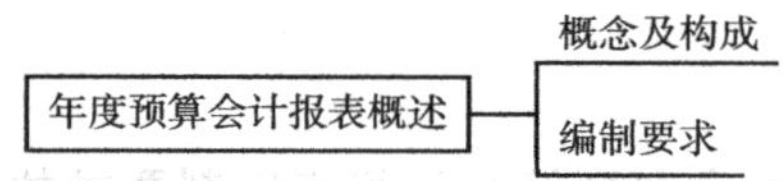

一、概念及构成（★★★）

政府单位预算会计报表是综合反映政府单位年度预算收支执行结果的文件。见表8－1。

表8－1　　政府单位预算会计报表组成

政府单位预算会计报表	
会政预01表	预算收入支出表
会政预02表	预算结转结余变动表
会政预03表	财政拨款预算收入支出表

课外拓展：

以上三张报表是单位年末编制部门决算报表的基础，各表数据是决算报表中主表编制的依据，把年终决算工作分解到日常核算工作中，必将减少和简化年终决算工作，使年终决算报表变为日常化，实时实现预算会计的账表同步与统一。

二、编制要求（★★）

1. 主要以**收付实现制**为基础，以单位预算会计核算生成的数据为准。

2. 至少按照**年度**编制。

3. 根据相关规定编制真实、完整的预算会计报表，不得随意改变编制基础、编制依据、编制原则和方法，不得随意改变会计口径。

4. 根据账簿记录和有关资料编制，保证数字真实、计算准确、内容完整、编报及时。

5. 报表由单位负责人和主管会计工作的负责人等签名并盖章。

6. 编制内容见表 8－2。

表 8－2　　预算会计报表内容 VS. 财务报表内容

预算会计报表	财务报表
预算收入支出表 预算结转结余变动表 财政拨款预算收入支出表	资产负债表 收入费用表 净资产变动表

课外拓展：

财务报表和预算会计报表编制要求的对比

1. 不同点

（1）财务报表的编制主要以权责发生制为基础，以单位财务会计核算生成的数据为准。

（2）财务报表由会计报表及其附注构成。会计报表一般包括资产负债表、收入费用表和净资产变动表。单位可根据实际情况自行选择编制现金流量表。

2. 相同点

（1）单位应当至少按照年度编制财务报表。

（2）根据相关规定编制真实、完整的财务会计报表，不得随意改变编制基础、编制依据、编制原则和方法，不得随意改变会计口径。

（3）根据登记完整、核对无误的账簿记录和其他有关资料编制，做到数字真实、计算准确、内容完整、编报及时。

（4）报表应当由单位负责人和主管会计工作的负责人、会计机构负责人（会计主管人员）签名并盖章。

第二节　预算收入支出表

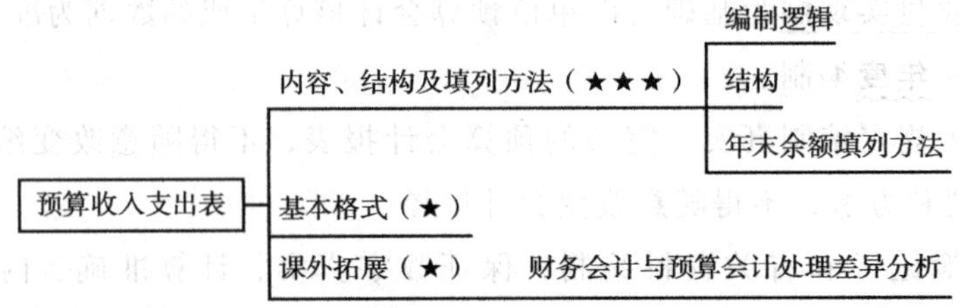

一、内容、结构和填列方法（★★★）

（一）内容（★★★）

预算收入支出表是只反映政府单位在**某一会计年度**内各项预算收入、预算支出和预算收支差额情况的动态报表，只按年度编制，1－11月末不需要编制。**编制逻辑：预算收入－预算支出＝本年预算收支差额**

作用：（1）反映某一会计期间各项预算收入的总额及其构成情况的信息（如单位实现的预算收入总额以及财政拨款预算收入等11项预算收入的构成情况）；（2）反映某一会计期间各项预算支出的总额及其构成情况的信息。（如各项支出总额以及行政支出或事业支出和其他等项支出的构成情况）；（3）反映某一会计期间各项预算收入总额与各项预算支出总额配比的结果，即本期业务活动预算收支差额情况的信息。

（二）结构（★）

见表8－3。

表8－3　　预算收入支出表结构

本年预算收入	本年预算支出	
财政拨款预算收入、事业预算收入、上级补助预算收入、附属单位上缴预算收入、经营预算收入、债务预算收入、非同级财政拨款预算收入、投资预算收益、其他预算收入、捐赠预算收入、租金预算收入	对附属单位补助支出、投资支出、债务还本支出	其他支出
行政支出、事业支出、经营支出、上缴上级支出		

（三）年末余额填列方法（★★）

见表8－4和表8－5。

表8－4　　预算支出表填列方法——收入类

项目	反映内容	填列方法
本年预算收入	本年预算收入总额	根据“财政拨款预算收入”“事业预算收入”“上级补助预算收入”“附属单位上缴预算收入”“经营预算收入”“债务预算收入”“非同级财政拨款预算收入”“投资预算收益”“其他预算收入”“租金预算收入”项目金额合计数填列
（一）财政拨款预算收入	本年从同级政府财政部门取得的各类财政拨款	本年发生额

续表

项目	反映内容	填列方法
其中：政府性基金预算收入	本年取得的财政拨款收入中属于政府性基金预算拨款的金额	明细科目本年发生额
（二）事业预算收入	本年开展专业业务活动及其辅助活动取得的预算收入	本年发生额
（三）上级补助预算收入	本年从主管部门和上级单位取得的非财政补助收入预算收入	本年发生额
（四）附属单位上缴预算收入	本年收到的独立核算的附属单位按照有关规定上缴的预算收入	本年发生额
（五）经营预算收入	本年在专业业务活动及其辅助活动之外开展非独立核算经营活动取得的预算收入	本年发生额
（六）债务预算收入	本年按照规定从金融机构等接入的、纳入部门预算管理的债务预算收入	本年发生额
（七）非同级财政拨款预算收入	本年从非同级单位政府财政部门取得的财政拨款	本年发生额
（八）投资预算收益	本年取得的按规定纳入单位预算管理的投资收益	本年发生额
（九）其他预算收入	本年取得的除上述收入以外的纳入单位预算管理的各项预算收入	本年发生额
其中：利息预算收入	本年取得的利息预算收入	根据“其他预算收入”明细账分析填列；单设此科目时，根据本年发生额填列
捐赠预算收入	本年取得的捐赠预算收入	根据“其他预算收入”明细账分析填列；单设此科目时，根据本年发生额填列
租金预算收入	本年取得的租金预算收入	根据“其他预算收入”明细账分析填列；单设此科目时，根据本年发生额填列

表 8－5　　　　预算支出表填列方法——支出类

项目	反映内容	填列方法
本年预算支出	本年预算支出总额	根据“行政支出”“事业支出”“经营支出”“上缴上级支出”“对附属单位补助支出”“投资支出”“债务还本支出”“其他支出”项目金额合计数填列
（一）行政支出	本年履行职责实际发生的支出	本年发生额
（二）事业支出	本年开展专业业务活动及其辅助活动发生的支出	本年发生额

续表

项目	反映内容	填列方法
（三）经营支出	本年开展专业业务活动及其辅助活动之外开展非独立核算经营活动发生的支出	本年发生额
（四）上缴上级支出	本年按照财政部门和主管部门的规定上缴上级单位的支出	本年发生额
（五）对附属单位补助支出	本年用财政拨款收入之外的收入对附属单位补助发生的支出	本年发生额
（六）投资支出	本年以货币资金对外投资发生的支出	本年发生额
（七）债务还本支出	本年偿还自身承担的纳入预算管理的从金融机构举借的债务本金的支出	本年发生额
（八）其他支出	本年除上述支出以外的各项支出	本年发生额
其中：利息支出	本年发生的利息支出	根据“其他支出”明细账分析填列；单设此科目时，根据本年发生额填列
捐赠支出	本年发生的捐赠支出	根据“其他支出”明细账分析填列；单设此科目时，根据本年发生额填列

需要说明的是：

（1）“本年预算收支差额”：反映本年预算收支相抵后的差额，若为负数，以“—”号填列。

（2）新制度下，预算收入表单纯反映预算收入支出结存情况，完全在收付实现制记账核算的基础上反映预算收支情况。

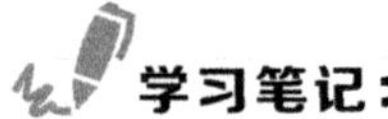
学习笔记：

预算收入支出表分为“本年数”和“上年数”两栏填列。若本年与上年的预算收入支出表中规定的项目的名称和内容不一致，则对上年预算收入支出表的项目按照本年规定进行调整，将调整后的金额作为“上年数”。

二、基本格式（★）

见表8-6。

表8-6　　预算支出表

项目	本年数	上年数（略）
一、本年预算收入		
（一）财政拨款预算收入		
其中：政府性基金预算收入		
（二）事业预算收入		

续表

项目	本年数	上年数（略）
（三）上级补助预算收入		
（四）附属单位上缴预算收入		
（五）经营预算收入		
（六）债务预算收入		
（七）非同级财政拨款预算收入		
（八）投资预算收益		
（九）其他预算收入		
其中：利息预算收入		
捐赠预算收入		
租金预算收入		
二、本年预算支出		
（一）行政支出		
（二）事业支出		
（三）经营支出		
（四）上缴上级支出		
（五）对附属单位补助支出		
（六）投资支出		
（七）债务还本支出		
（八）其他支出		
其中：利息支出		
捐赠支出		
三、本年预算收支差额		

课堂笔记：

为反映政府单位财务会计与预算会计因核算基础和核算范围不同所导致的本年盈余数与本年预算结余数之间的差异，政府单位应对本年发生的各类影响预算收入和预算支出的业务进行适度归并和分析并作出披露。如表8-7与表8-8所示，该表中调整事项是编制综合财务报告时，填报本年收支盈余与本年预算收支结余调整表的事项及数据来源。

课外拓展：

政府会计由预算会计和财务会计两个系统构成

1. 预算会计实行收付实现制；而财务会计服务于单位财务管理，比如资产管理、债务管理，成本管理与控制等。

2. 政府单位预算会计报表以预算会计为基础，政府单位财务会计报表以财务会计为基础。

表 8－7　　财务会计收入与预算会计预算收入差异分析表

财务会计		预算会计	
本年收入小计	金额	本年预算收入小计	金额
1. 调加事项		1. 调加事项	
（1）借入长短期借款确认的债务预算收入		（1）应收账款、预收账款确认的收入	
（2）收到应收账款、预收账款确认的预算收入		（2）应收账款、预收账款确认的收入	
2. 调减事项		2. 调减事项	
（1）应收账款、预收账款确认的收入		（1）借入长短期借款确认的债务预算收入	
（2）接受非货币性资金捐赠确认的收入		（2）收到应收账款、预收账款确认的预算收入	
合计		合计	

表 8－8　　财务会计费用与预算会计预算支出差异分析表①

财务会计		预算会计	
本年费用小计	金额	本年预算支出小计	金额
1. 调加事项		1. 调加事项	
（1）支付应付款项、预付账款的支出		（1）发出存货、政府储备物资等确认的费用	
（2）为取得存货等计入物资成本的支出		（2）计提的折旧费用和摊销费用	
（3）为购建固定资产等资本性支出		（3）确认的资产处置费用（处置资产价值）	
2. 调减事项		（4）应付款项、预付账款确认的费用	
（1）发出存货、政府储备物资等确认的费用		（5）计提坏账准备形成的其他费用	
（2）计提的折旧费用和摊销费用		（6）计提科学项目的管理费用	
（3）确认的资产处置费用（处置资产价值）		2. 调减事项	
（4）应付款项、预付账款确认的费用		（1）支付应付款项、预付账款的支出	

① 李雄平等："政府会计制度财务报告编制与会计核算规范探讨"，《教育财会研究》2020 年第 31 期。

续表

财务会计		预算会计	
(5) 计提坏账准备形成的其他费用		(2) 为取得存货等计入物资成本的支出	
(6) 计提科学项目的管理费用		(3) 为购建固定资产等资本性支出	
合计		合计	

第三节　预算结转结余变动表

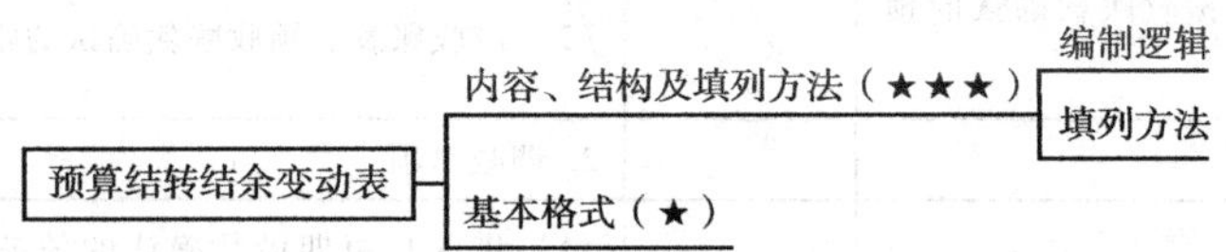

一、内容和填列方法（★★★）

（一）内容（★★★）

预算结转结余变动表是反映政府单位在某一会计年度内预算结转结余的变动情况的报表的动态报表，只编制年度报表，1－11月末不需要编制。

编制逻辑：年末预算结转结余＝年初预算结转结余＋年初余额调整＋本年变动金额

要区分财政拨款资金和其他资金的结转结余情况，注意两年以上的结转资金视同结余资金，财政应视情况收回统筹使用。

（二）填列方法（★★）

见表8－9。

表8－9　　预算结转结余变动表填列方法

项目	反映内容	填列方法
1. 年初预算结转结余	本年预算结转结余的年初余额	根据本项目下“财政拨款结转结余”“其他资金结转结余”项目的合计数填列
(1) 财政拨款结转结余	本年财政拨款结转结余资金的年初数额	“财政拨款结转”“财政拨款结余”科目年初余额合计数
(2) 其他资金结转结余	本年其他资金结转结余的年初数额	“非财政拨款结转”“非财政拨款结余”“专用结余”“经营结余”科目年初余额合计数

续表

项目	反映内容	填列方法
2. 年初余额调整	本年预算结转结余年初余额调整的金额	根据本项目下“财政拨款结转结余”“其他资金结转结余”项目合计金额填列
（1）财政拨款结转结余	本年财政拨款结转结余资金的年初余额调整金额	根据“财政拨款结转”“财政拨款结余”科目下“年初余额调整”明细科目本年发生额合计数填列，如调整减少年初财政拨款结转结余，以“—”号填列
（2）其他资金结转结余	本年其他资金结转结余的年初余额调整金额	根据“非财政拨款结转”“非财政拨款结余”科目下“年初余额调整”明细科目的本年发生额合计数填列，如有减少以“—”号填列
3. 本年变动金额	本年预算结转结余变动的金额	根据本项目下“财政拨款结转结余”“其他资金结转结余”项目合计金额填列
（1）财政拨款结转结余	本年财政拨款结转结余资金的变动	根据本项目下“本年收支差额”“归集调入”“归集上缴或调出”项目合计金额填列
①本年收支差额	本年财政拨款资金收支相抵后的差额	根据“财政拨款结转”科目下“本年收支结转”明细科目本年转入的预算收入与预算支出的差额填列，若为负数，以“—”号表示
②归集调入	本年按照规定从其他单位归集调入的财政拨款结转资金	根据“财政拨款结转”科目下“归集调入”明细科目本年发生额填列
③归集上缴或调出	本年按照规定上缴的财政拨款结转结余资金及按照规定向其他单位调出的财政拨款结转资金	根据“财政拨款结转”“财政拨款结余”科目下“归集上缴”“归集调出”明细科目本年发生额合计数填列，以“—”号填列
（2）其他资金结转结余	本年其他资金结转结余的变动	根据本项目下“本年收支差额”“缴回资金”“使用专用结余”“支付所得税”等项目合计金额填列
①本年收支差额	本年除财政拨款外的其他资金收支相抵后的差额	根据“非财政拨款结转”下“本年收支结转”“其他结余”“经营结余”的本年转入的预算收支差额合计数填列，如为负数，以“—”号表示
②缴回资金	本年按照规定缴回的非财政拨款结转资金	根据“非财政拨款结转”下“缴回资金”明细科目本年发生额填列。以“—”号填列
③使用专用结余	本年根据规定使用从非财政拨款结转或经营中提取的专用基金的金额	根据“专用结余”本年使用专用结余业务的发生额填列，以“—”号表示
④支付所得税	由企业所得税缴纳义务的单位本年实际缴纳的企业所得税金额	根据“非财政拨款结余”明细账中本年实际缴纳所得税业务的发生额填列，以“—”号填列

续表

项目	反映内容	填列方法
4. 年末预算结转结余	本年预算结转结余的年末余额	根据本项目下“财政拨款结转结余”“其他资金结转结余”合计金额填列
(1) 财政拨款结转结余	本年财政拨款结转结余的年末余额	根据本项目下“财政拨款结转”“财政拨款结余”本年年末合计金额填列
(2) 其他资金结转结余	本年其他资金结转结余的年末余额	根据本项目下“非财政拨款结转”“非财政拨款结余”“专用结余”“经营结余”年末余额合计数填列

二、基本格式（★）

1. 预算结转结余变动表

预算结转结余变动表按照年初预算结转结余、年初余额调整、本年变动金额、年末预算结转结余分项列示。

其中，年末预算结转结余 = 年初预算结转结余 + 年初余额调整 + 本年变动金额

2. 比较预算结转结余变动表

为了使报表使用者通过比较不同年度预算结转结余变动表的数据，掌握政府单位预算结转结余各项目变动情况及发展趋势，政府单位需要提供比较预算结转结余表，将各项目再分为“本年数”和“上年数”两栏分别填列。如表 8 - 10 所示。

其中，“本年数”反映各项目的本年实际发生数；“上年数”反映各项目的上年实际发生数，根据上年度“本年数”填列。

如果本年度预算结转结余变动表规定的项目的名称和内容同上年度不一致，应当对上年度预算结转结余变动表项目的名称和数字按照本年度的规定进行调整，将调整后金额填入本年度预算结转结余变动表的“上年数”栏。

表 8 - 10　　　　预算结转结余变动表

项目	本年数	上年数
一、年初预算结转结余		
（一）财政拨款结转结余		
（二）其他资金结转结余		
二、年初余额调整（减少以“—”号填列）		
（一）财政拨款结转结余		
（二）其他资金结转结余		
三、本年变动金额（减少以“—”号填列）		
（一）财政拨款结转结余		
1. 本年收支差额		

续表

项目	本年数	上年数
2. 归集调入		
3. 归集上缴或调出		
（二）其他资金结转结余		
1. 本年收支差额		
2. 缴回资金		
3. 使用专用结余		
4. 支付所得税		
四、年末预算结转结余		
（一）财政拨款结转结余		
1. 财政拨款结转		
2. 财政拨款结余		
（二）其他资金结转结余		
1. 非财政拨款结转		
2. 非财政拨款结余		
3. 专用结余		
4. 经营结余（如有余额，以“—”号填列）		

【例 8－1】 下列年末财政拨款结转和结余业务相关的账务处理中，错误的是（　　）。

A. 结转后“累计结转”明细科目应无余额

B. 年末冲销有关明细科目余额，借：财政拨款结转－本年收支结转/年初余额调整/归集调入/归集调出/归集上缴/单位内部调剂；贷：财政拨款结转－累计结转

C. 将各项支出中财政拨款支出本年发生额转入本科目，借：财政拨款结转－本年收支结转；贷：行政支出/事业支出等－财政拨款支出

D. 年末，将财政拨款预算收入本年发生额转入本科目，借：财政拨款预算收入；贷：财政拨款结转－本年收支结转

【参考答案】 A.

第四节　财政拨款预算收入支出表

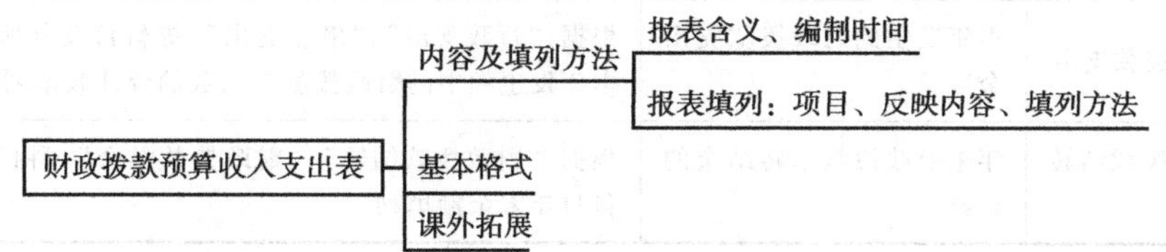

一、内容和填列方法（★★★）

（一）内容（★★★）

财政拨款预算收入支出表是反映单位本年财政拨款预算资金收入、支出及相关变动的具体情况的动态报表，只编制年度报表，1－11月末不需要编制。

注：本表仅指财政拨款预算的收支情况，并要求对项目支出按各明细进行列示，与“财政拨款结转”、“财政拨款结余”等科目账面余额一致。

（二）填列方法（★★）

见表8－11。

表8－11　　财政拨款预算收入支出表填列方法

项目	反映内容	填列方法
1. 年初财政拨款结转结余	年初各项财政拨款结转结余的金额	根据“财政拨款结转”“财政拨款结余”及其明细科目的年初余额填列。本栏中各项目的数额应当与上年度财政拨款预算收入支出表中“年末财政拨款结转结余”栏中各项目的数额相等
2. 调整年初财政拨款结转结余	对年初财政拨款结转结余的调整金额	根据“财政拨款结转”“财政拨款结余”科目下“年初余额调整”明细科目及其所属明细科目的本年发生额填列；如为调整减少，以“－”号填列
3. 本年归集调入	本年按规定从其他单位调入的财政拨款结转资金金额	根据“财政拨款结转”科目下“归集调入”明细科目及其所属明细科目本年发生额填列
4. 本年归集上缴或调出	本年按规定实际上缴的财政拨款及按照规定向其他单位调出的财政拨款结转资金金额	根据“财政拨款结转”“财政拨款结余”科目下“归集上缴”科目和“财政拨款结转”科目下“归集调出”明细科目及其所属明细科目的本年发生额填列，以“－”号填列
5. 单位内部调剂	本年财政拨款结转结余资金在单位内部不同项目等之间的调剂金额	根据“财政拨款结转”和“财政拨款结余”科目下的“单位内部调剂”明细科目及其所属明细科目的本年发生额填列；对单位内部调剂减少的，以“－”号填列
6. 本年财政拨款收入	本年从同级财政部门取得的财政预算拨款金额	根据“财政拨款预算收入”科目及其所属明细科目的本年发生额填列
7. 本年财政拨款支出	本年发生的财政拨款支出金额	根据“行政支出”“事业支出”等科目及其所属明细科目本年发生额中的财政拨款支出数的合计数填列
8. 年末财政拨款结转结余	年末财政拨款结转结余的金额	根据“财政拨款结转”“财政拨款结余”科目及所属明细科目年末余额填列

二、基本格式（★）

财政拨款预算收入支出表“项目”栏内各项目，应当根据政府单位取得的财政拨款种类分项设置。其中“项目支出”项目下，根据每个项目设置；政府单位取得除一般公共预算财政拨款和政府性基金预算财政拨款以外的其他财政拨款的，应当按照财政拨款种类增加相应的资金项目及其明细项目。

财政拨款预算收入支出表“项目”栏内各项目分别填列“年初财政拨款结转结余”“调整年初财政拨款结转结余”“本年归集调入”“本年归集上缴或调出”“单位内部调剂”“本年财政拨款收入”“本年财政拨款支出”“年末财政拨款结转结余”八栏数据。具体见表8－12。

表8－12　　财政拨款预算收入支出表填列方法

项目	年初财政拨款结转结余		调整年初财政拨款结转结余	本年归集调入	本年归集上缴或调出	单位内部调剂		本年财政拨款收入	本年财政拨款支出	年末财政拨款结转结余	
	结转	结余				结转	结余			结转	结余
一、一般公共预算财政拨款											
（一）基本支出											
1. 人员经费											
2. 日常公用经费											
（二）项目支出											
1. ××项目											
2. ×…×项目											
…											
二、政府性基金预算财政拨款											
（一）基本支出											
1. 人员经费											
2. 日常公用经费											
（二）项目支出											
1. ××项目											
2. ××项目											
…											
总计											

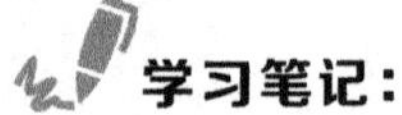

项目	预算收入支出表	预算结转结余表	财政拨款预算收入支出表
反映内容	各项预算收入、预算支出和预算差额	预算结转结余变动	财政拨款预算资金收入、支出及相关变动
编制时间	年度	年度	年度
填列方法	按照明细分别填列预算收入和支出项目，相减结出差额	分别填年初预算结转结余并对年初余额进行调整。填列本年变动金额。三者之和得出年末预算结转结余	分别填年初财政拨款结转结余并调整年初财政拨款结转结余。填列本年调入调出，收入支出。结出年末财政拨款结转结余

1. 财政部明确财务报告合并范围：政府部门财务报告编制范围应包括部门及部门所属的行政事业单位、与同级财政部门有预算拨款关系的社会团体。

2. 开展政府部门财务报告审计：部门财务报告应保证报告信息的真实性、完整性及合规性，接受审计。

3. 报送并公开政府部门财务报告：部门财务报告及其审计报告应报送本级政府财政部门，并按规定向社会公开。

4. 加强部门财务分析：各部门应充分利用财务报告反映的信息，加强对资产状况、债务风险、成本费用、预算执行情况的分析，促进预算管理、资产负债管理和绩效管理有机衔接。

5. **政府会计制度新体系**：我国新实行的政府会计制度与之前的预算会计核算体系相比，主要创新和变化是采用“政府预算会计和财务会计**适度分离又相互衔接**的核算模式”。如：“双功能”“双基础”“双报告”的核算方法；对纳入部门预算管理的现金收支进行“平行记账”；在财务报表与决算报表之间建立勾稽关系等。

课后习题

1. 【多选题】据《政府会计制度》规定，政府单位预算会计报表至少包括的报表有（　　）。

A. 资产负债表　　B. 预算收入支出表

C. 预算结转结余变动表　　D. 财政拨款预算收入支出表

【参考答案】BCD.

【解析】预算会计报表至少包括预算收入支出表、预算结转结余变动表和财政拨款预算收入支出表。

2. 【单选题】以下关于政府单位预算会计报表的说法正确的是（　　）。

A. 政府单位应当按照要求每月编制财政拨款预算收入支出表来反映当月财政拨款预算收支情况

B. 政府单位预算会计报表的编制要求是主要以单位财务会计核算生成的数据为准

C. 年末的预算结转结余只包括年初预算结转结余和本年变动金额

D. 预算收入支出表是动态报表

【参考答案】D.

【解析】A 选项：财政拨款预算收入支出表只编制年度报表，1－11 月末不需要编制；B 选项：政府单位预算会计报表的编制要求是主要以单位预算会计核算生成的数据为准，并非财务会计；C 选项：年末的预算结转结余包括三部分：年初预算结转结余、年初余额调整与本年变动金额；D 选项正确，预算收入支出表是只反映政府单位在某一会计年度内各项预算收入、预算支出和预算收支差额情况的动态报表。

3. 【多选题】下列报表中属于预算会计报表的有（　　）。

A. 预算收入支出表　　B. 财政拨款预算收入支出表

C. 预算结转结余变动表　　D. 现金流量表

【参考答案】ABC.

4. 【多选题】决算草案应当与预算相对应，按（　　）分别列出。

A. 统计数　　B. 预算数

C. 调整预算数　　D. 决算数

【参考答案】BCD.

5. 【思考题】什么是政府单位的预算会计报表？包括哪些内容？

【参考答案】政府单位预算会计报表是综合反映政府单位年度预算收支执行结果的文件，包括：预算收入支出表、预算结转结余变动表、财政拨款预算收入支出表。

6. **【思考题】**什么是预算收入支出表？按照什么时间编制？

【参考答案】预算收入支出表是反映政府单位在某一会计年度内各项预算收入、预算支出和预算收支差额情况的动态报表。按年度编制。

7. **【思考题】**什么是预算结转结余变动表？按什么时间编制？

【参考答案】预算结转结余变动表是反映政府单位在某一会计年度内预算结转结余的变动情况的报表的动态报表，只编制年度报表。

8. **【思考题】**预算收入支出表、财政拨款预算收入支出表和预算结转结余表的联系和区别？

【参考答案】（1）联系：

①三张报表都按照收付实现制编制，以预算会计核算生成的数据为主。

②三张报表都只在年末编制，1－11月末不需要编制。

（2）区别：

①反映内容：预算收入支出表反映各项预算收入、预算支出和预算差额；预算结转结余表反映预算结转结余变动；财政拨款预算收入支出表反映财政拨款预算资金收入、支出及相关变动

②填列要求：预算收入支出表只反映本年预算收入、支出的变动和差额；预算结转结余表需要同时反映年初结转结余，本年变动和年末结转结余；和财政拨款预算收入支出表反映财政拨款支出，年初结转结余，本年变动和年末结转结余。

第九章　政府单位预算支出

第一节　概　　述

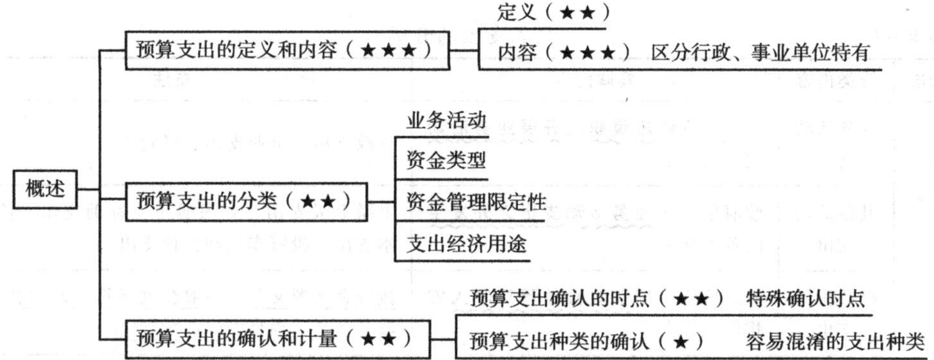

一、预算支出的定义和内容（★★★）

（一）定义（★★）

预算支出定义：政府单位在预算年度内依法发生并**纳入预算管理**的**现金流出**。预算支出和预算收入两个预算会计要素构筑政府单位预算收入支出表。

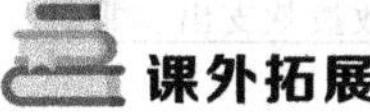
课外拓展：

“纳入预算管理的现金流出”具体含义

（1）纳入预算管理：单位**预算范围内**的资金支出（部分资金计提专用结余后脱离单位预算管理，使用这些专用结余导致的资金流出不作为单位预算支出确认）。

（2）现金流出：必须为货币资金的流出（政府单位非货币资金的资源流出，如材料物品的发放等，不是政府单位的预算支出）。

（二）内容（★★★）

1. 行政支出（**行政单位特有**）。

2. 事业支出、经营支出、上缴上级支出、对附属单位补助支出、债务还本支出、投资支出（**事业单位特有**）。

3. 其他支出（行政单位和事业单位共有）。

二、预算支出的分类（★★）

见表9－1。

表9－1　　预算支出的分类

分类标准	分类内容	具体内容	备注
按业务活动类型	业务活动支出	政府单位**依法履职**或**开展业务活动**发生的支出	行政支出、事业支出、经营支出
	其他活动支出	政府单位在**业务活动支出之外发生**的各项支出	上缴上级支出、对附属单位补助支出、债务还本支出、投资支出和其他支出
按资金类型	财政拨款支出	政府单位使用**财政拨款预算收入**安排的预算支出	按资金来源又分为一般公共预算财政拨款支出、政府性基金预算财政拨款支出
	非财政专项资金支出	政府单位使用**财政拨款预算收入之外的专项资金**收入安排的有**指定项目和用途**的预算支出	①**专款专用、单独核算**； ②按规定向财政部门或者主管部门报送专项资金的使用情况、支出决算和使用效果的书面报告； ③接受有关部门的检查、验收
	其他资金支出	政府单位使用除**财政拨款预算收入之外的非专项资金**收入安排的预算支出	经营支出、上缴上级支出、对附属单位补助支出、债务还本支出、投资支出均属于其他资金支出
	注：政府单位的行政支出、事业支出和其他支出均需要按照资金类型分为财政拨款支出、非财政专项资金支出和其他资金支出		
按资金管理限定性	基本支出	保障机构**正常运转**，完成**日常**管理和专业工作发生的支出	①必需的日常资金消耗、基本资金保证，单位预算支出管理重点及考核检查政府单位预算执行情况的重要依据； ②实行定员或定额管理，分为人员经费和日常公用经费
	项目支出	在基本支出之外为完成**特定**的行政工作任务或事业发展目标所发生的支出	不宜实行定员定额管理的支出项目。遵循专款专用原则、收支结余单独核算原则、加强检查监督原则
支出经济用途	依照支出用途进行分类，每类再具体分为各款。详见政府单位预算支出经济分类类级科目		

课外拓展：

行政事业单位基本支出定员定额管理是部门预算的重要组成部分

1. 在定员定额管理中存在以下问题

（1）定员定额标准化管理体系不完善，存在用项目经费弥补基本支出经费的情况。

（2）人员定额和实物费用定额管理未有效结合，定额补助范围较窄，容易造成保障标准过低，保障能力不足。存在重资金管理，轻资产管理的情况，资产使用管理效益低。

（3）定额标准计算涉及面广，综合定额标准核定难度大。

2. 定员定额管理相关问题的对策

（1）健全定员定额标准化管理体系。基本支出预算标准要建立与经济社会发展水平相适应，还要与物价变化以及收入分配方式变化等紧密相连的调整机制。

（2）实现人员定额和实物费用定额的有机结合，建立对实物资产的动态监管。同时，部门单独设立台账独立核算，以便设立合理的定额标准。

（3）在制定定员定额标准时，严格遵照国家的有关方针、政策，做好深入、细致、全面的调查研究，坚持以公平为前提，以财力为基础，以科学方法为手段，量力而行、兼顾单位实际支出水平。

三、预算支出的确认和计量（★★）

预算支出应当按照收付实现制基础进行确认和计量，在实际支付时予以确认，以实际支付的金额计量。

（一）预算支出确认的时点（★★）

见表9－2。

表9－2　　预算支出确认的时点

支付方式	具体情形		确认时点
国库集中支付	财政直接支付	使用本年度预算财政拨款	财政直接支付与确认财政拨款预算收入时
		使用以前年度预算财政拨款	使用财政应返还额度时
	财政授权支付	—	使用财政授权支付额度进行付款（不包括从单位零余额账户提取现金）时
其他支付方式	支付属于预算管理范畴的现金时确认		

特殊的确认时点

（1）单位职工出差暂借款等**暂付款项**：职工出差回来报销暂付款时确认；

（2）**预拨**的**下年**财政预算款项：待到下年预拨款项所属的预算年度确认；

（3）财政部门**暂付的未列入财政预算**款：待到该财政款项纳入财政预算和单位预算时确认；

（4）有资金支出但**无法确定最终资金耗费的金额**：在货币资金流出时不一定确认支出。

课外拓展：

单位在进行资产处置时可能会发生相关现金流出，由于资产处置时还有处置资金收入、资金上缴、确定抵销金额等规定，现金流出时并不能明确最终单位承担的支出数，需要等到资产处置结束时才确认预算支出。

（5）属于增值税一般纳税人的事业单位，在购买商品或服务支付增值税进项税额时，或者向税收部门支付本单位应交增值税时，将支付的增值税款项确认为预算支出。

（二）预算支出种类的确认（★）

容易混淆的几个支出种类

（1）**上缴上级支出**（非财政资金支出）与**上缴财政结存或结余（不确认为支出，**确认为预算结余的直接减少）；

（2）**事业支出**（专业业务活动及其辅助活动）与**经营支出**（在专业业务活动及其辅助活动之外开展经营活动，如直接用于经营活动的材料、人工等）；

（3）**对附属单位补助支出**（使用本单位筹集的非财政资金向附属单位拨付补助）与**向附属单位转拨财政拨款收入**（收到时应作为单位的**负债**，拨付时作为负债的减少，不能列入支出）。

学习笔记：

有现金收支业务发生，但预算会计不进行核算的范围：

（1）暂收款项。该业务虽然发生了现金的流入，但它是暂时收取、将来正常情况下还要归还的业务；过去、现在和将来正常情况下都不会涉及财务会计的收入。

（2）暂付款项（属于财政性资金且跨预算年度的应该进行预算会计核算）。该业务虽然发生了现金的流出，但它是暂时支付、将来正常情况下还要收回的业务；过去、现在和将来正常情况下都不会涉及财务会计的费用。

(3) 受托代理、代管的现金。因此资金不是纳入决算报表编制范围的现金收支业务，所以预算会计不进行核算。

(4) 应缴财政款。因此资金不是纳入决算报表编制范围的现金收支业务，所以预算会计不进行核算。

(5) 收到同级财政部门预拨的下期预算款。因此资金不是纳入本年度决算报表编制范围的现金收支业务，所以预算会计不进行核算。

(6) 货币资金之间的流动。如从银行存款中提取现金。

(7) 根据有关规定收到的专用基金。该业务财务会计借记“银行存款”，贷记“专用基金”，预算会计不进行核算。

(8) 处理毁损、报废实物资产过程中取得残值或残值变价收入、保险理赔或过失人赔偿以及发生相关费用在处理收支结清前预算会计不进行核算；处理毁损、报废实物资产在处理收支结清，处理收入大于相关费用的预算会计不进行核算。

第二节 行政支出与事业支出

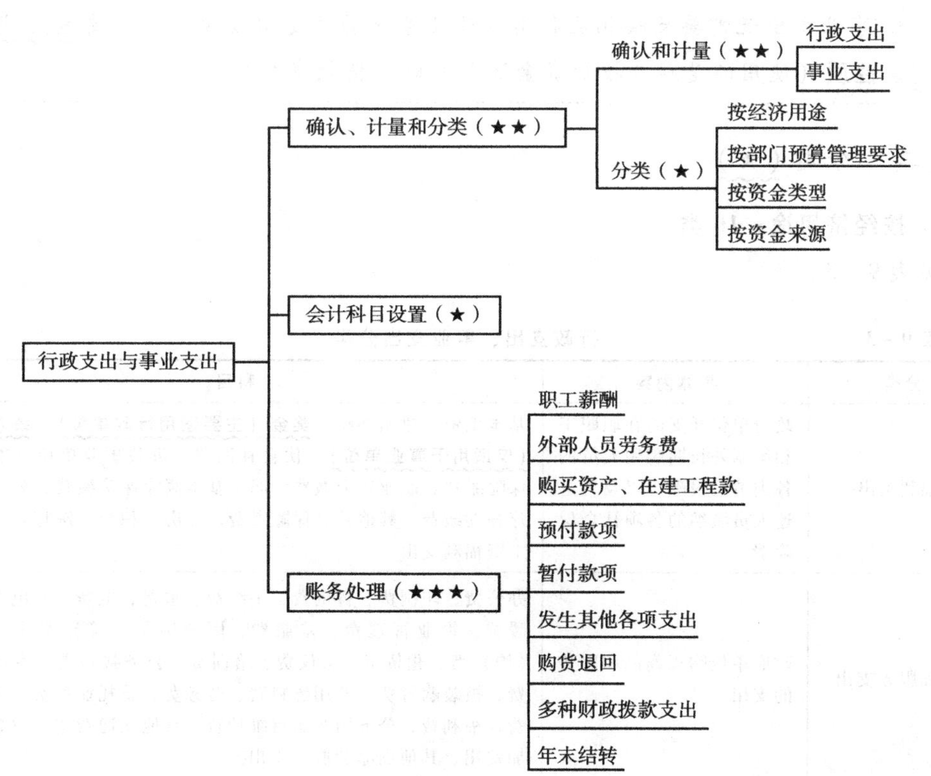

一、行政支出和事业支出的确认、计量和分类（★★）

（一）确认和计量（★★）

1. 行政支出

行政支出的定义：**行政单位**履行其职责实际发生的各项现金流出。

行政支出对应**业务活动费用**引起的现金流出。

2. 事业支出

事业支出的定义：**事业单位**开展专业业务活动及其辅助活动实际发生的各项现金流出。

事业支出对应**业务活动费用和单位管理费用**引起的现金流出。

课外拓展：

1. 事业单位的专业业务活动在不同行业的事业单位中表现为不同的具体内容。例如，教育事业单位主要表现为教学和科研事业活动，医疗卫生事业单位主要表现为医疗和科教事业活动。

2. 事业支出是事业单位统筹使用各项事业活动收入发生的支出。例如，高等学校的教育事业支出，其资金来源既有财政拨款收入，又有教育事业收入、上级补助收入、附属单位上缴收入等事业活动收入。

3. 事业支出既需要反映相应种类专业业务活动的支出数额，又需要**区分使用的资金性质**（使用的是财政拨款资金还是非财政拨款资金）。

（二）分类（★）

1. 按经济用途：10 类

见表 9－3。

表 9－3　　行政支出、事业支出分类

分类	具体内容	科目
工资福利支出	政府单位开支的在职职工和编制外长期聘用人员的各类劳动报酬，以及为上述人员缴纳的各项社会保险费	基本工资、津贴补贴、**奖金（主要适用行政单位）**、**绩效工资（仅适用于事业单位）**、伙食补助费、机关事业单位基本养老保险缴费、职业年金缴费、职工基本医疗保险缴费、公务员医疗补助缴费、其他社会保障缴费、住房公积金、医疗费、其他工资福利支出
商品和服务支出	政府单位购买商品和服务的支出	办公费、印刷费、咨询费、手续费、水费、电费、邮电费、取暖费、物业管理费、差旅费、因公出国（境）费用、维修（护）费、租赁费、会议费、培训费、公务接待费、专用材料费、被装购置费、专用燃料费、劳务费、委托业务费、工会经费、福利费、公务用车运行维护费、其他交通费用、税金及附加费用、其他商品和服务支出

续表

分类	具体内容	科目
对个人和家庭的补助	政府用于对个人和家庭的补助支出	离休费、退休费、退职（役）费、抚恤金、生活补助、救济费、医疗费补助、助学金、奖励金、个人农业生产补贴、代缴社会保险费、其他对个人和家庭的补助
资本性支出（基本建设）	反映**发展改革部门**安排的基本建设支出	房屋建筑物购建、办公设备购置、专用设备购置、基础设施建设、大型修缮、信息网络及软件购置更新、物资储备，公务用车购置、其他交通工具购置、文物和陈列品购置、无形资产购置、其他基本建设支出
资本性支出	政府单位安排的资本性支出	房屋建筑物购建、办公设备购置、专用设备购置、基础设施建设、大型修缮、信息网络及软件购置更新、物资储备、土地补偿、安置补助、地上附着物和青苗补偿、拆迁补偿、公务用车购置、其他交通工具购置、文物和陈列品购置、无形资产购置、其他资本性支出
对社会保障补助	政府对社会保险基金的补助以及补充全国社会保障基金的支出	对社会保险基金补助、补充全国社会保障基金、对机关事业单位职业年金的补助
债务利息和费用支出	单位的债务利息及费用支出	国内债务付息、国外债务付息、国内债务发行费用、国外债务发行费用
对企业补助	政府对各类企业的补助支出	资本金注入、政府投资基金股权投资、费用补贴、利息补贴以及其他对企业补助
对企业补助（基本建设）	反映由**发展改革部门**安排的基本建设支出中对企业的补助支出	资本金注入、其他对企业补助
其他支出	不能划分到上述经济分类科目的其他支出	赠与、国家赔偿费用支出、对民间非营利组织和群众性自治组织补贴、其他支出

学习笔记：

1. 注意**商品和服务支出与资本性支出**的区分：购置固定资产、战略性和应急性物资储备属于资本性支出，军事方面的耐用消费品和设备购置费、军事性建设费以及军事建筑物的购置费属于商品和服务支出。

2. 注意**资本性支出与资本性支出（基本建设）、对企业补助与对企业补助（基本建设）**的区分：安排的部门不同。

2. 按部门预算管理要求：2类

见表9－4。

表 9－4　　按部门预算管理要求划分行政事业支出

分类	具体内容		科目	备注
基本支出	指政府单位为保障其机构正常运转、完成日常工作任务所发生的支出	人员经费 为了履职或开展专业业务活动而用于个人方面的开支	工资福利支出、对个人和家庭的补助	①基本资金消耗； ②在不同的行政单位以及在同级行政单位的不同部门之间保持基本相同的水平； ③在行政单位中，行政支出是基本支出的最主要甚至是全部内容
		日常公用经费 为了完成业务活动而用于公共管理方面的开支	商品和服务支出、其他资本性支出等科目中属于基本支出的内容	
项目支出	政府单位为完成其特定的工作任务而发生的支出		资本性支出（基本建设）、商品和服务支出、其他资本性支出科目中属于项目支出的内容	专项性（目标不同项目不同）、独立性（支出不能交叉）和完整性（体现全部支出内容）

3. 按资金类型

财政拨款支出（最主要的行政支出种类）、非财政专项资金支出和其他资金支出（行政支出中的非财政非专项资金支出）。

课外拓展：

非财政专项资金，是指非税收收入和除国家企业上缴的一部分税后利润外的资金。非财政资金相对应的就是财政资金。财政资金是指以国家财政为中心，它不仅包括中央政府和地方政府的财政收支，还包括与国家财政有关系的企业、事业和行政单位的货币收支。

非财政专项资金支出应当专款专用、单独核算，并按照规定向财政部门或主管部门报送专项资金使用情况。

4. 按资金来源

一般公共预算财政拨款支出、政府性基金预算财政拨款支出。

二、行政支出与事业支出核算的会计科目设置（★）

见表 9－5。

表9－5 行政支出与事业支出核算的会计科目设置

<table>
<tr><th>总账
科目</th><th>一级
明细科目</th><th>二级
明细科目</th><th>三级
明细科目</th><th>四级
明细科目</th><th>五级
明细科目</th><th>六级
明细科目</th></tr>
<tr><td rowspan="6">行政支出和
事业支出</td><td rowspan="3">财政拨款
支出</td><td rowspan="2">一般公共预算
财政拨款</td><td rowspan="3">支出功能分类
科目项级科目</td><td>基本支出</td><td rowspan="3">部门预算支出经济
分类科目款级科目</td><td></td></tr>
<tr><td>项目支出</td><td>××项目</td></tr>
<tr><td>政府性基金
预算财政拨款</td><td>同上</td><td></td></tr>
<tr><td>非财政专项
资金支出</td><td rowspan="3">支出功能分类
科目项级科目</td><td>项目支出</td><td rowspan="3">部门预算支出经济
分类科目款科目</td><td>××项目</td><td></td></tr>
<tr><td rowspan="2">其他资金
支出</td><td>基本支出</td><td></td><td rowspan="2"></td></tr>
<tr><td>项目支出</td><td>××项目</td></tr>
</table>

注意：

（1）一些行业的事业单位在“事业支出”总账科目下设置体现具体专业业务类型的明细科目或单设一级会计科目进行核算。如教育、科研、医疗、行政管理、后勤保障等，可单设“教育支出”“科研支出”“医疗支出”等科目进行核算。

（2）有一般公共预算政拨款、政府性基金预算政拨款等**两种或两种以上财政拨款**的行政单位和事业单位，还应当在“财政拨款支出”明细科目下按照财政拨款的种类进行明细核算。

（3）对于**预付款项**，可通过在“行政支出”“事业支出”科目下设置**“待处理”明细科目**进行核算。待确认具体支出项目后再转入相关明细科目；年末结账前，应将该科目“待处理”明细科目余额全部转入该科目下相关明细科目。

（4）年末结转后，“行政支出”“事业支出”科目应无余额。

**课外拓展：**

在实际处理中关于“待处理”明细科目的讨论

“待处理”明细科目有余额，但不清楚其数额应归属于哪个经济分类明细科目。财政部门在第二、三季度末和年末发布功能分类科目和经济分类科目财政拨款的对账数据，若在第二、三季度末“待处理”明细科目有余额，会导致“预算支出类”相同经济分类明细科目（转换成政府经济分类科目后）与财政部门经济分类对账单不符。

（5）按照规定设置明细科目，但可以根据自身的会计系统条件来决定明细科目级次顺序。

三、行政支出与事业支出的账务处理（★★★）

（一）支付职工薪酬

【例9-1】某行政单位通过财政直接支付的方式向单位职工个人支付基本工资共计360 700元。按照部门预算管理要求分类，该项支出属于该行政单位的基本支出。该行政单位的账务处理如下：

借：行政支出——财政拨款支出——基本支出　　360 700

　贷：财政拨款预算收入　　360 700

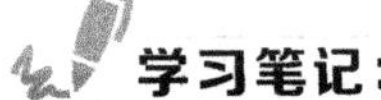

学习笔记：

（1）向单位职工个人支付薪酬时，按照**实际支付的金额**作会计处理。

（2）按照规定代扣代缴个人所得税以及代扣代缴或为职工缴纳职工社会保险费、住房公积金等时，按照**实际缴纳的金额**作会计处理，借记“行政支出”“事业支出”科目，贷记“财政拨款预算收入”“资金结存——零余额账户用款额度、货币资金”科目。

（二）支付外部人员劳务费

【例9-2】某事业单位支付当月开展专业业务活动和管理活动的外部人员劳务费各30 000元。该事业单位的账务处理如下：

借：事业支出——其他资金支出　　60 000

　贷：资金结存——货币资金　　60 000

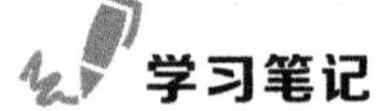

学习笔记：

（1）按照**实际支付**给外部人员个人的金额作会计处理。

（2）按照规定代扣代缴个人所得税时，按照**实际缴纳的金额**作会计处理。

注意：

（1）政府单位在**计提**职工薪酬、外部人员劳务费时，在**财务会计**中，应当按照**权责发生制**的要求，同时确认费用和负债。此时，在**预算会计**中则**不需要**进行会计处理。

（2）在**实际支付**职工薪酬、劳务费时，既需要作财务会计处理（转销之前确认的负债），也需要做预算会计处理（按照**收付实现制**确认行政、事业支出）。举例如下：

【例9-3】某事业单位计提当月开展专业业务活动和管理活动的外部人员劳务费各30 000元，代扣个人所得税4 000元。该事业单位账务处理如下：

财务会计		预算会计
借：业务活动费用——工资福利费用	30 000	—
单位管理费用——工资福利费用	30 000	
贷：其他应付款	56 000	
其他应交税费——应交个人所得税	4 000	

如果以银行存款实际支付上述款项，则：

财务会计		预算会计	
借：其他应付款	56 000	借：事业支出——其他资金支出	60 000
其他应交税费——应交个人所得税	4 000	贷：资金结存——货币资金	60 000
贷：银行存款	60 000		

（三）支付购买资产款或支付在建工程款

【例9－4】某行政单位通过财政直接支付方式购入一批不需要安装的专用设备类固定资产，实际支付价款为185 500元。按照部门预算管理要求分类，该项支出属于该行政单位的项目支出。该行政单位账务处理如下：

借：行政支出——财政拨款支出——项目支出

185 500（按实际支付的金额）

贷：财政拨款预算收入　185 500

【例9－5】某事业单位购入一台不需要安装的检测专用设备，设备价款为600 000元，假定不考虑增值税，该单位以银行存款支付了该款项。该事业单位账务处理如下：

借：固定资产　600 000

贷：银行存款　600 000

同时：

借：事业支出　600 000

贷：资金结存——货币资金　600 000

注意：

为履职领用存货、对使用的固定资产或无形资产**计提折旧或摊销**时，在财务会计中，业务活动费用增加；但在**预算会计中不作会计处理**。

（四）预付款项

学习笔记：

在预算会计中，没有资产和负债的记录，只有收入、支出和结余的记录。

【例 9－6】某行政单位向社会力量购买一项服务，发生预付账款 24 500 元，款项通过财政直接支付方式支付。按照部门预算管理要求分类，该项支出属于该行政单位的项目支出。该行政单位账务处理如下：

借：行政支出——财政拨款支出——项目支出

24 500（按实际支付的金额）

贷：财政拨款预算收入　　24 500

注意：

在该项业务中，当行政单位之后收到购买的服务时，在财务会计中，预付账款转销，同时确认业务活动费用；而在预算会计中，除非**补付款项或收回多预付款项**，否则不作会计处理。

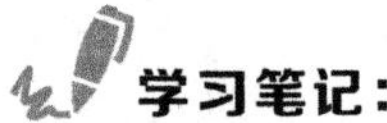

学习笔记：

预付账款和暂付款的区分

预付账款一般来说基于合同；暂付款一般不是合同约定的，属于经济事项而非经济业务。

（五）暂付款项

【例 9－7】某行政单位内部实行备用金制度。某日，财务部门向单位内部相关业务部门核定并发放备用金 500 元，款项以库存现金支付，相应的库存现金为从单位零余额账户中提取形成，即属于财政拨款资金。数日后，单位内部相关业务部门到财务部门报销备用金 480 元，财务部门以库存现金向其补足备用金。按照部门预算管理要求分类，该项支出属于该行政单位的基本支出。该行政单位账务处理如下：

报销并补足备用金时：

借：行政支出——财政拨款支出——基本支出　　480

贷：资金结存——货币资金　　480

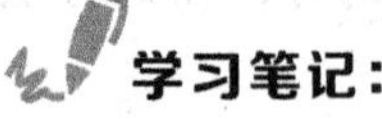

学习笔记：

对于暂付款项（如职工预借的差旅费、拨付给内部有关部门的备用金等），**在支付款项时可不做预算会计处理，待结算或报销时，按照结算或报销的金额作会计处理。**

注意：

（1）“资金结存——货币资金”中的资金来源为财政拨款资金的，使用时仍然属于财政拨款支出。

（2）暂付款项的业务**支付款项**时，财务会计中记录其他应收款，预算会计不作会计处理；待**结算或报销**时，财务会计转销其他应收款和确认费用。预算会计按结算或报销的金额确认支出。

（3）在年末结账前，对于**尚未结算或报销**的暂付款项，单位应当**按照暂付的金额**，借记相关预算支出科目，贷记“资金结存”科目。以后年度实际结算或报销金额与已计入预算支出的金额**不一致**的，通过相关预算结转结余科目“年初余额调整”明细科目进行处理。

（4）对于纳入**下一年度**部门预算管理的暂付款项**本年度不作预算会计处理**。下一年实际结算或报销时，按照实际结算或报销的金额确认支出。

课外拓展：

在实际处理中关于暂付款项支付时不作会计处理的讨论

（1）倘若支付了现金而不作账务处理，违反了收付实现制原则。

（2）在实际会计业务中，尽管为暂付款项，但只要支付了现金也必然要填写支付指令。此项支出如果发生在需要对账月份的月末而不作会计处理，会影响与财政部门的对账。

（六）发生其他各项支出

【例9－8】 某行政单位购买复印纸一批，通过单位零余额账户支付款项2 500元。该行政单位账务处理如下：

借：行政支出——财政拨款支出　　2 500

　　贷：资金结存——零余额账户用款额度　　2 500

该题中财务会计中同时借记费用，贷记“零余额账户用款额度”。

（七）发生购货退回而收回当年支出等业务

【例9－9】 某行政单位因货品质量问题退回一批当年购入的专用材料类货品2 460元，该批货品在购入时直接交付给了有关业务部门使用，通过财政授权支付方式支付的款项已计入本年业务活动费用和行政支出，退货款项已收到并存入单位零余额账户。按照部门预算管理要求分类，该项支出属于该行政单位的项目支出。该行政单位账务处理如下：

借：资金结存——零余额账户用款额度　　2 460

　　贷：行政支出——财政拨款支出——项目支出　　2 460

学习笔记：

因购货退回等发生款项退回，或者发生差错更正的，属于**当年支出收回**的，按照**收回或更正金额**作会计处理。

该题中财务会计中同时借记“零余额账户用款额度”，贷记费用。

注意：

（1）在该项业务中，如果**退货款项尚未收到**，在财务会计中借记“其他应收款”，贷记费用；在预算会计中不作会计处理。

（2）因购货退回等发生款项退回，或者发生差错更正，**属于以前年度支出收回**的，财务会计中调整净资产数额，通过“以前年度盈余调整”科目核算；预算会计中调整结转结余数额，视情况通过“财政拨款结转”“财政拨款结余”“非财政拨款结转”“非财政拨款结余”科目核算。

（八）同时有一般公共预算财政拨款和政府性基金预算财政拨款情况下发生的财政拨款支出

【例9－10】某行政单位同时有一般公共预算财政拨款和政府性基金预算财政拨款。该行政单位通过财政直接支付方式支付一笔政府性基金预算财政拨款366 800元，具体为支付一项公共基础设施在建工程的建设款项。按照部门预算管理要求分类，该项支出属于该行政单位的项目支出。同时，该行政单位还通过财政授权支付方式支付一笔一般公共预算财政拨款4 500元，具体为支付一项日常活动中发生的办公费用。按照部门预算管理要求分类，该项支出属于该行政单位的基本支出。该行政单位应编制如下会计分录：

（1）支付政府性基金预算财政拨款时，

财务会计	预算会计
借：在建工程　366 800 　贷：财政拨款收入（政府性基金）　366 800	借：行政支出——财政拨款支出（政府性基金）——项目支出　366 800 　贷：财政拨款预算收入（政府性基金）　366 800

（2）支付一般公共预算财政拨款时，

财务会计	预算会计
借：业务活动费用　4 500 　贷：零余额账户用款额度　4 500	借：行政支出——财政拨款支出（一般公共预算资金）——基本支出　4 500 　贷：资金结存——零余额账户用款额度　4 500

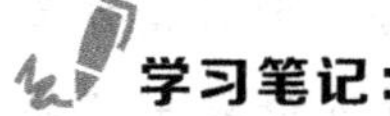

学习笔记：

1. 在发生财政拨款支出时，应当分别核算一般公共预算财政拨款支出和政府性基金预算财政拨款支出。

2. 费用不需要按照财政拨款种类或财政资金性质进行明细核算。财务会计信息与预算会计信息是相互补充的。

3. 注意财政拨款支出属于预算会计科目，财政拨款收入属于财务会计科目。

（九）年末结转

【例9－11】年末，某行政单位“行政支出”科目的本年发生额为422 550元，其中，财政拨款支出415 000元，非财政专项资金支出7 200元，其他资金支出350元。该行政单位分别将其转入“财政拨款结转——本年收支结转”“非财政拨款结转——本年收支结转”和“其他结余”科目。该行政单位应编制如下会计分录：

（1）结转财政拨款支出时，

借：财政拨款结转——本年收支结转　　415 000

　　贷：行政支出——财政拨款支出　　415 000

（2）结转非财政专项资金支出时，

借：非财政拨款结转——本年收支结转　　7 200

　　贷：行政支出——非财政专项资金支出　　7 200

（3）结转其他资金支出时，

借：其他结余　　350

　　贷：行政支出——其他资金支出　　350

注意：

期末结转预算会计不做账，年末结转财务会计不做账。

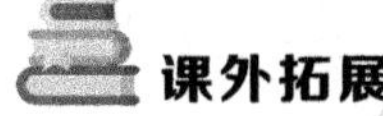

课外拓展：

行政单位预算会计结转逻辑关系

行政单位预算会计中设置“财政拨款结转”“财政拨款结余”“非财政拨款结转”“非财政拨款结余”“其他结余”“资金结存”6个预算结余科目。年末“其他结余”科目无余额，“财政拨款结转”“财政拨款结余”“非财政拨款结转”“非财政拨款结余”“专用结余”5个科目贷方有余额，而“资金结存”科目借方有余额。

行政单位各预算结余类科目余额之间的勾稽关系是“资金结存”科目借方余额 = “财政拨款结转”科目贷方余额 + “财政拨款结余”科目贷方余额 + “非财政拨款结转”科目贷方余额 + “非财政拨款结余”科目贷方余额。

第三节　经营支出

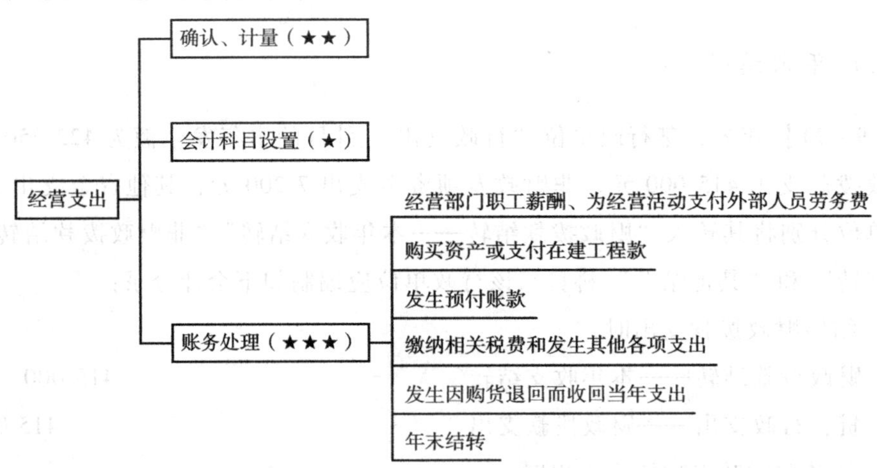

一、经营支出的确认和计量（★★）

经营支出的定义：**事业单位**在**专业业务活动及其辅助活动之外**开展**非独立核算经营活动**实际发生的各项现金流出。

经营支出应当在实际发生现金流出时确认，并按照实际支付金额计量。

课外拓展：

1. 这些以盈利为目的的活动的支出需要单独核算，以便与相应的经营收入进行配比。

2. 事业单位的经营预算收入减去经营支出后的差额为**经营结余**。

3. 经营支出与经营预算收入相对应，属于预算会计；经营费用与经营收入相对应，属于财务会计。

4. 行政单位没有经营支出的业务。

5. 非独立核算又称报账制，是把本单位的业务经营活动有关的日常业务资料，逐日或定期报送上级单位，由上级单位进行核算。非独立核算单位的特点是：一般由上级拨给一定数额的周转金，从事业务活动，一切收入全面上缴，所有支出向上级报销，本身不单独计算盈亏，只记录和计算几个主要指标，进行简易核算。

6. 经营支出属于事业单位的非财政、非专项资金支出。

二、经营支出核算的会计科目设置(★)

事业单位应设置“经营支出”总账科目。该科目应当按照经营活动类别、项目、《政府收支分类科目》中支出功能分类科目的项级科目和部门预算支出经济分类科目的款级科目等进行明细核算。年末结转后，本科目应无余额。

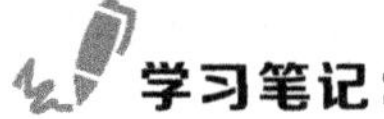

学习笔记：

预付款项通过在该科目下设置“待处理”明细科目进行明细核算。

三、经营支出的账务处理(★★★)

(一) 支付经营部门职工薪酬、为经营活动支付外部人员劳务费

【例9-12】事业单位通过银行存款账户向单位开展经营活动的职工个人支付薪酬共计22 300元。该事业单位账务处理如下：

借：经营支出　　22 300

　　贷：资金结存——货币资金　　22 300

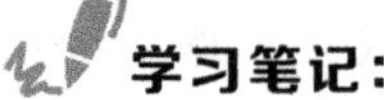

学习笔记：

1. 向单位职工、外部人员个人支付薪酬时，按照**实际支付的金额**作会计处理。

2. 按照规定代扣代缴个人所得税以及代扣代缴或为职工缴纳职工社会保险费、住房公积金等时，按照**实际缴纳的金额**作会计处理。

3. 该题中财务会计中同时借记应付职工薪酬，贷记银行存款。

(二) 开展经营活动过程中购买资产或支付在建工程款

【例9-13】某事业单位在开展经营活动过程中通过银行存款账户购入一批库存物品，实际支付价款为7 800元。暂不考虑增值税业务。该事业单位账务处理如下：

借：经营支出　　7 800（按实际支付的金额）

　　贷：资金结存——货币资金　　7 800

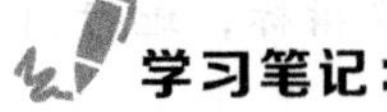

学习笔记：

1. 该题财务会计中同时借记库存物品，贷记银行存款。

2. 事业单位经营活动以自我维持作为经营原则，不能使用事业活动中的资金。

（三）开展经营活动过程中发生预付账款

【例9-14】某事业单位在开展经营活动过程中购买一项固定资产，发生预付账款5 000元，款项通过银行存款账户支付。次月，购买的该项固定资产收到并投入使用，该事业单位补付相应的款项18 000元，款项通过银行存款账户支付。该事业单位在购买该项固定资产过程中共支付款项23 000元（5 000+18 000）。暂不考虑增值税业务。事业单位账务处理如下：

预付账款时，

借：经营支出　　　　5 000（按实际支付的金额）

　　贷：资金结存——货币资金　　　　5 000

收到固定资产并补付款项时，

借：经营支出　　　　18 000

　　贷：资金结存——货币资金　　　　18 000

学习笔记：

1. 该题在财务会计中，预付账款时同时借记预付账款，贷记银行存款。收到固定资产并补付款项时同时借记固定资产，贷记银行存款、预付账款。

2. 对于**暂付款项**，在支付款项时可不做预算会计处理，结算或报销按照结算或报销的金额作会计处理。

（四）开展经营活动过程中缴纳相关税费和发生其他各项支出

【例9-15】某事业单位非独立核算经营部门购买复印纸一批，价款5 000元，以银行存款付讫。该事业单位的账务处理如下：

借：经营支出——商品和服务支出　　　　5 000

　　贷：资金结存——货币资金　　　　5 000

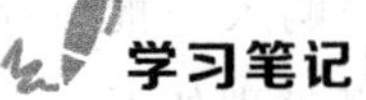

学习笔记：

1. **经营支出**与**经营费用**的区分：经营支出包括预算会计、收付实现制，经营费用包括财务会计、权责发生制。

2. 该题在财务会计中同时借记经营费用，贷记银行存款。如下：

财务会计		预算会计	
借：经营费用——商品和服务费用	5 000	借：经营支出——商品和服务支出	5 000
贷：银行存款	5 000	贷：资金结存——货币资金	5 000

（五）开展经营活动过程中发生因购货退回而收回当年支出等业务

【例9－16】某事业单位为经营活动所购买的复印纸因质量不合格发生当年退货，退货金额为2 000元。款项已计入本年经营费用，退货金额尚未收到。该事业单位的账务处理如下：

收到退货金额时：

借：资金结存——货币资金　　2 000

　　贷：经营支出——商品和服务支出　　2 000

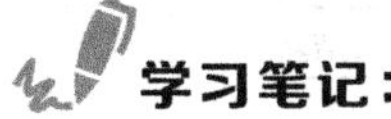

学习笔记：

开展经营活动中因购货退回等发生款项退回，或者发生差错更正的，属于**当年支出收回**的，按照收回或更正金额做会计处理。

注意：

在**发生当年购货退回**等业务时，在财务会计中，借记其他应收款，贷记经营费用。此时，在**预算会计中则不需要进行会计处理**。在**收到退货金额**时，既需要作财务会计处理，也需要作预算会计处理。举例如下：

财务会计		预算会计
借：其他应收款	2 000	—
贷：经营费用——商品和服务费用	2 000	

收到退货金额时，则：

财务会计		预算会计	
借：银行存款	2 000	借：资金结存——货币资金	2 000
贷：其他应收款	2 000	贷：经营支出——商品和服务支出	2 000

（六）年末结转

【例9－17】年末，某事业单位“经营支出”科目的本年发生额为89 100元。该事业单位将其全额转入“经营结余”科目。该事业单位应编制如下会计分录：

借：经营结余　　89 100

　　贷：经营支出　　89 100

课外拓展：

年末，事业单位的"经营预算收入"科目本年发生额也转入"经营结余"科目。事业单位应对经营活动中的"经营预算收入""经营支出""经营结余"进行独立的核算，以区别于事业活动中取得的有关收入、发生的有关支出和形成的有关结转结余。

第四节　上缴上级支出和对附属单位补助支出

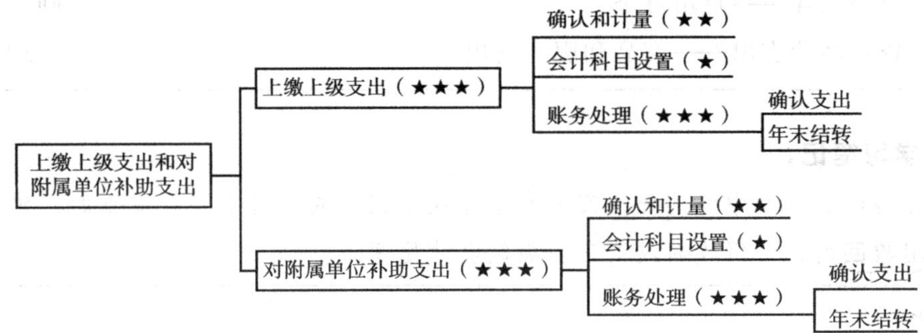

一、上缴上级支出（★★★）

（一）上缴上级支出的确认和计量（★★）

上缴上级支出的定义：**事业单位**按照财政部门和主管部门的规定**上缴上级单位款项**发生的现金流出。

上缴上级支出应当在实际发生现金流出时确认，并按照实际上缴金额计量。

课外拓展：

1. 上缴上级支出属于**非财政、非专项资金支出**。

2. 上缴上级支出与**附属单位上缴预算收入**在上下级单位间的业务内容上形成**对应关系**，即一方为缴款方，另一方为收款方。但上缴上级支出与**上级补助预算收入**在上下级单位间的业务内容上**不形成对应关系**，即上缴上级支出业务的发生与上级补助预算收入业务的发生是相互独立的。

3. 行政单位没有上缴上级支出的业务。

（二）上缴上级支出核算的会计科目设置（★）

事业单位应设置“**上缴上级支出**”总账科目。该科目应当按照收缴款项单位、缴款项目、《政府收支分类科目》中“支出功能分类科目”的项级科目和“部门预算支出经济分类科目”的款级科目等进行明细核算。

（三）上缴上级支出的账务处理（★★★）

1. 确认支出

【例9－18】某事业单位按核定的预算定额上缴上级单位款项100 000元，款项已经上缴。该事业单位的账务处理如下：

借：上缴上级支出——上级单位　　100 000

　　贷：资金结存——货币资金　　100 000

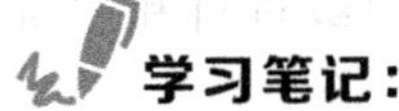

学习笔记：

该题在财务会计中，同时借记上缴上级费用，贷记银行存款。如果**上述款项尚未上缴**，财务会计中贷记其他应付款，**预算会计不作会计处理**。上缴款项时财务会计转销负债，预算会计确认支出。

2. 年末结转

【例9－19】年末，某事业单位“上缴上级支出”科目的本年发生额为46 000元。该事业单位将其全额转入“其他结余”科目。该事业单位应编制如下会计分录：

借：其他结余　　46 000

　　贷：上缴上级支出　　46 000

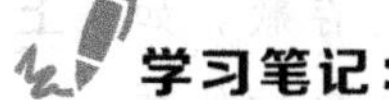

学习笔记：

1. 在事业单位中，上缴上级支出属于非财政、非专项资金支出，其他结余是事业活动中非财政、非专项资金收支相抵后形成的资金结余。

2. 年末结转后，“上缴上级支出”科目应无余额。

二、对附属单位补助支出（★★★）

（一）对附属单位补助支出的确认和计量（★★）

对附属单位补助支出的定义：**事业单位**用财政拨款预算收入之外的收入**对附属单位补助**发生的现金流出。

对附属单位补助支出应在实际发生现金流出时确认，按照实际补助金额计量。

课外拓展：

1. 财政拨款预算收入之外的收入包括上级补助的资金、单位事业活动和经营活动取得的自有资金、事业单位从附属单位集中的资金等。

2. 对附属单位补助支出属于**非财政、非专项资金**支出。

3. 对附属单位补助支出与**上级补助预算收入**在上下级单位间的业务内容上形成**对应关系**，即一方为补助方，另一方为接受补助方。但对附属单位补助支出与**附属单位上缴预算收入**在上下级单位间的业务内容上**不形成对应关系**，即对附属单位补助支出业务的发生与附属单位上缴预算收入业务的发生是相互独立的。

（二）对附属单位补助支出的会计科目设置（★）

事业单位应设置“**对附属单位补助支出**”总账科目。该科目应当按照接受补助单位、补助项目、《政府收支分类科目》中“支出功能分类科目”的项级科目和“部门预算支出经济分类科目”的款级科目等进行明细核算。

（三）对附属单位补助支出的账务处理（★★★）

1. 确认支出

【例9－20】某事业单位用非财政拨款收入支付附属乙单位补助款项200 000元，款项已经支付。该事业单位的账务处理如下：

借：对附属单位补助支出——乙单位　　200 000

　　贷：资金结存——货币资金　　200 000

学习笔记：

该题在财务会计中，同时借记对附属单位补助费用，贷记银行存款。如果**上述补助款项尚未支付**，财务会计中贷记其他应付款，预算会计不作会计处理。支付补助款项时财务会计转销负债，预算会计确认支出。

2. 年末结转

【例9－21】年末，某事业单位“对附属单位补助支出”科目的本年发生额为67 300元。该事业单位将其全额转入“其他结余”科目。该事业单位应编制如下会计分录：

借：其他结余　　67 300

　　贷：对附属单位补助支出　　67 300

学习笔记：

年末结转后，“对附属单位补助支出”科目应无余额。

第五节　投资支出和债务还本支出

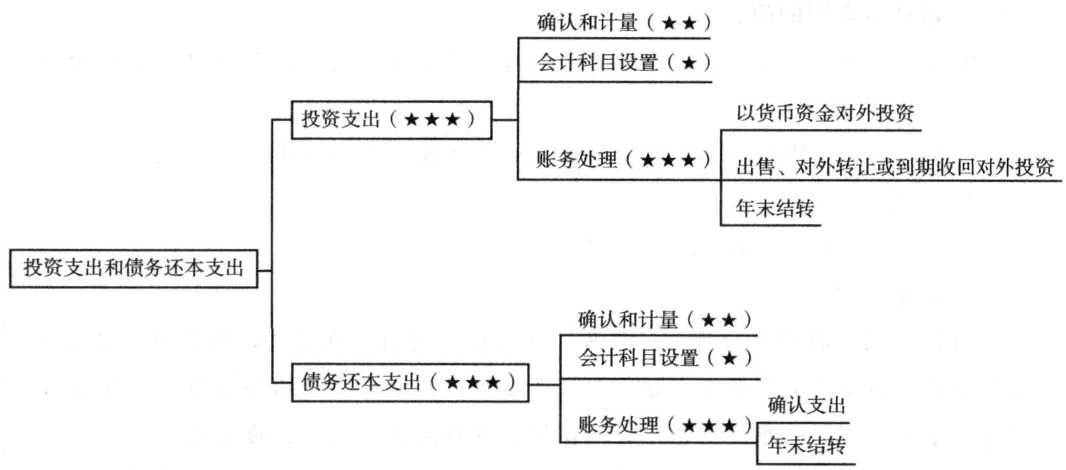

一、投资支出（★★★）

（一）投资支出的确认和计量（★★）

投资支出的定义：**事业单位**以货币资金对外投资发生的现金流出。

投资支出应当在实际投资时确认，并按照实际投资金额计量。

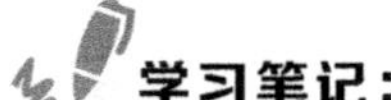

学习笔记：

（1）行政单位没有投资支出的业务。

（2）投资支出属于事业单位的**非财政、非专项资金支出**。

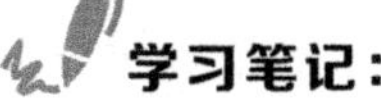

学习笔记：

事业单位对外投资类型

1. 按投资权益属性：债权性投资（如债券投资）、权益性投资（如股票投资）。

2. 按投资期限：短期投资（一年以内）、长期投资（一年以上）。

3. 按出资形式：货币资金出资、实物资产出资、无形资产出资。

其中，事业单位以货币资金对外投资发生的现金流出计入“投资支出”。

课外阅读：

事业单位对外投资的审计思考

1. 审计中发现的问题

可行性报告严重失实；对外投资未列入单位的资产总额，部分单位的对外投资记入“科研成本”“其他应收款”“合同预收款”中，不能反映单位真实的对外投资和资产组成情况；对外投资无收益；存在各种舞弊现象。

2. 原因

对外投资不谨慎、项目疏于管理。

3. 改进建议

(1) 加强“投资可行性论证报告”可靠性。通过设立投资评估小组，要求有关业务部门、投资主管部门、财务部门等参加；必要时邀请有关专家，审核项目可行性分析报告。此外，要进行法律咨询，听取法律专业人士的意见。

(2) 完善对外投资的决策、审批制度。单位领导成员要严格按照本单位相应的投资决策权限，对投资事项实行集体决策；须审批的投资项目，应按投资管理权限报上级主管部门和国家有关部门审批。

(3) 建立经营责任制和严格的奖惩制度。建立投资项目经营责任制，完善考核及奖惩制度。对失职、渎职，造成重大损失的，要追究有关责任人及领导的责任；构成违纪的由纪检监察机关处理；构成犯罪的，移交司法机关。

（二）投资支出核算的会计科目设置（★）

事业单位应设置“**投资支出**”总账科目。该科目应当按照投资类型、投资对象、《政府收支分类科目》中支出功能分类科目的项级科目和部门预算支出经济分类科目的款级科目等进行明细核算。

（三）投资支出的账务处理（★★★）

1. 以货币资金对外投资

【例 9-22】某事业单位以银行存款 860 000 元购买取得一项长期股权投资，购买过程中发生相关税费支出 10 000 元，款项以银行存款支付。该项长期股权投资在取得时，确定的成本为 870 000 元（860 000 + 10 000）。该事业单位应编制如下会计分录：

借：投资支出　　870 000（投资金额和所支付的相关税费金额的合计数）

　　贷：资金结存——货币资金　　870 000

注意：

(1) 在预算会计中，投资支出只反映以货币资金对外投资发生的现金流出，不反映以货币资金以外的其他资产对外投资发生的非货币资金流出。

（2）事业单位的投资业务在财务会计和预算会计中的核算内容不完全相同。如在财务会计中长期股权投资既反映以现金取得的长期股权投资，也反映以现金之外的其他资产置换取得的长期股权投资。

2. 出售、对外转让或到期收回对外投资

见表9－6。

表9－6　　出售、对外转让或到期收回对外投资的借方、贷方科目

<table>
<tr><th colspan="2">具体情形</th><th>借方科目</th><th>贷方科目</th></tr>
<tr><td rowspan="3">出售、对外转让或到期收回本年度以货币资金取得的对外投资的</td><td rowspan="2">投资收益纳入单位预算</td><td>资金结存（实际收到的金额）</td><td>投资支出（按取得投资时“投资支出”科目的发生额）</td></tr>
<tr><td colspan="2">按照其差额贷记或借记“投资预算收益”</td></tr>
<tr><td>投资收益上缴财政</td><td>资金结存（按取得投资时“投资支出”科目的发生额）</td><td>投资支出（按取得投资时“投资支出”科目的发生额）</td></tr>
<tr><td rowspan="3">出售、对外转让或到期收回以前年度以货币资金取得的对外投资的</td><td rowspan="2">投资收益纳入单位预算</td><td>资金结存（实际收到的金额）</td><td>其他结余（按取得投资时“投资支出”科目的发生额）</td></tr>
<tr><td colspan="2">按照其差额贷记或借记“投资预算收益”</td></tr>
<tr><td>投资收益上缴财政</td><td>资金结存（按取得投资时“投资支出”科目的发生额）</td><td>其他结余（按取得投资时“投资支出”科目的发生额）</td></tr>
</table>

学习笔记：

1. 出售、对外转让或到期收回**本年度及与前年度**以货币资金取得的对外投资的区分：**贷方科目不同**（本年度“投资支出”，以前年度“其他结余”）。

2. **投资收益纳入单位预算或上缴财政**的区分：借方科目“**资金结余”记录金额不同**（纳入单位预算：实际收到的金额，上缴财政：取得投资时“投资支出”科目的发生额）、**借贷方科目是否有差额**（纳入单位预算：有，差额贷记或借记“**投资预算收益**”，上缴财政：无）。

学习笔记：

事业单位对外投资资金来源

事业单位投资主要靠事业单位自筹的预算外资金，如交通系统的养路费、体育单位的门票、卫生单位的门诊收入和教育单位的学杂费收入等。

【例9－23】某事业单位利用闲散资金购买一批国债作为短期投资，实际投资成本为

12 500元，款项以银行存款支付。次年，该事业单位出售该项短期投资，出售价款为12 800元，实际收到款项12 500元，按照规定，取得的相应投资收益300元（12 800－12 500）直接上缴财政。该事业单位应编制如下会计分录：

（1）取得短期投资时：

借：投资支出　　12 500

　　贷：资金结存——货币资金　　12 500

（2）出售短期投资时：

借：资金结存货币资金　　12 500

　　贷：其他结余　　12 500

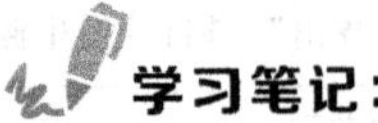

学习笔记：

该题在财务会计中，在取得短期投资时同时借记短期投资，贷记银行存款。在出售短期投资时，同时借记银行存款，贷记短期投资。

注意：

（1）在该项业务中由于“投资支出”科目在取得投资当年年末已经结转至“其他结余”科目，因此第二年出售投资时**应当贷记“其他结余”科目**，而不是贷记“投资支出”科目。

（2）**投资支出不同于其他有关支出**。投资支出在出售、对外转让或到期收回投资时，会产生现金流入。此时，应当冲销投资支出，使投资支出的余额为零；或者冲销已转入至其他结余的投资支出，恢复其他结余的原有余额。

3. 年末结转

【例9－24】年末，某事业单位“投资支出”科目的本年发生额为85 000元。该事业单位将其全额转入“其他结余”科目。该事业单位应编制如下会计分录：

借：其他结余　　85 000

　　贷：投资支出　　85 000

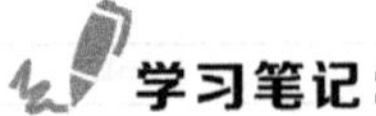

学习笔记：

年末结转后，“投资支出”科目应无余额。

课外阅读：

河南拟严控事业单位非主业投资

【大河财立方消息（2022.5.13）】5月13日，河南省财政厅发布通知，就《河南省行政事业性国有资产管理办法（征求意见稿）》向社会公开征求意见。

《管理办法》提出：

除法律另有规定外，行政单位不得以任何形式将国有资产用于对外投资或者设立营利性组织。各级财政部门应当对行政事业单位国有资产有偿使用行为逐步实行集中统一管理。加强对行政事业单位资产出租出借行为的监管，严格控制出租出借国有资产行为。

严格控制事业单位非主业投资。除国家另有规定外，事业单位不得利用财政资金对外投资，不得买卖期货、股票，不得购买各种企业债券、投资基金和其他任何形式的金融衍生产品或者进行任何形式的金融风险投资，不得在国外贷款债务尚未清偿前利用该贷款形成的资产对外投资等。

行政事业单位转让（出售）及置换土地、房屋、车辆以及大型（贵重）仪器、设备等，应当经具有相应资质的评估机构评估并报财政部门核准或者备案后，通过拍卖等公开竞争方式进行，严格控制非公开协议方式。在交易过程中，当交易价格低于评估结果的90%时，应当暂停交易，在获得财政部门同意后方可继续进行。前款规定的交易行为，应当在经政府批准或依法设立的产权交易机构中公开进行。

来源：https：//www. henan100. com/news/2022/1090935. shtml

二、债务还本支出（★★★）

（一）债务还本支出的确认和计量（★★）

债务还本支出的定义：**事业单位**偿还自身承担的纳入预算管理的从金融机构举借的债务本金的现金流出。

债务还本支出应当在偿还各项借款时确认，并按照偿还的借款本金计量。

学习笔记：

（1）行政单位没有债务还本支出的业务。

（2）债务还本支出属于事业单位的**非财政、非专项资金支出。**

学习笔记：

债务还本账务处理——政府与事业单位对比

政府	事业单位
一般公共预算本级支出	债务还本支出

> 《地方政府一般债务预算管理办法》第一章总则，第三条：一般债务收入、安排的支出、还本付息、发行费用纳入一般公共预算管理。

（二）债务还本支出核算的会计科目设置（★）

事业单位应设置**“债务还本支出”**总账科目。该科目应当按照贷款单位、贷款种类，以及《政府收支分类科目》中支出功能分类科目的项级科目和部门预算支出经济分类科目的款级科目等进行明细核算。

（三）债务还本支出的账务处理（★★★）

1. 确认支出

【例9－25】某事业单位向金融机构偿还一项短期借款本金50 000元，款项通过银行存款账户支付。该事业单位应编制如下会计分录：

借：债务还本支出　　50 000（**偿还的借款本金**）

　贷：资金结存——货币资金　　50 000

学习笔记：

该题在财务会计中，同时借记短期借款，贷记银行存款。

注意：

（1）在**财务会计**中，事业单位向金融机构借入款项以及偿还借款本金的业务，都在“**短期借款**”或“**长期借款**”科目中核算，分别作为负债的增加和负债的减少处理。

（2）在**预算会计**中，事业单位向金融机构借入款项的业务在“**债务预算收入**”科目中核算，偿还借款本金的业务在“**债务还本支出**”科目中核算，分别作为预算收入的增加和预算支出的增加处理。

（3）事业单位向金融机构借入款项以及偿还借款本金的业务，在财务会计和预算会计中的核算方法明显不同。前者核算事业单位的**财务状况**，后者核算事业单位的**预算执行情况**。

（4）债务还本支出仅核算**偿还债务本金**的支出，不核算债务利息支出。**债务利息支出属于其他支出**。

2. 年末结转

【例9－26】年末，某事业单位“债务还本支出”科目的本年发生额为365 000元。该事业单位将其全额转入“其他结余”科目。该事业单位应编制如下会计分录：

借：其他结余　　365 000

　　贷：债务还本支出　　365 000

学习笔记：

年末结转后，该科目应无余额。

债务还本支出属于事业单位的非财政、非专项资金支出，年末转入其他结余。

课外拓展：

禁止国企、事业单位演化为融资平台，多地围堵隐性债务

国务院在《关于进一步深化预算管理制度改革的意见》中要求，决不允许新增隐性债务上新项目、铺新摊子；严禁地方政府以企业债务形式增加隐性债务；严禁地方政府通过金融机构违规融资或变相举债；清理规范地方融资平台公司，剥离其政府融资职能，对失去清偿能力的要依法实施破产重整或清算。

在此基础上，省级政府增加了一些细化要求。比如，贵州省在《关于进一步深化预算管理制度改革的实施意见》中明确，**严格规范事业单位和国有企业举债审批程序，禁止将事业单位、国有企业演化为政府融资平台，严禁以企业债务形式增加隐性债务**。

山西省提出，强化国有企事业单位监管，依法健全政府及其部门向企事业单位拨款机制，严禁在没有预算及合法协议的情况下向企事业单位拨付资金，严禁政府以企业债务形式增加隐性债务。

湖南省表示，决不允许地方政府新增隐性债务上新项目，政府投资项目无资金来源不立项、无预算不开工，探索实行高风险地区政府投资项目上级财政开工核准制。

宁夏提出，对政府投资项目开展财政可承受能力评估，决不允许通过政府投资基金、政府和社会资本合作（PPP）、政府购买服务等方式举借隐性债务上新项目、铺新摊子。

第六节 其他支出

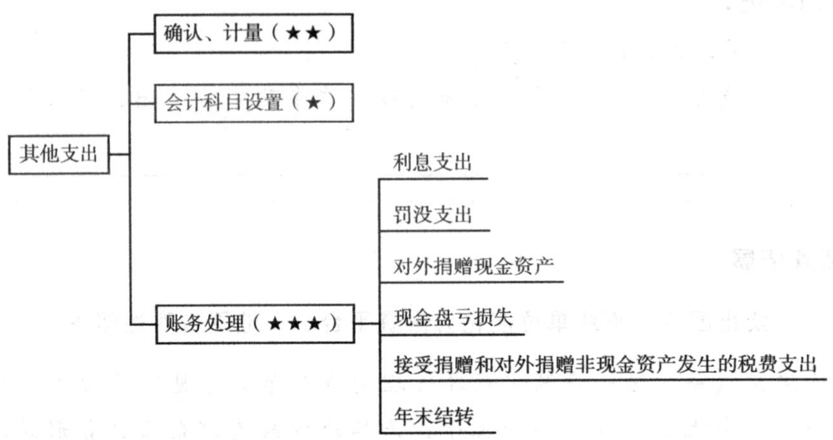

一、其他支出的确认和计量（★★）

其他支出的定义：政府单位除行政支出、事业支出、经营支出、上缴上级支出、对附属单位补助支出、投资支出、债务还本支出以外的各项现金流出，包括利息支出、对外捐赠现金支出、现金盘亏损失、接受捐赠（调入）和对外捐赠（调出）非现金资产发生的税费支出、资产置换过程中发生的相关税费支出、罚没支出等。

其他支出应当在实际发生现金流出时确认，并按照实际支付金额计量。

二、其他支出核算的会计科目设置（★）

政府单位应设置“其他支出”科目核算其他支出。本科目应当按照其他支出的类别，“财政拨款支出”、“非财政专项资金支出”和“其他资金支出”，《政府收支分类科目》中“支出功能分类科目”的项级科目和“部门预算支出经济分类科目”的款级科目等进行明细核算。具体见表9－7。

表9－7 其他支出的会计科目设置

总账科目	一级明细科目	二级明细科目	三级明细科目	四级明细科目	五级明细科目	六级明细科目
其他支出	财政拨款支出	一般公共预算财政拨款	支出功能分类科目项级科目	基本支出	部门预算支出经济分类科目款级科目	
				项目支出		××项目
		政府性基金预算财政拨款	同上	同上	同上	

续表

总账科目	一级明细科目	二级明细科目	三级明细科目	四级明细科目	五级明细科目	六级明细科目
其他支出	非财政专项资金支出	支出功能分类科目项级科目	基本支出	部门预算支出经济分类科目款级科目	××项目	
			项目支出			
	其他资金支出	同上	基本支出	同上	××项目	
			项目支出			

注意：

（1）其他支出中如有专项资金支出，还应按照具体项目进行明细核算。

（2）有一般公共预算财政拨款、政府性基金预算财政拨款等**两种或两种以上财政拨款**的政府单位，还应当在“财政拨款支出”明细科目下按照财政拨款的种类进行明细核算。

（3）政府单位**发生利息支出、捐赠支出等其他支出金额较大或业务较多**的，可单独设置“利息支出”“捐赠支出”等科目。

（4）期末结转后，本科目无余额。

三、其他支出的账务处理（★★★）

（一）利息支出

【例9-27】某事业单位使用自有资金支付银行借款利息450元，款项通过银行存款账户支付。相应的银行借款利息在财务会计中已记入了“应付利息”总账科目。该事业单位应编制如下会计分录：

借：其他支出——其他资金支出　450

　　贷：资金结存——货币资金　450

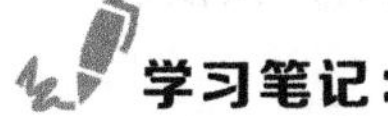

学习笔记：

该题在财务会计中，同时借记应付利息，贷记银行存款。

（二）罚没支出

【例9-28】某政府单位因欠缴应纳税款，被税务机关处以2 000元罚款。罚款已通过银行转账支付。该政府单位的账务处理如下：

借：其他支出——税收罚款　2 000（**按实际支出金额**）

　　贷：资金结存——货币资金　2 000

学习笔记：
该例财务会计同时借记其他费用——税收罚款，贷记银行存款。

（三）对外捐赠现金资产

【例9－29】 某事业单位使用自有资金对外捐赠现金资产50 000元，款项通过银行存款支付。该事业单位应编制如下会计分录：

借：其他支出——其他资金支出——现金资产捐赠　　50 000
　　贷：资金结存——货币资金　　50 000

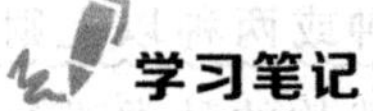
学习笔记：
该例财务会计同时借记其他费用，贷记银行存款。

（四）现金盘亏损失

【例9－30】 某事业单位现金账款核对中发现现金短缺50元，资金性质为非财政非专项资金。经核实，其中30元应当由责任人赔偿；其余20元（50－30）无法查明原因，经批准予以核销。次日，收到相关责任人赔偿现金30元。该事业单位应编制如下会计分录：

（1）现金账款核对中发现现金短缺时：

借：其他支出——其他资金支出　　50（**短缺的现金金额**）
　　贷：资金结存——货币资金　　50

注：此时财务会计同时借记待处理财产损溢，贷记库存现金。

（2）核实批准相关情况时：

预算会计无会计分录。

注：此时财务会计借记其他应收款、资产处置费用，贷记待处理财产损溢。

（3）收到相关责任人赔偿现金时：

借：资金结存——货币资金　　30（**按照收到的赔偿金额**）
　　贷：其他支出——其他资金支出　　30

注：此时财务会计同时借记库存现金，贷记其他应收款。

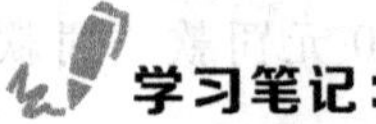
学习笔记：
现金账款核对中发现的现金短缺，属于**无法查明原因**的，在财务会计中，在核实批准时确认为资产处置费用；**在预算会计中，在发现现金短缺时确认为其他支出。**

（五）接受捐赠（无偿调入）和对外捐赠（无偿调出）非现金资产发生的税费支出

【例9-31】 某事业单位接受捐赠一批库存物品，有关凭据注明的金额为62 500元，以银行存款支付运输费用500元，资金性质为非财政非专项资金，库存物品已验收入库，成本金额为63 000元（62 500+500）。该事业单位应编制如下会计分录：

借：其他支出——其他资金支出　　500
　　贷：资金结存——货币资金　　500

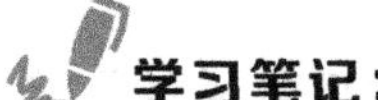
学习笔记：

（1）接受捐赠（无偿调入）**非现金资产**发生的归属于捐入方（调入方）的**相关税费、运输费**等，以及对外捐赠（无偿调出）非现金资产发生的归属于捐出方（调出方）的相关税费、运输费等，按照实际支付金额，借记“其他支出”科目，贷记“资金结存”科目。

（2）该例财务会计同时借记库存商品，贷记银行存款、捐赠收入。

（六）年末结转

【例9-32】 年末，某事业单位“其他支出”科目的本年发生额为83 400元，其中，财政拨款支出13 500元，非财政专项资金支出13 300元，其他资金支出56 600元。该事业单位分别将其转入“财政拨款结转——本年收支结转”“非财政拨款结转——本年收支结转”“其他结余”科目。该事业单位应编制如下会计分录：

（1）结转财政拨款支出时：

借：财政拨款结转——本年收支结转　　13 500
　　贷：其他支出——财政拨款支出　　13 500

（2）结转非财政专项资金支出时：

借：非财政拨款结转——本年收支结转　　13 300
　　贷：其他支出——非财政专项资金支出　　13 300

（3）结转其他资金支出时：

借：其他结余　　56 600
　　贷：其他支出——其他资金支出　　56 600

学习笔记：

1. 年末结转后，“其他支出”科目应无余额。

2. 其他支出年末结账的方法与行政支出、事业支出年末结账的方法相同。其他支出中财政拨款支出、非财政专项资金支出和其他资金支出的比例可能与行政支出、事业支出存在差异。

课外拓展：

新政府会计制度下财务会计与预算记账差异

新政府会计制度下财务会计与预算记账差异可以归纳为“时间性差异”与“永久性差异”两种类型。差异项产生原因主要在于双基础核算原则下具有不同的确认时点与不同的核算口径。[①]

1. 由不同确认时点造成的差异项

指由收支确认的时间先后不同而形成的、能够在以后期间转回的差异属于时间性差异。往来确认收入或支出的不同时点、收入确认的时间有先后顺序是政府会计中的两种主要时间性差异类型。会计主体核算时存在确认预算收入时没有同时确认财务收入或者进行财务收入但没有进行预算收入的确认的情况。同理，会计主体在进行费用和支出的处理时，由于财务会计和预算会计存在不同的确认时点，如果经济事项没有同时确认预算支出或费用，那么也会造成差异项的存在。

2. 因核算口径不同产生的差异项

指由于核算原则的不同，新政府会计制度下费用和预算支出的核算口径也存在明显的差异。行政事业单位作为会计主体能够自行制定财务会计中费用类科目资金来源和功能分类的明细核算结构，满足账务处理过程中的实际需求。而资金来源类的归类核算则属于预算会计中预算支出科目明细核算的侧重点。例如，对于购入货物或接受劳务的应交增值税，在预算分录“事业支出”科目下记录的是包含应交增值税的金额，以实际交付的金额为准，而在财务会计下费用科目中计入的金额并不含有增值税部分，需要单独计入“应交增值税”科目进行抵扣处理。财务会计与预算会计不同核算口径造成的差异是无法被消除的，属于“永久性差异”。

---

① 张璐：“新政府会计制度下财务会计与预算会计记账差异探析”，《财会通讯》2021 年第 23 期，第 160 – 164 页。

课后习题

1.【单选题】某事业单位当年事业收入 5 000 万元（其中非专项资金收入 3 000 万元），事业支出 4 800 万元（其中非专项资金支出 2 800 万元，财政补助支出 500 万元），其他收入 200 万元（非专项资金收入 150 万元），则该事业单位当年事业结余为（　　）万元。

A. 250　　　　B. 350　　　　C. 200　　　　D. 400

【参考答案】B.

【解析】事业结余 = 事业收入（非专项）- 事业支出（非专项、非财政）+ 其他收入（非专项）= 3 000 - 2 800 + 150 = 350（万元）

2. 某高校发生以下投资业务：

①使用闲置的历年累积的其他结余资金购买国债进行长期投资，购买定期付息的国债 15 万元（含应收利息 2 000 元）。单位同时支付交易所相关佣金 1 500 元。

②接到投资账户银行的通知，单位上述国债发放利息 2 100 元。

③出售前年购买的国债，收回银行存款 52 200 元。购买成本 50 050 元。按照相关管理规定，货币投资收回的本金和收益都纳入单位预算管理，无须上缴财政部门。

④使用闲置的历年累积的非财政资金 200 万元以及单位闲置房产一处（账面价值 2 000 万元），与政府相关投资基金合作成立产业园有限公司。已获得出资凭证。

要求：编制该单位会计对下述业务进行账务处理的预算会计分录。

【参考答案】

①借：投资支出　　151 500

　　贷：资金结存　　151 500

②借：资金结存　　2 100

　　贷：投资支出　　2 000

　　　　投资预算收益　　100

③借：资金结存　　52 200

　　贷：其他结余　　50 050

　　　　投资预算收益　　2 150

④借：投资支出　　2 000 000

　　贷：资金结存　　2 000 000

第十章　政府单位预算结余的核算

第一节　政府单位预算结余要素

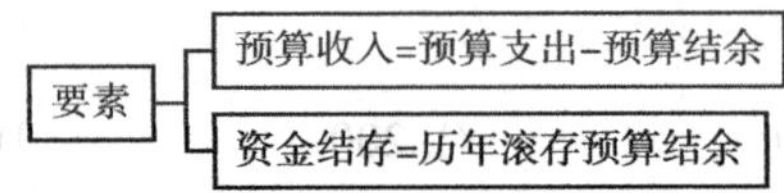

一、预算收入、预算支出和预算结余之间的关系（★）

在当前会计规范中，政府单位预算会计要素分为预算收入、预算支出和预算结余三类。其中，预算收入、预算支出都是期间属性的要素，预算结余则是指政府单位预算年度内预算收入扣除预算支出后的资金余额，以及历年滚存的资金余额。在这里，预算结余要素实际上包括两项内容，即反映期间属性的当期预算结余，以及反映某一时点预算资源状况的历年滚存预算结余。

从预算结余反映的内容属性看，预算收入、预算支出和当期预算结余存在以下平衡关系：

预算收入－预算支出＝当期预算结余

历年滚存预算结余与预算收支要素的属性并不相同。它们之间没有直接的平衡关系。历年滚存预算结余由历年的当期预算结余累计形成。

> **课堂笔记：**
>
> 预算结余＝当期预算结余＋历年滚存预算结余
>
> ＝预算收入－预算支出＋历年滚存预算结余
>
> 式中“预算收入”和“预算支出”指当期（本季度、本年等）的预算收入与预算支出。

二、预算结余与资金结存之间的关系

目前我国的预算结余要素中存在一类被称为“资金结存”的项目。该项目与历年滚存预算结余存在类似财务会计上的资产负债表恒等式关系，即

资金结存 = 历年滚存预算结余

从会计要素的属性看，二者均反映某个时点的状况：滚存预算结余类似财务会计中的净资产要素，反映政府单位某一时点的预算资金来源；资金结存类似财务会计中的资产要素，反映政府单位某一时点的预算资金占用。依据邢俊英著《政府会计（第三版）》的观点，本书将资金结余列入预算结余范围内加以核算。

课堂笔记：

1. 预算结余 = 结余资金 + 结转资金。

2. 财务盈余与预算结余的差异：新的《政府会计制度》下，行政事业单位所发生的经济业务实行“双基础”并行的核算方式，财务会计以权责发生制为核算基础编制会计分录，而对形成行政事业单位收入和费用的经济业务，通过年末结转构成财务盈余。

预算会计以收付实现制为核算基础编制预算分录，对涉及行政事业单位预算管理的收入与支出业务在年末归集形成预算结余。由于在确认收支时点上存在差异，导致两者之间的收入确认不同步，最终造成本期财务盈余和预算结余不一致，为便于报表使用者理解和使用，则须通过编报差异调节表来调整权责发生制与收付实现制的差异。调节公式如下：

本期预算结余 = 本期财务盈余 - 少计预算收入 + 多计预算收入 - 多计预算支出 + 少计预算支出

第二节　政府单位预算结余的分类

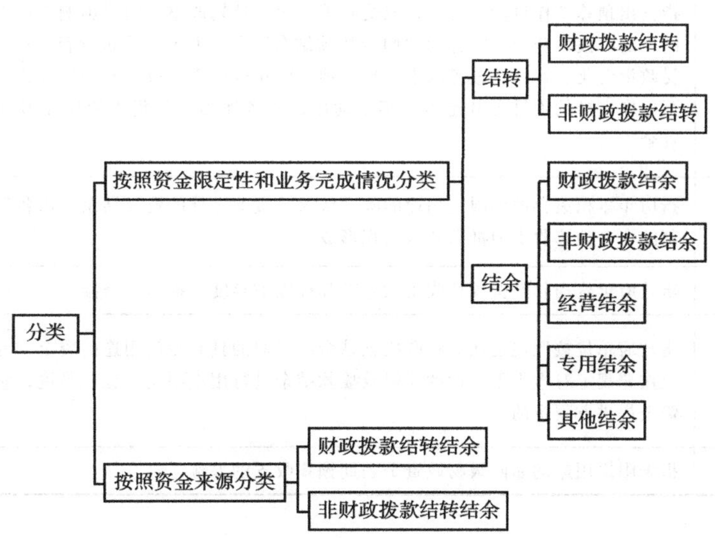

一、按照资金限定性和业务完成情况分类：结转、结余（★★★）

（一）结转

指当年预算已执行但尚未完成，或者因故未执行，下一年度需要按照原用途继续使用的预算结余资金，包括**财政拨款结转、非财政拨款结转**。

种类	定义
财政拨款结转	是指政府单位当年预算已执行但尚未完成，或因故未执行，下一年度需要按照原用途继续使用的同级财政拨款滚存资金。它既包括项目当年已执行但尚未完成形成的当期和滚存财政拨款结转，或项目因故当期未执行，需要推迟到下年执行形成的当期和滚存财政拨款结转，也包括用于单位基本支出的当期和滚存财政拨款结转
非财政拨款结转	是指事业预算收入、上级补助预算收入、非同级财政拨款预算收入、债务预算收入、其他预算收入中的捐赠收入等资金的结转，该类资金也会有相当部分被出资者限定用途。如果政府单位当期未完成相应限定的业务，这些被限定用途的资金就会形成当期预算收支差额，未来需要继续用于原指定用途

（二）结余

指当年预算工作目标已完成，或者因故终止，不再用于限定项目的预算资金。这些资金根据管理要求，可在单位内部、部门内部调剂或上缴出资者，或者留归政府单位自由使用。这类不再用于出资者限定项目的结余包括**财政拨款结余、非财政拨款结余、经营结余、专用结余和其他结余**。

种类	定义
财政拨款结余	指支出预算工作目标已完成，或受政策变化、计划调整等因素影响工作终止，当年剩余的同级财政拨款资金。能称为“财政拨款结余”的，只有已完成项目未用完的预算资金，或受政策变化、计划调整等因素影响，项目终止或撤销形成的剩余财政拨款资金，或某一预算年度安排的项目支出连续两年未动用，或者连续三年仍未使用完形成的剩余财政拨款资金
非财政拨款结余	指历年累积滚存的无限定用途的除同级财政拨款之外的资金结余，由各种没有受到用途限制的资金预算收支相抵后转入累积形成
经营结余	指政府单位当年经营预算收支的差额弥补以前年度亏损后的余额
专用结余	指政府单位按照规定从非财政拨款结余中提取的具有专门用途的资金。专用结余由政府单位按照规定对本无限定性的非财政拨款结余进行用途限定，也就是说，它的专门用途不是资金提供方限定的
其他结余	指未限定用途的非同级财政资金当期预算收支的差额

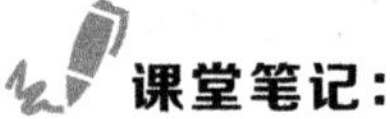

课堂笔记：

结转和结余的区别

1. 性质不同

(1) 结余：是事业单位在一定期间各项收入与支出相抵后的余额，一般指在年底、月终等进行结账时的核算结果。

(2) 结转：是期末结账时将某一账户的余额或差额转入另一账户。

2. 特点不同

(1) 结余：实际工作中，有的单位年终核算时制作会计凭证不是将收入和支出结转"结余"科目，而是将收入和支出相对转，结余或透支挂往来款项，从而使做出来的财务报表虽然收支平衡，但实际上财务报表不能正确、完整地反映核算单位收支及结余的真实情况。

(2) 结转：涉及两个账户，前者是转出账户，后者是转入账户，一般而言，结转后，转出账户将没有余额。

二、按照资金来源分类：财政拨款结转结余、非财政拨款结转结余

财政拨款结转结余是指同级财政资金拨款收支形成的结余，包括财政拨款结转和财政拨款结余。

非财政拨款结转结余是指非同级财政资金预算收支形成的结余，包括非同级财政专项结转、非财政拨款结余、经营结余、专用结余和其他结余。

课堂笔记：

1. 财务会计期末结转步骤：

(1) 收入费用期末结转本期盈余；

(2) 本期盈余结转本年盈余分配；

(3) 本年盈余分配结转累计盈余；

(4) 无偿调拨净资产结转累计盈余；

(5) 以前年度盈余调整结转累计盈余。

2. 预算会计期末结转步骤：

(1) 预算收支结转，包括财政资金收支结转，非财政、专项资金收支结转，非财政、非专项资金收支结转，经营预算收支结转；

(2)"结转"、"结余"内部结转，包括"结转"转"结余"，事业单位"经

营结余”转“结余分配”，事业单位“其他结余”转“结余分配”，事业单位计提“专用结余”，事业单位“结余分配”转“结余”。

第三节　政府单位预算结余的科目

一、资金结存（★★）

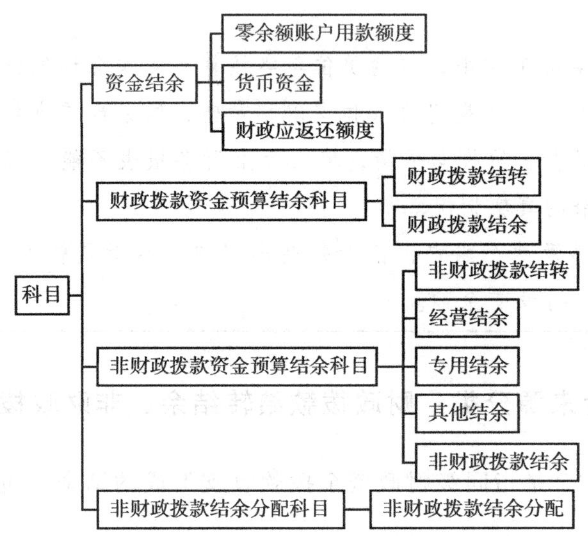

（一）概念

资金结存，是指包括货币资金、零余额账户用款额度和财政应返还额度三者的政府单位纳入部门预算管理的资金的流入、流出、调整和滚存等情况。

（二）资金结存核算的会计科目设置

1.“资金结存”科目

科目设置	核算内容
设置“资金结存”科目，属“资产类”科目，在收付实现制下保证复式记账借贷平衡	借方登记政府单位确认的预算收入，贷方登记政府单位确认的预算支出。年末存在借方余额，反映政府单位预算资金的累计滚存情况

2.“资金结存”明细科目

明细科目	核算内容
“零余额账户用款额度”	核算实行国库集中支付的单位收到和支出的由财政部门批复的零余额账户用款额度。年末无余额

续表

明细科目	核算内容
“货币资金”	核算以库存现金、银行存款、其他货币资金形态存在的资金。年末有借方余额，反映单位尚未使用的货币资金
“财政应返还额度” 下设“财政直接支付”“财政授权支付”两个明细科目进行明细核算	核算实行国库集中支付的单位可以使用的以前年度财政直接支付资金额度和财政应返还的财政授权支付资金额度。年末有借方余额，反映单位应收财政返还的资金额度

3. 资金结存的主要账务处理

（1）财政授权支付方式：政府单位收到代理银行转来的财政授权支付额度到账通知书时，按照通知书中的授权支付额度记账；其余三步按照实际支付金额记账。

情境	会计处理
政府单位收到代理银行转来的财政授权支付额度到账通知书时	借：资金结存——零余额账户用款额度 　贷：财政拨款预算收入
政府单位发生相关支出时	借：行政支出/事业支出 　贷：资金结存——零余额账户用款额度
使用以前年度财政直接支付额度发生支出时	借：行政支出/事业支出 　贷：资金结余——财政应返还额度

【例10－1】某政府单位收到“财政授权支付额度到账通知书”，列明本月日常公用经费的财政授权支付额度为500 000元。该政府单位的账务处理如下：

借：资金结存——零余额账户用款额度　　500 000

　贷：财政拨款预算收入——一般公共预算财政拨款——基本支出　　500 000

【例10－2】某行政单位购入用于专业活动的甲材料一批，取得增值税专用发票注明的材料价款为100 000元，增值税税额17 000元。款项通过单位零余额账户支付。

借：行政支出——财政拨款支出——基本支出　　117 000

　贷：资金结存——零余额账户用款额度　　117 000

【例10－3】收到代理银行转来的“财政直接支付入账通知书”，使用上年未使用的财政直接支付额度购买专用材料一批，材料价款100 000元、增值税税额17 000元。

借：事业支出　　117 000

　贷：资金结存——财政应返还额度　　117 000

（2）其他支付方式：按照实际收到或支付的金额，借记或贷记“资金结存——货币资金”。

情境	会计处理
政府单位以国库集中支付以外的其他支付方式取得预算收入时	借：资金结存——货币资金 贷：财政拨款预算收入/事业预算收入/经营预算收入
国库集中支付以外的其他支付方式下，发生相关支出时	借：事业支出/经营支出等 贷：资金结存——货币资金

【例 10－4】某事业单位承接某企业污水处理项目研究，项目总经费 300 000 元，需要三年完成。按照合同规定，该企业在合同签订时先预付项目研究经费 50%，项目结项时再支付 50%，首付 50% 款的项已存入银行。该事业单位账务处理如下：

收到委托企业 50% 预付款项时，

借：资金结存——货币资金　150 000

贷：事业预算收入　150 000

项目结项收到 50% 补付款时，

借：资金结存——货币资金　150 000

贷：事业预算收入　150 000

假设该例中的事业单位根据合同完成进度每年初计算应收 1/3 的科研经费，年末实际收款。每年末实际收款时，该事业单位账务处理如下：

借：资金结存——货币资金　100 000

贷：事业预算收入　100 000

【例 10－5】某事业单位购入用于经营活动的甲材料一批，取得增值税专用发票注明的材料价款为 100 000 元，增值税税额 17 000 元。款项以银行存款支付。

借：经营支出　117 000

贷：资金结存——货币资金　117 000

（3）按照规定上缴或注销财政拨款结转结余资金：分别按照实际上缴资金数额或注销的资金额度、实际缴回资金数额、实际调入资金数额记账，均为实际发生额。

情境	会计处理
政府单位按照规定上缴财政拨款结转结余资金或注销财政拨款结转结余资金额度时	借：财政拨款结转——归集上缴/财政拨款结余——归集上缴 贷：资金结存——财政应返还额度/零余额账户用款额度/货币资金
按规定向原资金拨入单位缴回非财政拨款结转资金时	借：非财政拨款结转——缴回资金 贷：资金结存——货币资金
收到从其他单位调入的财政拨款结转资金时	借：资金结存——财政应返还额度/零余额账户用款额度/货币资金 贷：财政拨款结转——归集调入

【例 10－6】某事业单位将使用新菜地开发建设基金安排的三年尚未使用的新技术引进支出的结转资金 100 000 元上缴财政部门，并核销相应的财政应返还额度。该事业单位的账务处理如下：

借：财政拨款结转——归集上缴——政府性基金预算财政拨款结转——新菜地开发建设基地——项目支出——技术培训与推广 100 000

贷：资金结存——财政应返还额度 100 000

【例 10－7】某事业单位代理银行转来财政授权支付通知书，收到主管部门从其他单位调入的财政拨款结转资金 100 000 元，用于当年办公大楼的修缮。该事业单位的账务处理如下：

借：资金结存——零余额账户用款额度 100 000

贷：财政拨款结转——归集调入——一般公共预算财政拨款结转——一般行政管理事务——项目支出结转——办公楼修缮 100 000

（4）按照规定使用专用基金：按照实际支付金额记账。

情境	会计处理
政府单位按照规定使用专用基金时	借：专用结余（从非财政拨款结余中提取的专用基金）/事业支出（从预算收入中计提的专用基金） 贷：资金结存——货币资金

【例 10－8】某事业单位从职工福利基金中开支 1 807 000 元用于职工集体福利项目。该事业单位的账务处理如下：

借：专用结余 1 807 000

贷：资金结存——货币资金 1 807 000

（5）购货退回：政府单位因购货退回、发生差错更正等退回国库直接支付、授权支付款项，或者收回货币资金。

情境	会计处理
属于本年度支付的	借：财政拨款预算收入/资金结存——财政应返还额度/资金结存——零余额账户用款额度/资金结存——货币资金 贷：相关支出科目
属于以前年度支付的	借：资金结存——财政应返还额度/资金结存——零余额账户用款额度/资金结存——货币资金 贷：财政拨款结转/财政拨款结余/非财政拨款结转/非财政拨款结余

【例 10－9】某事业单位使用财政直接支付方式采购的办公用电脑耗材因质量问题予以退回，共计 50 000 元。其中，30 000 元属于上年度支付的款项，20 000 元属于本年度支付的款项。收到代理银行转来财政直接支付资金退回入账通知书，退回相关款

项 50 000 元，材料已退回。该事业单位的账务处理如下：

借：资金结存——财政应返还额度　30 000
　　财政拨款预算收入——一般公共预算拨款——基本支出　20 000
　　贷：财政拨款结转——年初余额调整　30 000
　　　　事业支出　20 000

（6）缴纳所得税。

情境	会计处理
有企业所得税缴纳义务的事业单位缴纳所得税时	借：非财政拨款结余——累计结余 　贷：资金结存——货币资金

【例 10－10】某事业单位年末按照税法规定计算出本年度应纳税所得额为 20 000 元，适用所得税税率为 25%，应缴所得税税额为 5 000 元，已通过银行上缴税款。该事业单位的账务处理如下：

借：非财政拨款结余——累计结余　5 000
　　贷：资金结存——货币资金　5 000

（7）年末确认财政应返还额度。

情境		会计处理
本年末	政府单位根据本年度财政直接支付预算指标数与当年财政直接支付实际支出数的差额时	借：资金结存——财政应返还额度 　贷：财政拨款预算收入
	依据代理银行提供的对账单作注销额度的相关账务处理时	借：资金结存——财政应返还额度 　贷：资金结存——零余额账户用款额度
	本年度财政授权支付预算指标数大于零余额账户用款额度下达数的，根据未下达的用款额度	借：资金结存——财政应返还额度 　贷：财政拨款预算收入
下年初	政府单位依据代理银行提供的额度恢复到账通知书作恢复额度的相关账务处理，单位收到财政部门批复的上年末未下达零余额账户用款额度时	借：资金结存——零余额账户用款额度 　贷：资金结存——财政应返还额度

【例 10－11】某行政单位下年度初收到代理银行转来的“财政直接支付入账通知书”，使用上年尚未使用的财政直接支付额度支付款项 100 000 元购买办公用笔记本电脑 10 台，已直接交付使用。该行政单位的账务处理如下：

借：行政支出　100 000
　　贷：资金结存——财政应返还额度　100 000

【例 10－12】某事业单位下年度初收到代理银行转来的 50 000 元财政授权支付额

度恢复到账通知书和财政部门批复的上年度末下达零余额用款额度 100 000 元。该事业单位的账务处理如下：

借：资金结存——零余额账户用款额度　　150 000

　贷：资金结存——财政应返还额度　　150 000

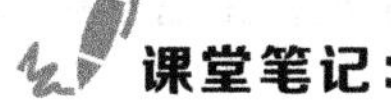

课堂笔记：

资金结余率＝（实际使用资金－预计或预算资金）/预计或预算资金＊100%

结余资金，是指同各级财政有缴拨款关系的行政事业单位、社会团体、企业在预算年度结束时，尚未列支出的财政拨款资金。结余资金管理，是指各级财政部门，为提高财政资金使用效率，通过制定财政拨款结余资金管理办法，对财政拨款专项结余和净结余资金进行规范化、制度化的管理。

二、财政拨款资金预算结余科目（★）

科目	核算内容
财政拨款结转	用于结转政府单位当年的财政拨款资金收支，同时还用于核算调整和滚存的基本支出结余与未完成项目结余资金情况
财政拨款结余	用于核算政府单位财政拨款资金已完成项目资金的结转、调整和滚存。这部分结余受到财政资金管理要求的限制，不能随意结转用于单位其他用途，需要单独核算

课堂笔记：

本年财政拨款结转

=

财政拨款预算收入

－

行政支出（财政拨款支出）	事业支出（财政拨款支出）	其他支出（财政拨款支出）

历年滚存财政拨款结余	=	结转转入	+	年初余额调整	-	归集上缴	-	单位内部调剂

三、非财政拨款资金预算结余科目（★）

科目	核算内容
非财政拨款结转	用于核算政府单位非财政拨款资金中的专项资金收入支出结转、调整和未完成项目的滚存结余情况
经营结余	用于核算事业单位经营收支相抵后的结余抵销往年亏损后的余额。在单位无经营亏损的情况下，该科目反映当期的经营结余情况
专用结余	反映事业单位按照规定从非财政拨款结余中提取的具有专门用途的资金的变动和滚存情况
其他结余	用于核算政府单位非财政拨款资金中非专项资金当期收入、支出相抵后的结余情况（不包括经营收支结余）。该科目只反映该类资金当期的预算结余情况
非财政拨款结余	用于核算政府单位非财政拨款资金中不再受到出资人用途限定或者没有任何用途限定的滚存结余情况。具体而言，该科目核算已经完成项目的专项非财政拨款结余资金、非专项非财政拨款结余资金（包括经营结余抵亏后转入）的转入和滚存

课堂笔记：

专用结余和经营结余属于事业单位特有的预算结余项目，并且事业单位的非财政拨款结余还要按照规定进行分配；其他的结转结余属于行政单位和事业单位共有的结转结余项目。

四、非财政拨款结余分配科目（★）

科目	核算内容
非财政拨款结余分配	用于核算事业单位非财政拨款资金中非专项资金结余分配的情况和结果。非财政拨款资金中的专项资金结余不参加分配，因此项目完成后的专项资金结余不通过该科目分配

第四节　明细科目设置

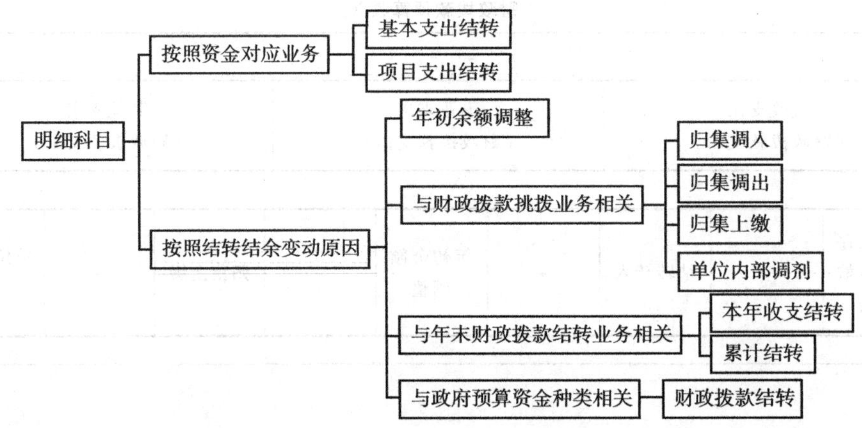

一、按照资金对应的业务设置明细科目（★★）

明细科目	核算内容
基本支出结转	按照人员经费和日常公用经费进行明细核算
项目支出结转	按照具体项目进行明细核算，还应当按照政府收支分类科目中支出功能分类科目的项级科目进行明细核算

二、按照结转余额变动原因设置明细科目（★★）

（一）年初余额调整

明细科目	核算内容
年初余额调整	与会计差错更正、以前年度支出收回相关的明细科目，核算因发生会计差错更正、以前年度支出收回等，需要调整财政拨款结转的金额。年末结账后，本明细科目应无余额

（二）与财政拨款调拨业务相关的明细科目（★★）

明细科目	核算内容
归集调入	核算按照规定从其他单位调入财政拨款结转资金时，实际调增的额度或调入的资金数额。年末结账后，本明细科目应无余额
归集调出	核算按照规定向其他单位调出财政拨款结转资金时，实际调减的额度或调出的资金数额。年末结账后，本明细科目应无余额
归集上缴	核算按照规定上缴财政拨款结转资金时，实际核销的额度或上缴的资金数额。年末结账后，本明细科目应无余额
单位内部调剂	核算经财政部门批准对财政拨款结余资金改变用途，调整用于本单位其他未完成项目等的金额。年末结账后，本明细科目应无余额

（三）与年末财政拨款结转业务相关的明细科目（★★）

明细科目	核算内容
本年收支结转	核算单位本年度财政拨款收支相抵后的余额。年末结账后，本明细科目应无余额
累计结转	目核算单位滚存的财政拨款结转资金。本科目年末贷方余额反映单位财政拨款滚存的结转资金数额

（四）与政府预算资金种类相关的明细科目（★★）

有一般公共预算拨款、政府性基金预算拨款两种或两种以上财政拨款的，还应当在**“财政拨款结转”**科目下按照财政拨款的种类进行明细核算。财政拨款结转的总账及明细科目如下：

<table>
<tr><th>总账科目</th><th>二级明细科目</th><th>三级明细科目</th><th>四级明细科目</th><th>五级明细科目</th><th>六级明细科目</th></tr>
<tr><td rowspan="11">财政拨款结转</td><td rowspan="10">一般公共预算拨款</td><td rowspan="4">年初余额调整</td><td rowspan="11">支出功能分类项级科目</td><td rowspan="2">基本支出结转</td><td>人员经费</td></tr>
<tr><td>日常公用经费</td></tr>
<tr><td rowspan="2">项目支出结转</td><td>项目名称</td></tr>
<tr><td>项目名称</td></tr>
<tr><td>归集调入</td><td>同上</td><td>同上</td></tr>
<tr><td>归集调出</td><td>同上</td><td>同上</td></tr>
<tr><td>归集上缴</td><td>同上</td><td>同上</td></tr>
<tr><td>单位内部调剂</td><td>同上</td><td>同上</td></tr>
<tr><td>本年收支结转</td><td>同上</td><td>同上</td></tr>
<tr><td>累计结转</td><td>同上</td><td>同上</td></tr>
<tr><td>政府性基金预算拨款</td><td>同上</td><td>同上</td><td>同上</td></tr>
</table>

课后习题

1. **【单选题】**下列科目中，属于政府单位预算会计预算结余类的是（　　）。

A. 资金结存　　B. 累计盈余

C. 专用基金　　D. 权益法调整

【参考答案】A.

【解析】属于政府单位预算会计预算结余类的科目有资金结余、财政拨款资金预算结余科目、非财政拨款资金预算结余科目和非财政拨款结余分配科目。

2. **【单选题】**下列关于“财政拨款结余”科目的说法中，错误的是（　　）。

A. “财政拨款结余”科目核算单位（包括行政单位和事业单位）取得的同级财政拨款项目支出结余资金的调整、结转和滚存情况

B. 年末完成同级财政拨款资金的结转后，应将符合财政拨款结余性质的项目余额转入“财政拨款结余”

C. 如果产生因发生会计差错更正、以前年度支出收回等原因，需要调整财政拨款结余，需要设置“年初余额调整”明细科目，年末结账后该科目可以有余额

D. 按照同级财政部门的要求将结余资金归集上缴，需设置“归集上缴”明细科目

【参考答案】C.

【解析】“年初余额调整”明细科目，核算因发生会计差错更正、以前年度支出收回等原因，需要调整财政拨款结余，年末结账后该科目无余额。

3. **【单选题】**年末，完成非财政拨款专项资金结转后，留归本单位使用的非财政拨款结转计入（　　）。

A. 本期盈余　　B. 银行存款

C. 专用基金　　D. 非财政拨款结余——结转转入

【参考答案】D.

【解析】年末，完成上述结转后，应当对非财政拨款专项结转资金各项目情况进行分析，将留归本单位使用的非财政拨款专项（项目已完成）剩余资金转入非财政拨款结余，借记“非财政拨款结转——累计结转”，贷记“非财政拨款结余——结转转入”。

4. **【简答题】**什么是预算结余？包括哪些内容？行政单位和事业单位的结转结余科目有何不同？

【参考答案】

①预算结余是指政府单位预算年度内预算收入扣除预算支出后的资金余额，以及历年滚存的资金余额，预算结余包括结余资金和结转资金；

②政府单位的预算结余包括财政拨款结转结余、非财政拨款结转结余、专用结余、经营结余；

③专用结余和经营结余属于事业单位特有的预算结余项目，并且事业单位的非财政拨款结余还要按照规定进行分配；其他的结转结余属于行政单位和事业单位共有的结转结余项目。

5. **【简答题】**财政拨款结转和财政拨款结余有何区别？

【参考答案】

①预算执行情况不同：财政拨款结转是指当年支出预算已执行但尚未完成，或因故未执行的情况下的财政款项；而财政拨款结余是支出预算工作目标已完成，或由于受政策变化、计划调整等因素影响工作终止的财政款项；

②资金的管理不同：财政拨款结转资金原则上结转下年继续使用，项目支出结转资金结转下年按原用途继续使用；财政拨款结余资金，要全部统筹用于编制以后年度部门预算，按预算管理的有关规定，用在该部门相关支出；

③用途管理不同：财政拨款结转资金不能随意修改用途，而财政拨款结余资金可以留着做为下年部门其他项目的预算。

6.【单选题】某事业单位期末有关非财政、非专项资金收入、支出科目余额如下：“上级补助收入”4 000 万元，“附属单位上缴收入”400 万元，“事业收入”300 万元，“其他收入”100 万元；“其他支出”500 万元，“事业支出”2 000 万元，“上缴上级支出”300 万元，“对附属单位补助支出”100 万元。不考虑其他因素，则结转上述科目后事业结余的余额为（　　）万元。

A. 2 000　　B. 1 900　　C. 1 700　　D. 2 300

【参考答案】B.

【解析】事业结余的余额 =（4 000 + 400 + 300 + 100）-（500 + 2 000 + 300 + 100）

= 1 900（万元）

第十一章　民间非营利组织会计概述

第一节　民间非营利组织会计定义

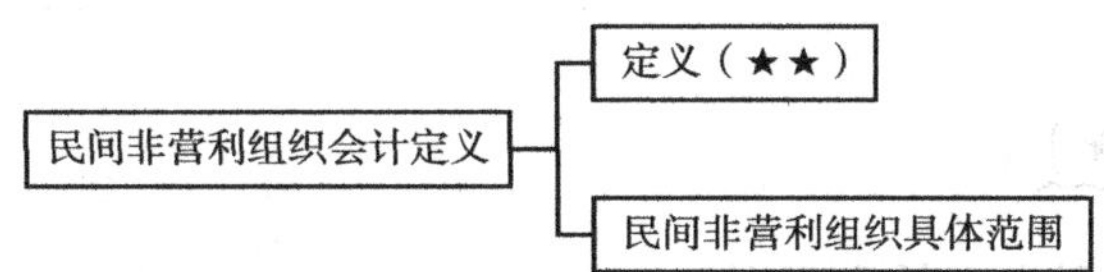

民间非营利组织会计指核算、反映和监督民间非营利组织经济活动过程及其结果的专业会计。

民间非营利组织包括依照国家法律、行政法规登记的社会团体、基金会、民办非企业单位和寺院、宫观、清真寺、教堂等。

课外拓展：

非营利组织是指在政府部门和以营利为目的的企业之外的一切志愿团体、社会组织或民间协会，是介于政府与营利性企业之间的“第三部门”。

不同国家对非营利组织的界定不尽一致。

美国法律通过组织是否具有免税资格来认定非营利组织，并认为只有满足免税条件的组织在法律上才能被认为是非营利组织。

日本法律则规定，非营利组织是指不以营利为目的，并且其收入不得用于分发给成员的社会组织，但非营利组织并不意味着不能参加营利性活动，而是必须把各种收入用于公益事业。

联合国是根据非营利组织资金来源来界定非营利组织的，规定如果一个组织一半以上的收入不是来自以市场价格出售的商品和服务，而是来自其成员缴纳的会费和支持者的捐赠，它才是非营利组织。

【例 11－1】我国企事业单位、社会团体和其他社会力量以及公民个人利用非国有资产举办的从事非营利性社会服务活动的社会组织执行（　　）。

A. 政府会计制度　　　　B. 事业单位会计制度

C. 企业会计制度　　　　D. 民间非营利组织会计制度

【参考答案】D.

【解析】民间非营利组织会计指核算、反映和监督民间非营利组织经济活动过程及其结果的专业会计。

第二节　民间非营利组织会计特征和资金来源

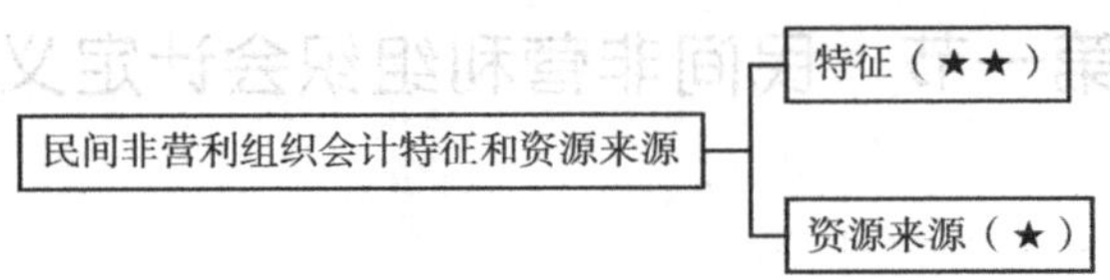

一、特征（★★）

1. 该组织不以营利为宗旨和目的。
2. 资源提供者向该组织投入资源不取得经济回报。
3. 资源提供者不享有该组织的所有权。

课堂笔记：

民间非营利组织会计以权责发生制为会计核算基础；在采用**历史成本计价**的基础上，引入**公允价值计量基础**。

民间非营利组织会计的一般原则包括十二项：客观性原则、有用性原则、实质重于形式原则、一贯性原则、可比性原则、及时性原则、明晰性原则、配比性原则、实际成本原则、谨慎性原则、收益性支出与资本性支出原则和重要性原则。这些原则不同于事业单位会计核算原则，很大程度上借鉴了企业会计核算原则。

民间非盈利组织的净资产既不属于组织所有，也不属于出资者所有。若该组织进行清算，清算后的剩余财产只能交给政府、其他非盈利组织或继续服务社会的公益事业。

【例 11－2】民间非营利组织会计的会计核算基础是（　　）。

A. 权责发生制　　　　B. 收付实现制

C. 以权责发生制为主　　　　D. 以历史成本计量

【参考答案】A.

【解析】民间非营利组织会计以权责发生制为会计核算基础。

【例 11－3】民间非营利组织的特征（　　）。

A. 按投入比例分派利润

B. 不以营利为宗旨和目标

C. 资源提供者享有该组织的所有权

D. 资源投资者向该组织投入资源不取得经济回报

【参考答案】 BD.

【解析】 民间非营利组织的三个特征为：（1）不以营利为宗旨和目的；（2）资源投资者向该组织投入资源不取得经济回报；（3）资源提供者不享有该组织的所有权。

二、资源来源（★）

主要来自社会捐赠和缴纳会费，还有提供商品和服务的收入、政府补助收入等。

第三节　民间非营利组织会计要素和会计科目表

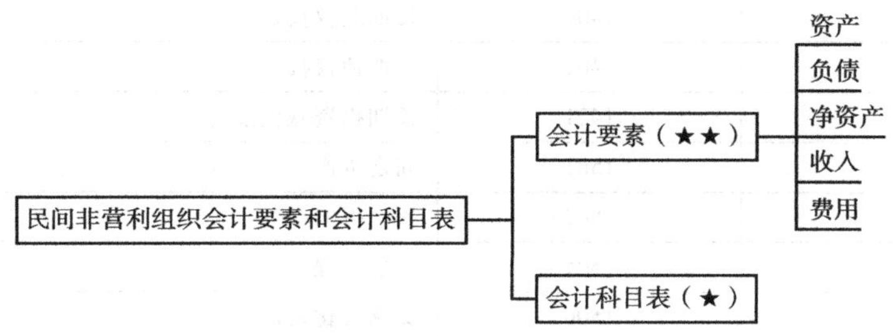

一、会计要素（★★）

资产、负债、净资产、收入、费用五个要素。

课堂笔记：

民间非营利组织的会计要素不包括所有者权益和利润的原因在于资源提供者既不享有组织的所有权，也不取得经济回报，所以需要设置净资产这一会计要素。

由于民间非营利组织采用权责发生制作为会计核算基础，因此设置了费用要素，而没有使用行政、事业单位的支出要素。

二、会计科目表（★）

序号	科目编号	科目名称
一、资产类		
1	1001	现金
2	1002	银行存款

续表

序号	科目编号	科目名称
3	1009	其他货币资金
4	1101	短期投资
5	1102	短期投资跌价准备
6	1111	应收票据
7	1121	应收账款
8	1122	其他应收款
9	1131	坏账准备
10	1141	预付账款
11	1201	存货
12	1202	存货跌价准备
13	1301	待摊费用
14	1401	长期股权投资
15	1402	长期债权投资
16	1421	长期投资减值准备
17	1501	固定资产
18	1502	累计折旧
19	1505	在建工程
20	1506	文物文化资产
21	1509	固定资产清理
22	1601	无形资产
23	1701	受托代理资产
二、负债类		
24	2101	短期借款
25	2201	应付票据
26	2202	应付账款
27	2203	预收账款
28	2204	应付工资
29	2206	应交税金
30	2209	其他应付款
31	2301	预提费用
32	2401	预计负债
33	2501	长期借款
34	2502	长期应付款
35	2601	受托代理负债
三、净资产类		
36	3101	非限定性净资产
37	3102	限定性净资产

续表

序号	科目编号	科目名称
四、收入费用类		
38	4101	捐赠收入
39	4201	会费收入
40	4301	提供服务收入
41	4401	政府补助收入
42	4501	商品销售收入
43	4601	投资收益
44	4901	其他收入
45	5101	业务活动成本
46	5201	管理费用
47	5301	筹资费用
48	5401	其他费用

【例11－4】下列各项中，关于民间非营利组织会计的说法表述不正确的是（　　）。

A. 民间非营利组织的财务会计要素包括资产、负债、所有者权益等

B. 民间非营利组织会计以权责发生制为会计核算基础

C. 民间非营利组织会计在采用历史成本计价的基础上，引入公允价值计量基础

D. 民间非营利组织会计是对民间非营利组织的财务收支活动进行连续、系统、综合的记录、计量和报告

【参考答案】A.

【解析】由于民间非营利组织资源提供者既不享有组织的所有权，也不取得经济回报，因此，其会计要素不包括所有者权益和利润，而是设置了净资产这一要素。

【例11－5】民间非盈利组织不以营利为宗旨和目的，所以组织没有利润盈余。（　　）

【参考答案】错。

【解析】民间非营利组织不以营利为宗旨和目的，这不代表组织没有收入带来的利润盈余，相反，很多社会团体、基金会、宗教机构的账面都存在大量的利润盈余。其来源多样，既有财政拨款，也有社会捐赠，还有累积盈余，甚至有为社会提供商品和服务所获得的收入报酬。

第十二章 民间非营利组织的资产

第一节 民间非营利组织资产的定义和具体种类

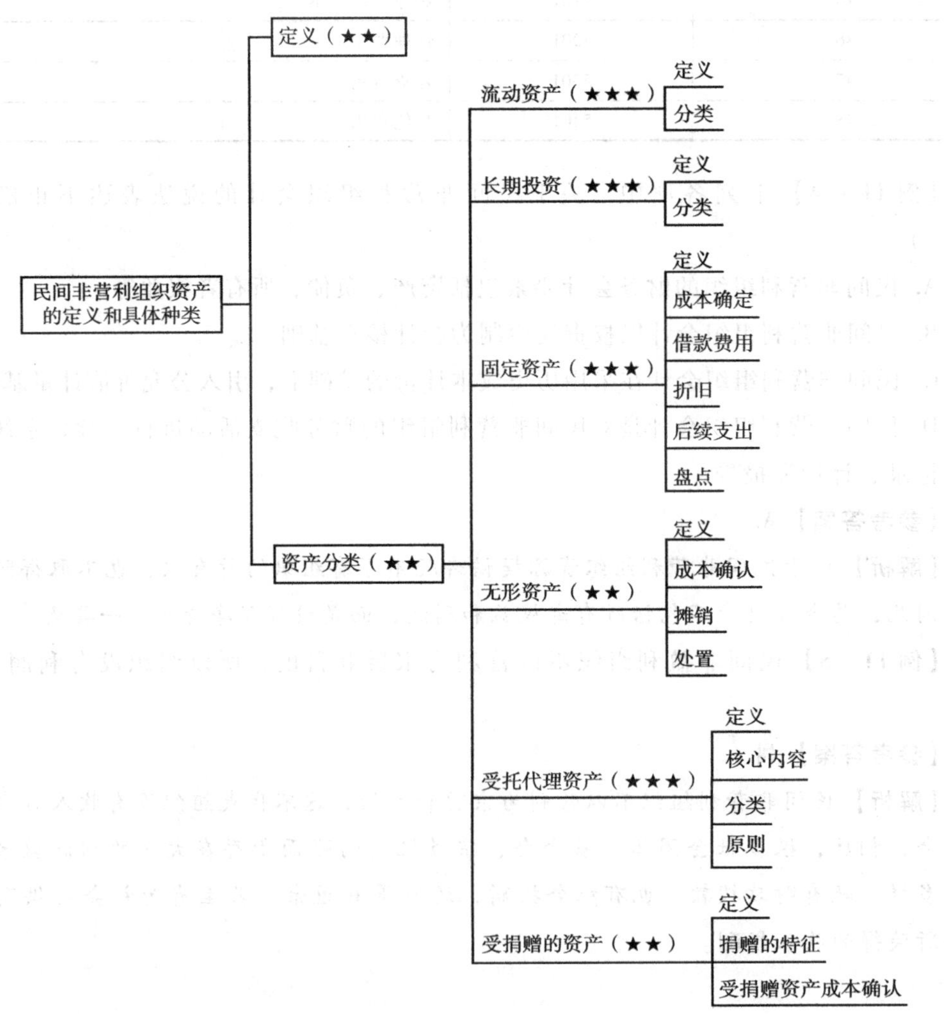

一、定义（★★）

民间非营利组织资产，是指由过去的交易或事项形成的由民间非营利组织拥有或者控制的资源，该资源预期会给民间非营利组织带来经济利益或者服务潜力。

二、分类（★★）

按**流动性**分为流动资产、长期投资、固定资产、无形资产和受托代理资产等。

（一）流动资产（★★★）

1. 定义

预期可在一年内（含一年）变现或者耗用的资产，主要包括现金、银行存款、短期投资、应收款项、预付账款、存货、待摊费用等。

2. 分类

（1）短期投资。

定义：能够随时变现并且持有时间不准备超过一年（含一年）的投资，包括股票、债券投资等。

确认原则：确认取得时应当按照投资成本计量并对短期投资是否发生减值进行检查：

①市价低于其账面价值——确认短期投资跌价损失并计入当期费用；

②市价高于其账面价值——在期初已计提跌价准备转回差额，冲减当期费用。

委托贷款和**委托投资**（包括委托理财）应区分**期限长短**，分别作为短期投资和长期投资核算和列报。

以现金购入的短期投资，若实际支付价款中包含已宣告但尚未领取的现金股利或已到付息期但尚未领取的债券利息，应当作为应收款项单独核算，不构成短期投资成本。

（2）应收款项。

定义：日常业务活动过程中发生的各项应收而未收的债权，包括应收票据、应收账款和其他应收款等。

①按照实际发生额入账，并按照往来单位或个人等设置明细账进行明细核算；

②期末应当对预计可能产生的坏账损失计提坏账准备，确认坏账损失并计入管理费用。

（3）存货。

定义：日常业务活动中持有以备出售或捐赠的，或者为了出售或捐赠仍处在生产过程中的，或者将在生产、提供服务或日常管理过程中耗用的材料、物资、商品等。

核算原则：

存货状态	核算原则
存货取得时	按照实际收到的金额入账。存货成本包括采购成本、加工成本和其他成本。其中，采购成本一般包括实际支付的采购价款、相关税费、运输费、装卸费、保险费以及其他可直接归属于存货采购的费用
存货在发出时	应当根据实际情况采用**个别计价法、先进先出法**或**加权平均法**，确定发出存货的实际成本
定期进行清查盘点	**每年至少盘点一次**。对于盘盈、盘亏以及变质、毁损等的存货，应当及时查明原因并批准后，在期末结账前处理完毕。对于盘盈的存货，应当按照其**公允价值**入账，并确认为当期收入；对于盘亏或者毁损的存货，应**先扣除残料价值、可以收回的保险赔偿和过失人的赔偿**等，将净损失确认为**管理费用**
定期进行清查盘点	应当对存货是否发生**减值**进行检查：可变现净值低于其账面价值——确认存货跌价损失并计入管理费用；可变现净值高于其账面价值——期初已计提跌价准备差额，冲减管理费用

（二）长期投资（★★★）

1. 定义

除短期投资以外的投资，包括长期股权投资和长期债权投资等。

2. 分类

（1）长期股权投资。

①初始投资成本确认：取得时，应当按取得时的实际成本作为初始投资成本。其中，以现金购入的长期股权投资，按照实际支付的全部价款，包括税金、手续费等相关费用，作为初始投资成本。

实际支付的价款中包含的**已宣告但尚未领取的现金股利**，应当作为**应收款项**单独核算，不构成初始投资成本。

②民间非营利组织持有的长期股权投资应当区分不同情况，分别采用成本法或权益法核算。

长期股权投资核算方法	方法适用条件
成本法	如果民间非营利组织对被投资单位无控制、无共同控制且无重大影响，长期股权投资应当采用成本法进行核算
权益法	如果民间非营利组织对被投资单位**具有控制、共同控制或重大影响**（应在会计报表附注中披露投资净损益和被投资单位的财务状况、经营成果等信息）

课堂笔记：

对于因接受股权捐赠形成的表决权、分红权与股权比例不一致的长期股权投资，民间非营利组织应当根据《民非制度》第二十七条的规定，并结合经济业务实质判断是否对被投资单位具有控制、共同控制或重大影响关系。

（2）长期债权投资。

①初始投资成本确认：长期债权投资在取得时，应当按**取得时的实际成本**作为初始投资成本。

②确认利息收入：长期债权投资应当按照票面价值与票面利率按期计算确认利息收入。长期债权投资的**初始投资成本与债券面值之间的差额**，应当在债券存续期间，按照直线法于确认债券利息收入时予以**摊销**。

③处置长期债权投资时：应当将**实际取得价款与投资账面价值的差额**，确认为当期**投资损益**。民间非营利组织改变投资目的，将短期投资划转为长期投资，应当按短期投资的成本与市价孰低结转。

【例 12－1】某民间非营利组织以银行存款购入长期股权投资 16 500 元。民间非营利组织应编制如下会计分录：

借：长期股权投资　　16 500

　　贷：银行存款　　16 500

【例 12－2】某民间非营利组织得知被投资单位取得利润 60 000 元，同时，宣告发放现金股利 10 000 元。该民间非营利组织拥有该被投资单位 60% 的股份，能对其进行控制，会计核算采用权益法。该民间非营利组织享有被投资单位取得的利润数为 36 000 元（60 000×60%），宣告发放的现金股利数为 6 000 元（10 000×60%）。民间非营利组织应编制如下会计分录：

借：长期股权投资　　36 000

　　贷：投资收益　　36 000

同时

借：其他应收款　　6 000

　　贷：长期股权投资　　6 000

（三）固定资产（★★★）

1. 定义

指**同时**具有以下特征的有形资产：

（1）以行政管理、提供服务、生产商品或者出租为目的而持有；

（2）预计使用年限超过一年；

(3) 单位价值较高。

2. 成本确定

获得方式	确认成本
外购的固定资产	按照实际支付的买价、相关税费以及为使固定资产达到预定可使用状态所发生的可直接归属于该固定资产的其他支出（如运输费、安装费、装卸费等）确定其成本。如果以一笔款项购入多项没有单独标价的固定资产，按各项固定资产公允价值的比例对总成本进行分配，分别确定各项固定资产的成本
自行建造的固定资产	按照该项资产达到预定可使用状态所发生的全部必要支出确定其成本
融资租入的固定资产	按照租赁协议或者合同确定的价款、运输款以及融资租入固定资产达到预定可使用状态发生的借款费用等确定其成本

3. 借款费用

发生的专门借款的借款费用在规定的允许资本化的期间内，应当按照专门借款的借款费用的实际发生额予以资本化，计入在建工程成本。只有在以下三个条件同时具备时，因专门借款所发生的借款费用才允许开始资本化：

(1) 资产支出已经发生；

(2) 借款费用已经发生；

(3) 为使资产达到预定可使用状态所必要的购建活动已经开始。

课堂笔记：

如果固定资产的购建活动发生非正常中断，并且中断时间连续超过3个月(含3个月)，应当暂停借款费用的资本化，将中断期间内所发生的借款费用确认为当期费用，直至资产的购建活动重新开始。但是，如果中断是使购建的固定资产达到预定可使用状态所必要的程序，则借款费用的资本化应当继续进行。当所购建的固定资产达到预定可使用状态时，应当停止借款费用的资本化，之后所发生的借款费用应当于发生时计入当期费用。

4. 折旧

应根据固定资产的性质和消耗方式，依据合理确定的固定资产的预计使用年限和预计净残值，对固定资产进行计提折旧。

折旧方法包括年限平均法、工作量法、双倍余额递减法和年数总和法。折旧方法一经确定，不得随意变更。如果确需变更，应当在会计报表附注中披露相关信息。

按月提取折旧，当月增加的固定资产，当月不提折，从下月起计提折旧；当月减少的固定资产，当月照提折旧，从下月起不提折旧。

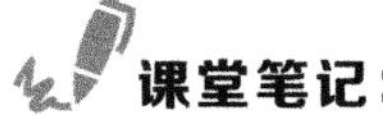
课堂笔记：

用于展览、教育或研究等目的的历史文物、艺术品，以及其他具有文化或者历史价值并作长期或者永久保存的典藏等不必计提折旧。

5. 后续支出

如果使可能流入民间非营利组织的经济利益或者服务潜力超过原先的估计，如延长了固定资产的使用寿命，或者使服务质量得到实质性提高，或者使商品成本得到实质性降低等，则应当计入固定资产账面价值，但增计后的金额不应当超过该固定资产的可收回金额；其他后续支出应当计入当期费用（管理费用）。

6. 盘点

民间非营利组织对固定资产应当定期或者至少每年实地盘点一次。对盘盈、盘亏、报废、损毁的固定资产，应当及时查明原因，写出书面报告，并经批准后，在期末结账前处理完毕。

（1）盘盈：按照其公允价值入账，并计入其他收入科目；

（2）盘亏：在减去过失人或者保险公司等赔款和残料价值之后计入当期管理费用。对由于出售、报废或者毁损等产生的固定资产清理净损益，应当计入当期其他收入或者其他费用。

【例 12－3】以下关于民间非营利组织会计核算，说法错误的是（　　）。

A. 接受捐赠的固定资产，如果捐赠方提供了有关凭据（如发票、报关单、有关协议等）的，应当按照凭据上标明的金额，作为入账价值

B. 自行建造的固定资产，按照建造该项资产达到预定可使用状态前所发生的全部必要支出确定其成本

C. 外购的固定资产，按照实际支付的买价、相关税费以及为使固定资产达到预定可使用状态前所发生的可直接归属于该固定资产的其他支出（如运输费、安装费、装卸费等）确定其成本

D. 融资租入的固定资产，按照公允价值入账

【参考答案】D.

【解析】融资租入的固定资产，按照租赁协议或者合同确定的价款、运输费、途中保险费、安装调试费以及融资租入固定资产达到预定可使用的状态前发生的借款费用等确定其成本。

（四）无形资产（★★）

1. 定义

民间非营利组织为**开展业务活动、出租给他人或为管理目的**而持有的没有实物形

态的非货币性长期资产，包括专利权、非专利技术、商标权、著作权、土地使用权等。

2. 成本确认

无形资产取得方式	确认成本
购入的无形资产	按照实际支付的价款确定其实际成本
自行开发并按法律程序申请取得的无形资产	依法取得时发生的注册费、聘请律师费等费用，作为实际成本入账； 依法取得前，在研究与开发过程中发生的材料费用、直接参与开人员的工资及福利费、开发过程中发生的租金、借款费用等直接计入管理费用

3. 摊销

自**取得当月**起在预计使用年限内分期平均摊销，计入管理费用。如果预计使用年限超过相关合同规定的受益年限或法律规定的有效年限，在合同受益年限和法律有效年限规定其中之一按规定年限确定摊销期，都规定应按较短者确定摊销期，都没有规定摊销期不应超过十年。

4. 处置

应当将实际取得价款与该项无形资产的账面价值之间的差额计入当期收入（其他收入）或者费用（其他费用）。

课堂笔记：

《〈民间非营利组织会计制度〉若干问题的解释》规定，长期投资、固定资产、无形资产的资产减值损失一经确认，在以后会计期间不得转回。

（五）受托代理资产（★★★）

1. 定义

受托代理资产，是指民间非营利组织接受委托方委托从事受托代理业务。

2. 核心内容

在受托代理过程中，民间非营利组织通常只是从委托方收到受托资产，并按照委托人的意愿将资产转赠给指定的其他组织或者个人；或者受托对该资产进行财务管理，只是在**委托代理过程中起中介作用**，**无权改变**受托代理资产的**用途或者变更受益人**。

3. 分类

受托代理资产包括受托代理的货币资产、使用受托代理资金发生的暂付款、购买的固定资产和存货等。

4. 原则

受托代理资产比照接受捐赠资产的原则进行确认和计量，但是使用受托代理资金代为购买的固定资产、无形资产等，不计提旧和摊销。

课堂笔记：

所有受托代理业务全部都确认为资产和负债，并以公允价值计量，不确认收入，也不确认净资产。

【例 12-4】某基金会与国外某基金会签定了协议，建立一笔扶持西部失学女童的专门基金，并以当日收到 100 万美元（当日汇率 1∶8.25），

借：受托代理资产　　8 250 000

　　贷：受托代理负债　　8 250 000

向西部失学女童发放 10 万元，

借：受托代理负债　　100 000

　　贷：受托代理资产　　100 000

上例也可以：

借：银行存款——受托代理资产　　8 250 000

　　贷：受托代理负债　　8 250 000

借：受托代理负债　　100 000

　　贷：银行存款——受托代理资产　　100 000

（六）受捐赠的资产（★★）

1. 定义

捐赠属于非交换交易的一种，通常是指某个单位或个人（捐赠人）自愿地将现金或其他资产无偿地转让给另一单位或个人（受赠人），或者无偿地清偿或取消该单位或个人（受赠人）的负债。

2. 捐赠的特征

（1）捐赠是无偿地转让资产或取消负债，属于非交换交易；

（2）捐赠是自愿地转让资产或取消负债，从而将捐赠与纳税、征收罚款等其他非交换交易区分开来；

（3）捐赠交易中资产或劳务的转让不属于所有者的投入或向所有者的分配。

3. 受捐赠资产成本确认

受捐赠资产	确认成本
接受捐赠的现金资产	按照实际收到的金额入账
接受捐赠的非现金资产（接受捐赠的短期投资、存货、长期投资、固定资产和无形资产）	捐赠方**提供了有关凭据**，如发票、报关单、协议等，应当按照凭据**上标明的金额**作为入账价值
	凭据上标明的金额与受赠资产公允价值**相差较大或没有提供有关凭据**以其**公允价值**作为其入账价值

【例 12 - 5】 民间非营利组织接受捐赠的非现金资产，确认其入账价值的方法有（ ）。

A. 捐赠方没有提供有关凭据，受赠资产应当以其公允价值作为入账价值

B. 捐赠方没有提供有关凭据，受赠资产应当以其重置价值作为入账价值

C. 捐赠方提供了有关证据，凭据上标明的金额与受赠资产公允价值相差大时，受赠资产应当以其估计价值作为入账价值

D. 捐赠方提供了有关证据，凭据上标明的金额与受赠资产公允价值相差不大时，受赠资产应当以其公允价值作为入账价值

【参考答案】 A.

【解析】 如果捐赠方提供了有关凭据，凭据上标明的金额与受赠资产公允价值相差不大时，受赠资产应当按照凭据上表明的价格作为入账价值，凭据上标明的金额与受赠资产公允价值相差大时，受赠资产应当按其公允价值作为入账价值。如果捐赠方没有提供有关凭据，受赠资产应当按其公允价值作为入账价值。

课堂笔记：

受托代理业务与捐赠不同：一是受托代理业务的最终受益人不是非营利组织；捐赠业务的资产及其收益由非营利组织控制。二是受托代理业务中，民间非营利组织只是中介，受益人由委托人决定，非营利组织不能变更，也不改变资产用途；捐赠业务中非营利组织可以在一定范围内变更受益人。三是受托代理业务由委托人、受益人（明确受益人姓名或单位）和受托方三者之间签订协议；捐赠不可以用三方协议。（来源：知网《浅谈民间非营利组织特定业务的会计核算》张秋华）

第二节　民间非营利组织资产的核算举例

一、资产的核算举例（★★）

（一）文物文化资产的核算（★★）

1. 设置“文物文化资产”科目。

2. 取得文物文化资产时的会计处理。

按照取得时的实际成本借记该科目，贷记“银行存款”“应付账款”“捐赠收入”等科目。

3. 盘点文化文物资产。

（1）盘盈：按照其公允价值借记该科目，贷记“其他收入”科目；

（2）盘亏：按照文物文化资产账面余额扣除保险赔款和个人赔款后的余额、可回收保险赔款和个人赔款分别借记“管理费用”“其他应收款”等科目，按照文物文化资产的账面余额贷记该科目。

课堂笔记：

1. 文物文化资产与固定资产的区别：文物文化资产核算单位为满足社会公共需求而控制的文物文化资产的成本。单位为满足自身开展业务活动或其他活动需要而控制的文物和陈列品，应当通过“固定资产”科目核算。因此，文物文化资产是本单位监管的，不是占有使用的，是为了满足社会公共需求；而固定资产的文物陈列品是本单位占有使用的。

2. 分类。文物资产：指用于纪念和展出等目的具有一定价值和历史意义的并作为长期或者永久保存的古董和历史文物等。

文化资产：指用于纪念和展出等目的的得到具有一定价值和文化内涵并作为长期或者永久保存的艺术品和文化用品等。

3. 本科目应当按照文物文化资产登记簿和文物文化资产卡片，按文物文化资产类别、项目等设置明细账，进行明细核算。

课堂笔记：

取得时的实际成本包括：买价、包装费、运输费、交纳的有关税金等相关费用，以及为使文物文化资产达到预定可使用状态前所必要的支出。

具体如下：

（1）外购的文物文化资产，按照实际支付的买价、相关税费以及为使文物文化资产达到预定可使用状态前发生的可直接归属于该文物文化资产的其他支出（如运输费、安装费、装卸费等），借记本科目，贷记“银行存款”“应付账款”等科目。

如果以一笔款项购入多项没有单独标价的文物文化资产，按照各项文物文化资产公允价值的比例对总成本进行分配，分别确定各项文物文化资产的入账价值。

（2）接受捐赠的文物文化资产，按照所确定的成本，借记本科目，贷记“捐赠收入”科目。

4. 处置文物文化资产。按照处置文物文化资产的账面余额借记“固定资产清理”科目，贷记该科目。该科目期末借方余额反映民间非营利组织期末文物文化资产的价值。

5. 文物文化资产不需要计提折旧。

6. 文物文化资产在取得时的入账成本。

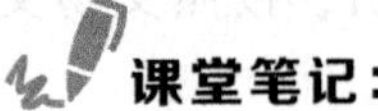

课堂笔记：

民间非营利组织对文物文化资产应当定期或者至少每年实地盘点一次。对盘盈、盘亏的文物文化资产，应当及时查明原因，并根据管理权限，报经批准后，在期末前结账处理完毕。

取得方式	入账成本
外购的文物文化资产	购买价款、相关税费以及可归属于该项资产达到预定用途前所发生的其他支出（如运输费、安装费、装卸费等）
接受其他单位无偿调入的文物文化资产	成本按照调入的文物文化资产，按照确定的成本
接受捐赠的文物文化资产	其成本按照有关凭据注明的金额加上相关费用确定
	没有相关凭据可供取得，但按照规定经过资产评估的，其成本按照评估价值加上相关费用确定
	没有相关凭据可供取得、也未经评估的，其成本比照同类或类似资产的市场价格加上相关费用确定
对于成本无法可靠取得的文物文化资产	单位应当设置备查簿进行登记，待成本能够可靠确定后按照规定及时入账

7. 文物文化资产入账分录。

情境	会计处理
外购的文物文化资产	借：文物文化资产 　　贷：财政拨款收入 　　　　零余额账户用款额度 　　　　银行存款
接受其他单位无偿调入的文物文化资产	借：文物文化资产 　　贷：零余额账户用款额度 　　　　银行存款 　　　　无偿调拨净资产（差额）
接受捐赠的文物文化资产（可确定成本）	借：文物文化资产 　　贷：零余额账户用款额度 　　　　银行存款 　　　　捐赠收入（差额）
接受捐赠的文物文化资产（文物文化资产成本无法可靠取得）	借：其他费用（按照发生的相关税费、运输费等金额） 　　贷：零余额账户用款额度 　　　　银行存款

课堂笔记：

按照规定报经批准处置文物文化资产，应当分别以下情况处理：

1. 报经批准对外捐赠文物文化资产，按照被处置文物文化资产账面余额和捐赠过程中发生的归属于捐出方的相关费用合计数，借记“资产处置费用”科目，按照被处置文物文化资产账面余额，贷记本科目，按照捐赠过程中发生的归属于捐出方的相关费用，贷记“银行存款”等科目。

2. 报经批准无偿调出文物文化资产，按照被处置文物文化资产账面余额，借记“无偿调拨净资产”科目，贷记本科目；同时，按照无偿调出过程中发生的归属于调出方的相关费用，借记“资产处置费用”科目，贷记“银行存款”等科目。

【例 12－6】某民间非营利组织因开展业务活动的需要以银行存款购买一项文物文化资产。该项文物文化资产的购买价为 8 500 元，发生运输费和装卸费共计 420 元，取得时发生的实际成本为 8 920 元（8 500＋420）。该民间非营利组织应制如下会计分录：

借：文物文化资产　　8 920

　　贷：银行存款　　8 920

【例 12－7】某民间非营利组织接受捐赠人捐赠一项文物文化资产。捐赠人没有提供有关的计价凭据，也没有对该项捐赠提出明确的使用限制条件。经评估，该文物文化资产的公允价值为 6 800 元。该民间非营利组织在接受捐赠时发生归于其自身的文物文化资产运输费用 100 元款项以银行存款支付。民间非营利组织应编制如下会计分录：

借：文物文化资产　　6 800

　　贷：捐赠收入　　6 800

同时，

借：筹资费用　　100

　　贷：银行存款　　100

【例 12－8】某民间非营利组织因开展业务活动的需要处置一项文物文化资产。该文物文化资产的账面余额为 3 600 元，将其转入固定资产清理账户。该民间非营利组织应编制如下计分录：

借：固定资产清理　　3 600

　　贷：文物文化资产　　3 600

【例 12－9】以下说法正确的是（　　）。

A. 取得文物文化资产时，按照其名义成本借记该科目，贷记“银行存款”“应付账款”“捐赠收入”等科目

B. 对于以公允价值作为其入账价值的非现金资产，民间非营利组织应首先采用合理的计价方法，如由第三方机构进行估价等，来确定其公允价值

C. 文物文化资产不需要计提折旧

D. “文物文化资产”科目期末贷方余额反映民间非营利组织期末文物文化资产的价值。文物文化资产不需要计提折旧

【参考答案】C.

【解析】A. 按照其取得时的实际成本进行核算；B. 应首先按照存在活跃市场的同类或类似资产的市场价值来确认其公允价值；D. “文物文化资产”科目期末借方余额反映民间非营利组织期末文化资产的价值。

（二）受托代理资产的核算（★★★）

1. 设置“受托代理资产”科目

该科目期末借方余额反映民间非营利组期末尚未转出的受托代理资产价值。收到受托代理资产相关会计处理：

情境	会计处理
收到受托代理资产	借：受托代理资产（按照应确认的入账金额） 　贷：受托代理负债 （如果收到的受托代理资产为现金、银行存款、其他货币资金等货币资金，可以通过在“现金”“银行存款”“其他货币资金”科目下设置“受托代理资产”明细科目进行核算借记“现金——受托代理资产”“银行存款——受托代理资产”“其他货币资金——受托代理资产”科目，贷记“受托代理负债”科目）
转赠或者转出受托代理资产	借：受托代理负债 　贷：受托代理资产
转赠或者转出受托代理货币资金	借：受托代理负债 　贷：现金——受托代理资产 　　银行存款——受托代理资产 　　其他货币资金——受托代理资产
从事受托代理业务时发生的应归属于其身的相关税费、运输费	借：其他费用（按照发生的相关税费、运输费等金额） 　贷：零余额账户用款额度 　　银行存款

课堂笔记：

在受托代理业务中，民间非营利组织在取得资产的同时即产生了向具体受益人转赠或转交资产的现时义务，因此，不会导致自身净资产的增加。

【例 12 -10】某民间非营利组织收到受托代理实物资产，计价 5 500 元。委托方要求民间非营利组织将受托代理实物资转赠给某特定组织，用于特定目的。该民间非营

利组织应编制如下会计分录：

借：受托代理资产　　5 500

　　贷：受托代理负债　　5 500

【例 12－11】 某民间非营利组织将收到的受托代理实物资产 5 500 元，按照委托方的要求转赠给某特定组织。在转赠过程中，该民间非营利组织发生由其自身承担的运输费等相关费用 60 元，款项以银行存款支付。该民间非营利组织应编制如下会计分录：

借：受托代理负债　　5 500

　　贷：受托代理资产　　5 500

同时：

借：其他费用　　60

　　贷：银行存款　　60

【例 12－12】 20×9 年 6 月 10 日，A 民间非营利组织与 B 公司达成捐赠协议：B 公司每销售一件商品，即向 A 民间非营利组织捐赠 100 元，委托其向当地高中 100 名贫寒学子捐款。12 月 20 日，B 公司根据协议交来 400 000 元，存入银行。12 月 24 日 A 民间非营利组织办妥捐赠手续。

借：银行存款　　400 000

　　贷：捐赠收入——限定性收入　　400 000

借：业务活动成本　　400 000

　　贷：银行存款　　400 000

【例 12－13】 以下各项关于民间非营利组织的受托代理业务的说法中，表述不正确的选项是（　　）。

A. 受托代理业务中，民间非营利组织并不是受托代理资产的最终受益人，只是代受益人保管这些资产

B. 受托代理业务通常应当签订明确的书面协议，而且通常是委托方、受托方和受益人三方共同签订的

C. 民间非营利组织应当设置受托代理资产登记簿，加强对受托代理资产的管理

D. 在受托代理业务中民间非营利组织有权力改变受益人和受托代理资产的用途

【参考答案】 D.

【解析】 在受托代理业务中，民间非营利组织只是起到中介人的作用，帮助委托人将资产转赠或转交给指定的受益人，并没有权力改变受益人和受托代理资产的用途。选项 D 表述不正确。

（三）存货的核算（★★）

1. 设置“存货”科目

该科目应按照存货的种类和存在设置“材料”“库存商品”等明细科目。

【例 12－14】某民间非营利组织以行存款 3 400 元购入一批存货，以备日常业务活动使用。暂不考虑相关税费的业务。该民间非营利组织应编制如下会计分录：

借：存货　3 400

　　贷：银行存款　3 400

【例 12－15】某民间非营利组织接受捐赠一批存货，计价 36 400 元。捐赠人要求该民间非营利组织将该批存货用于与组织目标相适合的用途，具体用途由该民间非营利组织确定。该民间非营利组织应编制如下会计分录：

借：存货　36 400

　　贷：捐赠收入　36 400

【例 12－16】某民间非营组织期末对存货进行减值检查，发现存货的可变现净值低于其账面价值 180 元，该民间非营利组织对存货计提跌价准备。该民间非营利组织应编制如下会计分录：

借：管理费用——资产减值损失　180

　　贷：存货跌价准备　180

课堂笔记：

1. 存货在取得时，应当以其成本入账，具体如下：

(1) 外购的存货，按照采购成本（一般包括实际支付的采购价格、相关税费、运输费、装卸费、保险费以及其他可直接归属于存货采购的费用），借记本科目，贷记“银行存款”“应付账款”等科目。民间非营利组织可以根据需要在本科目下设置“材料”“库存商品”等明细科目。

(2) 自行加工或委托加工完成的存货，按照采购成本、加工成本（包括直接人工以及按照合理方法分配的与存货加工有关的间接费用）和其他成本（指除采购成本、加工成本以外的，使存货达到目前场所和状态所发生的其他支出），借记本科目，贷记“银行存款”“应付账款”“应付工资”等科目。民间非营利组织可以根据实际情况，在本科目下设置“生产成本”等明细科目，归集相关成本。

(3) 接受捐赠的存货，按照所确定的成本，借记本科目，贷记“捐赠收入”科目。

2. 存货在发出时，应当根据实际情况采用个别计价法、先进先出法，或者加权平均法，确定发出存货的实际成本，具体如下：

(1) 业务活动过程中领用存货，按照确定的成本，借记“管理费用”等科目，贷记本科目。

(2) 对外出售或捐赠存货，按照确定的出售存货成本，借记“业务活动成本”等科目，贷记本科目。

3. 期末，民间非营利组织应当对存货是否发生了减值进行检查。如果存货的可变现净值低于其账面价值，应当按照可变现净值低于账面价值的差额计提存货跌价准备。如果存货的可变现净值高于其账面价值，应当在该存货期初已计提跌价准备的范围内转回可变现净值高于账面价值的差额。

（四）长期股权投资的核算（★★★）

设置“长期股权投资”科目应按照被投资单位设置明细账，进行明细分类核算。

【例 12－17】某民间非营利组织以银行存款购入长期股权投资 160 500 元。该民间非营利组织应编制如下会计分录：

借：长期股权投资　　　　160 500

　　贷：银行存款　　　　　　160 500

【例 12－18】某民间非营利组织得知被投资单位取得利润 60 000 元，同时，宣告发放现金股利 10 000 元。该民间非营利组织拥有该被投资单位 60% 的股份，能对其进行控制，**采用权益法**该民间非营利组织享有被投资单取得的利润数为 36 000 元（60 000×60%），宣告发放的现金股利数为 6 000 元（10 000×60%）。该民间非营利组织应编制如下会计分录：

借：长期股权投资　　　　36 000

　　贷：投资收益　　　　　　36 000

同时，

借：其他应收款　　　　6 000

　　贷：长期股权投资　　　　6 000

第十三章　民间非营利组织的负债

第一节　概　述

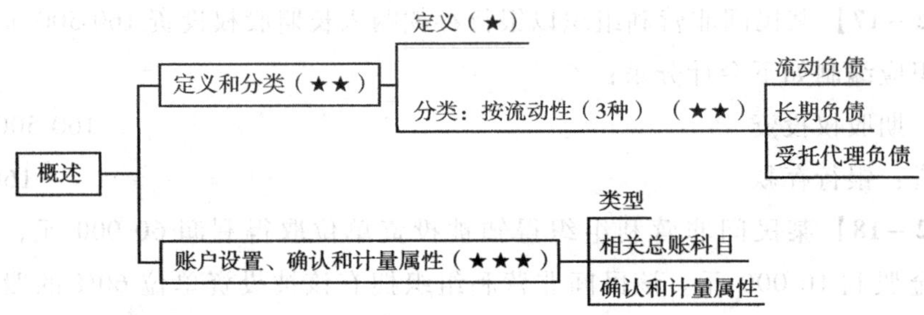

一、定义和分类（★★）

（一）定义（★）

由过去的交易或事项形成的现时义务，履行该义务预期会导致含有经济利益或者服务潜力的资源流出民间非营利组织。

**课堂笔记：**

该现时义务可以得到可靠计量。

（二）分类：按流动性（3种）（★★）

1. 流动负债

是指民间非营利组织在一年及一年内需要偿还的负债，包括短期借款、应付票据、应付款项、预收账款、应付工资、应交税金、预提费用和预计负债等。

**课外拓展：**

在应交税金、其他应付款的核算方面，我国的税收法律制度没有给予针对从事社会公益事业的非营利组织免税地位的法律认定，在税法上仍然将非营利组织作为纳税人纳入征税范围，使营利性公益事业与非营利性公益事业享受了同等税收优惠。

2. 长期负债

是指民间非营利组织偿还期限在一年以上的负债，包括长期借款、长期应付款和其他长期负债。

3. 受托代理负债

是指民间非营利组织因从事受托代理业务、接受受托代理资产而产生的负债，包括受托代理负债。

课外拓展：

受托代理资产和受托代理负债的区别与联系

受托代理资产，包括且只包括三种情况：一是受托指定转增；二是受托存储保管；三是罚没物资。受托代理负债是取得受托代理资产时形成的负债。由此可见，受托代理资产与受托代理负债是一种特殊情况下的特殊账务处理，二者的形成和存在，非常接近于其他应付款的逻辑。

仔细研读会计制度，我们可以发现，上述三种受托代理类型所发生的会计核算是不存在预算会计的，无非就是科目之间的借贷颠倒。比如说，收到一批代管物资，借记"受托代理资产"科目，贷记"受托代理负债"；交付出去，借记"受托代理负债"，贷记"受托代理资产"科目。

受托代理资产+银行存款（受托代理资产）+库存现金（受托代理资产）=受托代理负债

这是一个基本逻辑关系。所以，从会计科目而言，受托代理负债是大于等于受托代理资产的。

二、账户设置、确认和计量属性（★★★）

类型	相关总账科目	确认和计量属性
流动负债	短期借款、应付票据、应付账款、预收账款、应付工资、应交税金、其他应付款、预提费用、预计负债等	按照实际发生额确认和计量
长期负债	长期借款、长期应付款、其他长期负债等	
受托代理负债	受托代理负债	按照相对应的受托代理资产的金额确认和计量

**课外拓展：**

关于我国《民间非营利组织会计制度》中涉及捐赠等具体问题的会计处理规范问题

对于捐赠承诺的规定，现有我国的非营利会计制度中是不应确认的，但在会计报表附注中可以披露。这样处理：一是考虑到捐赠承诺被履行的可能性始终具有较大的不确定性；二是对无条件捐赠承诺和附条件捐赠承诺两类经济事务本质把握不准确。“无条件的捐赠承诺”满足负债的定义，而“附条件承诺”是一种“或有事项”。因此，附条件捐赠承诺在发生时并不能确认，当组织很可能（超过百分之五十的把握）确定满足捐赠条件时才可将其作预计负债处理，将二者等同对待的做法必然会给财务报告信息的准确性带来争议。

关于预计负债的确认和计量：预计负债的确认与负债的确认条件相符，但由于预计负债的产生是基于或有事项（或有事项是指过去的交易或者事项形成的一种状况，其结果须通过未来不确定事项的发生或不发生予以证实），其应当以清偿该负债所需支出的最佳估计数予以计量。

（来源：民间非营利组织会计制度）

【例 13－1】（单选题） 下列有关民间非营利组织会计的负债说法错误的是（　　）。

A. 由过去的交易或事项形成的现时义务，履行该义务预期会导致含有经济利益或者服务潜力的资源流出

B. 按照流动性，将负债分为流动负债、长期负债和受托代理负债

C. 受托代理负债按照相对应的受托代理资产的金额确认和计量

D. 长期负债按照现值确认和计量

【参考答案】 D.

【解析】 民间非营利组织会计的长期负债按照实际发生额确认和计量。

【例 13－2】（单选题） 下列不属于民间非营利组织负债中“流动负债”类科目的是（　　）。

A. 短期借款　　B. 应付票据

C. 应付账款　　D. 受托代理负债

【参考答案】 D.

【解析】 民间非营利组织负债按照流动性分为流动负债、长期负债和受托代理负债。

第二节 民间非营利组织负债的核算

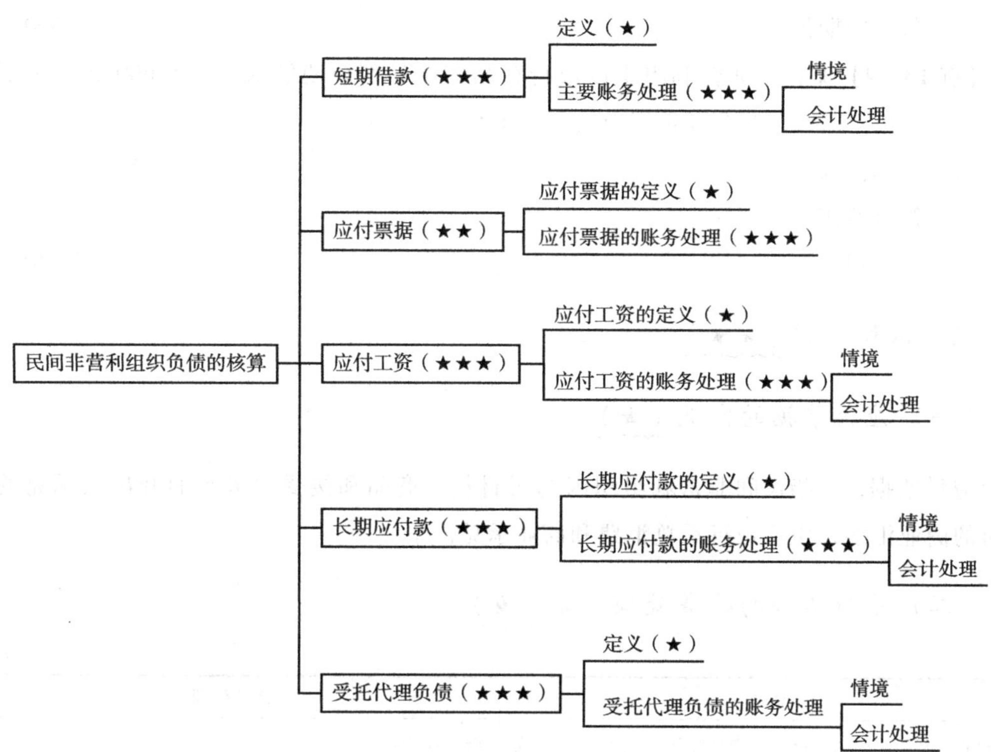

一、短期借款（★★★）

（一）定义（★）

民间非营利组织向银行或其他金融机构等借入的期限在一年以下（含一年）的各种借款。

（二）主要账务处理（★★★）

情境	会计处理
借入各种短期借款时	借：银行存款（按实际借得的金额） 　贷：短期借款
发生短期借款利息时	借：筹资费用 　贷：预提费用、银行存款等
归还借款时	借：短期借款 　贷：银行存款

【例 13－3】某民间非营利组织因开展业务活动的需要从银行取得短期借款 6 600 元，款项已存入银行存款账户。该民间非营利组织应编制如下会计分录：

借：银行存款　　6 600
　　贷：短期借款　　6 600

【例 13－4】某民间非营利组织以银行存款归还到期短期借款本金 6 600 元。短期借款利息 340 元。该民间非营利组织应编制如下会计分录：

借：短期借款　　6 600
　　筹资费用　　340
　　贷：银行存款　　6 940

二、应付票据（★★）

（一）应付票据的定义（★）

应付票据，是指民间非营利组织因购买材料、商品和接受服务等而开出或承兑的应支付的商业汇票，包括银行承兑汇票和商业承兑汇票。

（二）应付票据的账务处理（★★★）

情境	会计处理
民间非营利组织因购买材料、商品和接受服务等开出或承兑商业汇票时	借：存货等 　　贷：应付票据
以承兑商业汇票抵付应付账款时	借：应付账款 　　贷：应付票据
收到银行支付到期票据的付款通知时	借：应付票据 　　贷：银行存款
计算应付票据的应付利息时	借：筹资费用 　　贷：应付票据

【例 13－5】某民间非营利组织因购买材料开出面值为 2 800 元的商业汇票一张。该民间非营利组织应编制如下会计分录：

借：存货　　2 800
　　贷：应付票据　　2 800

【例 13－6】某民间非营利组织计算应付票据的应付利息 160 元。该民间非营利组织应编制如下会计分录：

借：筹资费用　　160
　　贷：应付票据　　160

【例 13-7】某民间非营利组织收到银行支付到期票据的付款通知，支付款项共计3 250元。该民间非营利组织应编制如下会计分录：

借：应付票据　　3 250
　　贷：银行存款　　3 250

【例 13-8】某民间非营利组织收到银行支付到期票据的付款通知，但无力支付款项，该民间非营利组织应编制如下会计分录：

借：应付票据　　3 250
　　贷：应付账款　　3 250

三、应付工资（★★★）

（一）应付工资的定义（★）

应付工资，是指民间非营利组织应付未付的职工工资。应付工资包括在工资总额内的各种工资、奖金、津贴等，不论是否在当月支付，都应当通过该科目核算。

（二）应付工资的账务处理（★★★）

情境	会计处理
民间非营利组织支付工资时	借：应付工资 　贷：现金、银行存款等
从应付工资中扣还的各种款项（如代垫的房租、个人所得税等）	借：应付工资 　贷：其他应收款、应交税金等
期末，应当将本期应付工资进行分配，行政管理人员的工资	借：管理费用 　贷：应付工资
应当记入各项业务活动成本的人员工资	借：业务活动成本 　贷：应付工资
应当由在建工程负担的人员工资	借：在建工程 　贷：应付工资

【例 13-9】某民间非营利组织期末对本期应付工资总额 133 000 元进行分配，其中，行政管理人员的工资为 45 000 元，专业业务活动人员的工资为 88 000 元。该民间非营利组织应编制如下会计分录：

借：管理费用　　45 000
　　业务活动成本　　88 000
　　贷：应付工资　　133 000

【例13－10】 某民间非营利组织以银行存款向职工个人支付上期应付工资106 000元，同时，从应付工资中代扣职工应交个人所得税12 000元和应付社会保险费15 000元。该民间非营利组织应编制如下会计分录：

借：应付工资　　133 000

　　贷：银行存款　　106 000

　　　　应交税金——应交个人所得税　　12 000

　　　　其他应付款　　15 000

四、长期应付款（★★★）

（一）长期应付款的定义（★）

长期应付款，是指民间非营利组织付款期间在一年以上的各种应付款项，如融资租入固定资产的租赁费等。

（二）长期应付款的账务处理（★★★）

情境	会计处理
民间非营利组织发生长期应付款时	借：银行存款 　　固定资产等 　　贷：长期应付款
支付长期应付款项时	借：长期应付款 　　贷：银行存款

【例13－11】 某民间非营利组织因融资租入固定资产发生长期应付款123 200元。该民间非营利组织应编制如下会计分录：

借：固定资产　　123 200

　　贷：长期应付款　　123 200

【例13－12】 某民间非营利组织以银行存款支付长期应付款项5 640元。该民间非营利组织应编制如下会计分录：

借：长期应付款　　5 640

　　贷：银行存款　　5 640

五、受托代理负债（★★★）

（一）定义（★）

民间非营利组织因从事受托代理业务、接受受托代理资产而产生的负债。

（二）受托代理负债的账务处理（★★★）

情境	会计处理
收到受托代理资产时	借：受托代理资产 　贷：受托代理负债
捐赠或转出受托代理资产时	借：受托代理负债 　贷：受托代理资产

【例 13－13】基金会与某企业签订了一份捐赠合作协议，企业通过基金会向学校捐款 100 000 元。20×2 年 1 月 1 日，企业将款项汇至基金会，20×2 年 1 月 11 日，基金会将款项汇至学校账户。假设不考虑其他因素和税费。该基金会应当编制如下会计分录：

20×2 年 1 月 1 日收到银行存款时，

借：银行存款——受托代理资产　　100 000

　　贷：受托代理负债　　100 000

20×2 年 1 月 11 日转出银行存款时，

借：受托代理负债　　100 000

　　贷：银行存款——受托代理资产　　100 000

本例中，首先，判断该交易属于受托代理业务范畴；其次，收到的受托代理资产为现金，可以不通过“受托代理资产”科目核算。

补充：民间非营利组织收到的受托代理资产如果为现金、银行存款或其他货币资金，可以不通过本科目核算，而在现金“银行存款”“其他货币资金”科目下设置“受托代理资产”明细科目进行核算。

第十四章　民间非营利组织的收入和费用

第一节　收入的概念与分类

一、概念与分类

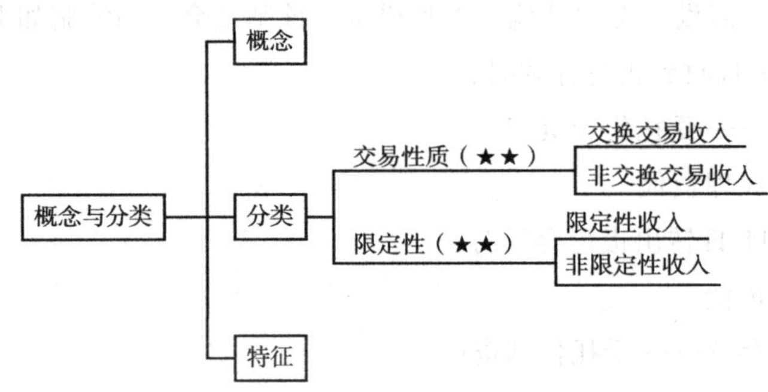

（一）概念

民间非营利组织的收入，是指民间非营利组织在开展业务活动过程中取得的、导致本期净资产增加的经济利益或者服务潜力的流入。民间非营利组织的收入主要包括捐赠收入、会费收入、提供服务收入、政府补助收入、商品销售收入、投资收益和其他收入等种类。

（二）分类

1. 按照交易性质：2类（★★）

（1）交换交易收入。交换交易是指按照等价交换原则所从事的交易，即当某一主体取得资产、获得服务或者解除债务时，需要向交易对方支付等值或者大致等值的现金，如提供等值或者大致等值的货物、服务等的交易。

交换交易收入是交换交易形成的收入。民间非营利组织的提供服务收入、商品销售收入、投资收益，均以交换交易为基础，为交换交易收入。

（2）非交换交易收入。非交换交易收入是指非交换交易形成的收入。民间非营利组织的捐赠收入、政府补助收入、会费收入，均以非交换交易为基础，为非交换交易收入。

民间非营利组织的其他收入应当依据其经济性质，判断其是交换交易收入还是非交换交易收入。

2. 按限定性：2 类（★★）

（1）限定性收入。限定性收入是指存在一定限制条件的收入。如果资产提供者或法律法规对资产的使用设置了时间限制或用途限制，则此收入为限定性收入。民间非营利组织会计的捐赠收入、华人政府补助收入，如果存在一定的限制条件，则为限定性收入。

（2）非限定性收入。非限定性收入是指不存在任何限制条件的收入。如果资产提供者或法律法规对资产的使用没有设置任何限制，则为非限定性收入。民间非营利组织的会费收入、提供服务收入、商品销售收入、投资收益和其他收入一般为非限定性收入，除非相关资产提供者对资产的使用设置了限制。

（三）特征

收入具有两项特征：

（1）收入是指民间非营利组织**经济利益**或者**服务潜力**的流入。收入是由流入事项引发的，民间非营利组织是从事公益性活动的社会组织，收入的发生不但包括经济利益的流入，还应当包括服务潜力的流入。没有形成经济利益或者服务潜力流入的事项，不能确认为收入。

（2）收入会导致**本期净资产**的增加。收入的最终结果是导致净资产的增加，收入在表现为经济利益或者服务潜力流入的同时，会引起资产的增加，或负债的减少，并最终导致本期净资产的增加。不能增加本期净资产的各项流入，不能确认为收入。

民间非营利组织以**权责发生制**为基础确认各项收入。

第二节　收入的确认与核算

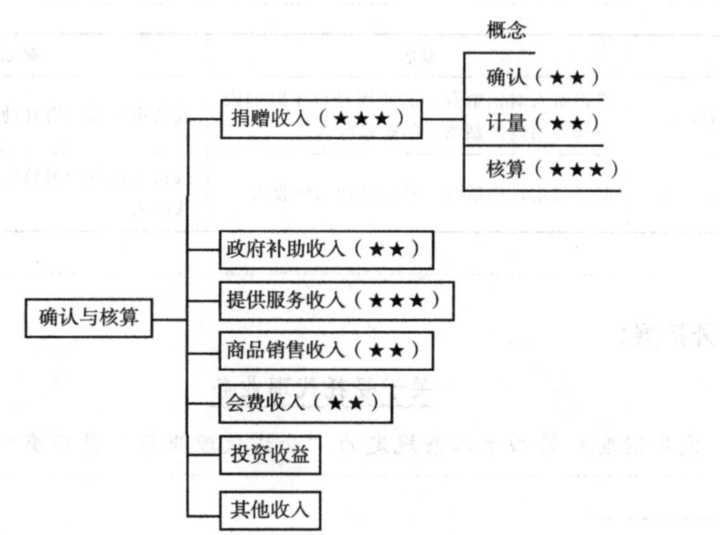

一、捐赠收入（★★★）

（一）捐赠收入的概念

捐赠收入，是指民间非营利组织接受其他单位或者个人捐赠所取得的收入。捐赠收入可以表现为以下三种形式：

表现形式	举例
资产的流入	现金、银行存款、短期投资、存货、长期股权投资、长期债权投资、固定资产、无形资产等资产
负债的解除	短期借款、应付账款、长期借款
劳务的取得	专业人士或义工为民间非营利组织提供的义务劳动

课外拓展①：

1. 民间非营利组织的董事会或管理层对所接受捐赠的资产施加的限制条件不构成限制性捐赠收入，因为民间非营利组织自己可以随时解除由其自己施加的有关限制条件。

2. 民间非营利组织对于取得的附带限制条件的捐赠，尽管有关限制条件尚未满足，或者有可能需要退还所取得的捐赠，仍在取得捐赠资产的控制权时确认捐赠收入。当民间非营利组织存在需要偿还全部或者部分捐赠资产，或者相应金额的现时义务时，同时确认一项负债和费用。

3. 民间非营利组织因受托代理业务而从委托方收到的受托代理资产不属于捐赠收入，而同时属于受托代理资产和受托代理负债。

收入	概念	确认方法
限定性捐赠收入	指捐赠人对捐赠资产的使用设置了时间限制或者用途限制条件的捐赠收入	收到捐赠或政府补助时确认收入
非限定性捐赠收入	除了限定性捐赠收入外的其他捐赠收入	取得捐赠资产或政府补助资产控制权时确认收入

课外拓展：

关于受托代理业务

1.《民非制度》第四十八条规定的“受托代理业务”是指有明确的转赠或者

① 石依禾：“对完善我国《民间非营利组织会计制度》的建议”，《经济研究参考》2018年第41期。

转交协议，以及虽然无协议但同时满足以下条件的业务：

（1）民间非营利组织在取得资产的同时即产生了向具体受益人转赠或转交资产的现时义务，不会导致自身净资产的增加。

（2）民间非营利组织仅起到中介而非主导发起作用，帮助委托人将资产转赠或转交给指定的受益人，并且没有权利改变受益人，也没有权利改变资产的用途。

（3）委托人已明确指出了具体受益人个人的姓名或受益单位的名称，包括从民间非营利组织提供的名单中指定一个或若干个受益人。

2. 民间非营利组织从事受托代理业务时发生的应归属于其自身的相关税费、运输费等，应当计入当期费用，借记“其他费用”科目，贷记“银行存款”等科目。

**课外拓展：**

受托代理业务的会计核算案例

民间非营利组织办理这些业务时，应设置“受托代理资产”和“受托代理负债”两个会计科目。

【案例】2019 年 2 月 10 日，A 民间非营利组织与某公司达成协议：某公司将床垫 500 套，单价 600 元，通过 A 民间非营利组织捐赠给福利院。2019 年 2 月 20 日 A 民间非营利组织收到某公司交来的床垫 500 套；3 月 3 日，举行捐赠仪式，办妥交接。

2 月 20 日，收到床垫：

借：受托代理资产——床垫　　300 000

　　贷：受托代理负债　　300 000

3 月 3 日，捐赠：

借：受托代理负债　　300 000

　　贷：受托代理资产——床垫　　300 000

另外，受托代理业务产生的相关税费、运输费等附带成本，计入当期费用。

假如 A 民间非营利组织在将上述床垫 500 套运往福利院过程中，发生运杂费 3 330 元。以支票付讫。会计处理如下：

借：其他费用　　3 330

　　贷：银行存款　　3 330

（二）捐赠收入的确认（★★）

在民间非营利组织中，捐赠收入属于非交换性交易收入，应当在同时满足下列条件时予以确认：

（1）与交易相关的含有经济利益或者服务潜力的资源能够流入民间非营利组织并为其所控制，或者相关的债务能够得到解除。

（2）交易能够引起净资产的增加。

（3）收入的金额能够可靠地计量。

（三）捐赠收入的计量（★★）

受赠资产	计量方法
现金、银行存款	按照实际收到的金额入账
非现金资产	捐赠方提供相关凭据（如发票、报关单、有关协议）的，按照凭据表明的价格确认入账价值
	捐赠方没有提供相关凭据或者凭据上表明的金额与受赠资产公允价值相差较大的，受赠资产应当以其**公允价值**作为入账价值

（四）捐赠收入的核算（★★★）

总账科目：捐赠收入

明细科目：限定性收入/非限定性收入

1. 接受捐赠

借：现金/银行存款/短期投资/存货/长期股权投资/长期债权投资/固定资产/无形资产

　　贷：捐赠收入——限定性收入/非限定性收入

2. 限定性条件解除

借：捐赠收入——限定性捐赠收入

　　贷：捐赠收入——非限定性捐赠收入

3. 退还捐赠款项

确定无法满足限制条件从而需要向捐赠人退还捐赠款项时：

借：管理费用

　　贷：其他应付款

4. 期末

期末将捐赠收入科目余额转入净资产科目时，根据明细科目不同而有所差异。限定性收入转入限定性净资产科目；非限定性收入转入非限定性净资产科目。

借：捐赠收入——限定性捐赠收入

　　贷：限定性净资产

借：捐赠收入——非限定性捐赠收入

　　贷：非限定性净资产

期末结账后，该科目应无余额。

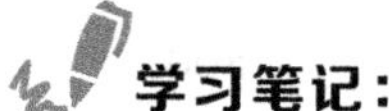

学习笔记：

民间非营利组织和企业接受捐赠的会计处理比较

差异	民间非营利组织	企业（新准则）
捐赠收入确认的要求	一般情况下，对于无条件的捐赠，应当在捐赠收到时确认为收入；对于附条件的捐赠，应当在取得捐赠资产控制权时确认为收入，但如果民间非营利组织存在需要偿还全部或部分捐赠资产或相应金额的现时义务时（比如无法满足捐赠所附条件而必须将部分捐赠款退还给捐赠人时），按照需要偿还的金额，借记“管理费用”科目，贷记“其他应付款”等科目	新会计准则规定将企业接受捐赠资产的价值作为“捐赠利得”直接计入“营业外收入”
会计科目的设置和具体会计处理	民间非营利组织应设置“捐赠收入”科目，按资产提供者对资产的使用是否设置了时间限制或（和）用途限制，将所确认的相关收入区分为限定性收入和非限定性收入进行明细核算。期末，应将本科目各明细科目的余额分别转入限定性净资产和非限定性净资产。捐赠收入不结转损益，不交纳所得税，无须进行所得税会计核算。 对于民间非营利组织接受非现金资产捐赠时发生的应归属于其自身的相关税费、运输费等，应当计入当期费用，借记“筹资费用”科目，贷记“银行存款”等科目	企业接受捐赠资产时，应按新会计准则或税法规定确定的入账价值，借记“固定资产”“无形资产”“原材料”等科目，贷记“营业外收入——捐赠利得”科目； 计缴所得税时，如果捐赠收入金额不大，所得税费用负担不重，借记“所得税费用”科目，贷记“应交税金——应交所得税”科目； 如果捐赠收入金额较大，所得税费用负担较重，应按照捐赠资产计算的所得税费用借记“所得税费用”科目，按照计算的递延所得税负债贷记“递延所得税负债”科目，按当期应缴所得税贷记“应交税金——应交所得税”科目

【例 14－1】某民间非营利组织收到捐赠人捐赠银行存款 18 500 元，捐赠人未对捐赠款项的使用提出明确的限制条件。该民间非营利组织应编制如下会计分录：

借：银行存款　　　　18 500

　　贷：捐赠收入——非限定性收入　　　　18 500

本例中，如果捐赠人对捐赠款项的使用提出了明确的限制条件，比如，该笔捐赠款项应当在次年才能使用，该笔捐赠款项应当用于某项特定的业务，如用于对某地发生的自然灾害的援助等，那么，会计分录中的贷方科目应当为“捐赠收入——限定性收入”。

【例 14－2】某民间非营利组织在确认捐赠收入的当期按照捐赠人提出的限制条件将捐赠款项用于购买办公设备一台计 7 800 元，款项已以银行存款支付。该民间非营利组织应编制如下会计分录：

借：固定资产　　7 800

　　贷：银行存款　　7 800

同时，

借：捐赠收入——限定性收入　　7 800

　　贷：捐赠收入——非限定性收入　　7 800

本例中，当民间非营利组织按照捐赠人提出的限制条件使用了捐赠款项时，捐赠人提出的限制条件即得到解除，相应的捐赠收入应当从“限定性收入”转入“非限定性收入”。

本例中，假设民间非营利组织在确认限定性捐赠收入的当期即按要求使用了限定性捐赠收入或解除了用途限制条件。如果民间非营利组织确认限定性捐赠收入与使用限定性捐赠收入不在同一会计期间，那么，限定性捐赠收入在期末结转至“限定性净资产”后即无余额。此时，需要在限定性净资产与非限定性净资产之间进行重新分类或做结转的会计分录。

【例 14－3】某民间非营利组织收到捐赠人捐赠一批日常生活用品计 4 800 元。根据捐赠人提出的要求，该批日常生活用品限制用于某项专业业务活动。该民间非营利组织应编制如下会计分录：

借：存货　　4 800

　　贷：捐赠收入——限定性收入　　4 800

本例中，民间非营利组织接受的非现金资产，如果捐赠方提供了有关凭据，如购物发票、有关协议等，可以按照凭据上标明的金额作为入账价值；如果凭据上标明的金额与受赠资产公允价值相差较大，应当按公允价值作为入账价值；如果捐赠方没有提供有关凭据，受赠资产应当以其公允价值作为入账价值。

【例 14－4】某民间非营利组织接受义工提供多日的劳务帮助，民间非营利组织不需向义工支付劳务报酬。民间非营利组织对于接受的劳务捐赠不予确认。但民间非营利组织应当在会计报表附注中对接受劳务捐赠的情况做出相应的披露。

【例 14－5】某民间非营利组织年终结账。“捐赠收入”总分类账户的贷方余额为 58 400 元。“捐赠收入”有关明细分类账户的贷方余额为：“限定性收入”33 400 元，“非限定性收入”25 000 元。该民间非营利组织将捐赠收入账户的贷方余额转入有关净资产账户。该民间非营利组织应编制如下会计分录：

借：捐赠收入——限定性收入　　25 000

　　贷：限定性净资产　　25 000

同时：

借：捐赠收入——非限定性收入　　25 000

　　贷：非限定性净资产　　25 000

本例中，“捐赠收入——限定性收入”和“捐赠收入——非限定性收入”账户的贷方余额应当分别结转至“限定性净资产”和“非限定性净资产”账户。经过结转，“捐赠收入——限定性收入”和“捐赠收入——非限定性收入”账户的余额应为零。

二、政府补助收入（★★）

（一）政府补助收入的概念（★★）

政府补助收入，是指民间非营利组织接受政府拨款或者政府机构给予的补助而取得的收入。民间非营利组织应当按照政府是否对其提供的补助在使用上提出限制条件，将政府补助收入区分成非限定性政府补助收入和限定性政府补助收入两个种类。

（二）政府补助收入的确认（★★）

在民间非营利组织中，政府补助收入如同捐赠收入，它们都属于非交换性交易收入。只不过收入来源不同。政府补助的收入确认方法如同捐赠收入的确认方法。

收入种类	收入来源
政府补助收入	政府拨款或者政府机构给予的补助
捐赠收入	其他单位或者个人给予的资助

（三）政府补助收入的核算（★★）

总账科目：政府补助收入

1. 取得收入

借：现金/银行存款

　　贷：政府补助收入——非限定性收入/限定性收入

2. 限定性收入在确认收入当期得到满足时

借：政府补助收入——限定性收入

　　贷：政府补助收入——非限定性收入

3. 确定无法满足限制条件而需要退还补助时

借：管理费用

　　贷：其他应付款

4. 期末结账

借：政府补助收入——非限定性收入

贷：非限定性净资产

同时，

借：政府补助收入——限定性收入

贷：限定性净资产

【例 14－6】某民间非营利组织收到政府补助收入 2 750 元，款项已存入银行。政府在向该民间非营利组织提供补助时，提出了有关的使用限制条件。该民间非营利组织应编制如下会计分录：

借：银行存款　　27 500

贷：政府补助收入——限定性收入　　27 500

本例中，如果政府在向民间非营利组织提供补助时没有提出使用限制条件，包括使用时间限制条件和使用用途限制条件等，那么，会计分录中的贷方科目应为“政府补助收入——非限定性收入”科目。

【例 14－7】某民间非营利组织按照政府提出的使用时间限制条件，已经到达限制可以使用政府补助收入 14 200 元的时间。该民间非营利组织从收到政府的时间限制补助收入至到达可以使用政府补助收入的时间处在同一个会计期间。该民间非营利组织应编制如下会计分录：

借：政府补助收入——限定性收入　　14 200

贷：政府补助收入——非限定性收入　　14 200

本例中，民间非营利组织解除附带使用时间限制条件的政府补助收入。如果民间非营利组织从收到时间限制政府补助收入至到达可以使用政府补助收入的时间跨越两个会计期间或两个会计年度，那么，期末“政府补助收入——限定性收入”科目余额转入“限定性净资产”科目后无余额。此时，需要在“限定性净资产”科目与“非限定性净资产”科目之间进行重新分类或进行转账。

本例中，如果政府在向民间非营利组织提供补助时同时提出了时间限制条件和用途限制条件，如同时提出了所提供的补助应当在第二年用于购买办公设备等，那么，民间非营利组织在仅到达限制可以使用补助的时间时，或者在仅满足时间限制条件时，还不能将限定性收入转入非限定性收入。主要原因是尽管时间限制条件已经解除，但用途限制条件尚未解除。民间非营利组织只有在所有限定条件都已经解除时，才能将限定性收入转入非限定性收入。

【例 14－8】某民间非营利组织由于无法满足政府补助所附带的限制条件，因此，确定向政府退还 2 200 元的政府补助收入款项。该民间非营利组织应编制如下会计分录：

借：管理费用　　2 200

贷：其他应付款　　2 200

本例中，如果民间非营利组织直接向政府退还补助款项，那么，会计分录中的贷方科目为“银行存款”科目。

根据财政部印发的《〈民间非营利组织会计制度〉若干问题的解释》，民间非营利组织承接政府购买服务属于交换交易，取得的相关收入应当记入“提供服务收入”等收入类科目，不应当记入“政府补助收入”科目。

【例 14－9】 某民间非营利组织年终结账。“政府补助收入”总分类账户的贷方余额为 29 000 元；“政府补助收入”有关明细分类账户的贷方余额为：“限定性收入” 22 500 元，“非限定性收入” 6 500 元。该民间非营利组织应编制如下会计分录：

借：政府补助收入——限定性收入　　22 500

　　贷：限定性净资产　　22 500

同时，

借：政府补助收入——非限定性收入　　6 500

　　贷：非限定性净资产　　6 500

本例中，“政府补助收入——限定性收入”和“政府补助收入——非限定性收入”账户的贷方余额应当分别结转至“限定性净资产”和“非限定性净资产”账户。经过结转，“政府补助收入——限定性收入”和“政府补助收入——非限定性收入”账户的余额应为零。

三、提供服务收入（★★★）

（一）提供服务收入的概念

提供服务收入，是指民间非营利组织根据章程等规定向其服务对象提供服务取得的收入，包括学费收入、医疗费收入、培训收入等。一般情况下，民间非营利组织的提供服务收入为非限定性收入，除非相关资产提供者对资产的使用设置了限制条件。

（二）提供服务收入的确认（★★）

在民间非营利组织中，提供服务收入属于交换交易收入。即民间非营利组织在取得相应收入的同时，需要向其服务对象提供相应的服务；或者民间非营利组织在向其服务对象提供服务的同时，需要向其服务对象收取相应的费用。

对于因交换性交易所形成的提供服务收入，民间非营利组织应当按照如下方法确认：

（1）在同一会计年度内开始并完成的服务，应当在完成服务时确认收入；

（2）如果服务的开始和完成分属于不同的会计年度，可以按完工进度或完成的工作量确认收入。

(三) 提供服务收入的核算(★★★)

总账科目:提供服务收入

明细科目:按照提供服务的种类

1. 收取现款方式

借:现金/银行存款

　　贷:提供服务收入——非限定性收入/限定性收入

2. 应收账款方式

借:应收账款

　　贷:提供服务收入——非限定性收入/限定性收入

实际收到时:

借:现金/银行存款

　　贷:提供服务收入——非限定性收入/限定性收入

3. 预收账款方式

借:银行存款

　　贷:预收账款

以合同完成进度确认提供服务所取得的收入时,按照基于合同完成进度计算金额:

借:预收账款

　　贷:提供服务收入

4. 期末

借:提供服务收入——非限定性收入

　　贷:非限定性净资产

借:提供服务收入——限定性收入

　　贷:限定性净资产

期末结账后,该科目应无余额。

【例 14-10】某民间非营利组织已经完成向服务对象提供服务计 14 600 元。该民间非营利组织在向服务对象提供服务前曾向服务对象预收服务费用 4 000 元。服务完成时,其余 10 600 元(14 600-4 000)服务费用收到一张支票,已存入开户银行。服务的开始和完成在同一会计年度。该民间非营利组织应编制如下会计分录:

借:银行存款　　　　10 600

　　预收账款　　　　4 000

　　贷:提供服务收入——非限定性收入　　　　14 600

本例中,如果民间非营利组织提供服务取得的收入大于已经预收的款项,并且差额尚未收到,那么,会计分录中的借方科目应当为“预收账款”和“应收账款”科目。

【例 14－11】某民间非营利组织年末尚未完成某项向服务对象提供的服务。该民间非营利组织曾向服务对象预收了该项目的全部服务费用共计 8 400 元。根据已完成的工作量，民间非营利组织已经实现提供服务收入 5 600 元。该民间非营利组织应编制如下会计分录：

借：预收账款　　5 600

　　贷：提供服务收入——非限定性收入　　5 600

本例中，民间非营利组织对于跨年度的提供服务项目，应当在年末按完工进度或完成的工作量确认相应部分的提供服务收入。

【例 14－12】某民间非营利组织年终结账。“提供服务收入——非限定性收入”账户的贷方余额为 33 400 元。该民间非营利组织应编制如下会计分录：

借：提供服务收入——非限定性收入　　33 400

　　贷：非限定性净资产　　33 400

本例中，如果民间非营利组织年终结账时“提供服务收入——限定性收入”账户存在贷方余额，应当将其结转至“限定性净资产”账户。

四、商品销售收入（★★）

（一）商品销售收入的概念

商品销售收入，是指民间非营利组织销售商品如出版物、药品等所形成的收入。一般情况下，民间非营利组织的商品销售收入为非限定性收入，除非相关资产提供者对资产的使用设置了限制条件。

（二）商品销售收入的确认（★★）

在民间非营利组织中，商品销售收入如同提供服务收入，它们都属于交换性交易收入。对于因交换性交易所形成的商品销售收入，民间非营利组织应当在下列条件同时满足时予以确认：

（1）已将商品所有权上的主要风险和报酬转移给了购货方。

（2）既没有保留通常与所有权相联系的继续管理权，也没有对已售出的商品实施控制。

（3）与交易相关的经济利益能够流入民间非营利组织。

（4）相关的收入和成本能够可靠地计量。

课外拓展：

关于行业协会销售商品、提供服务或劳务取得的交换交易所形成的收入，制度要求收入确认的条件之一是，与交易相关的经济利益能够流入民间非营利组织。行业协会作为一个服务企业、服务市场的主体，向市场主体提供商品、服务或者劳务，都是基于市场需求和合同关系，在与交易相关的经济利益流入的问题上，并不比其他市场主体更加具有确定性，同样存在无法收回的可能性。如果严格按照制度理解进行操作将对行业协会确认收入造成很大困扰。

《企业会计准则第14号——收入》在收入确认的原则上规定为“企业因向客户转让商品而有权取得的对价很可能收回”。会计制度上，“很可能”与“能够”是存在很大差异的两个概念，据此将作出不同的会计处理。因此，民非会计制度吸收和参照企业会计准则关于收入确认的原则，使用“很可能”的表述，似乎更加符合行业协会的实际情况。

运杂费3 330元。以支票付讫。会计处理如下：

借：其他费用　　3 330

　　贷：银行存款　　3 330

（三）商品销售收入的核算（★★）

总账科目：商品销售收入

明细科目：按照商品的种类

1. 取得收入

借：现金/银行存款/应收票据/应收账款

　　贷：商品销售收入——非限定性收入

2. 商品质量等原因发生销售退回

借：商品销售收入——非限定性收入

　　贷：银行存款/应收账款/应收票据

同时，

借：存货

　　贷：业务活动成本

在资产负债表日后、财务报告批准报出前发生的销售退回作为资产负债表日后事项的调整事项处理

借：非限定性净资产

　　贷：银行存款/应收账款/应收票据

同时，

借：存货

　　贷：非限定性净资产

3. 回笼资金的原因而发生现金折扣

借：银行存款/筹资

　　贷：应收账款/应收票据

4. 商品质量等原因发生销售折让

借：商品销售收入——非限定性收入/银行存款

　　贷：应收账款/应收票据

5. 期末结转余额

借：商品销售收入——非限定性收入

　　贷：非限定性净资产

【例 14－13】 某民间非营利组织销售商品一批，售价为 6 860 元，款项尚未收到。该民间非营利组织应编制如下会计分录：

借：应收账款　　6 860

　　贷：商品销售收入——非限定性收入　　6 860

本例中，如果民间非营利组织收到相应的商业汇票一张，那么，会计分录中的借方科目为“应收票据”科目。

【例 14－14】 某民间非营利组织由于产品品种的原因发生销售退回商品一批。该批商品的售价为 1 450 元，相应的成本为 1 120 元。款项以银行存款支付。该民间非营利组织应编制如下会计分录：

借：商品销售收入——非限定性收入　　1 450

　　贷：银行存款　　1 450

同时，

借：存货　　1 120

　　贷：业务活动成本　　1 120

本例中，如果民间非营利组织在资产负债表日后、财务报告批准报出日前发生销售退回，那么，会计分录中的借方科目“商品销售收入——非限定性收入”科目和贷方科目“业务活动成本”科目都应改为“非限定性净资产”科目。

【例 14－15】 某民间非营利组织年终结账。“商品销售收入——非限定性收入”账户的贷方余额为 23 200 元。该民间非营利组织应编制如下会计分录：

借：商品销售收入——非限定性收入　　23 200

　　贷：非限定性净资产　　23 200

本例中，如果民间非营利组织年终结账时“商品销售收入——限定性收入”账户存在贷方余额，应当将其结转至“限定性净资产”账户。

五、会费收入（★★）

（一）会费收入的概念

会费收入，是指民间非营利组织根据章程等的规定向会员收取的会费。一般情况下，民间非营利组织的会费收入为非限定性收入，除非相关资产提供者对资产的使用设置了限制条件。

（二）会费收入的确认（★★）

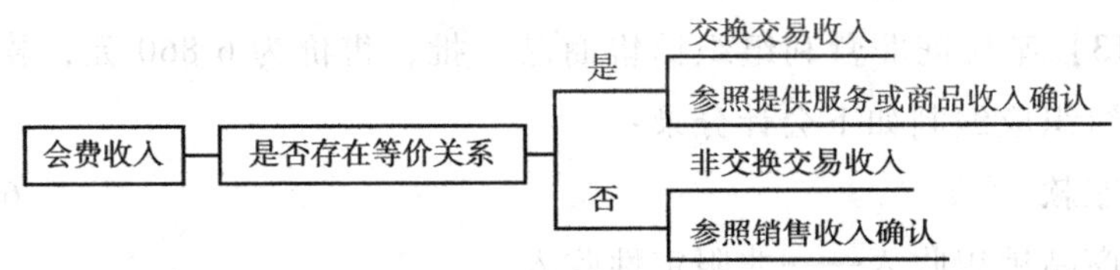

（三）会费收入的核算（★★）

总账科目：会费收入

明细科目：团体会费/个人会费

注：本科目应当按照会费种类（如团体会费、个人会费等）设置明细账。

1. 确认收入

借：现金/银行存款/应收账款

　　贷：会费收入——非限定性收入/限定性收入

2. 期末

借：会费收入——非限定性收入

　　贷：非限定性净资产

借：会费收入——限定性收入

　　贷：限定性净资产

3. 期末结账后，该科目应无余额

4. 本年收到以后年度会费

借：银行存款等

　　贷：预收账款

课外拓展：

按照制度解释，行业协会会费收入应当是非交换交易所形成的收入。对于因非交换交易所形成的收入，制度规定政府会计专栏应当在同时满足下列条件时予以确认：(1) 与交易相关的含有经济利益或者服务潜力的资源能够流入民间非营利组织并为其所控制，或者相关的债务能够得到解除；(2) 交易能够引起净资产的增加；(3) 收入的金额能够可靠地计量。

行业协会脱钩后，除了法律法规有明确规定外，真正做到了入会自愿、退会自由，没有了行政影响。行业协会通常依据章程和会费管理办法按年收取会员会费并开具会费收据，并不签署合同；如果会员不缴纳会费或者拖欠会费，最严重也只是作退会处理。

实际工作中，欠缴会费情况不在少数，存在当年应收取的会费在次年或者更晚才收到的情况，也存在一年里收到同一会员上一年和本年两年会费的情况。按照制度理解，如果没有收到会员缴纳的会费，很难判断与交易相关的含有经济利益或者服务潜力的资源是否能够流入民间非营利组织并为其所控制。如果在收到会员缴纳的会费时才确认收入，当出现跨年的情况时，如此处理可能与权责发生制基础略有不符，并将一定程度上影响会计信息的一致性和可比性。

【例 14－16】某民间非营利组织收到会员以现金缴纳的会费 1 760 元。该会费收入属于非限定性收入，具体为个人会费收入。该民间非营利组织应编制如下会计分录：

借：现金　　1 760

　　贷：会费收入——非限定性收入　　1 760

本例中，如果民间非营利组织收到会员以银行存款缴纳的会费，那么，会计分录中的借方科目应为“银行存款”科目。

【例 14－17】某民间非营利组织计算应收会员会费 8 560 元。该会费收入属于非限定性收入，具体为团体会费收入。该民间非营利组织应编制如下会计分录：

借：应收账款　　8 560

　　贷：会费收入——非限定性收入　　8 560

本例中，如果民间非营利组织收到的会费属于限定性收入，那么，会计分录中的贷方科目应为“会费收入——限定性收入”科目。

【例 14－18】某民间非营利组织年终结账。“会费收入——非限定性收入”账户的贷方余额为 34 100 元。该民间非营利组织应编制如下会计分录：

借：会费收入——非限定性收入　　34 100

　　贷：非限定性净资产　　34 100

本例中，如果民间非营利组织年终结账时“会费收入——限定性收入”账户存在贷方余额，应当将其结转至“限定性净资产”账户。

【例 14 - 19】某社会团体的个人会员每年应缴纳会费 200 元，交纳期间为每年 1 月 1 日至 12 月 31 日，当年未按时交纳会费的会员下年度自动失去会员资格。该社会团体共有会员 1 000 人。至 2019 年 12 月 31 日，800 人交纳当年会费，150 人交纳了 2019 至 2021 年度的会费，50 人尚未交纳当年会费，该社会团体 2019 年度应确认的会费收入为（　　）元。

A. 190 000　　B. 200 000　　C. 250 000　　D. 260 000

【参考答案】A.

【解析】会费收入反映的是当期会费收入的实际发生额，有 50 人的会费未收到，不符合确认条件。应确认会费收入：200 *（800 + 150）= 190 000（元）。

六、投资收益

（一）投资收益的概念

投资收益，是指民间非营利组织因对外投资取得的投资净损益。一般情况下，民间非营利组织的投资收益为非限定性收入，除非相关资产提供者对资产的使用设置了限制条件。

（二）投资收益的确认

投资收益属于交换性交易收入。投资收益应当在同时满足下列条件时予以确认：

（1）与交易相关的经济利益能够流入民间非营利组织；

（2）收入的金额能够可靠地计量。

（三）投资收益的核算

总账科目：投资收益

短期投资：民间非营利组织持有的能够随时变现并且持有时间不准备超过一年（含一年）的投资，包括股票投资、债券投资等。

1. 出售短期投资或到期收回债券本息

借：银行存款（实际收到的款项）

　　短期投资跌价准备（已计提的短期投资跌价准备）

　　贷：短期投资（短期投资的账面余额）

　　　　其他应收款（尚未领取的现金股利或利息）

　　　　投资收益（差额借记或贷记）

2. 长期股权投资

民间非营利组织准备持有超过一年的各种股权性质的投资，包括长期股票投资和其他长期股权投资。

采用成本法核算的，被投资单位宣告发放现金股利或利润时，

借：其他应收款（按照相应份额）

　　贷：投资收益

采用权益法核算，在会计期末按照应当享有或应当分担的被投资单位当年实现的净利润或发生的净亏损的份额，调整长期股权投资的账面价值。如果被投资单位实现净利润，则：

借：长期股权投资（按照相应份额）

　　贷：投资收益

如果被投资单位发生净亏损，则：

借：投资收益

　　贷：长期股权投资

处置长期股权投资

借：银行存款（实际收到的价款）

　　长期投资减值准备（已计提的长期投资减值准备）

　　贷：长期股权投资（长期股权投资的账面余额）

　　　　其他应收款（尚未领取的现金股利）

　　　　投资收益（差额借记或贷记）

3. 长期债权投资

民间非营利组织购入的1年内不能变现或不准备随时变现的债券和其他债权投资。持有期间如果为到期一次还本付息的长期债权投资，则：

借：长期债权投资——债券投资（应收利息）

　　贷：投资收益

如果为分期付息、到期还本的长期债权投资，则：

借：其他应收款

　　贷：投资收益

同时，长期债权投资的初始成本与债券面值之间差额，应当在债券存续期间，按照直线法于确认相关债券利息收入时摊销。按直线法摊销债券溢价或折价：

借：投资收益

　　贷：长期债权投资——债券投资（溢价）

借：长期债权投资——债券投资（折价）

　　贷：投资收益

4. 处置

借：银行存款（取得的价款）

长期投资减值准备（已计提的减值准备）

贷：长期债权投资（长期债券投资的账面余额）

其他应收款（尚未领取的债券利息）

长期债权投资——债券投资（应收利息）

投资收益（差额借记或贷记）

期末

借：投资收益

贷：非限定性净资产/限定性净资产

期末结账后，该科目应无余额。

【例 14－20】 某民间非营利组织出售短期投资，实际收到款项 1 800 元。该短期投资账面余额 1 600 元，已计提减值准备 300 元，没有尚未领取的利息。该民间非营利组织应编制如下会计分录：

借：银行存款　　1 800

短期投资跌价准备　　300

贷：短期投资　　1 600

投资收益　　500

本例中，如果短期投资的账面余额减去短期投资跌价准备后的余额大于实际收到的款项，其差额应借记“投资收益”科目。

【例 14－21】 某民间非营利组织采用成本法核算长期股权投资，被投资单位宣告发放现金股利 3 000 元，该民间非营利组织按股权比例可获得其中的 600 元。该民间非营利组织应编制如下会计分录：

借：其他应收款　　600

贷：投资收益　　600

本例中，由于民间非营利组织拥有被投资单位的股份较少，因此，不能对被投资单位实施控制或产生重大影响。由此，民间非营利组织对相应的长期股权投资采用成本法进行核算。如果民间非营利组织拥有被投资单位的股份较多，并且已经达到能够对被投资单位实施控制或产生重大影响的程度，那么，民间非营利组织对相应的长期股权投资应当采用权益法进行核算。

【例 14－22】 某民间非营利组织年终结账。“投资收益”账户的贷方余额为 19 150 元。该民间非营利组织应编制如下会计分录：

借：投资收益　　19 150

贷：非限定性净资产　　19 150

本例中，如果民间非营利组织年终结账时存在限制性投资收益账户余额，那么，应当将其结转至“限定性净资产”账户。

七、其他收入

（一）其他收入的概念

其他收入，是指民间非营利组织除了捐赠收入、会费收入、提供服务收入、商品销售收入、政府补助收入、投资收益等主要业务活动收入以外的其他杂项收入。例如，确实无法支付的应付款项、存货盘盈、固定资产盘盈、固定资产处置净收入、无形资产处置净收入等。一般情况下，民间非营利组织的其他收入为非限定性收入，除非相关资产提供者对资产的使用设置了限制条件。

> **学习笔记：**
> 民间非营利组织取得的存款利息，属于《民非制度》第三十五条规定的“为购建固定资产而发生的专门借款”产生且在“允许资本化的期间内”的，应当冲减在建工程成本；除此以外的存款利息应当计入其他收入。

（二）其他收入的核算

总账科目：其他收入

明细科目：按其他收入的种类

1. 取得其他收入

借：现金/存货/固定资产/文物文化资产/固定资产清理

　　贷：其他收入

2. 期末余额转入净资产科目

借：其他收入

　　贷：非限定性净资产/限定性净资产

期末结账后，该科目应无余额。

【例 14-23】某民间非营利组织对存货进行盘点，结果盘盈存货 25。经批准，该存货盘盈作为其他收入处理。该民间非营利组织应编制如下会计分录：

借：存货　　250

　　贷：其他收入　　250

本例中，民间非营利组织每年应当至少盘点一次存货。盘盈的存货应当按照其公允价值入账。

【例 14-24】某民间非营利组织年终结账。“其他收入”账户的贷方余额为 760 元。民间非营利组织应编制如下会计分录：

借：其他收入　　760

贷：非限定性净资产　　760

本例中，如果民间非营利组织年终结账时存在限制性其他收入账户余额，那么，应当将其结转至“限定性资产”账户。

第三节　费用的概述和分类

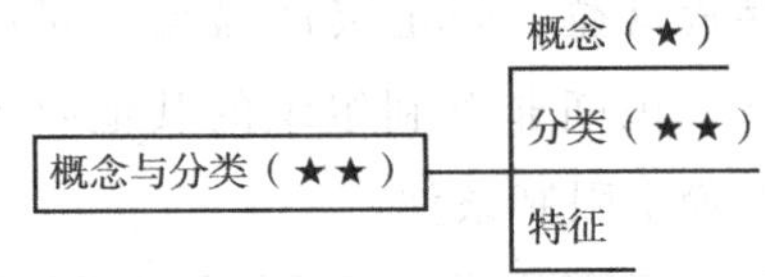

一、概念与分类（★★）

（一）费用的概念（★）

民间非营利组织的费用，是指民间非营利组织为开展业务活动所发生的、导致本期净资产减少的经济利益或者服务潜力的流出。民间非营利组织的费用包括业务活动成本、管理费用、筹资费用和其他费用。

（二）费用的分类（★★）

1. 成本费用

成本费用是民间非营利组织开展项目活动所发生的费用，主要包括业务活动成本。成本费用应当按照所开展的业务活动项目进行归集，以便进行成本核算与管理。民间非共同发生的，而且不能直接归属于某一类活动，应当按照合理的方法在各项活动中进行分配。

2. 期间费用

期间费用是民间非营利组织本期发生的、不能直接或间接归入业务活动成本的各项费用，包括管理费用、筹资费用和其他费用。期间费用应当按照会计期间进行归集，不计入所开展的项目活动成本。

民间非营利组织的费用一般不需要区分限定性费用和非限定性费用。期末，民间非营利组织应当将本期发生的各项费用结转至净资产项下的非限定性净资产，作为非限定性净资产的减项，再将限定条件已经解除的净资产从限定性净资产转入非限定性净资产，作为非限定性净资产的增项。

（三）特征

费用具有以下两项主要特征：

第一，费用是民间非营利组织经济利益或者服务潜力的流出。费用是由流出事项引发的，民间非营利组织是从事公益性活动的社会组织，费用的发生不但包括经济利益的流出，还应当包括服务潜力的流出。

第二，费用会导致民间非营利组织本期净资产的减少。费用的最终结果是导致净资产的减少，费用在表现为经济利益或者服务潜力流出的同时，会引起资产的减少，或负债的增加，并最终导致本期净资产的减少。

民间非营利组织以**权责发生制**为基础确认各项费用。

第四节　费用的确认与核算

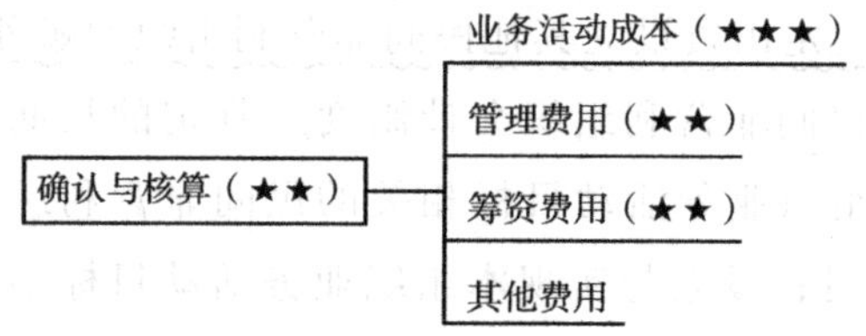

一、业务活动成本（★★★）

（一）业务活动成本的概念

业务活动成本，是指民间非营利组织为了实现其业务活动目标、开展其项目活动或者提供服务所发生的费用。

 **课外拓展：**

与管理费用相比，业务活动成本的特点是民间非营利组织直接为服务对象发生的费用；而管理费用是民间非营利组织为组织和管理业务活动而发生的费用。例如，慈善基金会的业务活动项目可能会有儿童康复项目、安老服务项目、慈善培训服务项目等；红十字会的业务活动项目可能会有赈济活动项目、社区活动项目、中小学活动项目等。如果民间非营利组织从事的业务活动项目或开展的业务活动种类比较单一，那么，业务活动成本下就不需要设置相应的项目。

（二）业务活动成本的确认

民间非营利组织的业务活动成本应当在实际发生时按其发生额计入当期费用。

（三）业务成本活动的核算

总账科目：业务活动成本

明细科目：根据民间非营利组织从事的业务活动的项目或开展的业务活动的种类设置明细账。如果业务活动的项目或开展的业务活动的种类比较单一，那么可以全部归集在该科目下进行核算。

1. 发生业务活动成本

借：业务活动成本

　　贷：现金/银行存款/存货/应付账款

2. 期末

借：非限定性净资产

　　贷：业务活动成本

期末结账后，该科目应无余额。

民间非营利组织按规定出资设立其他民间非营利组织的账务处理：[①]

该情况下不属于《民间非营利组织会计制度》规定的长期股权投资，应当计入当期费用。设立与实现本组织业务活动目标相关的民间非营利组织的，相关出资金额记入“业务活动成本”科目；设立与实现本组织业务活动目标不相关的民间非营利组织的，相关出资金额记入“其他费用”科目。

【例 14－25】某民间非营利组织为开展甲项目业务活动以银行存款支付相关费用 2 320 元。该民间非营利组织应编制如下会计分录：

	借	贷
借：业务活动成本——甲项目	2 320	
贷：银行存款		2 320

本例中，民间非营利组织发生的业务活动成本如果同时属于多项专业业务活动，并且不能直接确定归属于某一项专业业务活动的数额，那么，应当将这些费用按照合理的方法在各项专业业务活动之间进行分配。

【例 14－26】某民间非营利组织按月计提乙项目业务活动使用的固定资产折旧计 1 930 元。该民间非营利组织应编制如下会计分录：

	借	贷
借：业务活动成本——乙项目	1 930	
贷：累计折旧		1 930

本例中，民间非营利组织应当正确区分由行政管理部门使用的固定资产和由专业业务部门使用的固定资产。在此基础上，对各部门使用的固定资产分别计提固定资产折旧。

【例 14－27】某民间非营利组织按照捐赠人的要求，将接受捐赠的一批存货计 820 元使用在限定的丙项目业务活动上。该民间非营利组织应编制如下会计分录：

	借	贷
借：业务活动成本——丙项目	820	
贷：存货		820

① 关于印发《〈民间非营利组织会计制度〉若干问题的解释》的通知。

同时：

借：捐赠收入——限定性收入　　820

　　贷：捐赠收入——非限定性收入　　820

本例中，民间非营利组织按照捐赠人的要求将接受捐赠的存货使用在专业业务活动项目上。因此，在确认业务活动成本的同时，还需要解除限定性捐赠收入至非限定性捐赠收入。“捐赠收入——非限定性收入”与“业务活动成本——丙项目”相抵后，净资产不增不减。

【例 14-28】 某民间非营利组织年终结账。“业务活动成本”账户的借方余额为 26 500 元。该民间非营利组织应编制如下会计分录：

借：非限定性净资产　　26 500

　　贷：业务活动成本　　26 500

本例中，民间非营利组织年终“业务活动成本”账户的余额应转入“非限定性净资产”账户。在非限定性净资产的增减变动中，可以包括捐赠收入、会费收入等收入，还可以包括业务活动成本、管理费用等费用。在限定性净资产的增减变动中，只包括捐赠收入、政府补助收入等收入，不包括业务活动成本、管理费用等费用。民间非营利组织使用限定性资产或净资产时，减少限定性收入，增加非限定性收入；非限定性净资产中，不计入限定性净资产中。

二、管理费用（★★）

（一）管理费用的概念

管理费用，是指民间非营利组织为组织和管理其业务活动所发生的费用，包括民间非营利组织董事会或理事会，或类似权力机构经费和行政管理人员的工资、奖金、福利费、住房公积金、住房补贴、社会保障费，以及办公费、水电费、邮电费、物业管理费、差旅费、折旧费、修理费、租赁费、无形资产摊销费、资产盘亏损失、资产减值损失、因预计负债所产生的损失、聘请中介机构费和应偿还的受赠资产等。

（二）管理费用的确认

民间非营利组织的管理费用应当在实际发生时按其发生额计入当期费用。

（三）管理费用的核算

总账科目：管理费用

明细科目：应当按照管理费用的种类设置明细账，进行明细分类核算

情境	会计分录
以现金、银行存款支付	借：管理费用 贷：现金/银行存款
发生应归属于管理费用的应付工资、应交税金	借：管理费用 贷：应付工资/应交税金
提取行政管理用固定资产折旧	借：管理费用 贷：累计折旧
计提长期投资减值准备	借：管理费用 贷：长期投资减值准备
无形资产摊销	借：管理费用 贷：无形资产
存货盘亏并经批准	借：管理费用 贷：存货
期末	借：非限定性净资产 贷：管理费用

期末结账后，该科目应无余额。

【例 14－29】某民间非营利组织以银行存款支付管理费用 750 元。该民间非营利组织应编制如下会计分录：

借：管理费用　　750

　　贷：银行存款　　750

本例中，借方“管理费用”科目应根据银行存款支付的内容设置相应的明细账，如水电费、邮电费、物业管理费、修理费等。

【例 14－30】某民间非营利组织计算应支付给管理部门工作人员的工资计 3 500 元。该民间非营利组织应编制如下会计分录：

借：管理费用　　3 500

　　贷：应付工资　　3 500

本例中，民间非营利组织在计算工作人员的工资时，可以区分专业业务部门、管理部门、筹资部门等的工作人员分别计算，从而分别记入“业务活动成本”“管理费用”“筹资费用”等科目。

【例 14－31】某民间非营利组织定期对长期债权投资是否发生了减值进行检查，结果发现长期债权投资可收回金额低于账面价值，差额为 1 600 元。该民间非营利组织应编制如下会计分录：

借：管理费用——资产减值损失　　1 600

　　贷：长期投资减值准备　　1 600

根据规定，长期投资减值损失一经确认，在以后会计期间不得转回。

【例14-32】某民间非营利组织年终结账。“管理费用”账户的借方余额为14 350元。该民间非营利组织应编制如下会计分录：

借：非限定性净资产　　14 350

　　贷：管理费用　　14 350

本例中，“管理费用”科目年终结账时应当将余额结转至“非限定性净资产”科目。

三、筹资费用（★★）

（一）筹资费用的概念

筹资费用，是指民间非营利组织为筹集业务活动所需资金而发生的费用，包括民间非营利组织为了获得捐赠资产而发生的费用以及应当计入当期费用的借款费用、汇兑损失（减汇总收益）等。民间非营利组织为了获得捐赠资产而发生的费用包括举办募款活动费，准备、印刷和发放募款宣传资料费，以及其他与募款或者争取捐赠资产有关的费用。

（二）筹资费用的确认

民间非营利组织的筹资费用应当在实际发生时按其发生额计入当期费用。

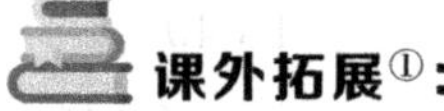
课外拓展[①]**：**

作者以自己在实际工作中接触的某研究院为例，尽管其是为社会服务机构的性质，但长期以来，“筹资费用”科目并不适用于核算该单位实际发生的各项财务费用，如网络支付手续费、银行手续费、银行利息等，实际操作中为了核算这几项业务，只能在“其他费用”一级科目下分设二级科目，由此带来的问题是一级科目“其他费用”核算不够明确，对会计信息与经济业务的反映也不够准确。与此相对应，笔者还了解到，对于利息收入的处理在实务工作中常用的方法是将其作为“其他收入”核算，但绝大多数非营利组织对各项收入需要区分经费来源（限定性或非限定性）分项目（活动）核算，利息收入由于无法明确区分经费来源、区分到具体项目（活动），实质上不符合非营利组织的收入核算要求。所以应该增设“财务费用”一级科目。

① 覃倩：“非营利组织会计实务存在的若干问题及对策”，《财务与会计》2019年第3期。

（三）筹资费用的核算

总账科目：筹资费用

明细科目：应当按照筹资费用的种类设置明细账，进行明细分类核算

1. 发生筹资费用

借：筹资费用

　　贷：银行存款/预提费用/长期借款

2. 期末

借：非限定性净资产

　　贷：筹资费用

期末结账后，该科目应无余额。

【例14-33】某民间非营利组织以银行存款支付募款活动费用2 500元。该民间非营利组织应编制如下会计分录：

借：筹资费用　　2 500

　　贷：银行存款　　2 500

本例中，社会慈善民间非营利组织通常通过举办专门的募款活动筹集开展业务活动所需要的资金。

【例14-34】某民间非营利组织计算应当计入筹资费用的长期借款利息费用1 640元，该长期借款利息费用应当计入长期借款数额。该民间非营利组织应编制如下会计分录：

借：筹资费用　　1 640

　　贷：长期借款　　1 640

本例中，如果民间非营利组织专门为购建固定资产而进行长期借款，那么，该类长期借款的借款费用在规定的允许资本化的期间内，应当计入在建工程成本，而不能计入筹资费用。

【例14-35】某民间非营利组织年终结账。“筹资费用”户的借方余额为5 560元。该民间非营利组织应编制如下会计分录：

借：非限定性净资产　　5 560

　　贷：筹资费用　　5 560

本例中，“筹资费用”科目年终结账时应当将余额结转至“非限定性净资产”科目。

四、其他费用

（一）其他费用的概念

其他费用，是指民间非营利组织发生的无法归属到业务活动成本、管理费用和筹

资费用中的费用，包括固定资产处置净损失、无形资产处置净损失等。

（二）其他费用的确认

民间非营利组织的其他费用应当在实际发生时按其发生额计入当期费用。

（三）其他费用的核算

总账科目：其他费用

明细科目：应当按照筹资费用的种类设置明细账，进行明细分类核算

1. 发生处置固定资产净损失时

借：其他费用

　　贷：固定资产清理

2. 发生处置无形资产净损失时

借：其他费用

　　银行存款

　　贷：无形资产

3. 期末

借：非限定性净资产

　　贷：其他费用

期末结账后，该科目应无余额。

【例 14－36】某民间非营利组织处置一项无形资产。该项无形资产的账面余额为 4 580元，出售取得实际价款 4 220 元，处置损失为 360 元（4 580－4 220）。该民间非营利组织应编制如下会计分录：

借：银行存款	4 220	
其他费用	360	
贷：无形资产		4 580

【例 14－37】某民间非营利组织年终结账。“其他费用”账户的借方余额为 1 840 元。该民间非营利组织应编制如下会计分录：

借：非限定性净资产	1 840	
贷：其他费用		1 840

本例中，“其他费用”科目年终结账时应当将余额结转至“非限定性净资产”科目。

第十五章　民间非营利组织的净资产

第一节　概　　述

一、定义（★★）

民间非营利组织的净资产是指民间非营利组织资产减去负债后的余额。

二、分类：是否受到条件限制（2种）（★★）

1. 限定性净资产

民间非营利组织中，如果资产或其产生的经济利益（如投资收益）的使用受到资产所有者或者国家有关法律、行政法规所设置的时间限制或用途限制，那么，由此形成的净资产为限定性净资产。国家有关法律、行政法规对净资产的使用直接设置限制的，该受限制的净资产也为限定性净资产。

课堂笔记：

该限制只有在比民间非营利组织的宗旨、目的或章程等关于资产使用的要求更为具体明确时，才能成为《民间非营利组织会计制度》中所称的“限制”。

课堂笔记：

负债的特征还包括可以可靠计量。未来发生的经济业务或者事项形成的义务不属于现时义务，不应当确认为负债。民间非营利组织的**董事会、理事会或类似权力机构**对净资产的使用所作的限定性政策、决议或拨款限额等，属于民间非营利组织**内部管理**上对资产使用所作的限制，不属于限定性净资产中的限制的概念。总结来说，只有受到资产提供者和国家法律法规的限制，类比企业会计中的“所有者”的限制，才能称为“净资产”。而仅受到“管理者”限制的，不能称为“净资产”。

2. 非限定性净资产

在民间非营利组织中，非限定性净资产是指除了限定性净资产之外的其他净资产。

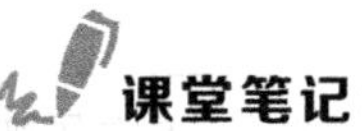

课堂笔记：

非限定性净资产的使用需要与民间非营利组织的使命或运行目的或总体目标相符合，不能随意使用在不符合民间非营利组织运行目的的活动上。

课外拓展：

《民间非营利组织会计制度》规定净资产应当按照其是否受到限制，分为限定性净资产和非限定性净资产。其中所指的“限制”，主要是针对资产本身抑或资产所滋生出的相关经济利益。例如，借贷产生的利息，分红产生的投资收益等，这些项目因为国家法律法规的限定（无论是时间上或者是用途上的限制）在使用上受到了制约，所导致的净资产被《民间非营利组织会计制度》定义为“限定性净资产”。但有学者认为这样的划分并不准确，此类的时间限制或用途限制是针对资产或资产产生的经济利益而言，而净资产则是资产扣除负债后的余额，可是负债通常并不与资产保持一一对应的关系，针对是否有限制跨过了负债直接将净资产划分为两类，在实务中存在一定的困难，操作起来有一定的难度。

第二节　限定性净资产

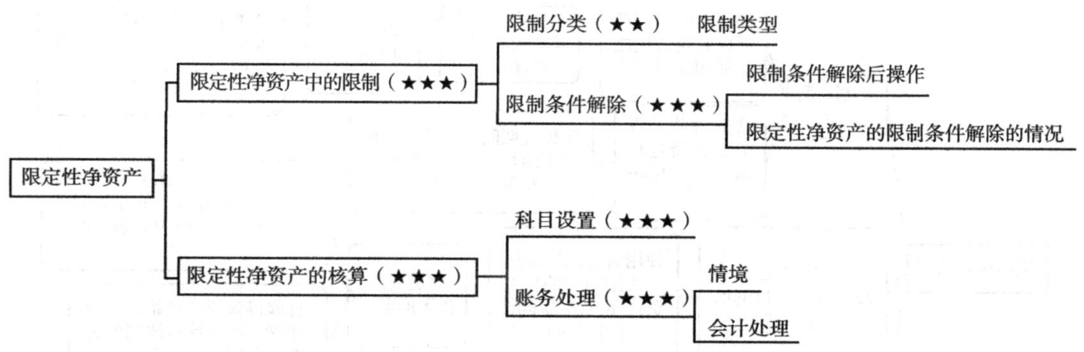

一、限定性净资产中的限制（★★★）

（一）限制分类（★★）

限制类型	实施主体	具体情况
时间限制	资产提供者，国家有关法律、行政法规	要求民间非营利组织在收到资产后的**特定时期之内或特定日期之后**使用该项资产
		资产的使用设置了**永久限制**
用途限制		要求民间非营利组织将收到的资产用于**某一特定的用途**

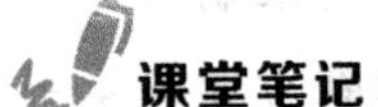

课堂笔记：

限制只有在比民间非营利组织的宗旨、目的或章程等关于资产使用的要求更为具体明确时，才能成为限定性净资产概念中所称的“限制”。

课堂笔记：

民间非营利组织的董事会、理事会或类似权力机构对净资产的使用所作的限定性决策、决议或拨款限额等，属于民间非营利组织内部管理上对资产使用所作的限制，不属于限定性净资产的概念。

（二）限制条件解除（★★★）

1. 限制条件解除后操作

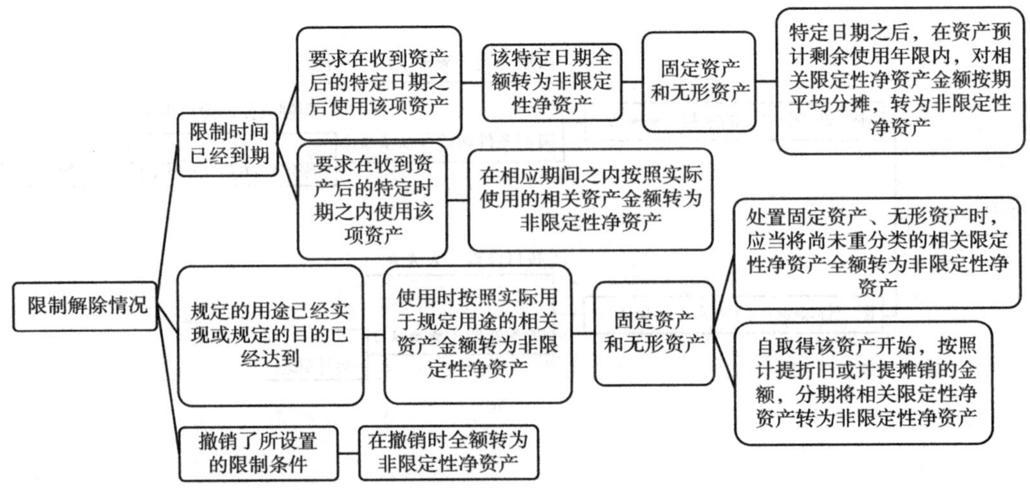

当限定性净资产的限制条件已经解除，应对净资产进行重新分类，将限定性净资产转为非限定性净资产。

2. 限定性净资产的限制条件解除的情况（只有单项限制时，存在下列情况之一即可）

当存在下列情况之一时，可以认为限定性净资产的限制已经解除：

（1）所限定净资产的限制时间已经到期；

（2）所限定净资产规定的用途已经实现（或者目的已经达到）；

（3）资产提供者或者国家有关法律、行政法规撤销了所设置的限制。

如果限定性净资产受到两项或两项以上的限制，应当在最后一项限制解除时，才能认为该项限定性净资产的限制已经解除。

**课堂笔记：**

如果限定性净资产受到两项或两项以上条件的限制，那么，民间非营利组织只有在最后一项限制条件解除时，才能认为该项限定性净资产的限制条件已经解除。

课外拓展：

根据财政部印发的《〈民间非营利组织会计制度〉若干问题的解释》，资产提供者或者国家有关法律、行政法规**对以前期间未设置限制的资产增加限制时**，应当将相关非限定性净资产转为限定性净资产，借记“非限定性净资产”科目，贷记“限定性净资产”科目。

二、限定性净资产的核算（★★★）

（一）科目设置（★★★）

核算限定性净资产业务，民间非营利组织应设置“限定性净资产”总账科目（该科目贷方余额表示民间非营利组织历年积存的限定性净资产）。

（二）账务处理（★★★）

情境	会计处理
期末结转各收入科目中属于“限定性收入”明细科目的余额时	借：捐赠收入——限定性收入 政府补助收入——限定性收入等 贷：限定性净资产
限定性净资产的限制条件解除时	借：限定性净资产 贷：非限定性净资产
资产提供者或国家有关法律、行政法规对以前期间未设置限制的资产增加限制时	借：非限定性净资产 贷：限定性净资产

【例 15－1】某民间非营利组织按照政府提出的使用时间限制条件，已经到达限制可以使用政府补助收入 26 300 元的时间。该民间非营利组织从确认政府的时间限制性补助收入至解除政府补助收入的时间限制条件跨越两个会计年度。该民间非营利组织应编制如下会计分录：

借：限定性净资产　　26 300

　　贷：非限定性净资产　　26 300

课堂笔记：

本例中，由于民间非营利组织限定性政府补助收入在期末已经结转至“限定性净资产”科目，因此，在限制条件解除时直接在净资产类科目之间进行重新分类，而不在收入类科目之间进行重新分类。

【例 15－2】某民间非营利组织年终结转限定性收入科目贷方余额。其中，“捐赠收入——限定性收入”75 500 元，“政府补助收入——限定性收入”42 000 元。该民间非营利组织应编制如下会计分录：

借：捐赠收入——限定性收入　　75 500

　　政府补助收入——限定性收入　　42 000

　　贷：限定性净资产　　117 500

【例 15－3】20×1 年 11 月 1 日，捐资举办的民办学校获得一笔 1 000 元的捐款，捐款人要求将该款项用于奖励该校年度学习成绩前 10 名的学生。该民间非营利组织应编制如下会计分录：

20×1 年 11 月 1 日收到捐款时：

借：银行存款——捐款收入　　1 000

　　贷：捐赠收入——限定性收入　　1 000

20×1 年 12 月 31 日将捐赠收入结转限定性净资产：

借：捐赠收入——限定性收入　　1 000

　　贷：限定性净资产　　1 000

课堂笔记：

本例中，限定性收入通常在捐赠收入、政府补助收入等这样的非交换性交易收入中存在。如果会费收入、提供服务收入、商品销售收入、投资收益、其他收入中也存在限定性收入，那么，这些限定性收入也应当在年终结转至“限定性净资产”科目。民间非营利组织的费用类科目期末结转至“非限定性净资产”科目，而不结转至“限定性净资产”科目。

课堂笔记：

限定性净资产固然削弱了会计主体的资金使用权限，但赋予了会计主体具体的受托责任，有利于有效控制会计主体的资金用途。

第三节　非限定性净资产

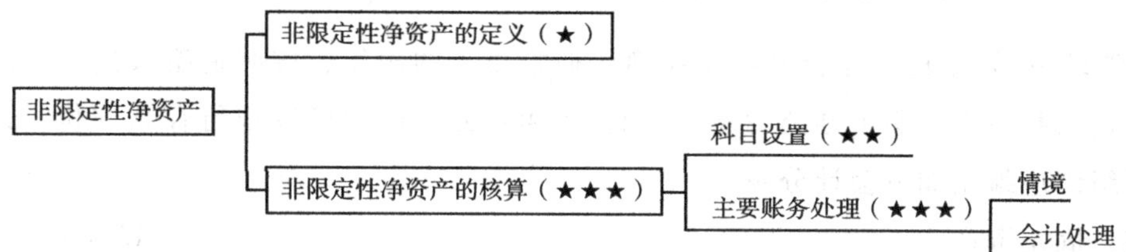

一、非限定性净资产的定义（★）

在民间非营利组织中，非限定性净资产是指除了限定性净资产之外的其他净资产。

二、非限定性净资产的核算（★★★）

（一）科目设置（★★）

为核算非限定性净资产业务，民间非营利组织应设置“非限定性净资产”总账科目。（该科目贷方余额表示民间非营利组织历年积存的非限定性净资产）

（二）主要账务处理（★★★）

情境	会计处理
期末结转各收入科目中属于“非限定性收入”明细科目的余额时	借：捐赠收入——非限定性收入 会费收入——非限定性收入 提供服务收入——非限定性收入 政府补助收入——非限定性收入 商品销售收入——非限定性收入 投资收益——非限定性收入 其他收入——非限定性收入等 贷：非限定性净资产
期末结转各费用类科目的余额时	借：非限定性净资产 贷：业务活动成本 管理费用 筹资费用 其他费用等

续表

情境	会计处理
限定性净资产的限制条件解除时	借：限定性净资产 　　贷：非限定性净资产
非限定性净资产的重分类	借：非限定性净资产 　　贷：限定性净资产 （以前期间未设置限制的资产，在有些情况下，资源提供者或国家法律、行政法规会对其增加时间或用途限制，此时应将非限定性净资产转入限定性净资产）

【例 15－4】某民间非营利组织在确认捐赠收入的次年，按照捐赠人提出的限制条件，将捐赠款项用于购买办公设备一台计 15 400 元，款项已以银行存款支付。该民间非营利组织应编制如下会计分录：

借：固定资产　　15 400

　　贷：银行存款　　15 400

同时，

借：限定性净资产　　15 400

　　贷：非限定性净资产　　15 400

学习笔记：

本例中，民间非营利组织在上年年终结账时已经将收到的限定性捐赠收入由"捐赠收入——限定性收入"科目转入"限定性净资产"科目。因此，在次年按照要求使用限定性捐赠款项时，将"限定性净资产"科目转入"非限定性净资产"科目，而不是将"捐赠收入——限定性收入"科目转入"捐赠收入——非限定性收入"科目。

【例 15－5】某民间非营利组织年终结转非限定性收入科目贷方余额。其中，"捐赠收入——非限定性收入"56 840 元，"会费收入——非限定性收入"7 540 元，"提供服务收入——非限定性收入"14 750 元，"政府补助收入——非限定性收入"39 740 元，"商品销售收入——非限定性收入"6 580 元，"投资收益——非限定性收入"4 650 元，"其他收入——非限定性收入"800 元。

借：捐赠收入——非限定性收入　　56 840

　　会费收入——非限定性收入　　7 540

　　提供服务收入——非限定性收入　　14 750

　　政府补助收入——非限定性收入　　39 740

　　商品销售收入——非限定性收入　　6 580

投资收益——非限定性收入　　4 650

其他收入——非限定性收入　　800

贷：非限定性净资产　　130 900

课堂笔记：

本例中，民间非营利组织在上年年终结账时已经将收到的限定性捐赠收入由“捐赠收入——限定性收入”科目转入“限定性净资产”科目。因此，在次年按照要求使用限定性捐赠款项时，将“限定性净资产”科目转入“非限定性净资产”科目，而不是将“捐赠收入——限定性收入”科目转入“捐赠收入——非限定性收入”科目。

【例 15－6】 某民间非营利组织年终结转费用类科目借方余额。其中，“业务活动成本”88 420 元，“管理费用”22 450 元，“筹资费用”8 960 元，“其他费用”570 元。该民间非营利组织应编制如下会计分录：

借：非限定性净资产　　120 400

　贷：业务活动成本　　88 420

　　管理费用　　22 450

　　筹资费用　　8 960

　　其他费用　　570

课堂笔记：

本例中，“业务活动成本”“管理费用”“筹资费用”“其他费用”等费用类科目的年终借方余额全部转入“非限定性净资产”科目，不转入“限定性净资产”科目。

课外拓展：

根据财政部印发的《〈民间非营利组织会计制度〉若干问题的解释》，执行《民间非营利组织会计制度》的社会团体、基金会、社会服务机构设立时取得的注册资金，应当直接计入净资产。注册资金的使用受到时间限制或用途限制的，在取得时**直接计入限定性净资产**；其使用没有受到时间限制和用途限制的，在取得时**直接计入非限定性净资产**。

【例 15－7】 接上节 **【例 15－3】**，假设该民办学校将收到的 1 000 元捐款以现金的形式奖励该校年度学习成绩前 10 名的学生，该民间非营利组织应当编制如下会计分录：

借：业务活动成本　　1 000

　　贷：银行存款　　1 000

借：限定性净资产　　1 000

　　贷：非限定性净资产　　1 000

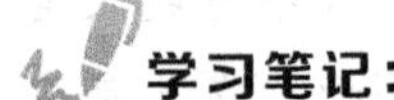

学习笔记：

本例中，按照捐款人要求将款项如数发放给学生是该民间非营利组织为了实现业务活动目标而进行的活动，应当确认为“业务活动成本”。当款项发放后，限定性资产的限制已经解除，应当对净资产进行重分类，转化为非限定性资产。

【例 15－8】 20×9 年 2 月 4 日，某基金会取得一项捐款 600 000 元，捐赠人限定将该款项用于购置化疗设备。2×10 年 1 月 12 日，某基金会购入设备，价值 550 000 元。2×10 年 2 月 19 日，经与捐赠人协商，捐赠人同意将剩余的款项 50 000 元留归该基金会自主使用。该基金会应进行如下账务处理：

（1）20×9 年 2 月 4 日，取得捐赠：

借：银行存款　　600 000

　　贷：捐赠收入——限定性收入　　600 000

（2）20×9 年 12 月 31 日，将捐赠收入结转到限定性净资产：

借：捐赠收入——限定性收入　　600 000

　　贷：限定性净资产　　600 000

（3）2×10 年 1 月 12 日，购入设备：

借：固定资产　　550 000

　　贷：银行存款　　550 000

由于该捐赠的限定条件已经满足，应当记录限定性净资产的重分类。

借：限定性净资产　　550 000

　　贷：非限定性净资产　　550 000

（4）2×10 年 2 月 19 日，将限定性净资产进行重分类：

借：限定性净资产　　50 000

　　贷：非限定性净资产　　50 000

课后习题

1.【单选题】2017 年 10 月 10 日，某民办学校获得一笔 200 万元的政府补助收入，政府规定该补助用于资助贫困学生，至 2017 年 12 月 31 日该笔支出尚未发生。对于该事项的核算，下列说法中错误的是（　　）。

A. 该笔收入在 12 月 31 日要转入非限定性净资产

B. 该笔收入因为规定了资金的使用用途，属于限定性收入

C. 该笔收入在 12 月 31 日要转入到限定性净资产

D. 该笔收入属于非交换交易收入

【参考答案】A.

【解析】因该笔捐赠收入收到时规定了其用途，且期末并未解除限制，因此期末要将限定性收入结转到限定性净资产。

2.【单选题】下列关于民间非营利组织的净资产的说法中，不正确的是（　　）。

A. 按照净资产是否受到限制，民间非营利组织净资产分为限定性净资产和非限定性净资产

B. 调整以前期间非限定性收入、费用项目应该直接通过收入、费用科目核算

C. 满足一定条件可以将限定性净资产重分类为非限定性净资产

D. 同受两项或多项限制的限定性净资产只有在限定性净资产的最后一项限制解除时，才能认为其限制已经解除

【参考答案】B.

【解析】选项 B，应该通过非限定性净资产核算；选项 D，已经按预定用途使用的限定性净资产，不再具有限定性，可以转入非限定性净资产。

3.【多选题】下列关于民间非营利组织净资产的表述中，正确的有（　　）。

A. 会计期末，各类限定性收入应转入限定性净资产

B. 会计期末，各类非限定性收入应转入非限定性净资产

C. 若限定性净资产的限制解除，则应将其转为非限定性净资产核算

D. 会计期末，应将管理费用、筹资费用等转入非限定性净资产

【参考答案】ABCD.

【解析】净资产分为限定性净资产和非限定性净资产，期末限定性收入转入限定性净资产，而非限定性收入转入非限定性净资产；费用类科目期末全部转入非限定性净资产。

第十六章　民间非营利组织报表

第一节　概　　述

民间非营利组织会计报表，是反映民间非营利组织财务状况、业务活动情况和现金流量情况等的书面文件，由会计报表及其附注构成。民间非营利组织会计报表至少应当包括**资产负债表**、**业务活动表**和**现金流量表**三张报表。

课外拓展：

民间非营利组织编制财务报告的目的是为财务报告使用者提供有用的会计信息。民同非营利组织财务报告的使用者包括内部使用者和外部使用者。外部使用者是民间非营利组织财务报告的主要使用者，主要包括**资源提供者、服务对象、债权人、政府和社会监管部门**。他们关心民间非营利组织财务资源的运用情况，要求披露反映受托责任履行情况的会计信息。所以，民间非营利组织财务报告是对外披露的报告，是为外部信息使用者提供的总结性书面文件。《民间非营利组织会计制度》规定，民间非营利组织的年度财务会计报告至少应当于年度终了后4个月内对外提供。如果民间非营利组织被要求对外提供中期财务报告，应当在规定的时间内对外提供。

根据财政部、民政部2011年12月发布的《关于加强和完善基金会注册会计师审计制度的通知》的要求，基金会应当于每年3月31日前向登记受理机关报送上一年度经注册会计师审计的年度财务会计报告和会计师事务所出具的审计报告，接受年度检查；同时将年度财务会计报告在登记受理机关指定的统信息公开平台上公布，接受社会公众的查询和监督。

当社会公共危机发生时，慈善组织的信息披露显得至关重要，也是大众关注的焦点。

第二节　资产负债表

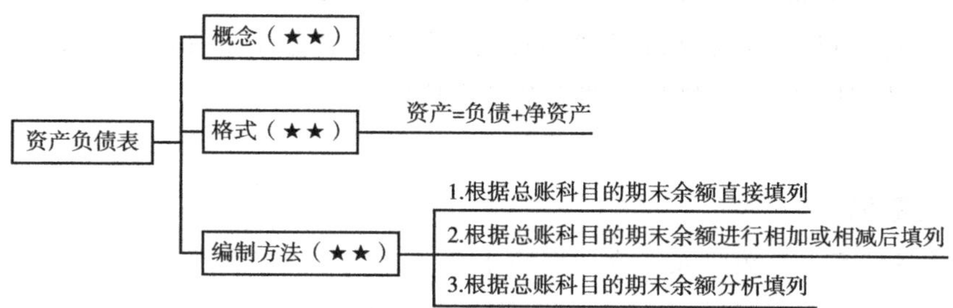

一、资产负债表的概念和作用（★★）

资产负债表，是反映民间非营利组织某一会计期末全部资产、负债和净资产情况的会计报表。

资产负债表的作用主要表现在以下几个方面：

（1）可以提供某一特定日期资产总额及其构成情况的信息。例如，可以提供某一特定日期资产总额、流动资产总额、固定资产总额等信息。

（2）可以提供某一特定日期负债总额及其构成情况的信息。例如，可以提供某一特定日期负债总额、流动负债总额、非流动负债总额、长期负债总额等信息。

（3）可以提供某一特定日期净资产总额及其构成情况的信息。例如，可以提供某一特定日期净资产总额、非限定性净资产数额、限定性净资产数额等信息。

根据规定，民间非营利组织的资产负债表应当编制中期报表和年度报表。其中，以短于一个完整的会计年度的期间（如半年度、季度和月度）编制的会计报表称为“中期会计报表”。年度会计报表则是以整个会计年度为基础编制的会计报表。

二、资产负债表的格式（★★）

民间非营利组织资产负债表应当分别资产、负债和净资产反映相应组成项目期末余额和年初余额的信息，采用的平衡等式为：资产 = 负债 + 净资产。民间非营利组织资产负债表的格式如表 16 – 1 所示。表中数字作为示例，均为假设。其他会计报表的情况也是如此。

三、资产负债表的编制方法（★★）

资产负债表的编制方法总体来说是以资产、负债和净资产账户的期末余额为基础，按照报表格式的要求进行分析后填列，见表 16 – 1。具体编制方法如下：

（一）根据总账科目的期末余额直接填列

在资产负债表中，有些项目可以根据有关账户的期末余额直接填列。例如，“待摊费用”“固定资产原价”“累计折旧”“在建工程”“文物文化资产”“无形资产”“短期借款”“应付工资”“预收账款”“预提费用”“非限定性净资产”“限定性净资产”等项目，可以根据相应总账科目的期末余额直接填列。

> **学习笔记：**
>
> 本科目核算单位为满足社会公共需求而控制的文物文化资产的成本。
>
> 核算单位为满足自身开展业务活动或其他活动需要而控制的文物和陈列品，应当通过“固定资产”科目核算，不通过本科目核算。因此，文物文化资产和固定资产的文物陈列品是有区别的：文物文化资产是本单位监管的，不是占有使用的，是为了满足社会公共需求；而固定资产的文物陈列品是本单位占有使用的。分类如下：
>
> （1）文物资产：指用于纪念和展出等目的具有一定价值和历史意义的并作为长期或者永久保存的古董和历史文物等。
>
> （2）文化资产：指用于纪念和展出等目的的得到具有一定价值和文化内涵并作为长期或者永久保存的艺术品和文化用品等。
>
> 本科目应当按照文物文化资产登记簿和文物文化资产卡片，按文物文化资产类别、项目等设置明细账，进行明细核算。

（二）根据总账科目的期末余额进行相加或相减后填列

在资产负债表中，有些项目需要根据有关账户的期末余额进行相加或相减后填列。例如，“货币资金”项目需要根据“现金”“银行存款”“其他货币资金”账户的期末余额进行相加后填列，“应收款项”项目需要根据“应收票据”“应收账款”“其他应收款”账户的期末余额相加后再减去“坏账准备”账户的期末余额填列，“存货”项目需要根据“存货”账户的期末余额减去“存货跌价准备”账户的期末余额后填列。

（三）根据总账科目的期末余额分析填列

在资产负债表中，有些项目需要在对有关账户的期末余额进行分析后填列。如果受托代理资产为现金、银行存款或其他货币资金且通过“现金”“银行存款”“其他货币资金”账户进行核算，“货币资金”项目应当根据“现金”“银行存款”“其他货币资金”账户的期末余额相加后再减去“现金”“银行存款”“其他货币资金”账户中

"受托代理资产"明细账的期末余额填列。

在资产负债表中，如果本年度资产负债表规定的有关项目的名称和内容与上年度不相一致，应对上年末资产负债表中有关项目的名称和数字按照本年度的规定进行调整，然后填入年初数栏目内。参见表16－1。

表16－1　　**资产负债表**

编制单位：某民间非营利组织　　20××年12月31日　　单位：元

资产	年初	期末	负债和净资产	年初	期末
流动资产：	（略）		流动负债：		
货币资产		250	短期借款		
短期投资			应付款项		140
应收款项			应付工资		560
预付账款		360	应交税金		
存货		480	预收账款		
待摊费用			预提费用		
一年内到期的长期债权投资			预计负债		
其他流动资产			一年内到期的长期负债		
流动资产合计		1 090	其他流动负债		
长期投资：			**流动负债合计**		700
长期股权投资			长期负债：		
长期债权投资			长期借款		
长期投资合计			长期应付款		2 000
固定资产：			其他长期负债		
固定资产原价		158 000	长期负债合计		2 000
减：累计折旧		26 300	受托代理负债：		
固定资产净值		131 700	受托代理负债		
在建工程			负债合计		2 700
文物文化资产					
固定资产清理			净资产：		
固定资产合计		131 700	非限定性净资产		94 500
无形资产：			限定性净资产		55 090
无形资产		19 500	净资产合计		149 590
受托代理资产：					
受托代理资产					
资产总计		152 290	**负债和净资产总计**		152 290

第三节 业务活动表

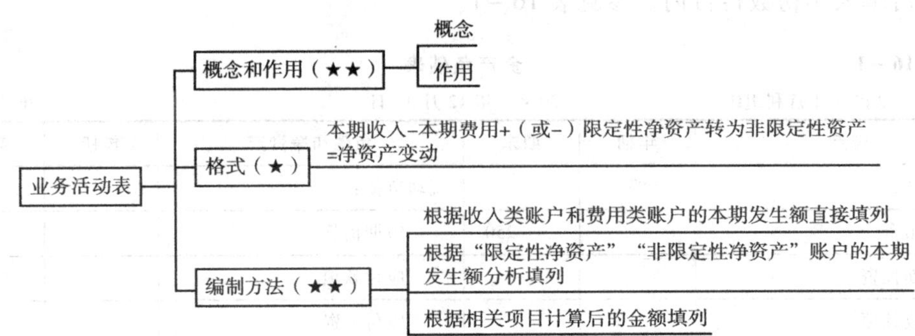

一、概念和作用（★★）

业务活动表，是反映民间非营利组织在某一会计期间内开展业务活动取得的收入、发生的费用以及净资产增减变动情况的会计报表。

业务活动表的作用表现在以下几个方面：

（1）可以提供某一会计期间收入总额及其构成情况的信息。例如，可以提供某一会计期间收入总额、捐赠收入数额、提供服务收入数额等信息。

（2）可以提供某一会计期间费用总额及其构成情况的信息。例如，可以提供某一会计期间费用总额、业务活动成本数额、管理费用数额等信息。

（3）可以提供某一会计期间净资产及其增减变动情况的信息。

二、格式（★）

民间非营利组织业务活动表应当分别本期收入、本期费用、本期限定性净资产转为非限定性净资产、净资产变动、期初净资产、期末净资产，反映非限定性和限定性项目本月数和本年累计数的信息，**采用的计算公式为：本期收入－本期费用＋(或－)限定性净资产转为非限定性净资产＝净资产变动**。民间非营利组织业务活动表的格式如表16－2所示。

表16－2 业务活动表

资产	本月数			长年累计数		
	非限定性	限定性	合计	非限定性	限定性	合计
一、收入	（略）	（略）				
其中：捐赠收入				47 500	29 300	76 800
会费收入						

续表

资产	本月数			长年累计数		
	非限定性	限定性	合计	非限定性	限定性	合计
提供服务收入				4 200		4 200
商品销售收入						
政府补助收入						
投资收益						
其他收入				100		100
收入合计				51 800	29 300	81 100
二、费用						
（一）业务活动成本				39 500		39 500
其中：A 项目				21 300		21 300
B 项目				18 200		18 200
C 项目						
（二）管理费用				3 200		3 200
（三）筹资费用				1 300		1 300
（四）其他费用				400		400
费用合计				44 400		44 400
三、限定性净资产转为非限定性净资产				1 600	-1 600	
四、净资产变动				9 000	27 700	36 700
五、期初净资产				85 500	27 390	112 890
六、期末净资产				94 500	55 090	149 590

三、编制方法（★★）

以收入、费用和净资产账户的本期发生额为基础，按照报表格式的要求进行分析后填列，见表 16－2。具体填列方法如下：

（一）根据收入类账户和费用类账户的本期发生额直接填列

在业务活动表中，收入和费用项目可以根据收入类账户和费用类账户的本期发生额直接填列。例如，“捐赠收入”“会费收入”“提供服务收入”“商品销售收入”“政府补助收入”“投资收益”“其他收入”项目，可以根据对应账户的本期发生额直接填列；“业务活动成本”“管理费用”“筹资费用”“其他费用”项目，可以根据对应账户的本期发生额直接填列。

（二）根据“限定性净资产”“非限定性净资产”账户的本期发生额分析填列

在业务活动表中，“限定性净资产转为非限定性净资产”项目反映当期从限定性净资产转入非限定性净资产的金额。该项目应当根据“限定性净资产”“非限定性净资产”账户的本期发生额分析填列。“限定性净资产转为非限定性净资产”项目的“合计”栏数额应为零。

（三）根据相关项目计算后的金额填列

在业务活动表中，“净资产变动”项目反映当期净资产变动的数额。该项目应根据“收入合计”项目的金额减去“费用合计”项目的金额，再加上或减去“限定性净资产转为非限定性净资产”项目的金额填列。

课外拓展①：

非营利组织业务活动表中费用项目的完善途径

《民间非营利组织会计制度》规定，可以在“业务活动成本”下分项目、服务或者业务大类进行核算和列报，但没有进行强制要求，因此在实务中，不同非营利组织进行列报的方式不同。不过，按照**业务活动类别**列报可以更好地反映业务活动表中**收入与费用的配比关系**。因为在现行的业务活动表中，收入项目里包含了捐赠收入、会费收入、提供服务收入、商品销售收入、政府补助收入、投资收益和其他收入七项，但费用项目的设置则过于简单。如果能**在“业务活动成本”下增设相关明细项目**，便能有效解决这个问题，相应的明细科目包括公益活动成本、会员服务成本、提供服务成本、商品销售成本和业务活动税金及附加，这样既可以更充分反映财务信息，同时也做到了与收入的匹配。

---

① 戚爽、蔡贤斌：“我国非营利组织会计核算现状分析及完善途径研究”，《经贸实践》2016年第3期，第118－120页。

第四节　现金流量表

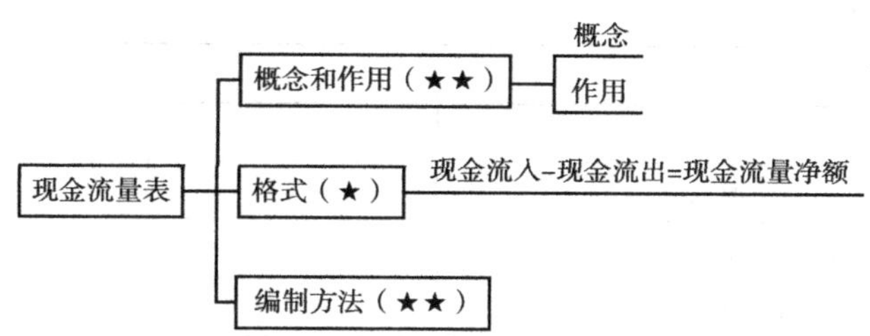

一、概念和作用（★★）

现金流量表，是反映民间非营利组织在某一会计期间内现金和现金等价物流入和流出信息的会计报表。

现金流量表的作用表现在以下几个方面：

（1）可以提供某一会计期间内业务活动产生的现金流量的信息。例如，可以提供某一会计期间内接受捐赠收到的现金、提供捐赠或帮助支付的现金等信息。

（2）可以提供某一会计期间内投资活动产生的现金流量的信息。例如，可以提供某一会计期间内收回投资收到的现金、购建固定资产和无形资产支付的现金等信息。

（3）可以提供某一会计期间内筹资活动产生的现金流量的信息。例如，可以提供某一会计期间内借款所收到的现金、偿还借款所支付的现金等信息。根据规定，民间非营利组织的现金流量表应当编制年度报表。

二、格式（★）

按业务活动产生的现金流量、投资活动产生的现金流量和筹资活动产生的现金流量，反映现金流入和现金流出的信息，采用的计算公式为：**现金流入 - 现金流出 = 现金流量净额**。民间非营利组织现金流量表的格式可如表16 - 3所示。

三、编制方法（★★）

见表16 - 3。

表16 - 3　　**现金流量表**

编制单位：某民间非营利组织　　20××年度　　单位：元

项目	金额
一、业务活动产生的现金流量	
接受捐赠收到的现金	

续表

项目	金额
收取会费收到的现金	
提供服务收到的现金	
销售商品收到的现金	
政府补助收到的现金	
收到的其他与业务活动有关的现金	
现金流入小计	
提供捐赠或者资助支付的现金	
支付给员工以及为员工支付的现金	
购买商品、接受服务支付的现金	
支付的其他与业务活动有关的现金	
现金流出小计	
业务活动产生的现金流量净额	
二、投资活动产生的现金流量	
收回投资所收到的现金	
取得投资收益所收到的现金	
处置固定资产和无形资产所收到的现金	
收到的其他与投资活动有关的现金	
现金流入小计	
购建固定资产和无形资产所支付的现金	
对外投资所支付的现金	
支付的其他与投资活动有关的现金	
现金流出小计	
投资活动产生的现金流量净额	
三、筹资活动产生的现金流量	
借款所收到的现金	
收到的其他与筹资活动有关的现金	
现金流入小计	
偿还借款所支付的现金	
偿付利息所支付的现金	
支付的其他与筹资活动有关的现金	
现金流出小计	
筹资活动产生的现金流量净额	
四、汇率变动对现金的影响额	
五、现金及现金等价物净增加额	

民间非营利组织应当采用直接法编制现金流量表。在填列现金流量表的有关项目

时，现金流量的信息可以从会计记录中直接获得，也可以通过对业务活动表和资产负债表中的有关数据进行分析和调整后获得，如通过对存货和应收应付款项的变动、固定资产折旧和无形资产摊销等进行分析和调整后获得。

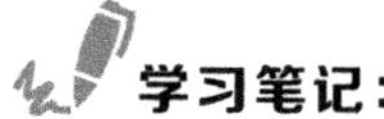

学习笔记：

民间非营利组织应当根据实际情况确定现金等价物的范围，并且一贯性地保持其划分标准。如果改变划分标准，应当视为会计政策变更，且应当在会计报表附注中披露确定现金等价物的原则及其变更。

第五节　会计报表附注和财务情况说明书

一、会计报表附注（★）

会计报表附注是对会计报表中的重要内容所作的注释，是会计报表的有机组成部分。民间非营利组织的会计报表附注至少应当披露以下内容：

（1）重要会计政策及其变更情况的说明；

（2）董事会或者理事会或类似权力机构成员和员工的数量、变动情况以及获得的薪金等报酬情况的说明；

（3）会计报表重要项目及其增减变动情况的说明；

（4）资产提供者设置了时间或用途限制的相关资产情况的说明；

（5）受托代理业务情况的说明，包括受托代理资产的构成、计价基础和依据、用途等；

（6）重大资产减值情况的说明；

（7）公允价值无法可靠取得的受赠资产和其他资产的名称、数量、来源和用途等情况的说明；

（8）对外承诺和或有事项情况的说明；

（9）接受劳务捐赠情况的说明；

（10）资产负债表日非调整事项的说明；

（11）有助于理解和分析会计报表需要说明的其他事项。

二、财务情况说明书（★）

财务情况说明书是对财务收支情况及其他重要财务情况所作的书面说明。财务情况说明书可以帮助信息使用者更好地理解会计报表中报告的会计信息。民间非营利组织财务情况说明书至少应当对下列情况做出说明：

（1）民间非营利组织的宗旨、组织结构以及人员配备等情况；

（2）民间非营利组织业务活动基本情况、年度计划和预算完成情况、产生差异的原因分析、下一会计期间业务活动计划和预算等；

（3）对民间非营利组织业务活动有重大影响的其他事项。

课后习题

1. **【单选题】**反映民间非营利组织某一时期开展业务活动的收入、费用及净资产的变动情况的报表是（　　）。

A. 资产负债表　　　　B. 业务活动表

C. 收入支出表　　　　D. 利润表

【参考答案】B.

【解析】注意民间非营利组织会计与企业会计、政府会计报表的区别。反映民间非营利组织在某一会计期间内开展业务活动取得的收入、发生的费用以及净资产增减变动情况的会计报表是业务活动表而非收入支出表或利润表。

2. **【多选题】**以下关于民间非营利组织报表的说法错误的是（　　）。

A. 在编制本年资产负债表时，可以对上年末资产负债表中有关项目名称和数字按照规定进行调整

B. 民间非营利组织应当采用直接法编制现金流量表

C. 业务活动表的编制是以收入、费用和净资产账户的期末余额为基础的

D. 民间非营利组织会计报表必须包括资产负债表、业务活动表和现金流量表

【参考答案】C.

【解析】A 选项正确，如果本年资产负债表规定的有关项目的名称和内容与上年度不一致，就可以对上年末有关项目名称和数字按照规定进行调整；B 选项正确；D 选项正确；C 选项：业务活动表的编制是以收入、费用和净资产账户的本期发生额为基础的。